Friedrich Klein-Blenkers

# Rechtsformen der Unternehmen

Friedrich Klein-Blenkers

# Rechtsformen der Unternehmen

CFM

C. F. Müller Verlag
Heidelberg

Prof. Dr. iur. *Friedrich Klein-Blenkers* ist Inhaber des Lehrstuhls für Bürgerliches Recht und Steuerrecht an der Fachhochschule Köln.

Kontaktadresse:

Fachhochschule Köln
Claudiusstr. 1, 50678 Köln
www.rechtsformwahl.eu

Bibliografische Information der Deutschen Nationalbibliothek

Die Deutsche Nationalbibliothek verzeichnet diese Publikation in der Deutschen Nationalbibliografie; detaillierte bibliografische Daten sind im Internet über <http://dnb.d-nb.de> abrufbar.

Bei der Herstellung des Werkes haben wir uns zukunftsbewusst für umweltverträgliche und wiederverwertbare Materialien entschieden. Der Inhalt ist auf elementar chlorfreiem Papier gedruckt.

ISBN 978-3-8114-3263-5

E-Mail: kundenbetreuung@hjr-verlag.de

Telefon: +49 89/2183-7928
Telefax: +49 89/2183-7620



www.cfmueller-campus.de
www.hjr-verlag.de



Satz: Gottemeyer, Rot
Druck: Media-Print, Paderborn

# Vorwort

Für den Unternehmer ist die Wahl der passenden Rechtsform neben der Wahl des richtigen Standorts von zentraler Bedeutung. Existenzgründer müssen entscheiden, ob sie ihr Unternehmen als Einzelunternehmen, in der Rechtsform einer juristischen Person oder als Personengesellschaft betreiben wollen. Handelt es sich um ein bereits bestehendes Unternehmen, kann sich im Laufe der Zeit ein Bedürfnis zum Wechsel der Rechtsform ergeben. Erbt man ein Unternehmen, steht man vor der Frage, ob man dieses fortführen und, wenn ja, in welcher Rechtsform dies geschehen soll.

Dieses Buch ist mein Versuch, die praktisch hochrelevanten, spannenden, aber auch schwierigen Fragen der Rechtsformwahl dem Leser näher zu bringen und zugleich Entscheidungshilfen für den konkreten Fall zu geben. Meine Arbeit richtet sich an Studierende der Rechts- und Wirtschaftswissenschaften, aber auch an Personen, die in der Praxis mit Existenzgründung und Rechtsformwahl konkret befasst sind. Neben dem Gesellschaftsrecht geht es insbesondere um das Steuerrecht und das Europarecht. Überlegungen zur Unternehmensnachfolge treten ergänzend hinzu.

Viele Jahre habe ich mich mit der Rechtsformwahl befasst, zunächst in der Beratung, später als Hochschullehrer mit Arbeiten zum Zivil-, Gesellschafts- und Steuerrecht, zu Unternehmenskauf und -pacht. Seit dem Sommersemester 2004 biete ich regelmäßig Vorlesungen zur Rechtsformwahl an. Der jetzige Zeitpunkt, die Inhalte zu strukturieren und das Lehrbuch zu schreiben bot sich an, nachdem das Gesetz zur Modernisierung des GmbH-Rechts sowie Änderungen des Einkommen- und des Erbschaftsteuerrechts die Thematik in jüngster Zeit in zentralen Punkten neu gegründet haben.

Teile meines Buches habe ich bereits in meinen Vorlesungen und in meinem Seminar vorgestellt. Ich bin dankbar für das anregende Fragen und Mitdenken meiner Hörerinnen und Hörer. Gleiches gilt für Diskussionen mit Kolleginnen und Kollegen. Die Neuerungen des Gesetzes zur Modernisierung des GmbH-Rechts konnte ich berücksichtigen, ebenso die Änderungen, die das Einkommensteuer- und das Erbschaftsteuerrecht zum 1.1.2009 erfahren haben.

Meiner Fakultät danke für ich eine partielle Lehrverpflichtungsfreistellung sowie für manch weitere Unterstützung.

Mein Dank gilt schließlich dem Verlag C. F. Müller für die angenehme Zusammenarbeit.

Hinweise und Anregungen sind jederzeit herzlich willkommen: www.klein-blenkers.de

Köln, im Sommer 2009 *Friedrich Klein-Blenkers*

# Inhaltsverzeichnis

# Abkürzungsverzeichnis

| | |
|---|---|
| A.A. | anderer Ansicht |
| Abs. | Absatz |
| a.F. | alte Fassung |
| AG | Aktiengesellschaft |
| AktG | Aktiengesetz |
| Anh. | Anhang |
| Anm. | Anmerkung; Anmerkungen |
| AO | Abgabenordnung |
| Art. | Artikel |
| BB | Der Betriebs-Berater (Zeitschrift) |
| BC | Bilanzbuchhalter und Controller (Zeitschrift) |
| Begr. | Begründer |
| BGB | Bürgerliches Gesetzbuch |
| BGH | Bundesgerichtshof |
| BKK | Die Betriebskrankenkasse (Zeitschrift) |
| BR | Bundesrat |
| BRAO | Bundesrechtsanwaltsordnung |
| BT | Deutscher Bundestag |
| BVerfG | Bundesverfassungsgericht |
| CA | Companies Act |
| DB | Der Betrieb (Zeitschrift) |
| DrittelbG | Gesetz über die Drittelbeteiligung der Arbeitnehmer im Aufsichtsrat (Drittelbeteiligungsgesetz) |
| DStR | Deutsches Steuerrecht (Zeitschrift) |
| EGV | Vertrag zur Gründung der Europäischen Gemeinschaft |
| ESt | Einkommensteuer |
| EStG | Einkommensteuergesetz |
| EuGH | Europäischer Gerichtshof |
| EUR | Euro |
| EuZW | Europaische Zeitschrift für Wirtschaftsrecht |
| EWIV | Europäische wirtschaftliche Interessenvereinigung |
| EWIV-AG | Gesetz zur Ausführung der EWG-Verordnung über die Europäische wirtschaftliche Interessenvereinigung (EWIV-Ausführungsgesetz) |
| EWIV-VO | Verordnung (EWG) Nr. 2137/85 des Rates vom 25. Juli 1985 über die Schaffung einer Europäischen wirtschaftlichen Interessenvereinigung (EWIV) |
| f.; ff. | folgende; fortfolgende |
| GastG | Gaststättengesetz |
| GBO | Grundbuchordnung |
| GenG | Gesetz betreffend die Erwerbs- und Wirtschaftsgenossenschaften |
| GewO | Gewerbeordnung |

| | |
|---|---|
| GewSt | Gewerbesteuer |
| GewStG | Gewerbesteuergesetz |
| GmbH | Gesellschaft mit beschränkter Haftung |
| GmbHG | Gesetz betreffend die Gesellschaften mit beschränkter Haftung |
| GmbHR | GmbH-Rundschau (Zeitschrift) |
| HGB | Handelsgesetzbuch |
| Hrsg. | Herausgeber |
| InsO | Insolvenzordnung |
| IStR | Internationales Steuerrecht (Zeitschrift) |
| i.V.m. | in Verbindung mit |
| JuS | Juristische Schulung (Zeitschrift) |
| KG | Kommanditgesellschaft |
| KGaA | Kommanditgesellschaft auf Aktien |
| KÖSDI | Kölner Steuerdialog (Zeitschrift) |
| KostO | Kostenordnung |
| KSt | Körperschaftsteuer |
| KStG | Körperschaftsteuergesetz |
| lat. | lateinisch |
| LLP | Limited liability partnership |
| Ltd. | Limited |
| m.Anm.v. | mit Anmerkung von |
| MitbestG | Gesetz über die Mitbestimmung der Arbeitnehmer (Mitbestimmungsgesetz) |
| MittBayNot | Mitteilungen des Bayerischen Notarvereins, der Notarkasse und der Landesnotarkammer Bayern |
| MoMiG | Gesetz zur Modernisierung des GmbH-Rechts und zur Bekämpfung von Missbräuchen vom 23. Oktober 2008 |
| MontanMitbestG | Gesetz über die Mitbestimmung der Arbeitnehmer in den Aufsichtsräten und Vorständen der Unternehmen des Bergbaus und der Eisen und Stahl erzeugenden Industrie |
| MontanMitbestErgG | Gesetz zur Ergänzung des Gesetzes über die Mitbestimmung der Arbeitnehmer in den Aufsichtsräten und Vorständen der Unternehmen des Bergbaus und der Eisen und Stahl erzeugenden Industrie |
| NJW | Neue Juristische Wochenschrift (Zeitschrift) |
| NJW-RR | NJW-Rechtsprechungs-Report Zivilrecht |
| Nr. | Nummer |
| NZBau | Neue Zeitschrift für Baurecht |
| NZG | Neue Zeitschrift für Gesellschaftsrecht |
| OHG | Offene Handelsgesellschaft |
| OLG | Oberlandesgericht |
| PartGG | Partnerschaftsgesellschaftsgesetz |
| PLC | Public limited company |
| RdNr. | Randnummer |

| | |
|---|---|
| SCE | Europäische Genossenschaft (Societas Cooperativa Europaea) |
| SCEAG | Gesetz zur Ausführung der Verordnung (EG) Nr. 1435/2003 des Rates vom 22. Juli 2003 über das Statut der Europäischen Genossenschaft (SCE) (SCE-Ausführungsgesetz – SCEAG) |
| SCE-VO | Verordnung (EG) Nr. 1435/2003 des Rates vom 22. Juli 2003 über das Statut der Europäischen Genossenschaft (SCE) |
| SE | Europäische Aktiengesellschaft (Societas Europaea) |
| SEAG | Gesetz zur Ausführung der Verordnung (EG) Nr. 2157/2001 des Rates vom 8. Oktober 2001 über das Statut der Europäischen Gesellschaft (SE) (SE-Ausführungsgesetz - SEAG) |
| SE-VO | Verordnung (EG) Nr. 2157/2001 des Rates vom 8. Oktober 2001 über das Statut der Europäischen Gesellschaft (SE) |
| SolZ | Solidaritätszuschlag |
| SolZG | Solidaritätszuschlaggesetz |
| SPE | Europäische Privatgesellschaft (Societas Privata Europaea) |
| StBerG | Steuerberatergesetz |
| StGB | Strafgesetzbuch |
| U.K. | United Kingdom |
| UmwG | Umwandlungsgesetz |
| UmwStG | Umwandlungssteuergesetz |
| Urt. | Urteil |
| US | Vereinigte Staaten |
| UStG | Umsatzsteuergesetz |
| VVaG | Versicherungsverein auf Gegenseitigkeit |
| VVG | Gesetz über den Versicherungsvertrag |
| WPO | Wirtschaftsprüferordnung |
| ZEuP | Zeitschrift für Europäisches Privatrecht |
| ZEV | Zeitschrift für Erbrecht und Vermögensnachfolge |
| ZIP | Zeitschrift für Wirtschaftsrecht |
| ZPO | Zivilprozessordnung |

# Literaturverzeichnis


AnwaltKommentar BGB. Gesamtherausgeber *Dauner-Lieb, Barbara/Heidel, Thomas/Ring, Gerhard*. 1. Aufl. 2004 ff.
*Baumbach, Adolf/Hopt, Klaus J.*: HGB. 33. Aufl. 2008.
*Baumbach, Adolf/Hueck, Alfred*: GmbHG. 18. Aufl. 2006.
*Beisel, Wilhelm/Klumpp, Hans-Hermann*: Der Unternehmenskauf. 6. Aufl. 2009.
*Buck-Heeb, Petra*: Kapitalmarktrecht. 3. Aufl. 2009.
*Emmerich, Volker/Habersack Mathias*: Konzernrecht. 9. Aufl. 2008.
*Goette, Wulf*: Einführung in das neue GmbH-Recht. 2008.
*Goette, Wulf/Habersack, Mathias* (Hrsg.): Das MoMiG in Wissenschaft und Praxis. 2009.
*Grunewald, Barbara*: Gesellschaftsrecht. 7. Aufl. 2008.
*Habersack, Mathias*: Europäisches Gesellschaftsrecht. 3. Aufl. 2006.
*Henssler, Martin/Streck, Michael* (Hrsg.): Handbuch des Sozietätsrechts. 2001.
*Hölters, Wolfgang* (Hrsg.): Handbuch des Unternehmens- und Beteiligungskaufs. 6. Aufl. 2005.
*Hüffer, Uwe*: AktG. 8. Aufl. 2008.
*Just, Clemens*: Die englische Limited in der Praxis. 3. Aufl. 2008.
*Klein-Blenkers, Friedrich*: Das Recht der Unternehmenspacht. 2008.
*Klunzinger, Eugen*: Grundzüge des Gesellschaftsrechts. 15. Aufl. 2009.
*König, Rolf/Maßbaum, Alexandra/Sureth, Caren*: Besteuerung und Rechtsformwahl. 4. Aufl. 2009.
*Kuhlmann, Jens/Ahnis, Erik*: Konzern- und Umwandlungsrecht. 2. Aufl. 2007.
*Leipold, Dieter*: BGB I. Einführung und Allgemeiner Teil. 5. Aufl. 2008.
*Lutter, Marcus* (Hrsg.): UmwG. 4. Aufl. 2009.
*Meilicke, Wienand* u.a.: Partnerschaftsgesellschaftsgesetz. 2. Aufl. 2006.
Münchener Kommentar zum Bürgerlichen Gesetzbuch. Herausgegeben von *Rebmann, Kurt/Säcker, Franz Jürgen*. 4. Aufl. 2000 ff.
*Müssig, Peter*: Wirtschaftsprivatrecht. Rechtliche Grundlagen wirtschaftlichen Handelns. 12. Aufl. 2009.
*Palandt, Otto* (Geamtredaktion und Einleitung 1.-10. Aufl.): BGB. 68. Aufl. 2009.
*Rittner, Fritz*: Unternehmen und Freier Beruf als Rechtsbegriffe. 1962.
*Rittner, Fritz/Dreher, Meinrad*: Europäisches und deutsches Wirtschaftsrecht. 3. Aufl. 2008.
*Rose, Gerd/Glorius-Rose, Cornelia*: Unternehmen. Rechtsformen und Verbindungen. 3. Aufl. 2001.
*Scheffler, Wolfram*: Besteuerung von Unternehmen I. Ertrag-, Substanz- und Verkehrsteuern. 11. Aufl. 2009.
*Schlüter, Andreas/Stolte, Stefan*: Stiftungsrecht. 2007.
*Schmidt, Karsten*: Gesellschaftsrecht. 4. Aufl. 2002.
*ders.*: Handelsrecht. 5. Aufl. 1999.
*Schmidt, Ludwig* (Begr.): EStG. 28. Aufl. 2009
*Schmitt, Joachim/Hörtnagl, Robert/Stratz, Rolf-Christian*: UmwG UmwStG. 5. Aufl. 2009.
*Schneeloch, Dieter*: Rechtsformwahl und Rechtsformwechsel mittelständischer Unternehmen. 2. Aufl. 2006.
*Schwarze, Jürgen* (Hrsg.): EU-Kommentar. 2. Aufl. 2008.
*Seibert, Ulrich*: Die Partnerschaft. Eine neue Gesellschaftsform für die Freien Berufe. 1994.
*ders.*: Handbuch der kleinen AG. 5. Aufl. 2008.
*Siller, Christian*: Kapitalmarktrecht. 2006.
*Strauch, Robert*: Umwandlungssteuerrecht. 2009.
*Sudhoff, Heinrich* (Begr.): Unternehmensnachfolge. 5. Aufl. 2005.

*Tipke, Klaus/Lang, Joachim*: Steuerrecht. 19. Aufl. 2008.
*Ulmer, Peter/Schäfer, Carsten*: Gesellschaft bürgerlichen Rechts und Partnerschaftsgesellschaft. 5. Aufl. 2009.
*v. Horstig, Barbara/Jaschinski, Susanne/Ossola-Haring, Claudia*: Die kleine AG. 2. Aufl. 2009.
*Wiedemann, Herbert*: Gesellschaftsrecht. Band II. Das Recht der Personengesellschaften. 2004.
*Wöhe, Günter/Döring, Ulrich*: Einführung in die Allgemeine Betriebswirtschaftslehre. 23. Aufl. 2008.

# A. Einleitung

## I. Gegenstand dieses Lehrbuchs

**In diesem Lehrbuch** geht es um die Rechtsformen der Unternehmen und die Wahl der jeweils passenden Rechtsform.

**Unternehmen sind** Institutionen im System der Marktwirtschaft, organisatorische Einheiten, mittels derer derjenige, der das Unternehmen betreibt, von ihm verfolgte Zwecke zu erreichen sucht. In der Regel wird es dabei um die Erzielung von Gewinnen gehen, es können jedoch auch andere Zwecke verfolgt werden. Die Garantien des Privateigentums und der Handlungsfreiheit sichern die Gründung und den Betrieb von Unternehmen.

Ein Unternehmen kann z.B. durch die Tätigkeit eines Einzelhändlers oder eines Handwerkers entstehen. Mehrere Einzelhändler oder Handwerker können ihre Tätigkeiten gemeinsam im Rahmen eines Unternehmens ausüben. Dienstleistungen können im Rahmen von Unternehmen angeboten werden. Es gibt Großunternehmen, etwa der Automobil- oder der Pharmaindustrie. Die Tätigkeiten von Rechtsanwälten, Steuerberatern, Ärzten oder Architekten bilden ebenso Unternehmen.

**Rechtsformen sind** die rechtlichen Basen, die für Unternehmen zur Verfügung stehen. Hierher zählt (erstens) das Einzelunternehmen. Juristische Personen (zweitens) sind primär die Gesellschaft mit beschränkter Haftung (GmbH) und die Aktiengesellschaft (AG), Personengesellschaften (drittens) die offene Handelsgesellschaft (OHG), die Kommanditgesellschaft (KG), die Partnerschaftsgesellschaft (Partnerschaft) und die BGB-Gesellschaft (auch: Gesellschaft bürgerlichen Rechts oder GbR).

Welche Rechtsform für ein Unternehmen die richtige ist, muss immer wieder geprüft werden. Dies gilt bei der Gründung eines Unternehmens. Dies gilt ebenso bei Veränderungen im Laufe der Zeit. Erlangt jemand ein Unternehmen von Todes wegen, stellt sich die Frage, in welcher Rechtsform es fortgeführt werden soll. Entsprechend verhält es sich bei Kauf oder Pacht eines Unternehmens oder wenn bereits zu Lebzeiten spätere Erben ein Unternehmen erhalten.

**Der Wahlentscheidung** können zahlreiche Motive zugrunde liegen. So kann der Unternehmer seine Haftung möglichst begrenzen oder so wenig Steuern wie möglich zahlen wollen. Die Aspekte, wie frei der Unternehmer beim Betrieb des Unternehmens ist, wie hoch die Anforderungen an die Buchführung oder die Mitbestimmung sind, können hinzukommen. Auch kann eine Rolle spielen, wie weit die Rechtsform publizitätspflichtig ist.

Relevanz kann erlangen, welche Kosten die Gründung des Unternehmens bzw. der Wechsel eines bereits bestehenden Unternehmens in eine andere Rechtsform verursachen würde. Kriterium kann sein, ob die Rechtsform einfach zu leiten und zu überwachen ist, ob sie ohne besondere juristische Kenntnisse betrieben werden kann, ob sie Beteiligungen oder die Aufbringung von neuem Kapital ermöglicht oder ob sie spätere Unternehmensnachfolgen erleichtert.

**Lehrbücher zur Rechtsformwahl** gibt es zurzeit trotz der für die Praxis erheblichen Bedeutung nicht viele. Zwar gibt es zahlreiche Bücher zum Gesellschaftsrecht und auch zum Steuerrecht der Gesellschaften. Aktuelle Lehrbücher, die die Rechtsformen vorstellen, diese vor dem Hintergrund des Gesellschafts- und des Steuerrechts durchgängig miteinander vergleichen und zudem auf dem aktuellen Stand sind, finden sich demgegenüber nur wenige.

So werden im Folgenden Einzelunternehmen, juristische Personen und Personengesellschaften ins Auge gefasst, und zwar mit Blick auf das Gesellschaftsrecht und das Steuerrecht, aber auch auf andere Rechtsgebiete, etwa das Zivil- oder das Europarecht. Sodann wird geprüft, welche Kriterien für oder auch gegen die Wahl der einzelnen Wege sprechen. Überlegungen zu Mischformen sowie zur Unternehmensnachfolge ergänzen die Ausführungen.

## II. Der Aufbau dieses Lehrbuchs

**Zu diesem Zweck** wird der Leser schrittweise in die Fragen und Probleme der Rechtsformwahl eingeführt.

In **Teil B** werden nach Überlegungen zu Begriffen und Zahlen der Rechtsformen, die einzelnen Wege und Auswahlkriterien vorgestellt. Es werden in Form eines Überblicks Einzelunternehmen, juristische Person und Personengesellschaft ins Auge gefasst sowie Kriterien der Auswahl präsentiert. Dieser Überblick wird durch einen Blick auf die Wege der Unternehmensnachfolge ebenso ergänzt wie, angesichts der immer weiter voranschreitenden Globalisierung, durch einen Blick auf europäische und ausländische Rechtsformen.

In **Teil C** geht es um die Kapitalgesellschaften. Gründung und Betrieb von GmbH und AG einschließlich Kommanditgesellschaft auf Aktien (KGaA) und britischer Limited sowie deren Beendigung werden ebenso erläutert wie diesbezügliche Fragen des Steuerrechts. Der Aufbau unterscheidet sich hier vom Aufbau anderer Lehrbücher, indem die Kapital- vor den Personengesellschaften und zudem die GmbH'n vor den AG,n behandelt werden. Grund hierfür ist, dass zunächst natürliche und juristische Person erläutert werden sollen sowie die zentrale Bedeutung der GmbH in der Praxis.

In **Teil D** werden die Personengesellschaften vorgestellt, OHG, KG, Partnerschaft und BGB-Gesellschaft. Auch hier geht es um Gründung, Betrieb und Beendigung sowie um Fragen des Steuerrechts. Die Frage der Haftung spielt hier eine zentrale Rolle. Ebenso wird die GmbH&CoKG ins Auge gefasst. In Teil C bzw. Teil D werden zudem kurz die Genossenschaft, die Europäische Aktiengesellschaft (SE), der rechtsfähige Verein, die Stiftung, die Partenreederei und die Europäische wirtschaftliche Interessenvereinigung (EWIV) als mögliche Rechtsformen vorgestellt.

**Teil E** behandelt die Unternehmensnachfolgen. Neben der Gründung eines Unternehmens stellt die Übernahme eines bereits bestehenden Unternehmens einen wichtigen Weg dar. Hier geht es um die einzelnen Formen des Unternehmenskaufs, die Unternehmenspacht und um Erwerbe im Zusammenhang mit Todesfällen. Diese haben in den vergangenen Jahren in der Praxis eine kaum zu überschätzende Bedeutung erlangt. Daneben bietet sich der Unternehmensnießbrauch und in gewisser Weise auch die Beteiligung an einer Gesellschaft an.

**Teil F** schließlich bündelt all diese Überlegungen. Hier werden die einzelnen Rechtsformen mit ihren Vor- und Nachteilen noch einmal miteinander verglichen. Nacheinander werden für Einzelunternehmen, Kapitalgesellschaften sowie Personengesellschaften und sodann speziell für die ausländischen Rechtsformen, für die Freien Berufe sowie für die Wahl zwischen Unternehmensneugründung und -nachfolge die Auswahlkriterien aufgerufen, geprüft und insbesondere gesellschafts- und steuerrechtlich einander gegenüber gestellt.

**Teil G** mit der **Zusammenfassung**, ein **Glossar** und ein **Stichwortverzeichnis** zur schnelleren Orientierung bilden den Abschluss.

**Mit diesem Aufbau** hoffe ich, Studierenden der Rechts- und Wirtschaftswissenschaften wie Unternehmern, die sich mit der Frage der passenden Rechtsform befassen, einen guten Zugang zum Thema Rechtsform und Rechtsformwahl zu eröffnen. Die zahlreichen Paragraphenangaben sollen den Blick immer wieder auf den Gesetzestext lenken. Denn für das Verständnis ist eine Lektüre der einschlägigen Gesetze unabdingbare Voraussetzung. Nur so erschließen sich letztlich die einzelnen Gebiete und nur so können Gesetzesänderungen, die möglicherweise nach Drucklegung vorgenommen werden, bemerkt werden.

**Wiederholungsfragen** am Ende der einzelnen Teile laden zum Repetieren des jeweils Gelernten ein. Dies gilt auch für die **Fälle**, die nach jedem Abschnitt eingefügt sind. Vor der Frage stehend, ob ich die Fälle laufend aufnehmen oder an das Ende dieses Buches stellen soll, habe ich mich für die laufende Aufnahme entschieden. So kann das Gelernte direkt überprüft und, falls Bedarf besteht, wiederholt oder vertieft werden. Die Lösungen, weitgehend im Gutachtenstil, sollen das Verständnis der juristischen Arbeitstechnik fördern.

**Die Literaturverweise** in den Fußnoten schließlich habe ich bewusst jeweils auf wenige Zitate beschränkt. Die in Bezug genommenen Kommentare, Lehrbücher und Monographien finden sich im Literaturverzeichnis. Auf diese Weise ist es der Leserin bzw. dem Leser bereits mit einigen wenigen Büchern, etwa in der Hochschul- oder Kanzleibibliothek, möglich, Interessierendes weiter zu verfolgen. Gleiches gilt für die Rechtsprechungsverweise. An Stellen, an denen es mir unerlässlich erscheint, verweise ich auf weitere Fundstellen.

# B. Die Rechtsformen und Auswahlkriterien

## I. Begriffe und Zahlen

### 1. Die zentralen Begriffe

**Zentrale Begriffe**, die im Folgenden immer wieder verwendet werden, sind folgende:

**Das Unternehmen** ist eine Institution im System der Marktwirtschaft, eine organisatorische Einheit, mittels derer derjenige, der das Unternehmen betreibt, von ihm verfolgte Zwecke zu erreichen sucht. In der Regel wird es dabei um die Erzielung von Gewinnen gehen, es können jedoch auch andere Zwecke verfolgt werden. Die Garantien des Privateigentums und der Handlungsfreiheit sichern die Gründung und den Betrieb von Unternehmen.

Eine einheitliche Definition des Unternehmens fehlt bis heute. Früher wurde Unternehmen rechtlich teils als Inbegriff von Sachen und Rechten verstanden, teils als Gelegenheit zum Betrieb eines Gewerbes. Nach Inkrafttreten von BGB und HGB sowie um das Jahr 1970 herum finden sich zahlreiche weitere Definitionen. Handels-, Arbeits-, Delikts-, Gesellschafts- und Steuerrecht verwenden den Begriff des Unternehmens heute jeweils unterschiedlich.[1]

**Unternehmen wird** für das Folgende, anknüpfend an das Verständnis heute insbesondere im Handels- und Gesellschaftsrecht, als Einheit und Organismus verstanden. Als solches ist das Unternehmen im Rechtsverkehr ein Objekt. Zugleich ist es nicht nur Einheit, sondern im Zusammenwirken seiner Bestandteile ein lebendiger Organismus des Wirtschaftslebens. So wird das Unternehmen auch als tätige Einheit bezeichnet, die nicht beliebig veränderbar ist.

Zum Unternehmen gehören Sachen, Forderungen, Verbindlichkeiten und Rechte, aber auch know how, die Betriebsorganisation oder die zahlreichen nur schwer fassbaren Beziehungen zur Außenwelt. Den immateriellen Werten kommt regelmäßig zentrale Bedeutung zu. Sie sind es, die dem Unternehmen Leben geben. Zweck des Unternehmens können besonders gewerbliche einschließlich land- und forstwirtschaftliche sowie freiberufliche Tätigkeiten sein.[2]

1 Vgl. hierzu näher etwa aus rechtlicher Sicht *K. Schmidt,* Handelsrecht, S. 63 ff.; *Rittner/Dreher*, Europäisches und deutsches Wirtschaftsrecht, S. 216 ff.; *Klein-Blenkers*, Das Recht der Unternehmenspacht, S. 35 ff. und aus betriebswirtschaftlicher Sicht *Rose/Glorius-Rose*, Unternehmen, S. 1 f.; *Wöhe/Döring*, Einführung in die allgemeine Betriebswirtschaftslehre, S. 37.

2 Vgl. hierzu näher etwa BGH, Urt. v. 5.7.2006, NJW 2006, S. 2847, 2849; *Hopt*, in: Baumbach/Hopt, HGB, Einl. Vor § 1 RdNr. 31 ff.; *K. Schmidt,* Handelsrecht, S. 69 ff.; *Rittner/Dreher*, Europäisches und deutsches Wirtschaftsrecht, S. 216 ff.; *Klein-Blenkers*, Das Recht der Unternehmenspacht, S. 87 ff.

**Der Begriff Betrieb** wird streckenweise synonym verwandt. Letztlich sind die Begriffe jedoch unklar. So spricht der Gesetzgeber in § 613a BGB von Betrieb, in § 2 HGB von Unternehmen, in § 15 AktG von verbundenen Unternehmen, in § 292 AktG von Unternehmens- und Betriebsüberlassung oder in § 16 EStG und § 4 Abs. 4 KStG von Betrieb, jeweils ohne Auseinandersetzung mit den verwendeten Termini. In den Wirtschaftswissenschaften wird kontrovers diskutiert.

Für das Folgende soll von der Institution des Unternehmens und nicht von Betrieb die Rede sein. Denn der Begriff Unternehmen ist hier im Bürgerlichen Recht und Handelsrecht der gängigere. Im Europarecht und bei der Schuldrechtsreform ist von Unternehmen die Rede. Gleiches gilt in Österreich und der Schweiz. Betrieb soll im Folgenden, funktionell, als Tätigkeitsbeschreibung verstanden werden – das Unternehmen wird betrieben.[3]

**Als Rechtsformen** werden hier die rechtlichen Basen behandelt, die das Rechtssystem für Unternehmen zur Verfügung stellt, und zwar primär Einzelunternehmen, juristische Personen und Personengesellschaften. Beim Einzelunternehmen ist Rechtssubjekt die natürliche Person, also gem. § 1 BGB jeder Mensch. Da Unternehmen auch durch natürliche Personen betrieben werden können, wird hier auch das Einzelunternehmen zum Kreis der Rechtsformen gezählt.

Juristische Personen sind vom Gesetz vorgesehene Organisationsformen zur Erreichung eines gemeinsamen Zwecks, die wie natürliche Personen Rechtssubjekte sind, und zwar neben GmbH und AG: KGaA, Genossenschaft, rechtsfähiger Verein und Stiftung, Limited, Versicherungsverein auf Gegenseitigkeit (VVaG), Europäische Aktiengesellschaft (SE) und Europäische Genossenschaft (SCE). GmbH, AG und KGaA werden, gem. § 3 Abs. 1 Nr. 2 UmwG, auch als Kapitalgesellschaften bezeichnet.[4]

**Personengesellschaften**, auch als Gesamthandsgemeinschaften bezeichnet, werden von mindestens zwei natürlichen und/oder juristischen Personen gegründet und dienen ebenfalls der Erzielung eines gemeinsamen Zwecks. Sie erreichen jedoch nicht den Status einer juristischen Person. Die Gesellschafter haften hier persönlich. Das Vermögen der Gesellschaft ist der Gesamtheit der Gesellschafter zugeordnet. Grundtypus ist die BGB-Gesellschaft.

OHG, KG und Partnerschaft sind Personengesellschaften für Zwecke der Kaufleute bzw. Freiberufler, wobei OHG und KG, der Überschrift des Zweiten Buches des HGB entsprechend, auch als Handelsgesellschaften bezeichnet werden. Daneben stehen die EWIV und, nach herrschender Meinung, die Partenreederei. Die stille Gesellschaft ist auch

3 Vgl. hierzu näher etwa aus rechtlicher Sicht *Rittner/Dreher*, Europäisches und deutsches Wirtschaftsrecht, S. 216 f.; *Klein-Blenkers*, Das Recht der Unternehmenspacht, S. 35 ff. Zur (teils abweichenden) Terminologie in der Betriebswirtschaftslehre vgl. etwa *Rose/Glorius-Rose*, Unternehmen, S. 1 f.; *Wöhe/Döring*, Einführung in die allgemeine Betriebswirtschaftslehre, S. 2 ff., 34 ff.

4 Vgl. hierzu näher etwa *Leipold*, BGB I, S. 429 ff.; *Klunzinger*, Gesellschaftsrecht, S. 1 ff.; *K. Schmidt*, Gesellschaftsrecht, S. 95 ff.; *Rittner/Dreher*, Europäisches und deutsches Wirtschaftsrecht, S. 230 ff.; *Rose/Glorius-Rose*, Unternehmen, S. 2 ff.; *Wöhe/Döring*, Einführung in die allgemeine Betriebswirtschaftslehre, S. 221 ff.

Personengesellschaft; sie ist jedoch nur eine Innengesellschaft und tritt nicht nach außen auf.[5]

**Als Unternehmensträger** wird derjenige bezeichnet, der das Rechtsobjekt Unternehmen betreibt. Als Unternehmensträger kommen wiederum die Rechtsformen, also Einzelunternehmen, juristische Personen und Personengesellschaften in Betracht. Handelt es sich um ein Einzelunternehmen, ist Träger das Rechtssubjekt natürliche Person. Bei juristischen Personen kann eine GmbH als Rechtssubjekt ein Unternehmen ebenso betreiben wie eine AG, eine KGaA oder eine Limited.

Personengesellschaften können ebenfalls Unternehmensträger sein. Zwar handelt es sich bei ihnen nicht um Personen. Personengesellschaften werden jedoch, soweit sie nach außen auftreten, als (teil-)rechtsfähig angesehen. Dies ermöglicht es ihnen, Sachen und Rechte zu erwerben, Verbindlichkeiten einzugehen oder ein Unternehmen zu betreiben. Im Einzelfall können zudem Erbengemeinschaften Träger eines Unternehmens sein.[6]

**Kein Unternehmensträger** sind die Unternehmen selbst. Zwar können insbesondere große Unternehmen gleichsam ein Eigenleben entwickeln und vom Rechtsverkehr als Unternehmensträger angesehen werden. Auch gehen, wird ein Unternehmen verkauft oder verpachtet, mit ihm Arbeits- und Versicherungsverhältnisse im Rahmen von § 613a BGB bzw. § 151 Abs. 2 VVG über. Gleichwohl bleibt das Unternehmen Rechtsobjekt.

Im Schrifttum wird das Unternehmen allerdings zum Teil selbst als Unternehmensträger angesehen bzw. in dessen Nähe gerückt: Teils wird das Unternehmen als Rechtssubjekt angesehen. Teils soll das klassische Modell des Handelsgeschäftes des HGB durch dasjenige allgemein eines Unternehmens ersetzt werden; zugleich soll dabei eine Loslösung vom Unternehmensträger erfolgen, das Unternehmen gleichsam an die Stelle seines Trägers treten.[7]

**Unternehmensträger und Unternehmen** müssen jedoch klar getrennt bleiben. Bei der Neuregelung des Kaufmanns- und Firmenrechts im Jahre 1998 hat der Gesetzgeber sich erneut gegen eine Qualifikation des Unternehmens als Unternehmensträger entschieden. Es sei deutlich zwischen dem Unternehmen bzw. Handelsgeschäft als Objekt des Rechtsverkehrs und dem Unternehmensträger als demjenigen, der das Unternehmen betreibt, zu unterscheiden.[8]

So wird das Verhältnis von Unternehmensträger und Unternehmen in der Regel dergestalt sein, dass dem Unternehmensträger das Unternehmen gehört. Die Bezeichnung

5 Vgl. hierzu näher etwa *Grunewald*, Gesellschaftsrecht, S. 3 ff., 52 ff.; *K. Schmidt*, Gesellschaftsrecht, S. 196 ff, 1285 ff.; *Wiedemann*, Gesellschaftsrecht, Band II, S. 3 ff.

6 Vgl. hierzu näher etwa *K. Schmidt,* Handelsrecht, S. 81 ff.; *Rittner/Dreher*, Europäisches und deutsches Wirtschaftsrecht, S. 226 ff.

7 Vgl. hierzu näher etwa *K. Schmidt,* Handelsrecht, S. 78 ff.; *Klein-Blenkers*, Das Recht der Unternehmenspacht, S. 90 f.

8 Vgl. BT-Drucksache 13/8444, S. 1, 19 ff., 23.

Eigentümer wäre allerdings unzutreffend, da es Eigentum nur an Sachen gibt, das Unternehmen aber Einheit und Organismus ist. Im Folgenden soll daher vom Unternehmensträger als Inhaber des Unternehmens die Rede sein. Inhaber des Unternehmens kann allerdings auch jemand anderes sein.[9]

**Das Handelsgeschäft** ist das Unternehmen eines Kaufmanns. Dies folgt aus der Regelung des Handelsgeschäftes im HGB, etwa in § 22 HGB oder in § 25 HGB. Kaufmann ist gem. § 1 Abs. 1 HGB, wer ein Handelsgewerbe betreibt. Handelsgewerbe ist gem. § 1 Abs. 2 HGB jeder Gewerbebetrieb, es sei denn, dass das Unternehmen nach Art und Umfang einen in kaufmännischer Weise eingerichteten Geschäftsbetrieb nicht erfordert.

Unter Gewerbebetrieb versteht das Gesetz eine Tätigkeit im Rahmen eines Gewerbes. Der Begriff des Gewerbes ist im HGB nicht definiert. Gewerbebetrieb ist nach herrschender Meinung jede erkennbar planmäßige, auf Dauer angelegte, selbstständige, auf Gewinnerzielung ausgerichtete oder jedenfalls wirtschaftliche Tätigkeit am Markt unter Ausschluss freiberuflicher, wissenschaftlicher und künstlerischer Tätigkeit. Ergänzungen enthalten § 2 HGB und § 3 HGB.[10]

**Handelsgeschäft ist** somit wie das Unternehmen eine Institution, mittels derer derjenige, der es betreibt, bestimmte Zwecke zu erreichen sucht. Die Zwecke sind hier jedoch auf die Tätigkeiten eines Kaufmanns beschränkt. Der Begriff des Unternehmens umfasst demgegenüber auch die Freien Berufe (kein Gewerbebetrieb), Gewerbebetriebe, die nicht in kaufmännischer Weise eingerichtet sind (kein Handelsgewerbe) und Tätigkeiten der Land- und Forstwirtschaft.

Warum das HGB von Kaufmann und Handelsgeschäft spricht, leuchtet allerdings nicht ein. Denn das HGB erfasst nicht nur denjenigen, der Waren kauft und verkauft. Über die Anknüpfung des § 1 HGB an den Gewerbebetrieb betreibt vielmehr auch der Handwerker oder derjenige, der Dienstleistungen für andere erbringt, ein Handelsgeschäft, weshalb hier teils für die Bezeichnungen Unternehmensgesetzbuch, Unternehmen und Unternehmer plädiert wird.[11]

**Der Unternehmer** ist derjenige, der das Unternehmen betreibt. So verstanden decken sich die Begriffe Unternehmensträger und Unternehmer. Der Unternehmer kann, wie der Unternehmensträger, eine natürliche Person, eine juristische Person oder eine Personengesellschaft, im Einzelfall auch eine Erbengemeinschaft, sein. Der Unternehmer wird, wie der Unternehmensträger, in der Regel auch der Inhaber des Unternehmens sein.

9 Vgl. hierzu näher etwa *Klein-Blenkers*, Das Recht der Unternehmenspacht, S. 48 sowie zum Auseinanderfallen von Unternehmensinhaber und Unternehmensträger hier noch gleich im Anschluss.

10 Vgl. hierzu näher etwa *Hopt*, in: Baumbach/Hopt, HGB, § 1 RdNr. 11 ff., 22 ff. sowie die (Parallel-)Definitionen in § 1 GewO und in § 15 Abs. 2 EStG.

11 Vgl. hierzu näher etwa *K. Schmidt,* Handelsrecht, S. 65 ff. - Ergänzung: Handelsgeschäft bezeichnet gem. § 343 Abs.1 HGB auch die Geschäfte eines Kaufmanns, die zum Betrieb seines Handelsgewerbes gehören. Der Begriff Handelsgeschäft wird so im HGB in zwei Bedeutungen gebraucht, zum einen für die Institution Handelsgeschäft, zum anderen für die Funktion Handelsgeschäft.

Kaufmann ist demgegenüber gem. § 1 HGB nur, wer ein Handelsgewerbe betreibt. Dem Verhältnis von Unternehmen und Handelsgeschäft entsprechend, ist der Begriff des Kaufmanns auch hier auf die Tätigkeiten im Sinne des HGB beschränkt. Der Begriff des Unternehmers ist weiter, indem er auch hier auch die Freien Berufe, die Gewerbebetriebe, die nicht in kaufmännischer Weise eingerichtet sind sowie Tätigkeiten der Land- und Forstwirtschaft umfasst.

**Als Unternehmer** definiert § 14 BGB eine natürliche oder juristische Person oder eine rechtsfähige Personengesellschaft, die bei Abschluss eines Rechtsgeschäfts in Ausübung ihrer gewerblichen oder selbstständigen beruflichen Tätigkeit handelt. Dies deckt sich im Grundsatz mit dem hiesigen Begriff des Unternehmers. Zugleich werden mit natürlicher Person, juristischer Person und Personengesellschaft in § 14 BGB die zentralen Rechtsformen genannt.

Gleichwohl kann die Definition des § 14 BGB hier nicht ohne weiteres übernommen werden. Denn dem Gesetzgeber geht es in § 14 BGB, wie in § 13 BGB, darum, eine Definition für die Verbraucherschutzvorschriften des BGB zu geben. Dieser Unterschied in der Zielrichtung kann zu Unterschieden im Unternehmerbegriff führen, etwa dergestalt, dass bei § 14 BGB auch ein Strohmann, der für einen Unternehmer tätig wird, Unternehmer ist.[12]

**Inhaber des Unternehmens** und Unternehmensträger bzw. Unternehmer werden regelmäßig identisch sein. Der Unternehmensträger wird das Unternehmen nicht nur betreiben, ihm wird es in der Regel auch gehören. Inhaber und Unternehmensträger können allerdings auch auseinanderfallen. So wird etwa bei der Unternehmenspacht typischerweise der Verpächter der Inhaber des Unternehmens sein. Unternehmensträger ist der Pächter.

Bei der Unternehmenspacht, ebenso etwa beim Unternehmensnießbrauch, stellen sich die Fragen der Rechtsform doppelt. Der Inhaber des Unternehmens muss fragen, welche Rechtsform für ihn die günstigste ist. Der Unternehmensträger muss sich ebenfalls mit der Frage der für ihn günstigsten Rechtsform auseinandersetzen. Dies kann z.B. dazu führen, dass ein Unternehmen einer GmbH gehört, die es an eine KG verpachtet hat, die es ihrerseits betreibt.[13]

**Weitere Abgrenzungen** ergeben sich beim Blick auf andere Rechtsgebiete. So werden die Begriffe Unternehmen und Betrieb etwa im Arbeits- und im Steuerrecht mit teils anderen Bedeutungen verwendet als im vorliegenden Zusammenhang. Auch die Überlegungen zum Unternehmerbegriff des § 14 BGB haben bereits gezeigt, dass bei der Interpretation der Begriffe der jeweilige Zusammenhang, in dem sie verwendet werden, entscheidend ist.

---

12 Vgl. hierzu näher etwa BGH, Urt. v. 13.3.2002, BGH NJW 2002, S. 2030; *Ellenberger*, in: Palandt, BGB, § 14 RdNr. 1 ff.

13 Vgl. hierzu näher etwa *K. Schmidt,* Handelsrecht, S. 156 ff.; *Klein-Blenkers*, Das Recht der Unternehmenspacht, S. 78 f.

Der Begriff der Unternehmung verdeutlicht dies ebenfalls. Im Bereich der Rechtswissenschaften spielt der Begriff der Unternehmung so gut wie keine Rolle, wird nur teils statt Unternehmen gebraucht. Im Bereich der Wirtschaftswissenschaften findet er sich demgegenüber häufig. Dort wird er teils als Synonym zum Begriff des Unternehmens verwendet. Teils bezeichnet er dort einen Betrieb im marktwirtschaftlichen Wirtschaftssystem.[14]

## 2. Zahlen zu den Rechtsformen

**Zahlen zu den Rechtsformen** sind, da die Unternehmen nicht einheitlich erfasst werden, unsicher.

Ein Register, bei dem alle in Deutschland existierenden Unternehmen geführt werden, fehlt. Das Statistische Bundesamt liefert Zahlen, ebenso die Umsatzsteuerstatistik. Die Industrie- und Handelskammer Berlin bietet auf ihrer Homepage eine Gesamtübersicht eingetragener Rechtsformen in Deutschland. Hinzu treten Aufsätze, die sich mit einzelnen Rechtsformen näher auseinandersetzen. Auf wie unsicherem Grund man sich hier bewegt, sieht man bereits daran, dass teils von 1,8 Millionen Unternehmen, teils von 3,5 Millionen Unternehmen in Deutschland die Rede ist. Die Grundlagen für das Zahlenmaterial sind streckenweise nicht gesichert. BGB-Gesellschaften werden in der Regel überhaupt nicht erfasst.[15]

Dies vorausgestellt lässt sich sagen, dass Einzelunternehmen, KG und GmbH wohl das Gros der Unternehmen in Deutschland ausmachen. Die Angaben zu den Einzelunternehmen schwanken zwischen 200 000 und 2,2 Millionen. Entsprechende Vorsicht ist bei den Angaben zur KG mit 130.000 bis 200 000 und zur GmbH mit 1 Million (teils: 200 000) geboten. Entsprechend verhält es sich hinsichtlich OHG (30 000 bis 260 000), AG (ca. 20 000), KGaA (ca. 250), Genossenschaft (ca. 8000) und Partnerschaft (ca. 7500). Für die neue Rechtsform der Unternehmergesellschaft (haftungsbeschränkt) wird für das Ende des Jahres 2009 die Zahl von 10.000 prognostiziert. Limited'n sollen 30 000 bis 40 000 in Deutschland existieren.

Was die Unternehmensnachfolgen anbelangt, stehen heute zahlreiche, insbesondere in den 60-er und 70-er Jahren aufgebaute Unternehmen zur Nachfolge an. Die Zahlen, die hier genannt werden, liegen zwischen 30 000 und 80 000 Unternehmen pro Jahr. Auch hier führen Unterschiede bei den Untersuchungsmethoden zu Zweifeln bei den genannten Zahlen. Teils rühren die Differenzen von unterschiedlichen Segmenten und Zeiträumen her. Dies schmälert freilich die grundsätzliche Attraktivität der Unterneh-

14 Vgl. hierzu näher etwa *Rose/Glorius-Rose*, Unternehmen, S. 1 ff.; *Wöhe/Döring*, Einführung in die allgemeine Betriebswirtschaftslehre, S. 38.

15 Vgl. zum Vorstehenden die Internet-Angaben insbesondere des Statistischen Bundesamtes sowie der Industrie- und Handelskammern (die Domains sind laufenden Veränderungen unterworfen und werden daher hier nicht abgedruckt) sowie daneben etwa *Wöhe/Döring*, Einführung in die allgemeine Betriebswirtschaftslehre, S. 224 ff.; *Bayer/Hoffmann*, GmbHR 2009, S. 124 – zur Unternehmergesellschaft (haftungsbeschränkt); *Kornblum*, NJW 2003, S. 3671 – zum Verein.

mensnachfolge, etwa für einen potenziellen Existenzgründer, nicht. Blickt man über die Grenze nach Österreich, in die Schweiz oder auch insgesamt in die Länder der Europäischen Union ist die Situation dort vergleichbar.[16]

**Die Wahl des Standortes** schließlich ist für den Unternehmer ebenfalls von zentraler Bedeutung. Hier geht es um die Fragen, in welchem Staat das Unternehmen seinen Standort haben soll und sodann in welchem Teil des Staates, in welcher Stadt, in welcher Straße etc. Wie zentral diese Entscheidung für den Unternehmer ist, ist auch daran erkennbar, dass die Standwortwahl noch schwerer als die Rechtsformwahl revidierbar ist. Zwar wird auch ein späterer Rechtsformwechsel, etwa von einer Limited in eine GmbH, einen gewissen Aufwand mit sich bringen. Ein späterer Wechsel des Standortes aber wird regelmäßig nur unter erheblichem finanziellem und organisatorischem Aufwand möglich sein.

Kriterien für die Standortwahl sind unter anderem die Verfügbarkeit von Anlagegütern, Material, Energie oder Arbeitskräften, die Qualität der Umwelt und die Anforderungen an den Umweltschutz, die Leistungen des Staates, wie zur Verfügung gestelltes Rechtssystem und Infrastruktur, Steuern und Subventionen. Bei den Steuern wird in jüngerer Zeit die Belastung in Deutschland, verglichen mit anderen Staaten, immer wieder diskutiert. Innerhalb von Deutschland kann die Steuerbelastung insbesondere bei der Gewerbesteuer differieren. Um angesichts dieser Vielzahl von Kriterien zu einer Entscheidung zu kommen, bietet die Betriebswirtschaftslehre quantitative und qualitative Entscheidungmodelle an.[17]

## II. Die einzelnen Wege

### 1. Allein oder gemeinsam mit anderen

**Bei der Rechtsformwahl** muss der Unternehmer zunächst entscheiden, ob er allein oder gemeinsam mit anderen tätig werden will.

**Für einen Betrieb allein** spricht, dass der Unternehmer in seinen Entscheidungen für das Unternehmen weitgehend frei ist. Der Unternehmer kann das Unternehmen vergrößern oder verkleinern, er kann den Standort des Unternehmens verändern, Produkte, die im Unternehmen hergestellt werden, hinzufügen, weglassen oder verändern, er kann Personal einstellen oder entlassen, und zwar grundsätzlich ohne sich mit anderen deswegen absprechen zu müssen.

Der Unternehmer, der sein Unternehmen allein betreibt, kommt zudem allein in den Genuss des Gewinns des Unternehmens. Im Gegenzug hat er die Last des Betriebs des

16 Vgl. zum Vorstehenden wiederum die Internet-Angaben insbesondere des Statistischen Bundesamtes sowie der Industrie- und Handelskammern sowie etwa *Klein-Blenkers*, ZEV 2001, S. 329.

17 Vgl. zum Vorstehenden näher etwa *Wöhe/Döring*, Einführung in die allgemeine Betriebswirtschaftslehre, S. 272 ff.

Unternehmens allein zu tragen. Er hat das erforderliche Kapital aufzubringen. Er trägt die Verantwortung für das Geschehen. Er hat keine Partner, mit denen er die anstehenden Aufgaben bewältigen kann. Das Risiko eines möglichen Verlustes des Unternehmens trägt er allein.

**Für einen Betrieb gemeinsam** mit anderen spricht die Möglichkeit, Lasten, wie Kapitalaufbringung, Leitung des Unternehmens oder Tragung möglicher Verluste, auf mehrere Schultern zu verteilen. Die Beteiligten können sich gegenseitig unterstützen und ergänzen. So kann der Eine Führungsfähigkeit und der Andere Erfindergeist beisteuern. Im Gegenzug ist der Abstimmungsbedarf regelmäßig hoch. Gewinne müssen geteilt werden.

**So ist zu unterscheiden**. Soll das Unternehmen allein betrieben werden, bietet sich zunächst die Rechtsform Einzelunternehmen an. Unternehmensträger ist hier die natürliche Person. Der Einzelunternehmer wird durch sein Handeln persönlich berechtigt und verpflichtet. Die Gläubiger können grundsätzlich auf dessen gesamtes Vermögen, d.h. auf das im Unternehmen gehaltene Vermögen und auf das Privatvermögen des Einzelunternehmers zugreifen.

Soll das Unternehmen gemeinsam mit anderen betrieben werden, sind die juristischen Personen und die Personengesellschaften die vom Gesetzgeber hierfür vorgesehenen Wege. Bei den juristischen Personen bieten sich insbesondere GmbH und AG, bei den Personengesellschaften OHG, KG, Partnerschaft und BGB-Gesellschaft sowie daneben die GmbH&CoKG an. In Einzelfällen kommt auch die Grundlage einer Erbengemeinschaft in Betracht.

**Einen Sonderfall** stellen Ein-Personen-GmbH und Ein-Personen-AG dar. Gem. § 1 GmbHG kann eine GmbH, gem. § 2 AktG auch eine AG durch nur eine Person gegründet werden, eine Abweichung von dem Grundsatz, dass es für Gesellschaften mehrerer Personen bedarf. Da es sich bei der einen Person auch um eine juristische Person handeln kann, passt der Begriff Ein-Personen-Gesellschaft besser als die Begriffe Ein-Mann-GmbH oder Ein-Frau-AG.

Gleiches kann bei der GmbH&CoKG gelten. Die GmbH&CoKG ist eine KG. Persönlich haftender Gesellschafter, Komplementär, dieser KG ist eine GmbH. Handelt es sich bei der GmbH um eine Ein-Personen-GmbH und ist die natürliche Person, die Alleingesellschafter der GmbH ist, zugleich beschränkt haftender Gesellschafter, Kommanditist, der KG, wird durch diese Gestaltung erreicht, dass bei diesem Unternehmensträger KG nur eine natürliche Person involviert ist.[18]

18 Vgl. hierzu noch näher später S. 180 ff.

## 2. Nachfolge, Verbindung, Umwandlung

**Besteht ein Unternehmen**, können sich Fragen der Nachfolge, der Verbindung oder der Umwandlung stellen.

**Von Unternehmensnachfolge** spricht man, wenn das Unternehmen nicht neu geschaffen, sondern übernommen wird. Vorteile der Unternehmensnachfolge bestehen darin, dass der Unternehmer auf Existentes und Erfahrungen zurückgreifen kann und damit zugleich eine gewisse Sicherheit für die Zukunft hat. Einkommen- und erbschaftsteuerrechtliche Vorteile können hinzukommen. Aus volkswirtschaftlicher Sicht können Arbeitsplätze gesichert werden.

Als Wege bieten sich hier der Unternehmenskauf, die Unternehmenspacht sowie der Erwerb von Todes wegen an. Fälle der Übertragung von Unternehmen bereits zu Lebzeiten auf spätere Erben und der Unternehmensnießbrauch kommen hinzu. Unternehmenskauf und Unternehmenspacht sind dabei stets sorgfältig vorzubereiten, ebenso Erwerbe von Todes wegen. Gleiches gilt bei anderen Formen der Unternehmensnachfolge.[19]

**Verbindungen** von Rechtsformen können ebenfalls Grundlage für den Betrieb von Unternehmen sein. Dies gilt für Mischformen, wie etwa die GmbH&CoKG. Dies gilt ebenso für Konzernkonstellationen. So können etwa einer AG mehrere GmbH'n gehören, die ihrerseits Unternehmen betreiben. Oder eine GmbH kann das von ihr betriebene Unternehmen an einen Einzelunternehmer verpachten, der das Unternehmen in der Folge betreibt.

Für die Konzernkonstellationen enthalten die §§ 15 ff. AktG Definitionen. Die §§ 291 ff. AktG regeln Unternehmensverträge, wie die Unternehmenspacht, bei AG und KGaA; die §§ 308 ff. AktG setzen sich mit weiteren Folgen bei AG und KGaA auseinander. Für die Folgen von Verbindungen bei GmbH'n findet sich eine umfangreiche Rechtsprechung. Die SE stellt eine spezielle Rechtform für Unternehmensverbindungen in Europa dar.[20]

**Die Gründe und Motive** für solche Verbindungen sind vielfältig. Bei Mischformen wird häufig versucht, die Vorteile verschiedener Rechtsformen miteinander zu kombinieren. Bei Konzernverbindungen sind strategische Überlegungen, etwa der engeren Kooperation oder auch der Trennung zwecks Risikominimierung, häufig. Verbindungen können auf früheren Zusammenschlüssen beruhen. Tätigkeiten in verschiedenen Ländern können Verbindungen erforderlich machen.

Zugleich werden Verbindungen häufig Probleme nach sich ziehen. Diese können darauf beruhen, dass Strukturen von denen, die sie geschaffen haben, nicht mehr be-

---

19 Vgl. hierzu näher später S. 185 ff.

20 Vgl. hierzu näher etwa *K. Schmidt,* Gesellschaftsrecht, S. 486 ff.; *Zöllner*, in: Baumbach/Hueck, GmbHG, Schlussanhang – Die GmbH im Unternehmensverbund; *Rose/Glorius-Rose*, Unternehmen, S. 131 ff.; *Wöhe/Döring*, Einführung in die allgemeine Betriebswirtschaftslehre, S. 254 ff.

herrscht werden. Die derzeitige Finanzkrise hat solche Fälle in großer Zahl ans Licht gebracht. Steuerrechtliche, konzernrechtliche oder auch arbeitsrechtliche Konsequenzen, die aus Verbindungen folgen, können das Verständnis und die Tätigkeit weiter erschweren.[21]

**Zweigniederlassungen**, auch: Filialen, stellen ebenfalls eine Möglichkeit der Gestaltung dar. Zweigniederlassungen sind vom Unternehmensträger abhängige Untereinheiten des Unternehmens, die in gewisser Weise selbstständig sind. Dies ist der Fall, wenn selbstständig Geschäfte getätigt werden, und zwar nicht bloß nebensächliche oder nach genauen Anweisungen schematisch zu erledigende, sondern auch wesentliche, mit einer gewissen Freiheit der Entscheidung.

So kann z.B. eine GmbH ein Unternehmen betreiben und dieses Unternehmen kann eine Zweigniederlassung haben. Unternehmensträger der Zweigniederlassung ist dann ebenfalls die GmbH, die auch Arbeitgeber der Arbeitnehmer der Zweigniederlassung ist. Für die Zweigniederlassung können eigene Register- oder Steueranforderungen gelten. Sind die Voraussetzungen einer Zweigniederlassung nicht erfüllt, ist teils von unselbstständiger Betriebsstätte die Rede.[22]

**Umwandlungen** können relevant werden, wenn sich bei einem Unternehmen nach einiger Zeit die Frage stellt, ob es nicht besser wäre, dieses in einer anderen Rechtsform als bisher zu betreiben. Haftungsgründe können hier anstelle eines Einzelunternehmens die Rechtsform GmbH nahe legen. Erhöhter Kapitalbedarf kann anstelle einer GmbH für eine AG sprechen. Entsprechend verhält es sich, wenn ein Unternehmen erworben wird, etwa aufgrund Erbfalls.

Auch hier sind, wie bei der Gründung eines Unternehmens, die in Betracht kommenden Rechtsformen aus gesellschaftsrechtlicher, steuerrechtlicher und sonstiger Sicht zu vergleichen. Die im Folgenden angestellten Überlegungen zur Rechtsformwahl bei Gründung gelten entsprechend. Hinzu kommt: Das UmwG und das UmwStG stellen Wege zur Verfügung, eine Umwandlung zivilrechtlich einfach und steuerrechtlich schonend zu gestalten.[23]

---

21 Auf die Fragen der Verbindungen von Unternehmen kann im Folgenden nicht im Einzelnen eingegangen werden; vgl. hierzu neben den bereits zuvor genannten Fundstellen etwa *Wiedemann*, Gesellschaftsrecht, Band II, S. 501 ff.; *Kuhlmann/Ahnis*, Konzern- und Umwandlungsrecht; *Emmerich/Habersack*, Konzernrecht.

22 Vgl. hierzu näher etwa *K. Schmidt,* Handelsrecht, S. 75 ff.; *Rose/Glorius-Rose*, Unternehmen, S. 132 f., 189.

23 Auf die Fragen der Umwandlung von Unternehmen kann im Folgenden nicht im Einzelnen eingegangen werden; vgl. hierzu näher etwa *Kuhlmann/Ahnis*, Konzern- und Umwandlungsrecht; *Lutter*, Umwandlungsgesetz; *Strauch*, Umwandlungssteuerrecht; *Schmitt/Hörtnagel/Stratz*, UmwG und UmwStG.

## III. Die Rechtsform Einzelunternehmen

### 1. Natürliche Person als Träger

**Im Falle des Einzelunternehmens** ist Unternehmensträger die natürliche Person.

**Zur Entstehung** eines Einzelunternehmens kommt es ohne weiteres. Nimmt der Unternehmer seine Geschäfte auf, stellt er etwa Mitarbeiter ein oder schaltet er eine Werbeanzeige, ist er nicht mehr nur Privatperson. Was das Unternehmen anbelangt, handelt er nun als (Einzel-)Unternehmer. Einer Erklärung oder gar eines Vertrages bedarf es insoweit nicht, ebenso wenig eines Mindestkapitals. Die Zahl der Einzelunternehmen wird teils mit 200 000, teils mit 2,2 Millionen angegeben.[24]

Für die Aufnahme der Tätigkeit können besondere Voraussetzungen erforderlich sein. So ist der Betrieb eines Kiosks gem. § 14 Abs. 1 GewO anzeige- und möglicherweise gem. § 2 GastG erlaubnispflichtig. Für die Aufnahme einer Tätigkeit als Rechtsanwalt bedarf es der Zulassung durch die jeweilige Kammer. Dies ändert aber nichts daran, dass die Gründung eines Einzelunternehmens, vergleicht man sie mit den anderen Rechtsformen, am einfachsten ist.

**Geschäftsführung und Auftreten** nach außen werden grundsätzlich durch den Einzelunternehmer selbst erfolgen. Die Geschäftsführung, also die Leitung des Unternehmens nach innen, liegt beim Einzelunternehmer selbst, was dieser in der Regel gerade auch wünschen wird. Ebenso verhält es sich hinsichtlich des Auftretens nach außen durch Rechtsgeschäft.

Der Einzelunternehmer kann Dritte mit Geschäftsführung und Vertretung beauftragen. So kann er die Führung der Geschäfte ganz oder teilweise Angestellten oder Außenstehenden übertragen. Für die Vertretung kann er als Kaufmann unter anderem Handlungsbevollmächtigte oder Prokuristen ernennen. Daneben kommen Einzel- und Generalvollmacht in Betracht. Gefahren können dann daraus erwachsen, dass die Dritten Fehler machen.

**Die Haftung für Verbindlichkeiten** trifft den Einzelunternehmer selbst, ein Nachteil gegenüber GmbH und AG. Durch den Betrieb des Einzelunternehmens wird der Unternehmer persönlich berechtigt und verpflichtet. Schließt er Verträge für das Unternehmen ab, wird er der Vertragspartner. Die Ansprüche aus den Verträgen stehen ihm zu. Die Vertragspartner können ihn in Anspruch nehmen. Gleiches gilt bei Schadensersatzansprüchen im Zusammenhang mit dem Unternehmen.

Der Einzelunternehmer haftet mit seinem gesamten Vermögen, also auch mit seinem Privatvermögen. Dies ist der Grund, warum bei der Rechtsform Einzelunternehmen, ebenso wie später bei den Personengesellschaften, ein Mindestkapital nicht Entstehungsvoraussetzung ist. Wünscht der Einzelunternehmer eine Beschränkung der Haf-

24 Vgl. hierzu bereits S. 1, S. 5 und S. 9.

tung, kann er dies grundsätzlich nur durch Vereinbarung im Einzelfall mit seinem jeweiligen Gegenüber erreichen.

**Bei der Beendigung** verhält es sich entsprechend der Entstehung. Die Rechtsform Einzelunternehmen endet wie sie begonnen hat. Entschließt der Einzelunternehmer sich, seine Tätigkeit zukünftig nicht weiter zu verfolgen, hat er insoweit bestehende Verträge zu beenden, Forderungen einzuziehen, Verbindlichkeiten zu begleichen, möglicherweise auch Unternehmensgegenstände, wie Grundstücke, Maschinen oder Patente, zu veräußern.

Einer Beendigungserklärung oder gar eines Beschlusses bedarf es nicht. Das Unternehmen endet gleichsam schleichend. Eine werbende Tätigkeit wird nicht mehr ausgeführt. Rechtliche Beziehungen werden abgewickelt. Irgendwann existieren keine Verträge, Forderungen oder Verbindlichkeiten, die aus dem Unternehmen resultiert haben, mehr; Bestandteile, die zum Unternehmen gehört haben, sind veräußert oder in das Privatvermögen des Unternehmers überführt.

**Fall**

A entschließt sich, einen Laden für Computerzubehör zu eröffnen. (1) Wann entsteht das Einzelunternehmen? (2) Was kann A tun, wenn ein Kunde seine Rechnung nicht bezahlt? (3) Wie verhält es sich, wenn A den Computerladen aufgibt und stattdessen eine Unternehmensberatung eröffnet?

**Lösung:** (1) Das Einzelunternehmen entsteht, wenn A seine unternehmerische Tätigkeit nach außen aufnimmt, er also etwa Räume anmietet. Ob A für seine Tätigkeit Erlaubnisse bzw. Genehmigungen braucht, ist insoweit grundsätzlich ohne Bedeutung. Vom Beginn seiner Tätigkeit an handelt A im Rahmen seiner unternehmerischen Tätigkeit als Einzelunternehmer, privat weiterhin als Privatperson. (2) Der Vertrag besteht zwischen A als Einzelunternehmer und dem Kunden. Zahlt der Kunde nicht, gerät dieser, spätestens nach Mahnung, in Schuldnerverzug. Notfalls muss A auf Zahlung klagen. (3) Gibt A den Computerladen auf, endet das Einzelunternehmen und muss nun noch schrittweise abgewickelt werden. Zugleich wird A nun Einzelunternehmer in seiner Tätigkeit als Unternehmensberater. Die natürliche Person des A ist dann erneut in eine Unternehmer- und eine Privatperson gleichsam gespalten.

## 2. Mögliche weitere Einordnungen

**Weitere Einordnungen** beim Einzelunternehmen können sich aus Handels-, Zivil- oder Steuerrecht ergeben.

**Ist der Einzelunternehmer Kaufmann**, gelten für ihn etwa die Buchführungspflichten der §§ 238 ff. HGB, aktuell erleichtert durch die §§ 241a; 242 Abs. 4 HGB, oder die Vorschriften der §§ 343 ff. HGB betreffend Handelsgeschäfte. Kaufmann ist gem. § 1 Abs. 1 HGB, wer ein Handelsgewerbe betreibt. Handelsgewerbe ist gem. § 1 Abs. 2 HGB jeder Gewerbebetrieb, es sei denn, dass das Unternehmen nach Art oder Umfang einen in kaufmännischer Weise eingerichteten Geschäftsbetrieb nicht erfordert.

Unter Gewerbebetrieb versteht das Gesetz eine Tätigkeit im Rahmen eines Gewerbes. Der Begriff des Gewerbes ist im HGB nicht definiert. Gewerbebetrieb ist nach herrschender Meinung jede erkennbar planmäßige, auf Dauer angelegte, selbstständige, auf Gewinnerzielung ausgerichtete oder jedenfalls wirtschaftliche Tätigkeit am Markt unter Ausschluss freiberuflicher, wissenschaftlicher und künstlerischer Tätigkeit. Ergänzungen enthalten § 2 HGB und § 3 HGB.[25]

**Zudem wird der Einzelunternehmer** in der Regel Unternehmer im Sinne des § 14 BGB sein mit der Folge, dass Verbraucherschutzvorschriften zur Anwendung kommen können. Unternehmer gem. § 14 BGB ist eine natürliche Person oder juristische Person oder rechtsfähige Personengesellschaft, die bei Abschluss eines Rechtsgeschäfts in Ausübung ihrer gewerblichen oder selbstständigen beruflichen Tätigkeit handelt. Dies wird beim Einzelunternehmer regelmäßig der Fall sein.

Schließt der Unternehmer einen Vertrag und steht auf der anderen Seite ein Verbraucher im Sinne des § 13 BGB, bedeutet dies, dass der Verbraucher Haustür- oder Fernabsatzgeschäfte gem. den §§ 312 ff.; 355 ff. BGB für eine gewisse Dauer widerrufen kann. Beim Verbrauchsgüterkauf kommen die §§ 474 ff. BGB, beim Verbraucherdarlehen die §§ 491 ff. BGB zur Anwendung. Bei Allgemeinen Geschäftsbedingungen ist etwa § 310 Abs. 3 BGB zu beachten.[26]

**Aus Sicht des Steuerrechts** bringt die Rechtsform Einzelunternehmen Vor- und Nachteile mit sich. Der Einzelunternehmer ist, betreibt er einen Gewerbebetrieb, gem. § 15 Abs. 1 S. 1 Nr. 1 EStG einkommensteuerpflichtig und daneben gewerbesteuerpflichtig. Unternimmt der Einzelunternehmer eine freiberufliche Tätigkeit, ist er einkommensteuerpflichtig gem. § 18 Abs. 1 EStG mit Einkünften aus selbstständiger Tätigkeit, nicht aber gewerbesteuerpflichtig.

Um Belastungsgleichheit von Einzelunternehmen sowie Personengesellschaft und Kapitalgesellschaft zu erreichen, hat der Gesetzgeber nunmehr in § 34a EStG die Möglichkeit der sog. Thesaurierungsbegünstigung eingeführt. Gleichwohl bleiben Unterschiede. So kann der Einzelunternehmer erzielte Gewinne mit anderweitigen Verlusten verrechnen, und umgekehrt. Bei einer Kapitalgesellschaft kann die Gesamtsteuerbelastung im Einzelfall niedriger ausfallen.[27]

**Minderjährige Einzelunternehmer** können ein Unternehmen nur führen, wenn sie zumindest beschränkt geschäftsfähig sind, der gesetzliche Vertreter sie gem. § 112 BGB zum selbstständigen Betrieb eines Erwerbsgeschäfts ermächtigt hat und eine Genehmigung des Familiengerichts vorliegt. Bei Geschäften im Sinne des § 1643 BGB sind darüber hinaus dementsprechende zusätzliche Einzelgenehmigungen des Familiengerichts erforderlich.

25 Vgl. hierzu bereits S. 7.
26 Vgl. hierzu bereits S. 8.
27 Vgl. zu diesen Fragen im Einzelnen später S. 147 ff. und S. 206 ff.

Soll der Minderjährige das Unternehmen nicht selbst betreiben, sondern wollen die Eltern dies für ihn tun, ist eine Genehmigung des Familiengerichts gem. § 1645 BGB (Gründung des Unternehmens) bzw. gem. § 1643 BGB i.V.m. § 1822 Nr. 3 BGB (Kauf des Unternehmens für den Minderjährigen) erforderlich. Führen die Eltern ein Unternehmen fort, welches der Minderjährige geerbt hat, enthält § 1629a BGB eine Haftungsbeschränkung.[28]

**Fall**

A betreibt als Einzelunternehmer ein kleines Haushaltswarengeschäft. (1) Angenommen, A hat sich bei der Bank X mündlich für einen Kredit verbürgt, den Bank X einem Lieferanten des A, Y, gegeben hat – kann Bank X den A in Anspruch nehmen? (2) Angenommen, A verkauft Haushaltswaren auch dergestalt, dass er von Tür zu Tür geht – welche Rechte stehen Z zu, wenn A dem Z an der Haustür eine Halskette verkauft hat?

**Lösung**: (1) Fraglich ist, ob Bank X den A gem. § 765 Abs. 1 BGB aus der Bürgschaft in Anspruch nehmen kann. Ein Bürgschaftsvertrag zwischen A und Bank X wurde geschlossen. A hat sich als Einzelunternehmer und damit als natürliche Person verpflichtet. Der Bürgschaftsvertrag wurde mündlich geschlossen, so dass er der gem. § 766 BGB erforderlichen Schriftform entbehrt. Freilich kommt das Schriftformerfordernis des § 766 BGB gem. § 350 HGB nicht zur Anwendung, wenn die Bürgschaft auf Seiten des Schuldners, also A, ein Handelsgeschäft ist. Handelsgeschäfte sind gem. § 343 HGB alle Geschäfte eines Kaufmanns, die zum Betrieb seines Handelsgewerbes gehören. Die Definition des Kaufmanns enthält § 1 HGB. Die Voraussetzungen eines Gewerbebetriebs (s.o.) sind vorliegend gegeben. § 1 Abs. 2 HGB enthält zudem eine Vermutung dahingehend, dass der Gewerbebetrieb in kaufmännischer Weise eingerichtet ist. Da A die Bürgschaft für einen Lieferanten und damit zu seinem Handelsgeschäft gehörig abgegeben hat, war Schriftform nicht erforderlich. Der Bürgschaftsvertrag ist wirksam geschlossen. Bank X kann den A in Anspruch nehmen. (2) Nachdem A und Z an der Haustür einen Kaufvertrag geschlossen haben, steht Z gem. § 433 Abs. 1 BGB gegen A ein Anspruch auf Übertragung von Besitz und Eigentum an einer Halskette zu, und zwar frei von Sach- und Rechtsmängeln. Im Gegenzug muss Z gem. § 433 Abs. 2 BGB den vereinbarten Kaufpreis zahlen. Da A Unternehmer im Sinne des § 14 BGB und Z wohl Verbraucher im Sinne des § 13 BGB ist und nachdem der Vertrag an der Haustür des Z geschlossen worden ist, steht Z ein Widerrufsrecht gem. § 312 BGB zu. Entschließt Z sich zum Widerruf, kann er diesen gem. § 355 BGB erklären mit der Folge, dass der Kaufvertrag nicht mehr zur Durchführung kommt.

28 Vgl. zum Vorstehenden etwa *K. Schmidt,* Handelsrecht, S. 89 f.

Name der entgegennehmenden Gemeinde | Gemeindekennzahl Betriebsstätte (Sitz) | **GewA 1**

## Gewerbe-Anmeldung nach § 14 GewO oder § 55 c GewO

**Angaben zum Betriebsinhaber** Bei Personengesellschaften (z.B. OHG) ist für jeden geschäftsführenden Gesellschafter ein eigener Vordruck auszufüllen. Bei juristischen Personen ist bei Feld Nr. 3 bis 9 und Feld Nr. 30 und 31 der gesetzliche Vertreter anzugeben (bei inländischer AG wird auf diese Angaben verzichtet). Die Angaben für weitere gesetzliche Vertreter zu diesen Nummern sind ggf. auf Beiblättern zu ergänzen.

1 Im Handels-, Genossenschafts- oder Vereinsregister eingetragener Name mit Rechtsform (ggf. bei GbR: Angabe der weiteren Gesellschafter)

2 Ort | Nr. des Registereintrags

**Angaben zur Person**

3 Name | 4 Vornamen | 4a Geschlecht ☐ männlich ☐ weiblich

5 Geburtsname (nur bei Abweichung vom Namen)

6 Geburtsdatum (TT.MM.JJJJ) | 7 Geburtsort | Geburtsland

8 Staatsangehörigkeit/en ☐ deutsch andere:

9 Anschrift der Wohnung (Straße, Haus-Nr., PLZ, Ort) | Telefon | Telefax | E-Mail/web (Angabe freiwillig)

**Angaben zum Betrieb**

10 Zahl der geschäftsführenden Gesellschafter (nur bei Personengesellschaften)
Zahl der gesetzlichen Vertreter (nur bei juristischen Personen)

11 Vertretungsberechtigte Person/Betriebsleiter (nur bei inländischen Aktiengesellschaften, Zweigniederlassungen und unselbständigen Zweigstellen)
Name | Vorname

Anschriften (Straße, Haus-Nr., PLZ, Ort)

12 Betriebsstätte | Telefon | Telefax | E-Mail/web (Angabe freiwillig)

13 Hauptniederlassung (falls Betriebsstätte lediglich Zweigstelle ist) | Telefon | Telefax | E-Mail/web (Angabe freiwillig)

14 Frühere Betriebsstätte | Telefon | Telefax

15 Angemeldete Tätigkeit - ggf. ein Beiblatt verwenden (genauer angegeben: z.B. Herstellung von Möbeln, Elektroinstallationen und Elektroeinzelhandel, Großhandel mit Lebensmitteln usw.; bei mehreren Tätigkeiten bitte Schwerpunkt unterstreichen)

16 Wird die Tätigkeit (vorerst) im Nebenerwerb betrieben? ☐ nein ☐ ja | 17 Beginn der angemeldeten Tätigkeit | Datum (TT.MM.JJJJ)

18 Art des angemeldeten Betriebes: ☐ Industrie ☐ Handwerk ☐ Handel ☐ Sonstiges

19 Zahl der bei Geschäftsaufnahme tätigen Personen (ohne Inhaber) Vollzeit Teilzeit ☐ Keine

Die Anmeldung wird erstattet für
20 ☐ Eine Hauptniederlassung ☐ eine Zweigniederlassung ☐ eine unselbständige Zweigstelle
21 ☐ ein Automatenaufstellungsgewerbe 22 ☐ ein Reisegewerbe

Grund 23 24 **Neuerrichtung/ Übernahme** ☐ Neugründung ☐ Wiedereröffnung nach Verlegung aus einem anderen Meldebezirk ☐ Gründung nach Umwandlungsgesetz (z.B. Verschmelzung, Spaltung) ☐ Wechsel der Rechtsform ☐ Gesellschaftereintritt ☐ Erbfolge/Kauf/Pacht

26 Name des früheren Gewerbetreibenden oder früherer Firmenname

**Falls der Betriebsinhaber für die angemeldete Tätigkeit eine Erlaubnis benötigt, in die Handwerksrolle einzutragen oder Ausländer ist:**

28 Liegt eine Erlaubnis vor? ☐ nein ☐ ja, | Ausstellungsdatum | erteilende Behörde

29 **Nur für Handwerksbetriebe** Liegt eine Handwerkskarte vor? ☐ nein ☐ ja, | Ausstellungsdatum | Name der Handwerkskammer

30 Liegt eine Aufenthaltsgenehmigung vor? ☐ nein ☐ ja, | Ausstellungsdatum | erteilende Behörde

31 Enthält die Aufenthaltsgenehmigung eine Auflage oder Beschränkung? ☐ nein ☐ ja, | sie enthält folgende Auflagen bzw. Beschränkungen:

**Hinweis: Diese Anzeige berechtigt nicht zum Beginn eines Gewerbebetriebes, wenn noch eine Erlaubnis oder eine Eintragung in die Handwerksrolle notwendig ist. Zuwiderhandlungen können mit Geldbuße oder Geldstrafe oder Freiheitsstrafe geahndet werden. Diese Anzeige ist keine Genehmigung zur Errichtung einer Betriebsstätte entsprechend dem Planungs- und Baurecht.**

32 ______________________ Ort, Datum

33 ______________________ Unterschrift

## IV. Die Rechtsform der Gesellschaft

### 1. Begriff und Entstehung

**Beim Begriff der Gesellschaft** lässt sich ein engeres und ein weiteres Verständnis unterscheiden.

**Gesellschaften sind Organisationsformen** des Privatrechts, die der Gesetzgeber zur Verfügung stellt und die von ihren Gesellschaftern für bestimmte Zwecke genutzt werden können. Dabei wird regelmäßig zwischen den Personengesellschaften, die auch als Gesellschaften im engeren Sinne bezeichnet werden, und einem Teil der juristischen Personen, die auch als Körperschaften bzw. Gesellschaften im weiteren Sinne bezeichnet werden, unterschieden.

Diese Gesellschaften bringen die bereits genannten Vorteile, insbesondere die Möglichkeiten, die Lasten des Betriebs sowie Verluste auf mehrere Schultern zu verteilen, mit sich. Die Gesellschafter können sich gegenseitig unterstützen und ergänzen. Nachteile sind demgegenüber insbesondere der regelmäßig hohe Abstimmungsbedarf zwischen den Gesellschaftern. Auch werden erwirtschaftete Gewinne regelmäßig zu teilen sein.

Neben den Gesellschaften spielen die Erbengemeinschaft gem. den §§ 2032 ff. BGB, die Stiftung des Privatrechts gem. den §§ 80 ff. BGB und auch die Rechtsformen des öffentlichen Rechts eine Rolle. Diese Formen liegen jedoch nur am Rand bzw. betreffen Sonderkonstellationen. Die Bruchteilsgemeinschaft gem. den §§ 741 ff. BGB sowie die Gütergemeinschaft gem. den §§ 1415 ff. BGB spielen als Unternehmensträger vorliegend keine Rolle.[29]

**Voraussetzung für die Entstehung** einer Gesellschaft ist, weiter gehend als beim Einzelunternehmen, ein rechtgeschäftlicher Akt, in der Regel ein Vertrag. Zwar besteht bei den Gesellschaften ein Numerus clausus, d.h. die Gründer einer Gesellschaft müssen sich unter den im Gesetz vorgesehenen Gesellschaftsformen entscheiden. Innerhalb dieser Formen können sie jedoch grundsätzlich frei wählen. Was den Inhalt anbelangt, sind die Parteien weitgehend frei.

Dies gilt neben den Personen der Gesellschafter insbesondere für den Gesellschaftszweck. So kann eine GmbH auf den Betrieb eines Computerhandels oder eines Restaurants, eine Partnerschaft auf den Betrieb einer Steuerberaterkanzlei oder eines Architekturbüros abzielen. Bei einzelnen Gesellschaften muss der Zweck ausdrücklich genannt werden. Wahlfreiheit besteht daneben im Grundsatz für den Sitz und den Namen des Unternehmens.[30]

29 Vgl. zum Vorstehenden näher etwa *Müssig*, Wirtschaftsprivatrecht, S. 373 ff.; *K. Schmidt*, Gesellschaftsrecht, S. 1 f., 45 ff.
30 Vgl. zu den Voraussetzungen im Einzelnen die Ausführungen zu den einzelnen Gesellschaften S. 38 ff.

**Folgende weitere Aspekte** werden die Parteien typischerweise regeln: Sie werden vereinbaren, wer für Geschäftsführung und Vertretung zuständig ist, inwieweit von den Gesellschaftern Geld- und sonstige Leistungen gegenüber der Gesellschaft zu erbringen sind, wie es sich mit Stimm-, Informations- oder Kontrollrechten verhält, wann die Gesellschaft ihr Ende finden soll und wie dann die Abwicklung der Gesellschaft zu erfolgen hat.

Daneben können Fragen der Nachschusspflicht, möglicherweise von Tätigkeitsvergütungen oder Entnahmen oder eines Wettbewerbsverbotes geregelt werden. Schriftform-, Teilnichtigkeits- oder Schiedsgerichtsklauseln können vereinbart werden. Oder es kann geregelt werden, unter welchen Voraussetzungen Gesellschafterwechsel, etwa durch Ein- oder Austritt von Gesellschaftern, zulässig sein und was diese nach sich ziehen sollen.

**So zeigen sich auch hier** noch einmal die typischen Phasen einer Gesellschaft, wie auch eines Einzelunternehmens. Regelmäßig geht es zunächst um die Fragen der Entstehung. Sodann stehen Fragen des Betriebs und hier insbesondere Geschäftsführung und Vertretung einschließlich der Verpflichtungen der Beteiligten im Mittelpunkt. Am Ende stehen Auflösung und Abwicklung der Gesellschaft bzw. des Einzelunternehmens. Im Außenverhältnis treten Fragen der Haftung hinzu.

Im Folgenden werden die einzelnen Gesellschaften diesen typischen Phasen folgend vorgestellt. Zunächst wird gefragt, um was für eine Gesellschaft es sich handelt und welche ihre Entstehungsvoraussetzungen sind, um sodann auf Geschäftsführung und Vertretung, die Pflichten der Gesellschafter gegenüber der jeweiligen Gesellschaft, auf Haftung, auf Gewinn bzw. Verlust einschließlich der Besteuerung und schließlich auf die Beendigung einzugehen.

**Fall**

A möchte eine juristische Person gründen, um mit dieser eine Autoreparaturwerkstatt zu betreiben. Diese soll einer AG ähnlich sein, aber bereits mit einem Mindestkapital von 10.000,- EUR auskommen und zudem „A-Reparaturgesellschaft" heißen. Geht dies?

**Lösung:** Eine AG nach AktG kann A auf diese Weise nicht gründen. Denn für die Gründung einer AG ist gem. § 7 AktG ein Mindestkapital von 50 000,– EUR erforderlich. Zudem muss eine AG gem. § 4 AktG in ihrer Firma die Bezeichnung Aktiengesellschaft oder eine allgemein verständliche Abkürzung dieser Bezeichnung enthalten. Auch eine eigene Gesellschaftsform, erst recht einen eigenen Typus juristische Person, kann A angesichts des im Gesellschaftsrecht geltenden Numerus clausus nicht generieren. A wird sich daher, bleibt er bei seinen Vorgaben, entweder für die Rechtsform des Einzelunternehmens oder für eine GmbH in der Form einer Unternehmergesellschaft (haftungsbeschränkt) gem. § 5a GmbHG entscheiden müssen. Dabei muss er dann auch die insoweit jeweils geltenden Regeln der Firmierung einhalten, etwa die Vorgaben des § 5a Abs. 1 GmbHG befolgen.

## 2. Systematik der Gesellschaften

**Systematisch ist zu unterscheiden** zwischen den juristischen Personen und den Personengesellschaften.

**Juristische Personen** sind Personen des Rechtsverkehrs wie die natürlichen Personen. Sie können Rechte erwerben, Verbindlichkeiten eingehen und Träger eines Unternehmens sein. Bei ihnen haftet nur das Gesellschaftsvermögen. Ihr Ausgangspunkt ist der Verein des BGB. Die §§ 21 ff. BGB normieren die juristischen Personen und unterscheiden dabei zwischen nicht wirtschaftlichen (§ 21 BGB), wirtschaftlichen (§ 22 BGB) und ausländischen Vereinen (§ 23 BGB).

Im vorliegenden Zusammenhang steht der eingetragene nicht wirtschaftliche Verein gem. den §§ 21; 24 ff.; 55 ff. BGB im Vordergrund. Die juristische Person entsteht hier mit Eintragung. Kennzeichnend ist die Vereinigung der Personen. Bei Stiftungen gem. den §§ 80 ff. BGB ist demgegenüber ein Vermögen mit einem bestimmten Zweck kennzeichnend.[31]

**Juristische Personen sind Kunstgebilde**, die sich aus dem Theorienstreit des 19. Jahrhunderts zwischen Fiktions- und Genossenschaftstheorie entwickelt haben und heute anerkannt sind. Mit Eintragung entsteht eine Organisation, eine Rechtsperson, die vorher nicht existent war und nun Träger eines Unternehmens sein kann. Durch Handlungen ihrer Organe[32] nimmt sie am Rechtsverkehr teil. Gläubigern haftet prinzipiell nur das Vermögen der juristischen Person.

Dass juristische Personen für ihre Entstehung keiner über die Eintragung in das Vereins- bzw. Handelsregister hinausgehenden staatlichen Mitwirkung bedürfen, andererseits aber auch nicht beliebig geschaffen werden können, ist das Ergebnis der Diskussionen des 19. Jahrhunderts. Liegen die im Gesetz genannten Voraussetzungen vor und wird die juristische Person daraufhin eingetragen, kommt es zu ihrer Entstehung; mehr ist nicht erforderlich.[33]

**Blickt man auf GmbH und AG**, zeigt deren Organisationsstruktur sowie die Tatsache, dass es sich bei GmbH (§ 13 Abs. 1 GmbHG) und AG (§ 1 Abs. 1 AktG) um eine juristische Person handelt, dass diese nicht BGB-Gesellschaften sondern Körperschaften und damit Vereine sind. Infolgedessen können, weisen GmbHG oder AktG Lücken auf, die Vorschriften der §§ 21 ff. BGB auf sie zur Anwendung kommen.

Diese systematische Herleitung deckt sich weitgehend mit der Historie. Zwar finden sich Aktiengesellschaften bereits im Mittelalter. Auch ist die GmbH im Jahre 1892 gleichsam künstlich durch Gesetz neben die bis dahin bestehenden Formen gestellt

31 Vgl. zum Vorstehenden näher etwa *Müssig*, Wirtschaftsprivatrecht, S. 373 ff.; *K. Schmidt*, Gesellschaftsrecht, S. 659 ff., 676 ff., 732 ff.; *Leipold*, BGB I, S. 432 ff.

32 Der Begriff der Organe passt hier, auch wenn er häufig verwendet wird, nicht unbedingt; besser erscheint es von Geschäftsführung, Vorstand, Gesellschafterversammlung, Hauptversammlung oder Aufsichtsrat bzw. deren Mitgliedern zu sprechen.

33 Vgl. zum Vorstehenden näher etwa *K. Schmidt*, Gesellschaftsrecht, S. 186 ff.

worden. Im Übrigen waren Aktiengesellschaft und Genossenschaft im 19. Jahrhundert jedoch zunächst weitgehend Vereine und haben sich im Laufe der Zeit von hierher weiterentwickelt.[34]

**Fall**

V, Geschäftsführer der A-GmbH, verhandelt für die A-GmbH mit X über den Abschluss eines Großauftrags. Um den X zum Vertragsschluss zu bewegen, fälscht V die Unterlagen, die die Basis für den Vertragsschluss bilden. Zwar kommt die Täuschung kurz vor Vertragsschluss ans Licht. Durch den Einsatz von Zeit und Arbeitskräften sowie durch die Ablehnung eines anderweitigen lukrativen Geschäftes ist X da jedoch bereits ein Schaden in Höhe von 500 000,– EUR entstanden. Kann X diesen, unstreitig entstandenen, Schaden von der A-GmbH ersetzt verlangen?

**Lösung:** Als Anspruchsgrundlagen für X gegen die A-GmbH kommen die §§ 280; 311 Abs. 2 BGB wegen Pflichtverletzung vor Vertragsschluss und die §§ 823 Abs. 2; 826 BGB wegen Unerlaubter Handlung in Betracht. Die Voraussetzungen dieser Ansprüche dürften grundsätzlich gegeben sein. Fraglich ist jedoch, ob das betrügerische Handeln des Geschäftsführers V der A-GmbH zugerechnet werden kann mit der Folge, dass diese dem X dafür haftet. Beim vorvertraglichen Anspruch gem. den §§ 280; 311 Abs. 2 BGB ist umstritten, ob eine Zurechnung gem. § 278 BGB erfolgen kann. Bei den Ansprüchen aus Unerlaubter Handlung gem. den §§ 823 Abs. 2; 826 BGB wird § 831 BGB als unanwendbar angesehen. Da sich ansonsten keine passende Zurechnungsnorm findet, die GmbH aber systematisch auf den Verein zurückweist, kann hier § 31 BGB zur Anwendung kommen. Die Voraussetzungen des § 31 BGB sind, da V dem X den Schaden als gesetzlicher Vertreter der A-GmbH in Ausübung der ihm zustehenden Verrichtung zugefügt hat, erfüllt. Indem somit das Verhalten des V der A-GmbH über § 31 BGB zugerechnet wird, kann X die A-GmbH prinzipiell aus den vorgenannten Anspruchsgrundlagen in Anspruch nehmen.

**Die Personengesellschaften** sind zwar keine Personen des Rechtsverkehrs wie die natürliche Person und die juristischen Personen. Gleichwohl können sie, mit Ausnahme der stillen Gesellschaft, im Rechtsverkehr auftreten und Unternehmensträger sein. Systematischer Ausgangspunkt der Personengesellschaften, auch: Gesamthandsgemeinschaften, ist die BGB-Gesellschaft. Gem. § 705 BGB verpflichten die Gesellschafter sich durch den Gesellschaftsvertrag gegenseitig, die Erreichung eines gemeinsam bestimmten Zwecks zu fördern.

Gem. den §§ 705 ff. BGB entsteht die BGB-Gesellschaft durch formlosen Vertrag. Erforderlich sind zwei Gesellschafter, die sich gegenseitig zur Verfolgung eines gemeinsamen Zwecks verpflichten. Einer Registereintragung bedarf es ebenso wenig wie eines Mindestkapitals. Die Gesellschafter führen die BGB-Gesellschaft gemeinschaftlich. Zugleich haften die Gesellschafter persönlich. Das Vermögen steht den Gesellschaftern zur gesamten Hand zu.[35]

**Die Einordnung der Personengesellschaften** hat Rechtsprechung und Literatur lange beschäftigt. Dies gilt insbesondere für die BGB-Gesellschaft, für die immer wieder diskutiert wurde, wer Träger des Vermögens ist – die Gesellschaft selbst oder die

34 Vgl. zum Vorstehenden näher etwa *K. Schmidt*, Gesellschaftsrecht, S. 655 ff.
35 Vgl. zum Vorstehenden und zum Folgenden bereits S. 19 f.

Gesellschafter in ihrer gesamthänderischen Verbundenheit. Parallel ging es um die Frage, wer im Rechtsverkehr nach außen auftritt und wie sich die Haftung der Gesellschafter hier genau gestaltet.

Wie die Diskussion um die Einordnung der juristischen Person gesellschaftsrechtlich das Ende des 19. Jahrhunderts beherrschte, dominierte der Streit um die Einordnung der BGB-Gesellschaft die Wende vom 20. zum 21. Jahrhundert. Der BGH geht seit einigen Jahren zunehmend davon aus, dass die BGB-Gesellschaft zwar nicht juristische Person, jedoch (teil-)rechtsfähig ist, soweit sie im Rechtsverkehr nach außen selbst auftritt.[36]

**Blickt man auf OHG und KG**, nennt § 124 HGB ausdrücklich die (Teil-)Rechtsfähigkeit. Im Übrigen können OHG und KG als BGB-Gesellschaften der Kaufleute angesehen werden. Für die OHG verweist § 105 Abs. 3 HGB grundsätzlich auf die für die BGB-Gesellschaft geltenden Vorschriften. Für die KG verweist § 161 Abs. 2 HGB entsprechend auf die für die OHG geltenden Vorschriften und damit im Zweifel ebenfalls auf die Regeln der BGB-Gesellschaft.

Historisch gesehen sind OHG und KG als deutschrechtlich modifizierte societas, BGB-Gesellschaft, entstanden. Freilich hat die OHG sich bereits früh als eigenständige Institution weiter entwickelt. Heute ist es nicht nur so, dass das Recht der OHG und der KG auf die BGB-Gesellschaft verweist. Vielmehr finden nach der Rechtsprechung des BGH auch viele Vorschriften, die für die OHG gelten, auf die BGB-Gesellschaft (analog) Anwendung.[37]

**Fall**

A und B sind Komplementäre, C ist Kommanditist der A-KG. Im Gesellschaftsvertrag ist bestimmt, dass A zur Hälfte und B und C je zu einem Viertel am Gewinn der A-KG beteiligt sein sollen. Die Einlage des C ist in Höhe von 10 000,– EUR im Gesellschaftsvertrag bestimmt und als solche im Handelsregister eingetragen; C hat seine Einlage bereits geleistet. Sein Kapitalanteil beläuft sich dementsprechend auf 10 000,– EUR. Wie ist zu entscheiden, wenn die A-KG nunmehr einen Verlust in Höhe von 610 000,– EUR macht und absehbar ist, dass die Gesellschafter die A-KG nicht mehr fortführen werden?

**Lösung:** (1) Was die Haftung nach außen anbelangt, können die Gläubiger der A-KG auf die A-KG selbst zugreifen und zudem A und B als Komplementäre gem. den §§ 161 Abs. 2; 128 HGB in voller Höhe in Anspruch nehmen; C ist gem. den §§ 171 Abs. 1; 172 Abs. 1 HGB von der Haftung frei (vgl. hierzu noch im Einzelnen hier später S. 138 ff.). (2) Fraglich ist, wie der Verlust im Innenverhältnis auf die Gesellschafter zu verteilen ist. Der Gesellschaftsvertrag äußert sich zwar zur Gewinn-, nicht aber zur Verlustverteilung. Was den Kommanditisten C anbelangt, schreibt § 167 Abs. 3 HGB vor, dass dieser am Verlust der Gesellschaft nur bis zum Betrag seines Kapitalanteils und seiner noch rückständigen Einlage teilnimmt. Da C seine Einlage bereits geleistet hat und sein Kapitalanteil sich laut Sachverhalt auf 10 000,– EUR beläuft, werden gem. den §§ 161 Abs. 2; 121 Abs. 2 HGB 10 000,– EUR

36 Vgl. hierzu näher etwa *K. Schmidt*, Gesellschaftsrecht, S. 196 ff. sowie zur BGB-Gesellschaft und zur BGH-Rechtsprechung zur BGB-Gesellschaft hier noch später S. 177 ff.

37 Vgl. hierzu näher etwa *K. Schmidt*, Gesellschaftsrecht, S. 1355 ff.

von seinem Kapitalanteil abgeschrieben, im Übrigen nimmt er am Verlust – zukünftige Gewinne kommen nicht mehr in Betracht – nicht teil. Hinsichtlich A und B und der verbleibenden 600 000,– EUR gilt gem. § 168 Abs. 2 HGB, abweichend von § 121 Abs. 3 HGB, ein den Umständen nach angemessenes Verhältnis der Anteile als bedungen, soweit nicht ein anderes vereinbart ist. Fraglich ist, ob sich aus dem Verweis des § 161 Abs. 2 HGB auf die §§ 105 ff. HGB eine andere Vereinbarung ergibt. Der Verweis des § 105 Abs. 3 HGB auf die für die BGB-Gesellschaft geltenden Vorschriften führt zu § 722 Abs. 2 HGB. Hiernach gilt, ist der Anteil am Gewinn bestimmt, diese Bestimmung im Zweifel auch für den Verlust. Vorliegend beträgt, nachdem der Verlust des C bereits ausgeschöpft ist und die Gesellschaft nicht mehr fortgeführt werden soll, das Verhältnis von A und B am Gewinn, und damit auch am Verlust, 2:1 (= ein Halb zu ein Viertel). A hätte hiernach 400 000,– EUR und B 200 000,– EUR am Verlust zu tragen.[38]

**Neben diesen Grundformen** der juristischen Personen und Personengesellschaften stehen bei den juristischen Personen insbesondere die KGaA und die Genossenschaft sowie daneben der Versicherungsverein auf Gegenseitigkeit (VVaG). Bei den Personengesellschaften treten für die Angehörigen der Freien Berufe die Partnerschaft und, freilich als reine Innengesellschaft, die stille Gesellschaft sowie nach herrschender Meinung auch die Partenreederei hinzu.

Vor diesem Hintergrund ergibt sich folgende Systematik der Gesellschaften:

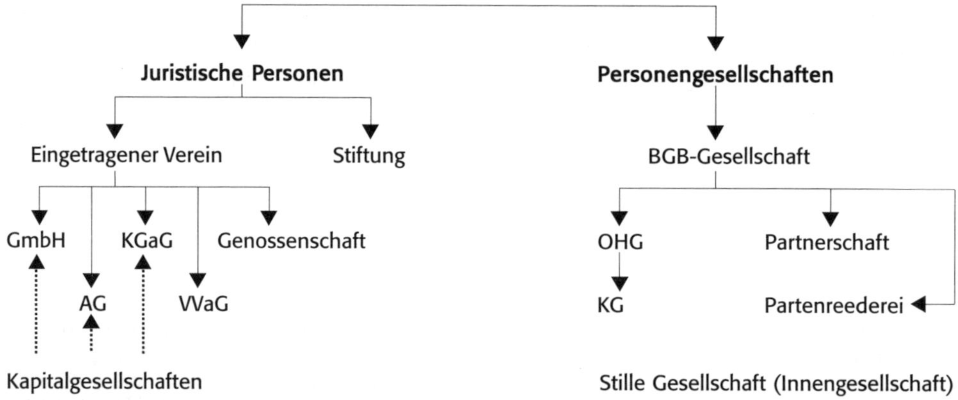


In der Praxis immer wieder anzutreffende vertraglich geschaffene Zwischenformen zeigen allerdings, dass die Grenzen zwischen den einzelnen Rechtsformen fließend gestaltet werden können. Dies gilt etwa hinsichtlich der GmbH&CoKG, durch die eine KG partiell mit Eigenschaften einer juristischen Person geschaffen werden kann. Oder dies gilt hinsichtlich solcher GmbH'n, die durch Gesellschaftsvertrag einer OHG ähnlich strukturiert werden. Körperschaften, Anstalten und Stiftungen des öffentlichen Rechts kommen hinzu.

38 Zum Begriff des Kapitalanteils vgl. hier noch später S. 129.

# V. Die Kriterien der Rechtsformwahl

## 1. Die einzelnen Auswahlkriterien

**Die Kriterien der Rechtsformwahl** sind bereits an verschiedenen Stellen angeklungen.

**Ob der Betrieb** allein oder zu mehreren erfolgen soll, ist ein zentrales Entscheidungskriterium. Für den Betrieb allein spricht insbesondere die weitgehende Entscheidungsfreiheit und die Möglichkeit des alleinigen Gewinnbezugs. Für den Betrieb zu mehreren sprechen die Möglichkeit, entstehende Lasten, etwa die Kapitalaufbringung, gemeinsam zu tragen und sich gegenseitig zu unterstützen. Auch können Verluste so auf mehrere Schultern verteilt werden.[39]

Entschließt der Unternehmer sich, das Unternehmen zu mehreren zu betreiben, schließt sich die Frage an, wie eng die Zusammenarbeit zwischen den Gesellschaftern sein soll. Wollen die Unternehmer sämtlich eng zusammenwirken, spricht dies für OHG oder GmbH. Wollen einzelne Gesellschafter im Vordergrund stehen, andere im Hintergrund bleiben, spricht dies für eine KG. Sollen Dritte das Unternehmen leiten, bieten sich GmbH und GmbH&CoKG an.

**Der Gründungsaufwand** wird in den Fällen, in denen noch wenig Kapital vorhanden ist, ein wichtiges Auswahlkriterium bilden. Denn finanziell wird die Gründung eines Einzelunternehmens regelmäßig mit dem geringsten Aufwand verbunden sein. Bei der Wahl einer GmbH oder einer AG werden demgegenüber die Kosten für eine notarielle Beurkundung und das Mindestkapital aufzubringen sein; zudem sind hier zahlreiche Formalia zu beachten.

Die Frage des Gründungsaufwands erlangt zudem Gewicht, wenn der Unternehmer sich zwischen einer Neuschaffung eines Unternehmens und der Nachfolge in ein bereits bestehendes Unternehmen zu entscheiden hat. Häufig wird sich insoweit die Unternehmensnachfolge als Weg anbieten, da der Unternehmer auf bereits bestehende Strukturen und Erfahrungen zurückgreifen kann, freilich in der Regel gegen ein dementsprechendes Entgelt.

**Blickt man auf die Haftung** bringen Rechtsformen, bei denen die Haftung beschränkt ist, geringere finanzielle Risiken für den Unternehmer mit sich. Indem insbesondere bei den juristischen Personen die Haftung auf deren Vermögen, einschließlich des jeweiligen Mindestkapitals, beschränkt ist, ist der Gesellschafter hier, solange er sich ordnungsgemäß verhält, davor geschützt, von den Gläubigern in Anspruch genommen zu werden.

Eng mit der Haftung verbunden ist das Kriterium der Kreditwürdigkeit. Einem Einzelunternehmer, der persönlich unbeschränkt haftet, oder auch einer OHG werden Banken auf den ersten Blick eher Kredite gewähren als einer GmbH oder einer GmbH&CoKG,

39 Vgl. hierzu und zum Folgenden bereits S. 10 f.

bei der die Haftung begrenzt ist. Dieses Argument wird allerdings dadurch abgeschwächt, dass Banken bei GmbH und GmbH&CoKG häufig eine Bürgschaft der Gesellschafter verlangen werden.

**Die Rechtskenntnisse**, die für die Rechtsform erforderlich sind, sollten ebenfalls ins Auge gefasst werden. Auch hier gilt, dass die Rechtsform des Einzelunternehmens vergleichsweise geringe Anforderungen stellen wird. Bei der Rechtsform der GmbH& CoKG muss die Struktur des Unternehmensträgers verstanden werden. Bei der GmbH und darüber hinaus bei der AG sind im Rahmen des laufenden Betriebs zahlreiche Formalia zu beachten.

Dies gilt erst recht, wenn man sich für eine ausländische Rechtsform entscheidet. Zwar spricht hier etwa für die britische Limited, dass diese in der Regel zeitsparend, einfach und billig gegründet werden kann. Diese Vorteile können jedoch schnell in den Hintergrund treten, wenn der deutsche Gesellschafter im Rahmen der Limited gezwungen ist, britisches, ihm in der Regel unbekanntes, Gesellschaftsrecht anzuwenden, etwa bei der Gewinnermittlung.

**Steuerrechtliche Überlegungen** werden bei der Auswahl ebenfalls regelmäßig eine zentrale Rolle spielen. Zwar versucht der Gesetzgeber immer wieder, die steuerrechtlichen Unterschiede zwischen den Rechtsformen zu minimieren. Dies ist jedoch nur zum Teil gelungen. Weiterhin existieren Unterschiede in der Besteuerung, insbesondere zwischen Einzelunternehmen und Personengesellschaft einerseits und Kapitalgesellschaft andererseits.

So können bei Einzelunternehmen und Personengesellschaft Gewinne mit anderweitigen Verlusten verrechnet werden und umgekehrt; bei einer Kapitalgesellschaft besteht diese Möglichkeit nicht. Andererseits kann die Gesamtsteuerbelastung bei einer Kapitalgesellschaft niedriger ausfallen als bei einer Personengesellschaft. Bei einer Kapitalgesellschaft besteht die Möglichkeit, Gehälter steuermindernd an Gesellschaftergeschäftsführer zu zahlen etc.

**Ist das Sammeln von Kapital** für den Unternehmer wichtig, bietet sich primär die AG an. Die AG ist von ihrer Struktur her auf die Beteiligung einer Vielzahl von Gesellschaftern, den Aktionären, die der Gesellschaft Kapital zuführen, hin angelegt. Die Publikums-KG wird ebenfalls häufig gewählt werden. Bei der Publikums-KG kommt der Vielzahl der Kommanditisten die Rolle zu, dem Unternehmen Kapital zuzuführen, bei gleichzeitig beschränkter Haftung.

Daneben kann auch bei anderen Rechtsformen Kapital gesammelt werden. Eine GmbH kann so gestaltet werden, dass ein Teil der Gesellschafter Kapital gibt, aber nicht an Geschäftsführung und Vertretung teilnimmt. An einem Einzelunternehmen kann ein stiller Gesellschafter als Kapitalgeber beteiligt werden. Zudem können bei Gesellschaften generell Kapitalgeber in Form einer Beteiligung oder eines Nießbrauchs an einem Gesellschaftsanteil gefunden werden.

**Weitere Kriterien** können aus dem Mitbestimmungs-, dem Konzern- oder dem Gewerberecht folgen. Vom Mitbestimmungsrecht wird ein Teil der Rechtsformen erfasst.

Für einen anderen Teil, insbesondere OHG und KG, gilt die Mitbestimmung durch die Arbeitnehmer demgegenüber nicht. Durch die Wahl einer Rechtsform mit Auslandsbezug kann zudem die Anwendung von Vorschriften des Mitbestimmungsrechts gezielt umgangen werden.

Konzernrechtlich sind einzelne Rechtsformen, insbesondere die AG, für den Aufbau eines Konzerns in besonderer Weise geeignet. Die SE ist als Rechtsform sogar speziell zu diesem Zweck geschaffen worden. Gewerberechtlich kann es erforderlich sein, ein Unternehmen allein zu betreiben, etwa dann, wenn der avisierte Partner eine zum Betrieb erforderliche Erlaubnis wegen eines früheren Verstoßes nicht mehr erhalten kann.[40]

## 2. Fünf Beispiele für eine Auswahl

**Fünf Auswahlbeispiele** lassen sich vor dem Hintergrund dieser Kriterien bereits hier bilden.

**Für den Alleinbetrieb**, bietet sich zunächst die Rechtsform des Einzelunternehmens an. Statt des Einzelunternehmens kann der Unternehmer sich auch für die Ein-Personen-GmbH oder die Ein-Personen-AG entscheiden. Der Haftungsbeschränkung, die der Unternehmer hier erreicht, steht dann freilich ein höherer Gründungsaufwand gegenüber. Auch fehlt es bei GmbH und AG zunächst an der Möglichkeit, Verluste steuerlich zu verrechnen.

Will der Unternehmer sein Unternehmen allein betreiben, kann er aber das erforderliche Kapital selbst nur zum Teil aufbringen, braucht er Mitstreiter. Zwar bietet sich dann, wie vor, die AG an. Diese dürfte aber zu Beginn der Tätigkeit, da zu komplex, nicht in Betracht kommen. Stattdessen könnte der Unternehmer eine KG bilden, mit den Kommanditisten als Kapitalgebern, freilich dann in der Rechtsform einer Gesellschaft. Oder er könnte stille Gesellschafter aufnehmen.

Um Haftungsbeschränkung und zugleich einen niedrigen Aufwand zu erreichen, könnte der Unternehmer auch in Großbritannien die Rechtsform der britischen Limited wählen. Hier sind die Gründungskosten regelmäßig gering, die Gründungszeiten kurz. Die formellen Hürden sind niedrig. Freilich kann der Unternehmer Rechtsfragen nunmehr auf der Grundlage britischen Rechts beantworten müssen. Zusätzliche Register-, Gewinnermittlungs- und Steueranforderungen werden hinzutreten.

**Der Betrieb gemeinsam mit anderen** kann auf Grundlage einer Personengesellschaft oder auf Grundlage einer juristischen Person erfolgen. Die Wahl der OHG oder KG bietet den Vorteil, dass der Gründungsaufwand gering ist, die Gesellschafter eng und unter vergleichsweise geringen formalen Anforderungen zusammenarbeiten. Auch ist

40 Vgl. zum Vorstehenden auch etwa *Rose/Glorius-Rose*, Unternehmen, S. 121 ff.; *Schneeloch*, Rechtsformwahl und Rechtsformwechsel, S. 23 ff.; *Wöhe/Döring*, Einführung in die allgemeine Betriebswirtschaftslehre, S. 221 ff. – jeweils aus Sicht der Betriebswirtschaftslehre; *Montag*, in: Tipke/Lang, Steuerrecht, S. 809 ff. – speziell zum Steuerrecht.

es möglich, Verluste des Unternehmens steuerlich mit anderweitigen positiven Einkünften auszugleichen.

Wollen bei einer Personengesellschaft einzelne Gesellschafter im Hintergrund bleiben, liegt die KG nahe. Bei der KG betreiben dann die voll haftenden Komplementäre das Unternehmen. Die beschränkt haftenden Kommanditisten erbringen lediglich ihre Einlage und sind am Gewinn beteiligt. Die KG bietet sich auch an, wenn das Unternehmen von mehreren betrieben werden soll und sich weitere Personen als Kapitalgeber beteiligen wollen.

Die Wahl der juristischen Person GmbH oder AG bietet den Vorteil, dass das persönliche Risiko der Gesellschafter, soweit diese sich nicht, etwa bei Krediten, persönlich verpflichtet haben, beschränkt ist. Dies spielt eine wichtige Rolle, soweit sich Ansprüche Dritter gegen das Unternehmen richten. Dies kommt aber auch zum Tragen, wenn Gesellschafter aus der Gesellschaft aus- oder in diese eintreten wollen oder wenn Gesellschaftsanteile in eine Erbmasse fallen.

Diesen Vorteilen von GmbH und AG stehen andere Beschränkungen gegenüber. Zum Schutz des Rechtsverkehrs fordert der Gesetzgeber hier ein gewisses Mindestkapital, welches der Gesellschaft tatsächlich zur Verfügung gestellt werden muss, die Mitwirkung eines Notars sowie die Prüfung und Eintragung der Gesellschaft bei einem Registergericht. Bestimmte Anforderungen formaler Art an das Zusammenwirken der Organe treten hinzu.

Um die Vorteile von Personengesellschaft und juristischer Person zu kombinieren, bieten sich daneben Mischformen an. Dies gilt für die GmbH&CoKG. Dies gilt in gleicher Weise für die GmbH&CoOHG. Indem die KG bzw. OHG Unternehmensträger ist, zugleich aber keine natürliche Person unbeschränkt haftet, lassen sich personalistischer Charakter, geringe Führungsformalia, steuerrechtlicher Verlustausgleich und Haftungsbeschränkung kombinieren.

**Handelt es sich um ein Großunternehmen**, das bereits längere Zeit erfolgreich arbeitet, können haftungsrechtliche, organisatorische, steuerrechtliche oder kartellrechtliche Gründe einen Wechsel der Rechtsform erforderlich machen. Insbesondere die Ausweitung der Geschäfte kann hier zu unüberschaubaren Haftungsrisiken führen. Zwar existieren auch heute noch Großunternehmen, bei denen eine natürliche Person persönlich unbeschränkt haftet.

In der Regel wird hier jedoch der Weg der GmbH oder AG beschritten werden. Das Argument des Gründungsaufwands wird regelmäßig in den Hintergrund treten und der Haftungsbeschränkung entscheidende Bedeutung zugemessen werden. AG wie GmbH eröffnen die Möglichkeit, das Unternehmen durch Dritte führen zu lassen. Auch sind die Strukturen bei der GmbH, mehr noch bei der AG auf das Vorhandensein einer Vielzahl von Gesellschaftern ausgerichtet.

Hierneben kommt die Rechtsform der Kapitalgesellschaft KGaA in Betracht. Indem es bei der KGaA zwei Arten von Gesellschaftern gibt, nämlich den persönlich haftenden Gesellschafter und den persönlich nur begrenzt haftenden Kommanditaktionär und indem der persönlich haftende Gesellschafter dem Gesellschafter einer Personengesellschaft, ähnlich ist, können mit der KGaA Vorteile der juristischen Person und der Personengesellschaft kombiniert werden.

**Familienunternehmen zeichnen sich** durch die enge Verbindung ihrer Mitglieder aus. Ist die Zahl der Familienmitglieder gering, kommen OHG oder KG in Betracht, wobei bei der KG diejenigen Familienmitglieder, die am Betrieb des Unternehmens nicht beteiligt sein sollen oder wollen, die Position des Kommanditisten einnehmen können. Entsprechend verhält es sich, wenn hier aus haftungsrechtlichen Gründen die Rechtsform der GmbH&CoKG gewählt wird.

Bei einer Vielzahl beteiligter Familienmitglieder kommt zwar ebenfalls die Rechtsform der KG in Betracht. Häufig wird hier jedoch, wie zuvor bei den Großunternehmen, die Rechtsform der GmbH, der AG oder der KGaA gewählt werden. Auch hier werden häufig die Vorteile der Haftungsbeschränkung sowie die Tatsache, dass AG und KGaA typischerweise auf ein Zusammenwirken einer Vielzahl von Gesellschaftern ausgerichtet sind, entscheidend sein.

Die Rechtsform der Genossenschaft kommt demgegenüber in allen vorgenannten Konstellationen zunächst nicht in Betracht. Zwar ist auch die Genossenschaft juristische Person und bringt damit grundsätzlich den Vorteil der Haftungsbeschränkung mit sich. Anders als bei den Kapitalgesellschaften GmbH, AG und KGaA steht hier jedoch nicht der Betrieb eines bestimmten Unternehmens im Vordergrund, sondern die Förderung der Mitglieder.

**Für die Unternehmen eines Freiberuflers** stehen schließlich primär Einzelunternehmen, BGB-Gesellschaft und Partnerschaft zur Verfügung. Da OHG und KG das Vorliegen eines Gewerbebetriebs voraussetzen, kommen sie nur in seltenen Ausnahmefällen in Betracht. Ob GmbH oder AG möglicherweise auch KGaA oder Limited gewählt werden können, ist von Fall zu Fall nach den für den jeweiligen Freien Beruf geltenden Vorgaben zu prüfen.

Für die für Freiberufler zulässigen Rechtsformen gelten die im Vorherigen angestellten Überlegungen entsprechend. Will der Freiberufler seine Tätigkeit allein ausüben, ist primär an das Einzelunternehmen zu denken und die Möglichkeit der Ein-Personen-GmbH zu prüfen, jeweils mit ihren Vor- und Nachteilen. Beim Betrieb gemeinsam mit anderen ist primär zwischen BGB-Gesellschaft, Partnerschaft, möglicherweise auch GmbH zu wählen.

Daneben kommt für Freiberufler die Europäische wirtschaftliche Interessenvereinigung (EWIV) in Betracht, freilich, wie die Überlegungen hier im Anschluss zeigen werden, nur mit unterstützender Funktion. Bestehen mehrere Unternehmen in verschiedenen Mitgliedsländern, können sich diese unter dem Dach einer EWIV zusammenschließen. Die freiberufliche Tätigkeit als solche wird aber weiterhin von den jeweiligen Unternehmensträgern, etwa der Partnerschaft, ausgeübt.

**Der Weg der Unternehmensnachfolge** anstelle einer Neugründung oder Erweiterung wird häufig naheliegen. Ein Einzelunternehmen kann ebenso übernommen werden wie eine Personen- oder Kapitalgesellschaft. Gleiches gilt für ein Großunternehmen, wie zahlreiche Übernahmen und Übernahmeversuche der jüngeren Zeit zeigen. Ob bei Familienunternehmen und Unternehmen eines Freiberuflers eine Nachfolge möglich ist, ist von Fall zu Fall zu prüfen.

## VI. Der zunehmende internationale Einfluss

### 1. Europäische Rechtsformen und Richtlinien

**Die Bedeutung des Europarechts** für die Rechtsformwahl ist in den vergangenen Jahren ständig gewachsen.

**Drei europäische Rechtsformen** stehen heute zur Verfügung, die von Unternehmern für die von ihnen angestrebten Zwecke genutzt werden können, soweit ihre Voraussetzungen erfüllt sind. Diese drei Rechtsformen sind die Europäische wirtschaftliche Interessenvereinigung (EWIV, seit 1988), die Europäische Aktiengesellschaft (Societas Europaea = SE, seit 2005) sowie die Europäische Genossenschaft (Societas Cooperativa Europaea = SCE, seit 2006).

Indem die Europäische Union, über die bloße Einflussnahme auf das nationale Recht hinaus, selbst Rechtsformen zur Verfügung stellt, zeigt sich, dass der Einfluss des Europarechts im Gesellschaftsrecht besonders stark ist. Rechtstechnisch geschieht dies durch europäische Verordnungen, die den Rahmen für die jeweilige Rechtsform schaffen. Diese Rahmen werden sodann vom jeweiligen Gesetzgeber für das nationale Recht spezifiziert.

**Die EWIV** ist eine europäische Personengesellschaft. Sie soll gem. Art. 3 und Art. 4 EWIV-VO, die wirtschaftliche Tätigkeit ihrer Mitglieder erleichtern oder entwickeln sowie die Ergebnisse dieser Tätigkeit verbessern oder steigern. Die Mitglieder müssen aus mindestens zwei verschiedenen Mitgliedsstaaten kommen. Die Tätigkeit der EWIV muss im Zusammenhang mit der wirtschaftlichen Tätigkeit ihrer Mitglieder stehen und darf nur eine Hilfstätigkeit hierzu bilden.

Anwendungsbereich der EWIV sind in erster Linie Dienstleistung, Forschungstransfer und Vertrieb. In Deutschland wird sie insbesondere von Rechtsanwälten, Steuerberatern und Wirtschaftsprüfern genutzt. So sollen Erleichterungen des Marktzugangs, gegenseitige Beratungen und Schulungen oder die Schaffung grenzüberschreitender Infrastrukturen erreicht werden. Freiberuflich agiert dabei weiterhin die jeweilige nationale Rechtsform, also etwa die BGB-Gesellschaft.

Die Voraussetzungen für die Entstehung einer EWIV sind im Grundsatz in der EWIV-VO geregelt. Hiernach muss ein Zweck gem. Art. 3 EWIV-VO vorliegen, ein Gründungsvertrag gem. Art. 5 EWIV-VO, eine Registereintragung gem. Art. 6 EWIV-VO und bei den Beteiligten muss es sich um Mitglieder im Sinne des Art. 4 Abs. 1 EWIV-VO handeln, die ihre Tätigkeit gem. Art. 4 Abs. 2 EWIV-VO in mindestens zwei Mitgliedsstaaten ausüben.

Ab der Eintragung in das Handelsregister hat die EWIV gem. Art. 1 Abs. 2 EWIV-VO die Fähigkeit, im eigenen Namen Träger von Rechten und Pflichten zu sein, Verträge zu schließen oder andere Rechtshandlungen vorzunehmen und vor Gericht zu stehen. Die Art. 16 ff. EWIV-VO regeln die EWIV dann im Einzelnen, etwa Geschäftsführung und Vertretung. Ob die EWIV juristische Person ist, entscheiden nach Art. 1 Abs. 3 EWIV-VO die Mitgliedsstaaten.

Für die EWIV mit Sitz in Deutschland enthält das EWIV-Ausführungsgesetz (= EWIV-AG) von 1988 weitere Regelungen, betreffend Sorgfaltspflicht und Verantwortlichkeit der Geschäftsführer oder Buchführung und Jahresabschluss. Gem. § 1 EWIV-AG kommen, soweit Regelungen fehlen, die für die OHG geltenden Vorschriften entsprechend zur Anwendung. Die EWIV gilt nicht als juristische Person, sondern mit ihrer Eintragung als Handelsgesellschaft im Sinne des HGB.[41]

**Die SE** ist die Europäische Aktiengesellschaft. Gem. Art. 1 Abs. 1 SE-VO können Handelsgesellschaften im Gebiet der Europäischen Union in der Form einer SE gegründet werden. Die SE ist gem. Art. 1 Abs. 2 SE-VO eine Gesellschaft, deren Kapital, wie bei der AG, in Aktien zerlegt ist und bei der jeder Aktionär nur bis zur Höhe des von ihm gezeichneten Kapitals haftet. Die SE ist, wie Art. 1 Abs. 3 SE-VO ausdrücklich bestimmt, juristische Person.

Der Anwendungsbereich der SE ist, wie der Anwendungsbereich der EWIV, beschränkt. Die SE bietet Unternehmen die Möglichkeit, über einzelne Länder der Europäischen Union verteilte Gesellschaften unter einer Holding zusammenzufassen. Für diese gelten dann weitreichend einheitliche Normen. Weitere Vorteile bestehen in Erleichterungen bei Unternehmensübertragungen und Sitzverlegungen sowie in einer verbesserten Außendarstellung.

Die Entstehung einer SE kann gem. Art. 2 SE-VO nicht wie bei der AG durch eine Einigung beliebiger Beteiligter erreicht werden. Vielmehr ist die Gründung hier auf bestimmte Wege beschränkt, und zwar auf den Weg der Verschmelzung, der Umwandlung, der Gründung einer Holding und der Gründung von SE-Töchtern. Aktionäre dürfen nur bestimmte Gesellschaften sein, die zudem ihren Sitz in verschiedenen Mitgliedsstaaten haben müssen.

Daneben ist gem. Art. 4 SE-VO ein Mindeststammkapital von 120.000,- EUR sowie gem. Art. 12 SE-VO eine Registereintragung erforderlich. Die Einzelheiten der Gründung ergeben sich aus den Art. 15 ff. SE-VO. Im Zweifel findet gem. Art. 15 Abs. 1 SE-VO nationales Recht, insbesondere der AG Anwendung. Ist die SE entstanden, wird sie gem. Art. 10 SE-VO vorbehaltlich der Bestimmungen der SE-VO in jedem Mitgliedsstaat wie eine AG behandelt.

Für die SE mit Sitz in Deutschland und für die an der Gründung einer SE beteiligten Gesellschaften mit Sitz in Deutschland enthält das SE-Ausführungsgesetz (= SE-AG)

---

41 Vgl. zur EWIV näher etwa *Klunzinger*, Gesellschaftsrecht, S. 371 ff:, *Habersack*, Europäisches Gesellschaftsrecht, S. 367 ff.; *Klein-Blenkers*, DB 1994, S. 2224.

von 2004 weitere Regelungen betreffend Gründung, Sitzverlegungen und Aufbau der SE. Zudem regelt das SE-Beteiligungsgesetz von 2004, anknüpfend an eine europäische Ergänzungs-Richtlinie von 2001, die Rechte der Arbeitnehmer auf Beteiligung an Unternehmensentscheidungen in einer SE.[42]

**Die SCE** schließlich ist die Europäische Genossenschaft. Sie kann seit dem Jahr 2006 gewählt werden und stellt gem. Art. 1 SCE-VO eine Gesellschaft dar, deren Grundkapital in Geschäftsanteile zerlegt und deren Hauptzweck darauf gerichtet ist, den Bedarf ihrer Mitglieder zu decken und/oder deren wirtschaftliche und/oder soziale Tätigkeit zu fördern. Die SCE stellt insoweit ein grenzüberschreitendes Pendant zur Genossenschaft dar.

Die SCE kann von mindestens fünf juristischen oder natürlichen Personen gegründet werden, die ihren Sitz in mindestens zwei verschiedenen Mitgliedsstaaten haben. Gründung, Organisation, Mitgliedschaft und Auflösung sind in der SCE-VO aus dem Jahre 2003 geregelt, die seit dem Jahr 2006 durch das SCE-Ausführungsgesetz (= SCE-AG) sowie, mit Blick auch hier auf die Beteiligung der Arbeitnehmer, durch das SCE-Beteiligungsgesetz ergänzt wird.[43]

**Weitere Rechtsformen** sind in der Diskussion. Mit der Europäischen Privatgesellschaft (Societas Privata Europaea = SPE) befindet sich eine der GmbH vergleichbare Kapitalgesellschaft für grenzüberschreitende Zwecke in der Planung. Diese soll insbesondere für den Mittelstand die Gründung von Tochtergesellschaften im Ausland und die Gründung grenzüberschreitender Unternehmen erleichtern und so eine Lücke zwischen SE und EWIV schließen.[44]

Die Europäische Gegenseitigkeitsgesellschaft soll Personen, die auf den Gebieten sozialer Fürsorgehilfe, im Gesundheitsbereich, im Zusammenhang mit Versicherungen oder der Kreditgewährung tätig sind, die Möglichkeit bieten, sich zusammenzuschließen. Durch die Leistung von Beiträgen wird dabei die vollständige Begleichung derjenigen Verbindlichkeiten garantiert, die im Rahmen satzungsgemäßer Geschäftstätigkeit eingegangen wurden.[45]

Die Grundformen der juristischen Person sollen ebenfalls ein europäisches Pendant bekommen. Im Rahmen des Europäischen Vereins sollen Mitglieder ihre Kenntnisse oder Tätigkeiten zu einem gemeinnützigen Zweck oder zur Förderung sektoraler und beruflicher Interessen auf den unterschiedlichsten Gebieten zusammenlegen und zugleich grenzüberschreitend tätig werden können. Daneben finden sich zunehmend Forderungen nach einer Europäischen Stiftung.[46]

---

42 Vgl. zur SE näher etwa *Klunzinger*, Gesellschaftsrecht, S. 374 ff:, *Habersack*, Europäisches Gesellschaftsrecht, S. 404 ff.

43 Vgl. zur SCE näher *Habersack*, Europäisches Gesellschaftsrecht, S. 500 ff.; *Hirte*, DStR 2007, S. 2215.

44 Vgl. zur SPE näher *Hommelhoff/Teichmann*, DStR 2008, S. 925; *Hopt*, EuZW 2008, S. 513.

45 Vgl. zur Europäischen Gegenseitigkeitsgesellschaft näher *Jung*, in: Schwarze, EU-Kommentar, EGV Art. 48 RdNr. 69; *v. Moltke*, BKK 1992, S. 340.

46 Vgl. zu Europäischem Verein und Europäischer Stiftung näher *Jung*, in: Schwarze, EU-Kommentar, EGV Art. 48 RdNr. 69 f.; *Hopt*, EuZW 2006, S. 161; *Terner*, ZEuP 2007, S. 96.

**Zahlreiche Europäische Richtlinien** verdeutlichen daneben den Einfluss des Europarechts auf die Rechtsformen. Anders als die vorgenannten, auf europäischen Verordnungen beruhenden, Rechtsformen beeinflussen europäische Richtlinien das Recht der Mitgliedsstaaten mittelbar. Europäische Richtlinien sind vom nationalen Gesetzgeber, regelmäßig innerhalb bestimmter Fristen, in das jeweilige nationale Recht umzusetzen.

In den letzten 30 Jahren haben diese Richtlinien das nationale Gesellschaftsrecht der Mitgliedsstaaten immer mehr angeglichen. Ihr Ziel ist es, auf diese Weise eine zunehmende Harmonisierung des Binnenmarktes, vorliegend der Tätigkeiten der Unternehmer, zu erreichen. Schätzungen gehen davon aus, dass inzwischen bereits die Hälfte der gesellschaftsrechtlichen Normen der Mitgliedsstaaten durch das Europarecht beeinflusst ist.

Vorliegend spielen insoweit insbesondere die Publizitätsrichtlinien von 1968 und 2003, die Kapitalrichtlinien von 1976 und 1992, die Bilanzrichtlinien von 1978, 1983 und 1984, die Konzernrechnungsrichtlinie von 1983, die Fusionsrichtlinie von 1978, die Spaltungsrichtlinie von 1982, die Zweigniederlassungsrichtlinie von 1992, die Einpersonengesellschaftsrichtlinie von 1989, die Übernahmerichtlinie von 2004 und die Abschlussprüferrichtlinie von 2006 bzw. 2008 eine Rolle.[47]

**Fall**

A möchte einen Reifenhandel mit einem Hauptstandort in Deutschland und zwei weiteren Standorten in Belgien und den Niederlanden gründen. Kann er die Rechtsform der europäischen Aktiengesellschaft (SE) oder der europäischen GmbH (SPE) wählen?

**Lösung:** Die SE existiert zwar bereits. Ihr Anwendungsbereich ist jedoch nicht die „einfache" Unternehmensgründung, sondern die Bildung eines Konzerns. Gem. Art. 2 SE-VO kann sie nur auf dem Weg der Verschmelzung, der Umwandlung, der Gründung einer Holding oder der Gründung von SE-Töchtern gegründet werden. Die SPE existiert zur Zeit noch nicht als europäische Rechtsform und kann so ebenfalls nicht von A gewählt werden. Es liegt daher näher, dass A in Deutschland ein Einzelunternehmen oder eine Ein-Personen-GmbH, möglicherweise auch eine Unternehmergesellschaft (haftungsbeschränkt), eine Ein-Personen-AG oder, in Großbritannien, eine Limited wählt. Nachdem er auf dieser Grundlage in Deutschland, Belgien und den Niederlanden tätig geworden ist, kann er später möglicherweise die Strukturen einer SE wählen.

## 2. Zur Nutzung ausländischer Rechtsformen

**Ausländische Rechtsformen** erfreuen sich in Deutschland in den vergangenen Jahren zunehmender Beliebtheit.

**Die Attraktivität** ausländischer Rechtsformen resultiert daraus, dass diese Vorteile zu versprechen scheinen, die Rechtsformen nach deutschem Recht nicht aufweisen. So

47 Vgl. näher *Habersack*, Europäisches Gesellschaftsrecht, S. 50 ff., 81 ff.

wird insbesondere die britische Limited in Deutschland gewählt, weil dies Zeit- und Geldersparnis mit sich bringen soll. Die Akzeptanz hatte zwischenzeitlich einen Grad erreicht, dass der Gesetzgeber hierauf mit einer Modernisierung des GmbH-Rechts reagiert hat.

Der Unterschied zwischen ausländischen Rechtsformen und den zuvor behandelten europäischen Rechtsformen besteht darin, dass die europäischen Rechtsformen über ihre jeweiligen Ausführungsgesetze dem deutschen Recht angepasst sind und hier gegründet werden können. Demgegenüber sind die ausländischen Rechtsformen, etwa die britische Limited oder die US-amerikanische sog. Delaware-Gesellschaft, grundsätzlich dort nach dortigem Recht zu gründen.

**Die rechtliche Anerkennung** ausländischer Rechtsformen in Deutschland ist nach der sog. Sitztheorie beschränkt. Allerdings folgen EuGH und BGH partiell der sog. Gründungstheorie. Nach dieser ist eine Gesellschaft, die in Territorien der Europäischen Union wirksam gegründet worden ist, nach dem Recht des jeweiligen Landes zu beurteilen. Andernfalls läge ein Verstoß gegen die Niederlassungsfreiheit der Art. 43; 48 EGV vor.[48]

Hierauf aufbauend sah der EuGH in der Überseering-Entscheidung des Jahres 2002 die Mitgliedsstaaten als verpflichtet an, Rechts- und Parteifähigkeit zuziehender Gesellschaften zu akzeptieren.[49] Nach der Inspire-Art-Entscheidung des Jahres 2003 führt dies zudem zu einer Pflicht, Haftungsbeschränkungen anzuerkennen, und zwar auch dann, wenn die ausländische Rechtsform ausschließlich wegen ihrer vorteilhafteren Haftungsregelungen gewählt wurde.[50]

Der BGH hat sich insoweit in mehreren Urteilen der Gründungstheorie angeschlossen. Hiernach ist eine in einem Vertragsstaat der Europäischen Union nach dessen Vorschriften wirksam gegründete Gesellschaft in Deutschland in der Rechtsform anzuerkennen, in der sie gegründet wurde, und zwar unabhängig vom Ort des tatsächlichen Verwaltungssitzes. Zudem sind die Regeln für diese Gesellschaft anzuerkennen, was insbesondere für die Haftung von Bedeutung ist.

**Hieraus folgt**, dass die Eintragung von Zweigniederlassungen von in einem Vertragsstaat der Europäischen Union nach dessen Vorschriften wirksam gegründeten Gesellschaften in Deutschland grundsätzlich zulässig ist. Hieraus folgt auch, dass sich die Haftung der Gesellschafter gegenüber den Gesellschaftsgläubigern hier prinzipiell nicht nach dem Recht Deutschlands richtet; vielmehr ist das jeweilige ausländische Recht zugrunde zu legen. Gleiches gilt für die Haftung der Geschäftsführer.

In den vom BGH entschiedenen Fällen führte dies zum einen dazu, dass eine in den Niederlanden nach dortigem Recht gegründete Gesellschaft in Deutschland als rechts-

48 Vgl. EuGH, Urt. v. 9.3.1999, NJW 1999, S. 2027 – Centros. Zur Sitztheorie vgl. näher hier gleich im Anschluss.
49 EuGH, Urt. v. 5.11.2002, NJW 2002, S. 3614 - Überseering.
50 EuGH, Urt. v. 30.9.2003, NJW 2003, S. 3331 - Inspire Art.

und parteifähig anzuerkennen war, sie also Ansprüche ohne weiteres geltend machen konnte. Zum anderen schied die Haftung eines Geschäftsführers einer in Großbritannien gegründeten Limited aus, obwohl eine solche nach deutschem Recht gem. § 11 Abs. 2 GmbHG nahe gelegen hätte.

Grenzen der Anerkennung können sich ergeben, wenn zwingende Gründe des Gemeinwohls, wie der Schutz der Interessen der Gläubiger unter bestimmten Umständen und unter Beachtung bestimmter Voraussetzungen Beschränkungen der Niederlassungsfreiheit erfordern. An den Nachweis eines solchen Missbrauchs werden jedoch strenge Anforderungen gestellt. Die bewusste Ausnutzung unterschiedlicher Rechtssysteme allein reicht hierfür nicht aus.[51]

**Die Gründungstheorie gilt** neben Gesellschaften, die in zur Europäischen Union gehörenden Territorien gegründet worden sind, (erstens) auch für Gesellschaften, die in Territorien wirksam begründet worden sind, die insoweit durch Art. 299 EGV, Art. 182; 183 EGV, Anhang II zum EGV erfasst werden. Hiernach ist etwa eine Gesellschaft von den British Virgin Islands in Deutschland anzuerkennen und hier nach dortigem Recht zu behandeln.[52]

Ebenso verhält es sich (zweitens) bei Gesellschaften, die in Ländern des Europäischen Wirtschaftsraums, etwa in Liechtenstein, wirksam gegründet worden sind.[53] Schließlich kann die Gründungstheorie (drittens) zum Tragen kommen, wenn sich dies aus Staatsverträgen ergibt, etwa aus dem Deutschamerikanischen Handels-, Schifffahrts- und Freundschaftsvertrag vom 29.10.1954 und die Gesellschaft noch ein Minimum an Aktivitäten im Ursprungsland entfaltet.[54]

**In anderen Konstellationen** kommt demgegenüber weiterhin die Sitztheorie zur Anwendung, zumindest nach der noch herrschenden Meinung. Die Sitztheorie geht davon aus, dass auf eine Gesellschaft aus dem Ausland, wenn sie in Deutschland tätig wird, deutsches Gesellschaftsrecht anzuwenden ist; die Gesellschaft ist nach den Regeln des Gesellschaftstyps des deutschen Gesellschaftsrechts zu beurteilen, dem sie objektiv am Besten entspricht.

Für eine Limited etwa, die auf der Isle of Man nach dortigem Recht gegründet worden war, hat das OLG Hamburg entschieden, dass diese, verlegt sie ihren tatsächlichen Verwaltungssitz nach Deutschland, hier nicht wie eine juristische Person, sondern wie eine rechtsfähige Personengesellschaft zu behandeln ist. Dies führte dazu, dass die Limited zwar ihre Existenz behielt, auf sie nunmehr jedoch die Gesellschafterhaftung des § 128 HGB analog anwendbar war.[55]

51 Vgl. BGH, Urt. v. 13.3.2003, NJW 2003, S. 1461 – niederländische Besloten Vennootschap (BV); BGH, Urt. v. 14.3.2005, NJW 2005, S. 1648 – britische Private Limited Company (PLC).
52 Vgl. BGH, Urt. v. 13.9.2004, NJW 2004, S. 3706.
53 Vgl. BGH, Urt. v. 19.9.2005, NZG 2005, S. 974.
54 Vgl. BGH, Urt. v. 29.1.2003, NZG 2003, S. 531; BGH, Urt. v. 5.7.2004, NZG 2004, S. 1001.
55 Vgl. OLG Hamburg, Zwischenurteil v. 30.3.2007, NZG 2007, S. 597.

Entsprechend ist bei Gesellschaften zu entscheiden, die nach schweizerischem Recht gegründet worden sind.[56] In den letztgenannten Fällen gilt auch weiterhin die Sitztheorie. Allerdings finden sich auch Gegenstimmen, die beachtliche Gründe für eine generelle Anwendung der Gründungstheorie sehen. Vorteile bestünden insbesondere in der Rechtsvereinfachung. Auch spreche vieles dafür, alle Rechtsformen gleich zu behandeln.

**Ein Referentenentwurf** zum Internationalen Privatrecht der Gesellschaften von Januar 2008 soll die Gründungstheorie in Zukunft Gesetz werden lassen. Für juristische Personen und Personengesellschaften soll nach diesem Entwurf die Gründungstheorie zukünftig generell gelten. Grundsätzlich soll das Recht des Staates zur Anwendung kommen, in dem die in Deutschland tätige ausländische Gesellschaft gegründet worden ist.

Dies soll nicht nur für die Art. 43; 48 EGV unterfallenden Gesellschaften, sondern für alle ausländischen Gesellschaften gelten. Damit wären auch Gesellschaften aus der Schweiz oder von der Isle of Man in Deutschland nach dortigem Recht zu behandeln. Darüber hinaus sollen deutsche Gesellschaften, etwa eine GmbH, unter Wahrung ihrer Identität dem Recht eines anderen Staates unterstellt, also etwa eine französische GmbH werden können.[57]

**Fall**

X aus Hannover hat mit der primär in Berlin tätigen A-Limited britischen Rechts in Berlin einen Werkvertrag geschlossen und der A-Limited aufgrund dessen in Berlin eine defekte Maschine repariert. (1) An wen kann X sich wenden, wenn er seinen Werklohn nicht erhält? (2) Wie ist zu entscheiden, wenn es sich beim Vertragspartner des X um die primär in Berlin tätige A-GmbH schweizerischen Rechts handelt? Anmerkung: Gehen Sie davon aus, dass die Limited in Großbritannien und die GmbH in der Schweiz parteifähig und haftungsbeschränkt sind.

**Lösung:** (1) Geht man davon aus, dass auf den Werkvertrag, in Berlin geschlossen und durchgeführt, deutsches Vertragsrecht anzuwenden ist, stellt sich die Frage, wen X aus Sicht des Gesellschaftsrechts in Anspruch nehmen kann. Da die A-Limited in Großbritannien parteifähig ist, muss dies angesichts der Art. 43; 48 EGV auch in Deutschland gelten. Gleiches gilt grundsätzlich hinsichtlich der Beschränkung der Haftung bei der A-Limited auf ihr Gesellschaftsvermögen. Damit kann X seinen Anspruch aus § 631 Abs. 1 BGB gegen die A-Limited selbst geltend machen, aber auch nur gegen diese. Die Gesellschafter der A-Limited haften dem X grundsätzlich nicht. (2) Die A-GmbH unterfällt demgegenüber, was das Gesellschaftsrecht anbelangt, nicht dem Schutz der Art. 43; 48 EGV. Dies kann dazu führen, dass die schweizerische A-GmbH in Deutschland als OHG eingeordnet wird und die Gesellschafter der A-GmbH dem X gem. § 128 HGB analog persönlich haften. Ergänzung: Nach dem Referentenentwurf zum Internationalen Privatrecht der Gesellschaften könnte die A-GmbH demgegenüber zukünftig in Deutschland, was das Gesellschaftsrecht anbelangt, nach dem in der Schweiz geltenden Recht zu behandeln sein mit der Folge, dass X auch hier nur auf die A-GmbH zugreifen könnte; die Gesellschafter der A-GmbH würden nicht haften.[58]

56 Vgl. BGH, Urt. v. 27.10.2008, DStR 2009, S. 59 – Trabrennbahn m. Anm. v. *Goette*.
57 Vgl. zum Referentenentwurf näher etwa *Schneider*, BB 2008, S. 566; *Hellgardt/Illmer*, NZG 2009, S. 94.
58 Zur Limited vgl. näher später S. 118 ff.

## VII. Wiederholungsfragen

1. Worum geht es bei dem Thema Rechtsform und Rechtsformwahl?
2. Was verstehen Sie unter einer Rechtsform, welche Rechtsformen kennen Sie und wie lassen diese sich unterteilen?
3. Wie definieren Sie Unternehmen und wodurch unterscheidet sich der Begriff des Unternehmens von den Begriffen Handelsgeschäft und Betrieb?
4. Wie beschreiben Sie das Verhältnis von Unternehmensträger und Unternehmen, wie das Verhältnis von Unternehmensträger und Rechtsform?
5. Welche Argumente sprechen für den Betrieb eines Unternehmens allein, welche Argumente für den Betrieb eines Unternehmens gemeinsam mit anderen?
6. Angenommen, ein Unternehmen soll allein betrieben werden – geht dies auch in der Rechtsform einer Gesellschaft?
7. Was versteht man vorliegend unter einer Unternehmensverbindung und wo finden sich hierzu gesetzliche Regelungen?
8. Was versteht man unter einer Umwandlung und wo finden sich hierzu gesetzliche Regelungen?
9. Wie entsteht die Rechtsform Einzelunternehmen? Wer ist hier zur Geschäftsführung berechtigt?
10. Wann ist der Einzelunternehmer „Unternehmer" im Sinne des BGB und welche zusätzlichen Rechtsfolgen ergeben sich hieraus?
11. Was verstehen Sie unter einer Gesellschaft und welche Formen der Personenverbindungen kennen Sie neben den Gesellschaften?
12. Beschreiben Sie kurz das Verhältnis von Verein und BGB-Gesellschaft und schildern Sie, wie AG und OHG zu Verein und BGB-Gesellschaft stehen.
13. Erläutern Sie, auf welche zwei Arten das Europarecht Einfluss auf die Rechtsformen nimmt. Und was wird hier zur Zeit de lege ferenda diskutiert?
14. Was versteht man im Zusammenhang mit ausländischen Gesellschaften unter der Gründungstheorie, was unter der Sitztheorie?

# C. Die Kapitalgesellschaften

## I. Grundlagen

**Kapitalgesellschaften** sind GmbH, AG und KGaA, im weiteren Sinne gehört auch die Limited hierher.

**GmbH und AG** sind juristische Personen, vom Gesetzgeber vorgesehene Organisationsformen, die dem Wirtschaftsverkehr dienen sollen und dabei selbst Rechtssubjekt sind. Die Einordnung von GmbH und AG als Kapitalgesellschaften folgt unter anderem § 3 Abs. 1 Nr. 2 UmwG und beruht darauf, dass bei diesen juristischen Personen, anders etwa als bei einer Genossenschaft, der Betrieb eines Unternehmens zwecks Gewinnerzielung im Vordergrund steht.[59]

Kennzeichnend für GmbH und AG ist, dass bei ihnen die Haftung auf das Gesellschaftsvermögen beschränkt ist, weshalb ihre Entstehung an bestimmte Mindestvoraussetzungen geknüpft ist. Nach außen treten GmbH und AG durch ihre Organe auf. Sie gelten gem. § 13 Abs. 3 GmbHG bzw. § 3 Abs. 1 AktG als Handelsgesellschaften, weshalb auf sie gem. § 6 HGB kraft Rechtsform das HGB anzuwenden ist („Kaufmann kraft Rechtsform").

Den natürlichen Personen stehen GmbH und AG insofern nahe, als sie Rechtssubjekt sind und wie natürliche Personen Träger eines Unternehmens sein können. Freilich ist bei GmbH und AG die Haftung beschränkt. Von den Personengesellschaften unterscheiden sich die Kapitalgesellschaften dadurch, dass sie selbst Rechtssubjekt und nicht nur (teil-)rechtsfähig sind. Bei GmbH und AG ist die Haftung beschränkt, die Hürden zur Gründung sind höher.

**Die GmbH** ist, vergleicht man sie mit der AG, auf das persönliche Zusammenwirken der Gesellschafter ausgerichtet. Ihre Gründung ist einfacher und weniger kostenintensiv. Im Innenverhältnis kann zudem durch Gesellschaftsvertrag das Persönliche betont werden. Beschlüsse der Gesellschafter müssen nicht notariell beurkundet werden. Ein Aufsichtsrat ist prinzipiell nicht erforderlich und ein Gesellschafterwechsel nur unter notarieller Mitwirkung möglich.

In diese Richtung führen auch die Änderungen, die die GmbH gerade durch das Gesetz zur Modernisierung des GmbH-Rechts und zur Bekämpfung von Missbräuchen (MoMiG) erfahren hat. Entbürokratisierung und Lockerung der Kapitalaufbringung sollen die Gründung der GmbH weiter erleichtern. Zugleich soll Missbräuchen bei der GmbH, durch einen besseren Schutz der Gläubiger, entgegengewirkt und die Rechtsform GmbH im internationalen Wettbewerb gestärkt werden.

59 Vgl. hierzu und zum Folgenden bereits S. 5 und S. 20 ff.

**Die AG** zeichnet sich demgegenüber durch ihre Kapitalsammelfunktion aus. Bei ihr steht nicht das persönliche Miteinander der Gesellschafter, sondern die Erlangung von Kapital zum Betrieb des Unternehmens im Vordergrund. Die AG bietet sich so für Großunternehmen, auch für Familienunternehmen an. Desweiteren kommt sie als Instrument zur Konzentration von Unternehmen in Betracht. AG und GmbH werden vor diesem Hintergrund auch als große und kleine Schwester bezeichnet.

Änderungen bei der AG haben sich in jüngerer Zeit insbesondere durch die Einführung der sog. kleinen AG sowie der Ein-Personen-AG im Jahre 1994, das Gesetz zur Einführung internationaler Rechnungslegungsstandards und zur Sicherung der Abschlussprüfung (BilReG) von 2004, das Gesetz zur Unternehmensintegrität und Modernisierung des Anfechtungsrechts (UMAG) von 2005 sowie durch verschiedene europäische Richtlinien ergeben.

**Neben GmbH und AG** gehört die KGaA und im weiteren Sinne auch die Limited hierher. Die KGaA ist, wie die AG, eine Kapitalgesellschaft, bei der freilich, wie bei einer Personengesellschaft, mindestens ein Gesellschafter den Gläubigern unbeschränkt haftet. Die Limited hat in den letzten Jahren in Deutschland streckenweise die GmbH ersetzt. Genossenschaft und SE schließlich kommen bei den juristischen Personen besondere Aufgaben zu.[60]

## II. Die GmbH

### 1. Die GmbH in der Praxis

#### a) Primäre Anwendungsbereiche

**Die GmbH** ist auf das Zusammenwirken ihrer Gesellschafter beim Betrieb des Unternehmens ausgerichtet.

**Aufgabe der GmbH** kann gem. § 1 GmbHG jeder gesetzlich zulässige Zweck sein, entweder für mehrere Gesellschafter oder als Ein-Personen-GmbH. Hierher zählt insbesondere der Betrieb eines Handelsgewerbes. Aber auch freiberufliche Tätigkeiten oder Tätigkeiten im Rahmen der Land- und Forstwirtschaft sowie karitative, wissenschaftliche, künstlerische, kulturelle, politische, religiöse, sportliche oder gesellige Betätigungen gehören hierher.

Gem. § 13 Abs. 1 GmbHG ist die GmbH eine juristische Person und gem. § 13 Abs. 3 GmbHG Handelsgesellschaft, weshalb gem. § 6 HGB für sie das HGB gilt. Indem den Gläubigern gem. § 13 Abs. 2 GmbHG nur das Gesellschaftsvermögen haftet, können die Gläubiger auf das Vermögen der GmbH in vollem Umfang zugreifen; die Gesellschafter der GmbH haften grundsätzlich nicht, es sei denn, sie haben, wie in der Praxis häufig, persönlich Sicherheiten gegeben, etwa sich verbürgt.

60 Vgl. zu diesen Rechtsformen näher später S. 115 ff.

**Der Blick auf die Geschichte** der GmbH zeigt, dass es sich bei dieser um eine deutsche „Erfindung" handelt. Mit dem GmbH-Gesetz des Jahres 1892 hat der Gesetzgeber sie ohne existierendes Vorbild geschaffen. Anders als die AG ist die GmbH in besonderer Weise auf ein enges Zusammenwirken der Gesellschafter ausgerichtet. Sie bietet sich so insbesondere für kleine und mittlere Unternehmen mit einer beschränkten Zahl von Gesellschaftern an.

Seit der GmbH-Novelle des Jahres 1980 kann die GmbH auch durch nur eine Person gegründet werden, was ihre Attraktivität für den Mittelstand, als Alternative zum Einzelunternehmen, weiter erhöht hat. Die Handelsrechtsreform des Jahres 1998 hat das Firmenrecht der GmbH liberalisiert. Seit dem Jahr 1998 ist die GmbH für Unternehmensbeteiligungsgesellschaften zulässig, seit dem Jahr 1999 als Rechtsform für Rechtsanwälte und Patentanwälte.

Nunmehr soll das MoMiG die Gründung der GmbH weiter erleichtern, Missbräuchen, die sich im Laufe der Zeit entwickelt haben, entgegenwirken und die GmbH im internationalen Wettbewerb stärken. Ob sich diese Ziele, die der Gesetzgeber mit dem MoMiG verfolgt hat, in der Praxis werden erreichen lassen, muss sich noch zeigen. Dies gilt insbesondere für die Akzeptanz gegenüber der Limited sowie für die neue sog. Unternehmergesellschaft (haftungsbeschränkt).

**Die Zahl der GmbH'n** in Deutschland ist seit dem Zweiten Weltkrieg ständig gestiegen. Heute wird die Zahl auf ca. eine Million geschätzt. Kleine und mittlere Unternehmen sowie Familienunternehmen stehen dabei im Vordergrund. Daneben stehen Großunternehmen, Holdings und Unternehmen der öffentlichen Hand. Einen großen Bereich bilden zudem die GmbH&CoKG'n, deren Komplementäre bis zu einem Viertel der GmbH'n ausmachen sollen.[61]

### b) Weitere Anwendungsbereiche

**Weitere Anwendungsbereiche** der GmbH bilden die GmbH&CoKG und die Unternehmergesellschaft (haftungsbeschränkt).

**Bei der GmbH&CoKG** ist Unternehmensträger eine KG. Komplementär, also persönlich haftender Gesellschafter dieser KG, ist eine GmbH. Ist die GmbH der einzige Komplementär, wird durch diese Gestaltung erreicht, dass, obwohl das Unternehmen in der Rechtsform einer Personengesellschaft betrieben wird, keine natürliche Person mehr unbeschränkt haftet. Gleiches gilt, wenn mehrere Komplementäre vorhanden, diese jedoch sämtlich juristische Personen sind.

Diese Gestaltung ist heute anerkannt. Einer Gefährdung der Gläubiger wirkt § 19 Abs. 2 HGB dadurch entgegen, dass das Fehlen der Haftung einer natürlichen Person in der Bezeichnung der Firma zum Ausdruck kommen muss, wofür sich in der Praxis die Formulierung GmbH&CoKG durchgesetzt hat. Auf diese Weise sollen die Geschäfts-

61 Vgl. zu den Zahlen bereits S. 9 sowie zur Geschichte der GmbH näher etwa *Klunzinger*, Gesellschaftsrecht, S. 240 ff.; *Hueck/Fastrich*, in: Baumbach/Hueck, GmbHG, Einl. RdNr. 1 ff.

partner davor gewarnt werden, dass keine natürliche Person mit ihrem gesamten Vermögen haftet.

Während bei OHG und KG nach dem Grundsatz der sog. Selbstorganschaft grundsätzlich Gesellschafter Geschäftsführer und Vertreter sein müssen, können bei der GmbH& CoKG über den Geschäftsführer der GmbH auch Dritte Geschäftsführer und Vertreter der KG sein, sog. Möglichkeit der Drittorganschaft. Weitere Vorteile können sich in steuerlicher Hinsicht sowie daraus ergeben, dass die GmbH&CoKG selbst nicht den Vorschriften des Mitbestimmungsrechts unterfällt.

Der GmbH&CoKG nahe steht die GmbH&CoOHG. Bei der GmbH&CoOHG sind nur GmbH'n bzw. AG'n oder andere juristische Personen, Gesellschafter der OHG. Durch diese Gestaltung wird auch hier erreicht, dass den Gläubigern der OHG, obwohl es sich um eine Personengesellschaft handelt, keine natürliche Person unbeschränkt haftet. Entsprechend der GmbH&CoKG ist auch die Gestaltung der GmbH&CoOHG heute rechtlich anerkannt.[62]

**Die Unternehmergesellschaft (haftungsbeschränkt)** ist durch das MoMiG in das GmbHG eingefügt worden. Ziel des Gesetzgebers ist es unter anderem, mit der Unternehmergesellschaft (haftungsbeschränkt) dem zunehmenden Auftreten der Limited in Deutschland entgegenzuwirken. Den Kern der Neuregelung enthält § 5a GmbHG. Hiernach ist nunmehr die Gründung einer GmbH möglich, die das Mindeststammkapital von 25 000,- EUR unterschreitet.

Im Gegenzug ist für diese GmbH gem. § 5a Abs. 1 GmbHG die Bezeichnung „Unternehmergesellschaft (haftungsbeschränkt)“ oder „UG (haftungsbeschränkt)“ vorgeschrieben. Zudem ist bei ihr gem. § 5a Abs. 3 GmbHG in der Bilanz des nach den §§ 242; 264 HGB aufzustellenden Jahresabschlusses eine gesetzliche Rücklage zu bilden, in die ein Viertel des um einen Verlustvortrag aus dem Vorjahr geminderten Jahresüberschusses einzustellen ist.[63]

Auf diese Weise kann theoretisch bereits 1,– EUR Stammkapital für eine Gesellschaftsgründung ausreichen, was zu einer Abnahme der Attraktivität der Limited bzw. vergleichbarer ausländischer Rechtsformen in Deutschland führen soll. Durch die Rücklage soll gewährleistet werden, dass die Unternehmergesellschaft (haftungsbeschränkt) im Laufe der Zeit in eine normale GmbH überführt wird, wobei die Rücklage freilich auch zur Deckung von Verlusten herangezogen werden darf.

Ob dies sachgerecht ist, ist heftig umstritten. Die Gegner der Unternehmergesellschaft (haftungsbeschränkt) führen an, den Gläubigern einer derart kapitalmäßig ausgestatte-

62 Vgl. zum Vorstehenden bereits S. 24 sowie hierzu auch noch später S. 131 f. (Grundsatz der Selbstorganschaft) und S. 180 f. (GmbH&CoKG).

63 Vgl. zum Vorstehenden und zum Folgenden näher etwa *Goette*, Einführung in das neue GmbH-Recht, S. 1 ff.; *Goette/Habersack*, Das MoMiG in Wissenschaft und Praxis, S. 1 ff.; *Seibert/Decker*, ZIP 2008, S. 1208 sowie zur Qualifikation der Unternehmergesellschaft (haftungsbeschränkt) als GmbH BT-Drucksache 16/10739.

ten Gesellschaft stehe kein sachgerechtes Haftungsobjekt zur Verfügung. Der Ausweis der Gesellschaft als haftungsbeschränkt biete keinen ausreichenden Schutz. Die Bildung der Rücklage könne durch gezielte Gestaltungen umgangen werden. Zudem bestehe schnell die Gefahr der Insolvenz.

## 2. Gründung einer GmbH

### a) Die Schritte zur Gründung

**Die Gründung der GmbH**, oder wie es das Gesetz formuliert „Errichtung", ist in den §§ 1 ff. GmbHG geregelt.

**Voraussetzungen der Gründung** sind hiernach

- der Abschluss eines notariellen Gesellschaftsvertrages (§§ 2; 3 GmbHG),
- Einzahlungen auf die Einlagen durch die Gesellschafter (§§ 5; 7 GmbHG),
- die Bestellung bzw. Legitimation der Geschäftsführer (§ 8 Abs. 1 Nr. 2 GmbHG) sowie
- Anmeldung und Eintragung der GmbH beim Handelsregister (§§ 7; 8; 9c; 10 GmbHG).

**Den Inhalt des Gesellschaftsvertrages** schreibt § 3 GmbHG vor. Hiernach müssen neben den Gesellschaftern, die die GmbH gründen wollen, Firma und Sitz der Gesellschaft, der Gegenstand des Unternehmens, der Betrag des Stammkapitals sowie der Betrag, der von jedem Gesellschafter auf das Stammkapital zu leistenden Stammeinlage geregelt werden. Fakultativ können daneben, wie auch § 3 Abs. 2 GmbHG zeigt, weitere Punkte bestimmt werden.

Was den Sitz der Gesellschaft anbelangt, kann dieser gem. § 4a GmbHG im Inland frei gewählt werden. Wo die GmbH ihre Tätigkeiten ausübt oder ihre Verwaltung hat, ist ohne Bedeutung. § 4a GmbHG knüpft hiermit an die Vorgaben der Europäischen Union an mit der Folge, dass es ausreichend ist, wenn der Gesellschaftsvertrag eine im Inland belegene Geschäftsanschrift angibt, vorausgesetzt diese kann eingetragen werden und wird aufrecht erhalten.

**Terminologisch ist hier** zwischen Gesellschaftsanteil, Stammkapital, Geschäftsanteil und (Stamm-)Einlage zu unterscheiden. Gesellschaftsanteil bezeichnet, allgemein, die Beteiligung des einzelnen Gesellschafters an einer Gesellschaft. Der Gesellschaftsanteil beinhaltet die Mitgliedschaftsrechte des Gesellschafters. Bei ihm handelt es sich um ein Recht, welches grundsätzlich durch Abtretung auf einen Anderen übertragen werden kann.

Stammkapital ist das Eigenkapital der GmbH, welches im Gesellschaftsvertrag festgesetzt wird und von den Gesellschaftern in Form sog. Geschäftsanteile übernommen wird. Die Zahlungen der Gesellschafter auf die Geschäftsanteile bezeichnet das Gesetz als (Stamm-)Einlagen. Einlagen können als Geld-, teils auch als Sacheinlagen erbracht werden. Daneben steht der Begriff des Kapitalanteils, auf den bei den Personengesellschaften näher eingegangen wird.[64]

**Die notarielle Form** des Gesellschaftsvertrages schreibt § 2 Abs. 1 S. 1 GmbHG vor. Ob dieses Formerfordernis noch zeitgemäß ist, ist im Vorfeld des MoMiG diskutiert worden. Der Gesetzgeber hat grundsätzlich an der notariellen Form festgehalten, jedoch § 2 Abs. 1a GmbHG eingeführt, nach dem die GmbH in einem vereinfachten Verfahren gegründet werden kann, wenn sie höchstens drei Gesellschafter und einen Geschäftsführer hat.

Bei der Gründung im vereinfachten Verfahren ist das in der Anlage (zu § 2) b) zum GmbHG bestimmte Musterprotokoll zu verwenden. Auf diese Weise sollen die Kosten des Notars gering gehalten werden. Allerdings können so keine weiteren vom Gesetz abweichenden Bestimmungen getroffen, etwa keine Sacheinlagen vereinbart werden. Angesichts dieser Einschränkungen dürfte für die Praxis weiterhin die Versuchung bestehen, das Formerfordernis durch die Wahl ausländischer Rechtsformen zu vermeiden.

**Musterprotokoll**
**für die Gründung einer Mehrpersonengesellschaft**
**mit bis zu drei Gesellschaftern**

UR. Nr. . . . . . .

Heute, den . . . . . . . . . . . . . . . . . . . . . . . . . . . . . . . . . . . . . . . . . . . . . . . . . . . . . . ,

erschienen vor mir, . . . . . . . . . . . . . . . . . . . . . . . . . . . . . . . . . . . . . . . . . . . . . . . . . ,
Notar/in mit dem Amtssitz in

. . . . . . . . . . . . . . . . . . . . . . . . . . . . . . . . . . . . . . . . . . . . . . . . . . . . . . . . . . . . . ,

Herr/Frau[1])
. . . . . . . . . . . . . . . . . . . . . . . . . . . . . . . . . . . . . . . . . . . . . . . . . . . . . . . . . . . . .
. . . . . . . . . . . . . . . . . . . . . . . . . . . . . . . . . . . . . . . . . . . . . . . . . . . . . . . . . . [2]),

Herr/Frau[1])
. . . . . . . . . . . . . . . . . . . . . . . . . . . . . . . . . . . . . . . . . . . . . . . . . . . . . . . . . . . . .
. . . . . . . . . . . . . . . . . . . . . . . . . . . . . . . . . . . . . . . . . . . . . . . . . . . . . . . . . . [2]),

Herr/Frau[1])
. . . . . . . . . . . . . . . . . . . . . . . . . . . . . . . . . . . . . . . . . . . . . . . . . . . . . . . . . . . . .
. . . . . . . . . . . . . . . . . . . . . . . . . . . . . . . . . . . . . . . . . . . . . . . . . . . . . . . . . . [2]).

1. Die Erschienenen errichten hiermit nach § 2 Abs. 1a GmbHG eine Gesellschaft mit beschränkter Haftung unter der Firma . . . . . . . . . . . . . . . . . . . . . . . . . . . . . . . . . . . . . . . . . . . . . . . . . . . . . . . . . . . . . . . . . . . . . . . . . . . . . . . . . . . . . . . . . . . . . . . . . . . . . . . . . . . . .
   mit dem Sitz in . . . . . . . . . . . . . . . . . . . . . . . . . . . . . . . . . . . . . . . . . . . . . . .
2. Gegenstand des Unternehmens ist . . . . . . . . . . . . . . . . . . . . . . . . . . . . . . . . . . . . .

64 Vgl. hierzu näher etwa *K. Schmidt*, Gesellschaftsrecht, S. 1380 ff. sowie zum Begriff des Kapitalanteils hier noch später S. 129.

3. Das Stammkapital der Gesellschaft beträgt .......................................... €
(i. W. ...................................... Euro) und wird wie folgt übernommen:

Herr/Frau[1]) ............................................................. über-
nimmt einen Geschäftsanteil mit einem Nennbetrag in Höhe von .................... €
(i. W. .............................................. Euro) (Geschäftsanteil Nr. 1),

Herr/Frau[1]) ............................................................. über-
nimmt einen Geschäftsanteil mit einem Nennbetrag in Höhe von .................... €
(i. W. .............................................. Euro) (Geschäftsanteil Nr. 2),

Herr/Frau[1]) ............................................................. über-
nimmt einen Geschäftsanteil mit einem Nennbetrag in Höhe von .................... €
(i. W. .............................................. Euro) (Geschäftsanteil Nr. 3).

Die Einlagen sind in Geld zu erbringen, und zwar sofort in voller Höhe/zu 50 Prozent sofort, im Übrigen sobald die Gesellschafterversammlung ihre Einforderung beschließt[3]).

4. Zum Geschäftsführer der Gesellschaft wird Herr/Frau[4]) ............................. ,
..................................... geboren am ........ , wohnhaft in, bestellt.
Der Geschäftsführer ist von den Beschränkungen des § 181 des Bürgerlichen Gesetzbuchs befreit.

5. Die Gesellschaft trägt die mit der Gründung verbundenen Kosten bis zu einem Gesamtbetrag von 300 €, höchstens jedoch bis zum Betrag ihres Stammkapitals. Darüber hinausgehende Kosten tragen die Gesellschafter im Verhältnis der Nennbeträge ihrer Geschäftsanteile.

6. Von dieser Urkunde erhält eine Ausfertigung jeder Gesellschafter, beglaubigte Ablichtungen die Gesellschaft und das Registergericht (in elektronischer Form) sowie eine einfache Abschrift das Finanzamt – Körperschaftsteuerstelle –.

7. Die Erschienenen wurden vom Notar/von der Notarin insbesondere auf Folgendes hingewiesen: ......................................................

Hinweise:

[1]) Nicht Zutreffendes streichen. Bei juristischen Personen ist die Anrede Herr/Frau wegzulassen.

[2]) Hier sind neben der Bezeichnung des Gesellschafters und den Angaben zur notariellen Identitätsfeststellung ggf. der Güterstand und die Zustimmung des Ehegatten sowie die Angaben zu einer etwaigen Vertretung zu vermerken.

[3]) Nicht Zutreffendes streichen. Bei der Unternehmergesellschaft muss die zweite Alternative gestrichen werden.

[4]) Nicht Zutreffendes streichen.

**Beim Stammkapital der GmbH** ist zwischen Stammkapital (Eigenkapital), Mindeststammkapital, Geschäftsanteil, Nennbetrag und (Stamm-)Einlage (Einlage auf das Stammkapital) zu unterscheiden. Stammkapital ist, wie soeben gesehen, das Eigenkapital der GmbH, welches im Gesellschaftsvertrag festgesetzt wird und von den Gesellschaftern aufgebracht werden muss. Das Stammkapital kann nur durch Kapitalerhöhungen bzw. -herabsetzungen geändert werden.

Das Stammkapital muss gem. § 5 Abs. 1 GmbHG mindestens 25 000,– EUR betragen. Forderungen nach einer Herabsetzung des Mindeststammkapitals auf 10 000,– EUR oder sogar auf nur 1,– EUR haben sich bis heute nicht durchsetzen können. Allerdings hat der Gesetzgeber des MoMiG den Weg der Unternehmergesellschaft (haftungsbeschränkt) eröffnet. In der Bilanz bildet das Stammkapital einen Eigenkapitalposten auf der Passivseite.

Das Stammkapital wird von den Gesellschaftern in Form sog. Geschäftsanteile übernommen. Die einzelnen Geschäftsanteile lauten jeweils auf Nennbeträge. Gem. § 5 Abs. 2 S. 1 GmbHG muss der Nennbetrag auf volle Euro lauten. Gem. § 5 Abs. 3 GmbHG kann die Höhe der Nennbeträge der einzelnen Geschäftsanteile verschieden bestimmt werden. Die Summe der Nennbeträge aller Geschäftsanteile muss mit dem Stammkapital übereinstimmen.

**Im Gesellschaftsvertrag** sind gem. § 3 Abs. 1 Nr. 3 und 4 GmbHG der Betrag des Stammkapitals, die Geschäftsanteile und die Nennbeträge genau zu bestimmen. Gleiches gilt für die Zahl und die Nennbeträge der Geschäftsanteile, die jeder Gesellschafter gegen (Stamm-) Einlage (Einlage auf das Stammkapital) übernimmt. Gem. § 5 Abs. 2 S. 2 GmbHG kann bei Errichtung der GmbH ein Gesellschafter mehrere Gesellschaftsanteile übernehmen.

Bei einem Stammkapital von 30 000,– EUR können so etwa drei Geschäftsanteile mit Nennbeträgen von 15 000,– EUR, 10 000,–EUR und 5000,– EUR bestimmt werden. Bei zwei Gesellschaftern kann der eine die Geschäftsanteile mit 15 000,- EUR und 10 000,- EUR, der andere den Geschäftsanteil mit 5000,– EUR übernehmen. Durch die Verpflichtung der Gesellschafter zur Übernahme wird sichergestellt, dass die GmbH das Stammkapital später erhalten kann.

Voraussetzung für die Entstehung ist weiter, dass die Gesellschafter Leistungen auf die Einlagen erbringen. Es kommen Geld-, aber auch Sacheinlagen in Betracht. Soweit Geldeinlagen vereinbart sind, muss gem. § 7 Abs. 2 GmbHG jeder Gesellschafter mindestens ein Viertel seiner Geldeinlage geleistet haben. Zudem muss mindestens soviel eingezahlt sein, dass der Gesamtbetrag der eingezahlten Geldeinlagen zuzüglich der Sacheinlagen 12 500,– EUR, erreicht.[65]

**Vereinbarte Sacheinlagen** müssen im Gesellschaftsvertrag so festgelegt werden, wie § 5 Abs. 4 S. 1 GmbHG es vorschreibt, und zwar der Gegenstand der Sacheinlage sowie der Nennbetrag des Geschäftsanteils, auf den sich die Sacheinlage bezieht. Voraussetzung für Anmeldung und Eintragung ist hier gem. § 7 Abs. 3 GmbHG, dass die Sacheinlagen den Geschäftsführern vollständig und zur freien Verfügung überlassen worden sind.

Gem. § 5 Abs. 4 S. 2 GmbHG müssen zudem die für die Angemessenheit der Leistungen für Sacheinlagen wesentlichen Umstände in einem Sachgründungsbericht dargelegt werden. Dieser Sachgründungsbericht ist gem. § 8 Abs. 1 Nr. 4 GmbHG mit der Anmeldung einzureichen. Ebenso sind gem. § 8 Abs. 1 Nr. 5 GmbHG Unterlagen darüber einzureichen, dass der Wert der Sacheinlagen den Nennbetrag der dafür übernommenen Geschäftsanteile erreicht.

Auf diese Weise soll sichergestellt werden, dass der GmbH das Stammkapital auch tatsächlich zur Verfügung steht. Gem. § 19 Abs. 4 GmbHG wird ein Gesellschafter daher auch nicht von seiner Einlageverpflichtung befreit, wenn seine Geldeinlage bei wirtschaftlicher Betrachtung und aufgrund einer im Zusammenhang mit der Übernah-

65 Vgl. zum Vorstehenden und zum Folgenden näher die Kommentierungen zu den einzelnen Vorschriften.

me der Geldeinlage getroffenen Abrede vollständig oder teilweise als Sacheinlage zu bewerten ist (Fälle der verdeckten Sacheinlage).

Gem. § 19 Abs. 5 GmbHG wird der Gesellschafter, ist vor der Einlage eine Leistung an den Gesellschafter vereinbart worden, die wirtschaftlich einer Rückzahlung der Einlage entspricht und die nicht als verdeckte Sacheinlage im Sinne des § 19 Abs. 4 GmbHG zu beurteilen ist, von seiner Einlageverpflichtung nur dann befreit, wenn die Leistung durch einen vollwertigen, jederzeit fälligen Rückgewähranspruch gedeckt ist (Fälle des Hin- und Herzahlens).

**Neben den Inhalten des Gesellschaftsvertrages** gem. § 3 Abs. 1 GmbHG können die Gesellschafter weitere Vereinbarungen treffen. Hier sind folgende Typen zu unterscheiden. Bestimmte Regelungen müssen im Gesellschaftsvertrag enthalten sein und bedürfen dementsprechend dessen Form. Gem. § 3 Abs. 2 GmbHG gehören etwa zeitliche Beschränkungen der GmbH hierher oder gem. § 5 Abs. 4 GmbHG die Vereinbarung von Sacheinlagen.

Soweit Regelungen nicht zwingend im Gesellschaftsvertrag enthalten sein müssen, können sie freiwillig in den Gesellschaftsvertrag aufgenommen oder in Form schuldrechtlicher Nebenabreden geregelt werden. So können die Gesellschafter z.B. vereinbaren, sich einmal in der Woche zu treffen und abzustimmen oder ein Gesellschafter-Geschäftsführer kann sich verpflichten, im Falle der Erfolglosigkeit einen Deckungsbeitrag an die GmbH zu leisten.

Schließlich sind die Geschäftsführer zu bestellen. Dies kann bereits im Gesellschaftsvertrag oder später durch Legitimation erfolgen. Einzelheiten zu Zahlen und Personen der Geschäftsführer ergeben sich aus § 6 GmbHG. Gem. § 8 Abs. 1 Nr. 2 GmbHG ist der Anmeldung der GmbH zur Eintragung in das Handelsregister ein entsprechender Nachweis beizufügen. Die Anmeldung hat gem. den §§ 7; 8 GmbHG durch die Geschäftsführer zu erfolgen.

**Das Handelsregistergericht** prüft die Anmeldung. Sind alle Voraussetzungen der Gründung erfüllt, wird das Handelsregistergericht die Eintragung gem. § 10 GmbHG vornehmen. Die GmbH entsteht dann mit der Eintragung als konstitutivem Rechtsakt. Das Handelsregistergericht wird die Eintragung gem. § 9c GmbHG ablehnen, wenn die Gesellschaft nicht ordnungsgemäß errichtet und angemeldet ist; gleiches gilt, wenn Sacheinlagen überbewertet worden sind.

Eine Gründungsprüfung ist bei der GmbH, anders als bei der AG, bei der die §§ 33 ff. AktG eine solche durch Vorstand und Aufsichtsrat normieren, prinzipiell nicht Voraussetzung der Entstehung. Sind Angaben unzutreffend, kann es allerdings zu Ansprüchen der Gesellschaft gegen die Geschäftsführer bzw. Gesellschafter gem. § 9a GmbHG kommen. Ein Verzicht der Gesellschaft auf diese Ansprüche ist gem. § 9b GmbHG unwirksam.

**Vergleicht man die GmbH** mit den Personengesellschaften OHG und KG, sind die Gründungsanforderungen bei ihr somit hoch. Inhalt und Form des Gesellschaftsvertrages, Mindeststammkapitalerfordernis und Kapitalaufbringung sowie Anmeldung und

Eintragung der GmbH im Handelsregister als konstitutiver Akt stellen Hürden dar, die bei OHG und KG so nicht bestehen und den Preis für die Haftungsbeschränkung bei der GmbH bilden.

**Fall**

A, B und C wollen die A-GmbH gründen, um auf dieser Grundlage Waren aus Russland nach Deutschland zu importieren. Wie wird das Handelsregistergericht, das mit der Eintragung befasst ist, entscheiden, wenn (1) der Gesellschaftsvertrag nur teilweise in notarieller Form vorliegt, (2) der A die Geldeinlage, zu der er sich im Gesellschaftsvertrag verpflichtet hat, noch nicht erbracht hat, (3) ein PKW, den der B einzubringen sich verpflichtet hat, der Gesellschaft noch nicht zur Verfügung steht, (4) keine Unterlagen über den Wert einer Maschine vorliegen, die der C vereinbarungsgemäß als Sacheinlage eingebracht hat oder (5) Unterlagen betreffend den Wert der Maschine zwar vorliegen, sich aus diesen aber ergibt, dass die Gesellschafter die Maschine erheblich überbewertet haben?

**Lösung:** (1) Liegt der Gesellschaftsvertrag nur teilweise in notarieller Form vor, wird, da grundsätzlich der gesamte Inhalt des Gesellschaftsvertrages gem. § 2 GmbHG zu beurkunden ist, der Vertrag gem. § 139 BGB in der Regel insgesamt nichtig sein und das Handelsregistergericht wird die Eintragung gem. § 9c Abs. 2 Nr. 3 GmbHG ablehnen. Im Einzelfall besteht die Möglichkeit, die Vermutungsregel des § 139 BGB zu widerlegen. Ist der Gesellschaftsvertrag im Einzelfall ausnahmsweise wirksam, kommt eine Ablehnung der Eintragung gem. § 9c Abs. 2 Nr. 1 oder Nr. 2 GmbHG in Betracht. (2) Hat A die von ihm zu erbringende Geldeinlage noch nicht erbracht, liegt ein Verstoß gegen § 7 Abs. 2 S. 1 GmbHG vor und das Handelsregistergericht hat die Eintragung gem. § 9c Abs. 1 S. 1 GmbHG abzulehnen. (3) Entsprechend verhält es sich gem. den §§ 7 Abs. 3; 9c Abs. 1 S. 1 GmbHG, wenn der PKW des B den Geschäftsführern der A-GmbH noch nicht endgültig zur freien Verfügung steht. (4) Entsprechend verhält es sich gem. den §§ 8 Abs. 1 Nr. 5; 9c Abs. 1 S. 1 GmbHG, wenn Unterlagen darüber, dass der Wert der Maschine des C den Nennbetrag der dafür übernommenen Geschäftsanteile erreicht, nicht vorliegen. (5) Im Falle der Überbewertung der Maschine des C folgt die Ablehnung der Eintragung durch das Handelsregistergericht aus § 9c Abs. 1 S. 2 GmbHG.

### b) Besonderheiten der Ein-Personen-GmbH

**Die Ein-Personen-GmbH** bringt einzelne Besonderheiten hinsichtlich der Gründung mit sich.

**Die Gründungsvoraussetzungen** sind hier zunächst dieselben wie bei der GmbH allgemein. Auch hier ist ein Gesellschaftsvertrag gem. § 2 GmbHG erforderlich. Da die GmbH hier jedoch nur durch eine Person gegründet wird, reicht ausnahmsweise die Abgabe einer (Gründungs-)Erklärung durch den Gründer aus. Diese muss auch hier notariell erfolgen, wobei nach herrschender Meinung gem. § 36 Abs. 1 KostO nur eine Notargebühr anfällt.

Auch hier ist die Gründung im vereinfachten Verfahren möglich. Anlage (zu § 2) a) zum GmbHG enthält ein Musterprotokoll speziell für die Gründung einer Ein-Personen-GmbH. Der Abstimmungsaufwand, der bei mehreren Gesellschaftern erforderlich ist, entfällt hier. Früheren Bedenken, die unter anderem daran anknüpften, dass bei nur einer Person nicht von einer Gesellschaft gesprochen werden könne, ist der Gesetzgeber in § 1 GmbHG ausdrücklich nicht gefolgt.

**Musterprotokoll**
**für die Gründung einer Einpersonengesellschaft**

UR. Nr. . . . . . .

Heute, den . . . . . . . . . . . . . . . . . . . . . . . . . . . . . . . . . . . . . . . . . . . . . . . . . . . . . . . . . . . ,

erschien vor mir, . . . . . . . . . . . . . . . . . . . . . . . . . . . . . . . . . . . . . . . . . . . . . . . . . . . . . . . . . . ,
Notar/in mit dem Amtssitz in
. . . . . . . . . . . . . . . . . . . . . . . . . . . . . . . . . . . . . . . . . . . . . . . . . . . . . . . . . . . . . . . . . . . . . . ,

Herr/Frau[1])
. . . . . . . . . . . . . . . . . . . . . . . . . . . . . . . . . . . . . . . . . . . . . . . . . . . . . . . . . . . . . . . . . . . . [2]).

1. Der Erschienene errichtet hiermit nach § 2 Abs. 1a GmbHG eine Gesellschaft mit beschränkter Haftung unter der Firma . . . . . . . . . . . . . . . . . . . . . . . . . . . . . . . . . . . .
. . . . . . . . . . . . . . . . . . . . . . . . . . . . . . . . . . . . . . . . . . . . . . . . . . . . . . . . . . . . . . . .
mit dem Sitz in . . . . . . . . . . . . . . . . . . . . . . . . . . . . . . . . . . . . . . . . . . . . . . . . . .
2. Gegenstand des Unternehmens ist . . . . . . . . . . . . . . . . . . . . . . . . . . . . . . . . . . . . . . .
3. Das Stammkapital der Gesellschaft beträgt . . . . . . . . . . . . . . . . . . . . . . . . . . . . . . . . . . €
(i. W. . . . . . . . . . . . . . . . . . . . . . . . . . . . . . . . . . . . . . . . . . . . . . . . . Euro) und wird vollständig von Herrn/Frau[1]) . . . . . . . . . . . . . . . . . . . . . . . . . . . . . . . . . . . . . . . . . . . . . . . . . .
(Geschäftsanteil Nr. 1) übernommen. Die Einlage ist in Geld zu erbringen, und zwar sofort in voller Höhe/zu 50 Prozent sofort, im Übrigen sobald die Gesellschafter. . . . . . . . . versammlung ihre Einforderung beschließt[3]).
4. Zum Geschäftsführer der Gesellschaft wird Herr/Frau[4]) . . . . . . . . . . . . . . . . . . . . . . . . . . . .
. . . . . . . . . . . . . . . . . . . . . . . . . . . . . . . . . . . . . . . . . . . . . . . . . . . . . . . . . . . . . . . . ,
geboren am . . . . . . . . . . . . . . . . . . . , wohnhaft in . . . . . . . . . . . . . . . . . . . . . . . . , bestellt.
Der Geschäftsführer ist von den Beschränkungen des § 181 des Bürgerlichen Gesetzbuchs befreit.
5. Die Gesellschaft trägt die mit der Gründung verbundenen Kosten bis zu einem Gesamtbetrag von 300 €, höchstens jedoch bis zum Betrag ihres Stammkapitals. Darüber hinausgehende Kosten trägt der Gesellschafter.
6. Von dieser Urkunde erhält eine Ausfertigung der Gesellschafter, beglaubigte Ablichtungen die Gesellschaft und das Registergericht (in elektronischer Form) sowie eine einfache Abschrift das Finanzamt – Körperschaftsteuerstelle –.
7. Der Erschienene wurde vom Notar/von der Notarin insbesondere auf Folgendes hingewiesen:

Hinweise:
[1]) Nicht Zutreffendes streichen. Bei juristischen Personen ist die Anrede Herr/Frau wegzulassen.
[2]) Hier sind neben der Bezeichnung des Gesellschafters und den Angaben zur notariellen Identitätsfeststellung ggf. der Güterstand und die Zustimmung des Ehegatten sowie die Angaben zu einer etwaigen Vertretung zu vermerken.
[3]) Nicht Zutreffendes streichen. Bei der Unternehmergesellschaft muss die zweite Alternative gestrichen werden.
[4]) Nicht Zutreffendes streichen.

**Weitere Voraussetzungen** sind auch hier die Benennung von Stammkapital und Nennbeträgen im Gesellschaftsvertrag und die Erbringung eines Teils der Geld- bzw. Sacheinlagen. Auch hier wird das Handelsregistergericht die Anmeldung prüfen und die Eintragung ablehnen, wenn die Gesellschaft nicht ordnungsgemäß errichtet und angemeldet ist. Mit der Eintragung als konstitutivem Rechtsakt entsteht die Ein-Personen-GmbH.

Gefahren für den Rechtsverkehr können hier unter anderem daraus entstehen, dass es an der gegenseitigen Kontrolle der Gesellschafter fehlt. Während diesen Erschwerungen früher dadurch Rechnung getragen wurde, dass Anmeldung und Eintragung erst erfolgen durften, wenn der Ein-Personen-Gesellschafter für einen noch offenen Teil einer Geldeinlage eine Sicherheit bestellt hatte, ist diese Einschränkung mit dem MoMiG entfallen.

**Weitere Möglichkeiten** der Entstehung einer Ein-Personen-GmbH bestehen darin, dass sämtliche Gesellschaftsanteile einer bereits bestehenden GmbH bei einer Person zusammenfallen. Dies kann sich im Leben einer GmbH ohne weiteres ergeben. Dies kann aber auch die Folge einer sog. Strohmanngründung sein. Bei einer solchen nützt der potenzielle Alleingesellschafter Treuhänder, die mit ihm die GmbH gründen und sodann sogleich die Gesellschaftsanteile an ihn abtreten.

Zudem kann eine Ein-Personen-GmbH durch Ausgliederung zur Neugründung auf dem Weg der §§ 152; 158 ff. UmwG entstehen. Dies kann der Fall sein, wenn ein Einzelkaufmann sein Unternehmen im Rahmen des UmwG auf eine mit der Ausgliederung neu entstehende GmbH überträgt. Die GmbH entsteht hier, liegen die Voraussetzungen des UmwG vor, mit Eintragung. Im Gegenzug erhält der Kaufmann die Gesellschaftsanteile an dieser GmbH.

**Vergleicht man sie** mit dem Einzelunternehmen, gilt somit auch für die Ein-Personen-GmbH, dass die Gründungsanforderungen hoch sind. Dies gilt auch hier mit Blick auf Inhalt und Form des Gesellschaftsvertrages, Mindeststammkapitalerfordernis und Kapitalaufbringung sowie Anmeldung und Eintragung der GmbH im Handelsregister als konstitutiven Akt, die auch hier den Preis für die Haftungsbeschränkung bei der Ein-Personen-GmbH bilden.

**Fall**

Die Eheleute A und B, aus deren Ehe drei Kinder hervorgegangen sind, waren je zur Hälfte Gesellschafter der A-GmbH. Welche Folgen ergeben sich für die GmbH, wenn A und B ein sog. Berliner Testament gem. § 2269 BGB gemacht haben und nunmehr einer von ihnen stirbt?

**Lösung:** Bei einem Berliner Testament setzen die Eheleute sich gegenseitig als Erben ein. Nach dem Tod des Überlebenden soll der beiderseitige Nachlass an einen Dritten, vorliegend im Zweifel die Kinder, fallen. Stirbt B, tritt A gem. § 1922 BGB die Gesamtrechtsnachfolge in das Vermögen der B an. Hierunter fällt auch der hälftige Gesellschaftsanteil der B an der A-GmbH. Dieser ist gem. § 15 Abs. 1 GmbHG vererblich. Indem so alle Gesellschaftsanteile der A-GmbH bei A zusammenfallen, entsteht eine Ein-Personen-GmbH. Stirbt später A, geht sein Vermögen im Zweifel auf seine Kinder über. Diese erben gem. § 1924 Abs. 4 BGB im Zweifel zu gleichen Teilen. In diesem Fall steht ihnen die GmbH dann zur gesamten Hand zu und es gilt § 18 GmbHG.

### c) Weiteres bei der Unternehmergesellschaft

**Die Unternehmergesellschaft (haftungsbeschränkt)** bringt weitere Erleichterungen mit sich.

**Mit der Unternehmergesellschaft (haftungsbeschränkt)** hat der Gesetzgeber des MoMiG die Möglichkeit geschaffen, eine GmbH mit einem geringeren Mindeststammkapital als 25 000,– EUR zu gründen. Auf diese Weise wollte er, wie auch bei der Gründung einer GmbH durch Mustersatzung, auf die Zunahme der Wahl ausländischer Rechtsformen in Deutschland reagieren und insbesondere dem Vordringen der britischen Limited entgegenwirken.[66]

Bei der Unternehmergesellschaft (haftungsbeschränkt) handelt es sich nicht um eine neue Gesellschaftsform, sondern um eine, modifizierte, GmbH. Dies ergibt sich aus Äußerungen des Gesetzgebers, aus der Regelung der Unternehmergesellschaft (haftungsbeschränkt) im GmbHG sowie aus Wortlaut und Stellung des die Unternehmergesellschaft regelnden § 5a GmbHG, der, wie andere Vorschriften, von Gesellschaft spricht und ohne weiteres in das GmbHG eingefügt ist.

**Das Mindeststammkapital** der Unternehmergesellschaft (haftungsbeschränkt) darf gem. § 5a Abs. 1 GmbHG 25 000,– EUR unterschreiten. Da ein Geschäftsanteil gem. § 5 Abs. 2 S. 1 GmbHG auf volle Euro lauten muss, ist so theoretisch ein Stammkapital von 1,– EUR bis 24 999,– EUR möglich. Allerdings wird regelmäßig ein Betrag von mindestens 300,– EUR gewählt werden, damit die Gründungskosten nicht sofort zur Überschuldung der Gesellschaft führen.

Im Gegenzug schreibt § 5 a Abs. 1 GmbHG vor, dass eine mit einem geringeren Stammkapital als 25 000,– EUR gegründete Gesellschaft in der Firma die Bezeichnung Unternehmergesellschaft (haftungsbeschränkt) oder UG (haftungsbeschränkt) führen muss, wobei haftungsbeschränkt nicht abgekürzt werden darf. Auf diese Weise soll auf das geringere Stammkapital hingewiesen werden. Sacheinlagen sind gem. § 5a Abs. 2 S. 2 GmbHG ausgeschlossen.

**Die Gründungsvoraussetzungen** der Unternehmergesellschaft (haftungsbeschränkt) entsprechen denen der GmbH. Auch hier sind der Abschluss eines notariellen Gesellschaftsvertrages sowie Bestellung und Legitimation der Geschäftsführer erforderlich. Auch hier ist die Gründung im vereinfachten Verfahren unter Zurhilfenahme der Mustersatzung möglich. Handelt es sich um eine Ein-Personen-Gesellschaft, gelten die zuvor genannten Besonderheiten.

Anmeldung und Eintragung der UG (haftungsbeschränkt) dürfen gem. § 5a Abs. 2 S. 1 GmbHG erst erfolgen, wenn das Stammkapital in voller Höhe eingezahlt ist, was angesichts der freien Wählbarkeit des Stammkapitals eine geringe Hürde sein dürfte. Entsprechend ist die Einberufung einer Gesellschafterversammlung hier nicht bei Verlust des hälftigen Stammkapitals, sondern gem. § 5a Abs. 4 GmbHG bei drohender Zahlungsunfähigkeit vorgeschrieben.

66 Vgl. hierzu und zum Folgenden bereits S. 41 f.

**Während des Betriebs** ist gem. § 5a Abs. 3 S. 1 GmbHG in der Bilanz der Gesellschaft eine gesetzliche Rücklage zu bilden, in die ein Viertel des um einen Verlustvortrag aus dem Vorjahr geminderten Jahresüberschusses einzustellen ist. Diese Rücklage darf nur für die in § 5a Abs. 3 S. 2 GmbHG genannten Zwecke, insbesondere zum Ausgleich von Verlusten der Gesellschaft, verwendet werden. Bis zur Erhöhung des Stammkapitals auf mindestens 25 000 EUR wächst diese Rücklage immer weiter.

Durch die Rücklage sollen Defizite in der Kapitalausstattung der Gesellschaft, die sich aus dem geringen Mindeststammkapital ergeben, ausgeglichen werden. Gem. § 5a Abs. 5 GmbHG darf die Rücklage erst aufgelöst werden, wenn die Gesellschaft ihr Mindeststammkapital durch Satzungsänderung auf mindestens 25 000,– EUR erhöht und sich so in eine normale GmbH umwandelt. Dann kann, muss aber nicht, der Hinweis in der Firma auf die Haftungsbeschränktheit entfallen.

**Welche Bedeutung** die Unternehmergesellschaft (haftungsbeschränkt) in der Zukunft erlangen wird, wird sich zeigen. Einerseits wird dieser neue Typus der GmbH heftig kritisiert und es wird ihm die praktische Relevanz abgesprochen. Andererseits wurden gleich nach Inkrafttreten des MoMiG zahlreiche Unternehmergesellschaften (haftungsbeschränkt) gegründet. Für das Ende des Jahres 2009 wird eine Zahl von 10 000 prognostiziert.[67]

Attraktiv wird die Unternehmergesellschaft (haftungsbeschränkt) in Zukunft besonders für solche Gründer sein, die bei Gründung weniger als 12 500,– EUR[68] aufbringen wollen. Zugleich dürfte sie als Komplementärin einer GmbH&CoKG Relevanz erlangen. Um eine sofortige Überschuldung zu vermeiden, wird die Unternehmergesellschaft (haftungsbeschränkt) regelmäßig mit einem über 1,– EUR liegenden Mindeststammkapital auszustatten sein.

**Fall**

A und B sind je zur Hälfte Gesellschafter der A-Unternehmergesellschaft (haftungsbeschränkt) mit einem Stammkapital von 300,– EUR. Nach einigen Jahren erreicht die gem. § 5a Abs. 3 GmbHG zu bildende gesetzliche Rücklage 45 000,– EUR. A und B wollen wissen, (1) ob die Gesellschaft 10 000,– EUR aus der Rücklage für die Anschaffung einer neuen Maschine verwenden darf und (2) welche Folgen sich daraus ergeben, dass die Rücklage nunmehr 25 000,– EUR übersteigt?

**Lösung:** (1) Zur Anschaffung der neuen Maschine darf die Rücklage nicht verwendet werden, da keiner der Fälle des § 5a Abs. 3 S. 2 GmbHG vorliegt. Dies gilt auch, wenn die Rücklage inzwischen 25 000,– EUR übersteigt. (2) Gem. § 5a Abs. 3 S. 2 Nr. 1 GmbHG i.V.m. den § 57c ff. GmbHG haben A und B die Möglichkeit, das Stammkapital der GmbH auf (mindestens) 25 000,– EUR zu erhöhen und hierfür die Rücklage zu verwenden. Erforderlich hierfür ist eine Satzungsänderung, deren Voraussetzungen sich neben den §§ 53 ff. GmbHG aus den §§ 57c ff. GmbHG ergeben. Anschließend liegt eine normale GmbH vor. Wenn A und B dies wollen, können sie gem. § 5a Abs. 5 GmbHG die alte Firma Unternehmergesellschaft (haftungsbeschränkt) beibehalten. Eine Rücklagenbildung ist nunmehr nicht mehr erforderlich. Soweit die bereits gebildete Rücklage in Höhe von 45 000,– EUR nicht für die Kapitalerhöhung genutzt wird, ist das Geld nunmehr frei und kann für die Anschaffung der neuen Maschine genutzt werden.

---

67 Vgl. hierzu bereits S. 9.
68 Vgl. § 7 Abs. 2 S. 2 GmbHG und hierzu bereits oben S. 45.

## 3. Verfassung und Betrieb der GmbH

### a) Die Verfassung der GmbH

**Die Verfassung** der GmbH sieht mindestens einen Geschäftsführer sowie die Gesellschafterversammlung vor.

**Verfassung bezeichnet** die Organisation der GmbH im Innenverhältnis bzw. allgemein die Innenorganisation einer Gesellschaft. Der Begriff der Verfassung mag hier auf den ersten Blick verwirrend erscheinen, weil der Begriff der Verfassung, oder: Verfassungsrecht, auch die rechtliche Grundordnung eines staatlichen Gemeinwesens beschreibt. Der Begriff der Verfassung wird jedoch auch im vorliegenden Zusammenhang immer wieder verwendet.

Die Organe sind es, die für die Verfassung der GmbH bzw. allgemein von Gesellschaften zentral sind. Gesellschaften handeln durch ihre Organe. Je nachdem, um welche Fragen es geht, sind unterschiedliche Organe zuständig, etwa Geschäftsführer, ein Vorstand, die Gesellschafter, eine Gesellschafterversammlung, eine Hauptversammlung oder ein Aufsichtsrat. Wer für welche Fragen zuständig ist, ergibt sich aus Gesetz und Gesellschaftsvertrag.[69]

**Organe der GmbH** sind die Geschäftsführer gem. § 6 GmbHG und die Gesellschafterversammlung gem. § 48 GmbHG. Die Geschäftsführer, bei der AG: Vorstand, sind für den Betrieb der GmbH zuständig. Dabei ist die Geschäftsführung zwar nicht ausdrücklich geregelt, ergibt sich aber aus der Bezeichnung Geschäftsführer und folgt aus der Vertretungszuständigkeit. Die Vertretungsbefugnis der Geschäftsführer ergibt sich aus § 35 GmbHG.

In der Gesellschafterversammlung machen die Gesellschafter ihre Rechte geltend. Gem. den §§ 45 ff. GmbHG ist die Gesellschafterversammlung der Ort, an dem die Entscheidungen der GmbH letztlich getroffen oder auch verhindert werden. Je nach Inhalt des Beschlusses sind unterschiedliche Mehrheiten erforderlich. Die Gesellschafterversammlung ist, wie § 37 Abs. 1 GmbHG zeigt, den Geschäftsführern gegenüber weisungsbefugt.

**Ein Aufsichtsrat ist** bei der GmbH grundsätzlich nicht erforderlich. Zwingend ist ein Aufsichtsrat jedoch in Fällen der Mitbestimmung, wenn eine GmbH, ab 500 Arbeitnehmern, dem DrittelbG, dem MitbestG, dem MontanMitbestG oder dem Montanmitbest-ErgG unterfällt. Zusammensetzung und Aufgaben des Aufsichtsrates ergeben sich dann aus diesen Gesetzen, etwa aus den §§ 1 Abs. 1 Nr. 3; 4 ff. DrittelbG oder aus den §§ 25 Abs. 1; 30 ff. MitbestG.

Der Gesellschaftsvertrag kann gleichsam freiwillig einen Aufsichtsrat vorsehen. Gem. § 52 GmbHG kommt dann weitgehend Aktienrecht entsprechend zur Anwendung, soweit der Gesellschaftsvertrag nichts anderes bestimmt. Möglich ist auch die Einrich-

69 Vgl. zum Vorstehenden etwa *K. Schmidt*, Gesellschaftsrecht, S. 407 ff. sowie zu den Begriffen Organ, Geschäftsführung und Vertretung bereits hier S. 14 und S. 21.

tung eines Beirats durch Gesellschaftsvertrag. So können etwa bei Familiengesellschaften Familienmitglieder in bestimmte Entscheidungen der GmbH einbezogen bzw. über diese informiert werden.[70]

**Auf den Geschäftsbriefen der GmbH** gleich welcher Form, die an einen bestimmten Empfänger gerichtet werden, müssen gem. § 35a Abs. 1 GmbHG neben der Rechtsform, dem Sitz der GmbH, dem Registergericht sowie der Nummer, unter der die GmbH im Handelsregister eingetragen ist, stets alle Geschäftsführer und, sofern die Gesellschaft einen Aufsichtsrat gebildet und dieser einen Vorsitzenden hat, der Aufsichtsratsvorsitzende genannt werden.

Für GmbH'n mit Sitz im Ausland und einer Zweigniederlassung in Deutschland gilt diese Pflicht, die Geschäftsführer und ggf. den Aufsichtsratsvorsitzenden auf den Geschäftsbriefen anzugeben, gem. § 35a Abs. 4 GmbHG sowohl hinsichtlich der Hauptniederlassung, als auch hinsichtlich der Zweigniederlassung. Für Geschäftsbriefe, die von der Zweigniederlassung versandt werden, entsteht so eine doppelte Angabeverpflichtung, und zwar in deutscher Sprache.

**Fall**

Gesellschafter C der A-GmbH hat seine Einlage in Höhe von 20 000,– EUR noch nicht erbracht. Kann Geschäftsführer X der A-GmbH den C zur Zahlung der Einlage auffordern?

**Lösung:** Grundsätzlich ist es der Geschäftsführer, der die GmbH gem. § 35 GmbHG vertritt. Die Einforderung der Einlagen ist jedoch gem. § 46 Nr. 2 GmbHG der Bestimmung der Gesellschafter zugewiesen. Treffen die Gesellschafter einen entsprechenden Beschluss, hat der Geschäftsführer diesen anschließend umzusetzen. Hierneben kommt ein Ausschluss des C gem. § 21 GmbHG in Betracht (sog. Kaduzierung).

### b) Der Betrieb durch die Geschäftsführer

**Die Geschäftsführer** sind gem. den §§ 35 ff. GmbHG für Geschäftsführung und Vertretung zuständig.

**Wer Geschäftsführer** sein kann, bestimmt § 6 Abs. 2 GmbHG. Es kommen nur natürliche unbeschränkt geschäftsfähige Personen in Betracht. Dies können gem. § 6 Abs. 3 S. 1 GmbHG auch Nicht-Gesellschafter sein, sog. Dritt- oder Fremdorganschaft. Die GmbH unterscheidet sich insoweit von Personengesellschaft und KGaA, bei denen wegen des Zusammenhangs von Haftung und Handeln prinzipiell Gesellschafter tätig werden müssen, sog. Selbstorganschaft.

Die Möglichkeit, Dritte als Geschäftsführer der GmbH einzusetzen, kann von Vorteil sein, wenn die Gesellschafter, weil anderweitig beschäftigt, nicht interessiert, zu jung oder krank, die Geschäftsführertätigkeit nicht selbst ausüben wollen oder können.

70 Vgl. zu Einzelheiten etwa *K. Schmidt*, Gesellschaftsrecht, S. 1107 ff.

Nachteil kann sein, dass Dritte im Einzelfall nicht in gleicher Weise wie Gesellschafter um das Wohl der Gesellschaft bemüht sein und stattdessen primär eigene Vorteile verfolgen werden.[71]

**Die Bestellung** der Geschäftsführer erfolgt gem. § 6 Abs. 3 S. 2 GmbHG im Gesellschaftsvertrag oder gem. § 46 Nr. 5 GmbHG durch die Gesellschafterversammlung; der Gesellschaftsvertrag kann Abweichendes, etwa Bestellung durch einzelne Gesellschafter, vorsehen. Erforderlich sind Bestellungsbeschluss und Erklärung gegenüber dem Geschäftsführer. Im Rahmen von § 31 MitbestG, § 12 MontanmitbestG und § 13 MontanMitbestErgG ist der Aufsichtsrat zuständig.

Die Bestellung als körperschaftlicher Akt wird häufig durch Regelungen im Gesellschaftsvertrag ergänzt werden, indem dieser Leistungspflichten für die Geschäftsführer enthält. Bei Dritten, aber auch bei Gesellschafter-Geschäftsführern wird oft ein schuldrechtliches Verpflichtungsgeschäft hinzutreten, insbesondere ein Anstellungsvertrag gem. den §§ 611 ff. BGB. Das Verhältnis von Bestellung und Verpflichtungsgeschäft ist dabei noch nicht genau geklärt.[72]

**Kein Geschäftsführer** kann sein, wer zu den in § 6 Abs. 2 S. 2 GmbHG genannten Personen zählt. Hierher gehören neben den Fällen des Einwilligungsvorbehalts und des Berufsverbots insbesondere die dort genannten vorsätzlichen Straftäter aufgrund Insolvenzverschleppung, falscher Angaben, unrichtiger Darstellung oder Betrug, vorausgesetzt der Betroffene ist im letztgenannten Fall zu einer Freiheitsstrafe von mindestens einem Jahr verurteilt worden.

Verstöße gegen Insolvenzvorschriften spielen hier wie im Folgenden eine zentrale Rolle. Das MoMiG hat auch das Insolvenzrecht geändert. Zentrale Norm ist nunmehr § 15a InsO. Insolvenzantragspflichtig sind hiernach die Mitglieder des jeweiligen Vertretungsorgans, also etwa die GmbH-Geschäftsführer. Unter bestimmten Voraussetzungen können auch Gesellschafter verpflichtet sein. Pflichtverletzungen ziehen Schadensersatzansprüche und Strafbarkeit nach sich.

**Der Aufgabenbereich** der Geschäftsführer umfasst dem Grundsatz nach alle Tätigkeiten der Geschäftsführung und Vertretung. Das Gesetz zählt hierher in den §§ 35 ff. GmbHG die Geschäftsführung für das Unternehmen, die Vertretung der GmbH gerichtlich und außergerichtlich, die Führung der Liste der Gesellschafter, die ordnungsmäßige Buchführung für die GmbH oder die Aufstellung und Vorlage von Jahresabschluss und Lagebericht.

Hierneben stehen etwa die Pflichten, die Gesellschafterversammlung einzuberufen oder den Gesellschaftern Auskunft oder Einsicht zu gewähren. Zudem trifft die Geschäftsführer eine allgemeine Treuepflicht. Aus dieser Treuepflicht ergeben sich ins-

---

71 Vgl. etwa *Grunewald*, Gesellschaftsrecht, S. 24 ff. sowie den Fragen, die die Finanzmarktkrise jüngst insoweit aufgeworfen hat, auch noch gleich S. 62.

72 Vgl. hierzu näher etwa *Zöllner/Noack*, in: Baumbach/Hueck, GmbHG, § 35 RdNr. 12 ff.; *K. Schmidt*, Gesellschaftsrecht, S. 416 ff., 1071 ff.

besondere die Pflichten der Geschäftsführer zur Verschwiegenheit, zum Unterlassen von Wettbewerb, zur Herausgabe von durch die Tätigkeit erlangten Vorteilen oder zum Einsatz der ganzen Arbeitskraft.[73]

**Grenzen der Zuständigkeit** der Geschäftsführer ergeben sich daraus, dass sie gem. § 37 Abs. 1 GmbHG an den Gesellschaftsvertrag sowie, insbesondere, an Beschlüsse der Gesellschafter gebunden sind. Die Gesellschafterversammlung kann den Geschäftsführern, dies ergibt sich aus § 37 Abs. 1 GmbHG, Weisungen erteilen. Ebenfalls kann vorgesehen werden, dass die Geschäftsführer in bestimmten Fällen die Zustimmung der Gesellschafter einzuholen haben.

Im Außenverhältnis hat eine Beschränkung der Befugnis der Geschäftsführer freilich keine rechtliche Wirkung. Gem. § 37 Abs. 2 GmbHG gilt dies insbesondere für den Fall, dass die Vertretung sich nur auf gewisse Geschäfte oder Arten von Geschäften erstrecken oder nur unter gewissen Umständen oder für eine gewisse Zeit oder an einzelnen Orten stattfinden soll oder dass die Zustimmung der Gesellschafter für einzelne Geschäfte erforderlich ist.

**Mehrere Geschäftsführer** sind gem. § 35 Abs. 2 S. 1 GmbHG prinzipiell nur gemeinschaftlich zur Vertretung berechtigt, d.h. sie müssen alle zusammen handeln. Gleiches dürfte für die Geschäftsführung gelten. Die Gesamtvertretungsvermutung ist auch im Außenverhältnis wirksam. Der Geschäftsführer, der ohne Zustimmung der Anderen allein handelt, agiert im Zweifel als Vertreter ohne Vertretungsmacht gem. den §§ 177 ff. BGB.

Eine andere Bestimmung wird häufig im Gesellschaftsvertrag getroffen werden oder muss dort zumindest vorgesehen sein. In Betracht kommen etwa Einzelvertretungsmacht oder Aufgabenteilungen zwischen den Geschäftsführern. Im Innenverhältnis bleibt dann gleichwohl jeder zur Kontrolle der Anderen verpflichtet.[74] Die abweichende Regelung der Vertretungsmacht ist im Handelsregister einzutragen. Im Außenverhältnis gilt § 15 HGB.

**Sorgfaltsmaßstab** für die Geschäftsführer ist gem. § 43 Abs. 1 GmbHG die Sorgfalt eines ordentlichen Geschäftsmanns. Zum Vergleich ist eine typische Person in der verantwortlichen leitenden Stellung eines Verwalters eines fremden Vermögens ins Auge zu fassen. Dies gilt für alle Tätigkeiten der Geschäftsführer. Im Streitfall kann es hier zu schwierigen Abgrenzungen zwischen unternehmerischer Freiheit und Pflichtverletzung kommen.[75]

Von besonderer Bedeutung ist die Pflicht der Geschäftsführer gem. § 15a Abs. 1 InsO, im Insolvenzfall ohne schuldhaftes Zögern, spätestens aber drei Wochen nach Eintritt der Zahlungsunfähigkeit oder Überschuldung einen Insolvenzantrag zu stellen. Gem. § 15a Abs. 2 InsO gilt dies auch dann, wenn nicht die GmbH selbst betroffen ist,

73 Vgl. zu Einzelheiten etwa *Zöllner/Noack*, in: Baumbach/Hueck, GmbHG, § 35 RdNr. 28 ff.
74 Vgl. BGH, Urt. v. 26.6.1995, NJW 1995, S. 2850.
75 Vgl. hierzu auch noch gleich S. 62.

sondern eine Gesellschaft, bei der die GmbH Geschäftsführerin ist, etwa eine GmbH&CoKG.

**Zum Widerruf der Bestellung** der Geschäftsführer kann es gem. § 38 Abs. 1 GmbHG, anders als bei der AG, jederzeit kommen. Zuständig ist gem. § 46 Nr. 5 GmbHG die Gesellschafterversammlung. Gem. § 38 Abs. 2 GmbHG kann die Zulässigkeit des Widerrufs freilich im Gesellschaftsvertrag auf den Fall beschränkt werden, dass wichtige Gründe, wie grobe Pflichtverletzung oder Unfähigkeit zur ordnungsmäßigen Geschäftsführung, denselben notwendig machen.

Ein Anstellungsvertrag des Geschäftsführers wird beim Widerruf häufig zunächst bestehen bleiben. Denn § 38 Abs. 1 GmbHG bezieht sich nur auf die Bestellung. Die Laufzeit des Anstellungsvertrages kann jedoch schuldrechtlich, in Grenzen, an die Dauer der Bestellung gekoppelt werden. Gem. § 626 BGB ist zudem eine außerordentliche fristlose Kündigung seitens der Gesellschaft möglich, wenn auf Seiten des Geschäftsführers ein wichtiger Grund vorliegt.

**Verletzen Geschäftsführer ihre Pflichten**, können der GmbH, möglicherweise auch den Gläubigern der GmbH, Schadensersatzansprüche gegen die Geschäftsführer zustehen.[76] Zudem kann die Gesellschafterversammlung die Bestellung der Geschäftsführer gem. § 38 GmbHG widerrufen. Soweit ein Anstellungsvertrag besteht, wird dann gem. § 626 BGB regelmäßig auch eine außerordentliche fristlose Kündigung dieses Vertrages aus wichtigem Grund möglich sein.

Daneben kann Strafbarkeit der Geschäftsführer treten. Bei verspäteten Insolvenzanträgen ergibt sich dies aus § 15a Abs. 4 und 5 InsO. Weitere Insolvenzstraftaten finden sich in den §§ 283 bis 283d StGB. Daneben kommen etwa Betrug gem. § 263 BGB, Computerbetrug gem. § 263a StGB, Untreue gem. § 266 StGB, Veruntreuung und das Vorenthalten von Arbeitsentgelten gem. § 266a StGB oder Steuerhinterziehung gem. den §§ 369 ff. AO in Betracht.

**Fall**

V ist Geschäftsführer der A-GmbH, die Backwaren herstellt. Im Gesellschaftsvertrag ist vorgesehen, dass V bei Geschäften, die ein Volumen von 400 000,– EUR überschreiten, vorher die Zustimmung der Gesellschafter einholen muss. Als V ein Angebot des X betreffend eine Lieferung Backformen im Wert von 500 000,– EUR erhält, was er für besonders günstig hält, schließt er einen entsprechenden Vertrag für die A-GmbH mit X ohne Rücksprache mit den Gesellschaftern. Wie ist die Rechtslage, wenn dieses Geschäft sich nachträglich als für die A-GmbH negativ erweist?

**Lösung:** Die Frage „Wie ist die Rechtslage" ist die Frage nach den zentralen rechtlichen Aspekten des Sachverhalts. (1) Fraglich ist hier zunächst, ob der Vertrag zwischen der A-GmbH und X, den V abgeschlossen hat, wirksam ist. Gem. § 35 Abs. 1 GmbHG ist V berechtigt, die A-GmbH zu vertreten. Zwar beschränkt der Gesellschaftsvertrag die Vertretungsbefugnis des V auf Geschäfte bis 400 000,–

76 Vgl. hierzu näher gleich S. 61 ff.

EUR. Gem. § 37 Abs. 2 GmbHG zeitigt diese Beschränkung jedoch Dritten gegenüber grundsätzlich keine rechtliche Wirkung. Infolgedessen konnte V den Vertrag für die A-GmbH wirksam abschließen. (2) Die Tatsache, dass V seine Befugnisse überschritten hat, kann jedoch Konsequenzen im Innenverhältnis haben. Beschränkungen der Vertretungsmacht im Innenverhältnis sind gem. § 37 Abs. 1 GmbHG ausdrücklich zulässig. Die Gesellschafter können nun, wenn sie es wollen, die Bestellung des V zum Geschäftsführer gem. § 38 Abs. 1 GmbHG widerrufen. Sieht man im Abschluss des Vertrages durch V ohne Zustimmung der Gesellschafter eine grobe Pflichtverletzung und damit einen wichtigen Grund, können die Gesellschafter zudem den Anstellungsvertrag zwischen der A-GmbH und V gem. § 626 BGB fristlos kündigen. (3) Schließlich kommen Schadensersatzansprüche der A-GmbH gegen V in Betracht. Gem. § 43 Abs. 2 GmbHG haften Geschäftsführer, welche ihre Obliegenheiten verletzen, der GmbH solidarisch für den entstandenen Schaden. Gem. § 37 Abs. 1 GmbHG war der V der A-GmbH gegenüber als Geschäftsführer verpflichtet, die Beschränkungen, die ihm durch den Gesellschaftsvertrag auferlegt sind, einzuhalten. Indem V den Vertrag über 500 000,– EUR ohne Rücksprache mit den Gesellschaftern geschlossen hat, hat er diese Pflicht verletzt. Dieses geschah vorsätzlich, zumindest fahrlässig. Demzufolge hat V der A-GmbH den ihr durch seine Pflichtverletzung entstandenen Schaden zu ersetzen. Daneben kommt möglicherweise ein Schadensersatzanspruch der A-GmbH gegen V aus § 280 Abs. 1 BGB wegen Pflichtverletzung im Rahmen des Anstellungsvertrages in Betracht.

### c) Die Gesellschafter und ihre Aufgaben

**Den Gesellschaftern** kommt bei der GmbH die zentrale Position zu, wie die §§ 45 ff. GmbHG zeigen.

**Die Zuständigkeiten** der Gesellschafter sind gem. § 46 GmbHG unter anderem
- die Feststellung des Jahresabschlusses und die Bestimmung der Verwendung des Ergebnisses (Nr. 1),
- die Einforderung der Einlagen (Nr. 2),
- Bestellung und die Abberufung von Geschäftsführern sowie die Entlastung derselben (Nr. 5),
- Maßregeln zur Prüfung und Überwachung der Geschäftsführung (Nr. 6),
- die Geltendmachung von Ersatzansprüchen gem. Nr. 8.

Entlastung bedeutet dabei Billigung der Verwaltung durch die Geschäftsführer. Wie weit die Wirkungen einer Entlastung reichen, ist im Einzelfall zu prüfen.[77]

Die Gesellschafter können den Geschäftsführern Weisungen erteilen, wie sich aus § 37 Abs. 1 GmbHG ergibt. Gem. den §§ 53 ff. GmbHG sind sie für Änderungen des Gesellschaftsvertrages zuständig. Im Gesellschaftsvertrag kann den Geschäftsführern vorgeschrieben werden, für bestimmte Entscheidungen die Zustimmung der Gesellschafterversammlung einzuholen. Umgekehrt können die Rechte der Gesellschafterversammlung auch beschränkt werden.

**Gesellschafterversammlungen** sind gem. § 48 Abs. 1 GmbHG der Ort, an dem die Gesellschafter prinzipiell tätig werden. Gesellschafterversammlungen müssen mindestens einmal im Jahr stattfinden. Die Gesellschafter haben Teilnahme- und Stimmrecht. Den Ablauf der Gesellschafterversammlung regeln die §§ 49 ff. GmbHG. Satzungs-

77 Vgl. zu Einzelheiten etwa *Zöllner*, in: Baumbach/Hueck, GmbHG, § 46 RdNr. 41 ff.

änderungen müssen gem. den §§ 53 Abs. 2; 54 Abs. 1 GmbHG notariell beurkundet und im Handelsregister eingetragen werden.

Beschlüsse in der Gesellschafterversammlung werden gem. § 47 Abs. 1 GmbHG grundsätzlich mit der Mehrheit der abgegebenen Stimmen getroffen. Änderungen des Gesellschaftsvertrages (§ 53 Abs. 2 S. 1 GmbHG) und Auflösungen (§ 60 Abs. 1 Nr. 2 GmbHG) bedürfen einer Dreiviertelmehrheit der abgegebenen Stimmen. Für Vermehrungen der Gesellschafterleistungen (§ 53 Abs. 3 GmbHG) ist eine Zustimmung aller Gesellschafter erforderlich.[78]

**Weitere Gesellschafterrechte** bestehen darin, dass die Gesellschafter vom Geschäftsführer im Rahmen der §§ 51a; 51b GmbHG Auskunft über die Angelegenheiten der GmbH sowie Einsicht in die Bücher und Schriften verlangen können. Diese Rechte werden regelmäßig weit ausgelegt, so dass hierunter auch Informationen über den Inhalt von Verträgen der GmbH mit den Geschäftsführern oder über das Verhältnis der GmbH zu verbundenen Unternehmen fallen.

Hierneben stehen die sog. actio pro socio sowie die Kündigung aus wichtigem Grund. Mit der actio pro socio kann ein Gesellschafter unter bestimmten Voraussetzungen Beiträge anderer Gesellschafter, die diese der Gesellschaft schulden, einfordern. Mit der Kündigung aus wichtigem Grund kann ein Gesellschafter, liegt ein wichtiger Grund vor, die Beendigung der Gesellschaft anstreben und gem. § 61 GmbHG mit der Auflösungsklage durchsetzen.[79]

**Pflichten der Gesellschafter** können, neben der Pflicht gem. § 14 GmbHG, die vereinbarte Einlage zu leisten, insbesondere aus der Treuepflicht folgen. Wie weit diese reicht und ob sie neben der Gesellschaft auch gegenüber den Mitgesellschaftern besteht, ist im Einzelfall durch Auslegung zu ermitteln. Ein Wettbewerbsverbot trifft die Gesellschafter der GmbH, soweit sie nicht zugleich Geschäftsführer sind, anders als die Gesellschafter der OHG, grundsätzlich nicht.[80]

Daneben kann der Gesellschaftsvertrag weitere Gesellschafterpflichten begründen, etwa das Amt des Geschäftsführers zu übernehmen oder Wettbewerb zu unterlassen. Diese sind gem. § 3 Abs. 2 GmbHG festzuhalten. So kann die GmbH im Innenverhältnis einer Personengesellschaft ähnlich werden. Spätere Vermehrungen der Gesellschafterpflichten bedürfen, wie § 53 Abs. 3 GmbHG ausdrücklich festhält, der Zustimmung sämtlicher beteiligter Gesellschafter.[81]

---

78 Vgl. zu Einzelheiten etwa *Grunewald*, Gesellschaftsrecht, S. 371 ff.; *Zöllner*, in: Baumbach/Hueck, GmbHG, Anhang zu § 47.

79 Vgl. zur actio pro scio näher etwa *Hueck/Fastrich*, in: Baumbach/Hueck, GmbHG, § 13 RdNr. 37 ff.; *K. Schmidt*, Gesellschaftsrecht, S. 629 ff., 641 ff. – vieles ist hier noch offen. Zum Gewinnbezugsrecht vgl. hier noch später S. 69 f. sowie zu weiteren Rechten der Gesellschafter etwa *Grunewald*, Gesellschaftsrecht, S. 381 ff.

80 Vgl. zu Einzelheiten etwa *Hueck/Fastrich*, in: Baumbach/Hueck, GmbHG, § 13 RdNr. 26 ff.

81 Zur Einlagepflicht der Gesellschafter vgl. auch noch später S. 67 f. und zu Fragen der (seltenen) Haftung der Gesellschafter hier gleich im Anschluss S. 64 ff.

**Fall**

A ist einer von fünf Gesellschaftern der A-GmbH, die ein Dachdeckerunternehmen betreibt. A fragt an, ob (1) er selbst jetzt noch ein eigenes Dachdeckerunternehmen gründen darf und (2) ob er verpflichtet ist, einer Einlageforderung der A-GmbH in Höhe von 15 000,– EUR nachzukommen, nachdem die anderen Gesellschafter eine entsprechende Kapitalerhöhung beschlossen haben.

**Lösung:** (1) Anders als etwa OHG-Gesellschafter gem. § 112 HGB unterliegen GmbH-Gesellschafter grundsätzlich keinem Wettbewerbsverbot. A kann also prinzipiell ein Konkurrenzunternehmen gründen. Anders kann es sich verhalten, wenn die Satzung der A-GmbH ein Wettbewerbsverbot enthält oder A nicht nur Gesellschafter, sondern auch Geschäftsführer der A-GmbH ist. (2) Eine Erhöhung des Stammkapitals der GmbH ist gem. den §§ 53 ff. GmbHG grundsätzlich mit einer Mehrheit von 75 % der abgegebenen Stimmen möglich. Vorausgesetzt die anderen vier Gesellschafter hatten diese Mehrheit, konnten sie eine Kapitalerhöhung beschließen. Freilich ist gem. § 53 Abs. 3 GmbHG für eine Vermehrung der den Gesellschaftern nach dem Gesellschaftsvertrag obliegenden Leistungen eine Zustimmung sämtlicher beteiligter Gesellschafter erforderlich. Die anderen Gesellschafter konnten also das Kapital der A-GmbH erhöhen, nicht aber den A verpflichten, einen Teil der neu geschaffenen Geschäftsanteile zu übernehmen. Sollten die anderen Gesellschafter gleichwohl einen solchen Beschluss gefasst haben, ist zu prüfen, ob dieser in entsprechender Anwendung der §§ 241; 242 AktG nichtig oder der §§ 243 ff. AktG anfechtbar ist.

## 4. Rechtsträgerschaft und Haftung

### a) Unternehmensträger und Haftung

**Die GmbH ist** eine juristische Person und kann als solche Träger eines Unternehmens sein.

**Die Möglichkeit** der Rechtsträgerschaft der GmbH beschreibt § 13 Abs. 1 GmbHG. Gem. § 13 Abs. 1 GmbHG hat die GmbH als solche selbstständig ihre Rechte und Pflichten; sie kann Eigentum und andere dingliche Rechte an Grundstücken erwerben, vor Gericht klagen und verklagt werden. So ist die GmbH juristische Person, sie ist rechtsfähig und sie kann unter ihrem Namen Vermögen erwerben und ein Unternehmen innehaben.

Im Rechtsverkehr wird die GmbH durch die Geschäftsführer vertreten. Erworbene Gegenstände, wie auch das Unternehmen als Ganzes werden Vermögen der juristischen Person GmbH. Sie ist Unternehmensträger. Sie hält die einzelnen Bestandteile ebenso wie das Unternehmen als Ganzes. Die GmbH kann einzelne Bestandteile veräußern. Gläubiger können auf einzelne Bestandteile zugreifen. Die GmbH kann das Unternehmen als Ganzes veräußern.

**Was die Haftung anbelangt**, können die Gläubiger der GmbH gem. § 13 Abs. 2 GmbHG auf das gesamte Gesellschaftsvermögen der GmbH zugreifen. Zugleich können die Gläubiger gem. § 13 Abs. 2 GmbHG „nur" auf das Gesellschaftsvermögen zugreifen. Bei der GmbH, wie bei der AG, der Genossenschaft oder der (britischen) Limited, können die Gläubiger nur die juristische Person und grundsätzlich nicht die Gesellschafter, Geschäftsführer oder Vorstände in Anspruch nehmen.

Diese Beschränkung der Haftung ist zentrales Kennzeichen der GmbH. Sie beruht auf der Anerkennung der GmbH, wie auch der AG oder der Genossenschaft, als eigenständige Person des Privatrechts. Die Einordnung der GmbH als juristische Person muss ernst genommen werden. Daher ist ein Durchgriff auf die hinter ihr stehenden Gesellschafter wie auch auf ihre Geschäftsführer nur in besonders gelagerten Ausnahmefällen möglich.[82]

**Zugleich bedeutet dies**, dass die Gläubiger der GmbH auf alles zugreifen können, was sich im Gesellschaftsvermögen befindet, unbewegliche und bewegliche Sachen, Rechte, Forderungen oder auch immaterielle Werte. Die Haftung selbst kann sich aus für die GmbH in ihrem Namen begründeten (Primär-)Verbindlichkeiten, aus (Sekundär-)Verbindlichkeiten, etwa aufgrund von Pflichtverletzungen, oder aus gesetzlichen Ansprüchen ergeben.

Soweit sich demgegenüber die Aussage findet, die GmbH hafte mit ihrem Stammkapital oder mit dem Mindestkapital, ist dies zumindest ungenau. Zwar besteht das Vermögen der GmbH zu Beginn grundsätzlich in ihrem Stammkapital. Indem die GmbH aber ihr Unternehmen betreibt, gute wie schlechte Geschäfte abschließt, Gewinne oder Verluste erzielt, verändert sich laufend ihr Vermögen und damit die Haftungsmasse, auf die die Gläubiger zugreifen können.[83]

**Bei der Unternehmergesellschaft** (haftungsbeschränkt) gelten diese Grundsätze der Haftung in derselben Weise. § 13 Abs. 2 GmbHG gilt auch hier. In der Firma „Unternehmergesellschaft (haftungsbeschränkt)" kommt zum Ausdruck, dass hier zu Beginn weniger Kapital zur Verfügung steht als bei einer normalen GmbH. Die Rücklagenbildung gem. § 5a Abs. 3 GmbHG soll den Gläubigern dann später einen Mindestschutz bieten.

Die Beschränkung der Haftung auf das Gesellschaftsvermögen gilt auch, wenn die Unternehmergesellschaft (haftungsbeschränkt) Komplementärin einer Unternehmergesellschaft(haftungsbeschränkt)&CoKG ist. Die Unternehmergesellschaft (haftungsbeschränkt) ist komplementärfähig, obwohl sie mit einem geringeren Stammkapital ausgerüstet ist. Die Firma der KG muss dann etwa Unternehmergesellschaft (haftungsbeschränkt)&CoKG lauten.[84]

**Fall**

Der A-GmbH, Gesellschafter sind A, B und C, geht es wirtschaftlich nicht gut. X hat aus einem Kaufvertrag, den er vor Längerem mit der A-GmbH geschlossen hat, einen Kaufpreisanspruch gegen die A-GmbH in Höhe von 50 000,– EUR. Gegen wen kann X seinen Anspruch geltend machen und welche Besonderheiten ergeben sich, wenn Gesellschafter C seine im Gesellschaftsvertrag bestimmte Stammeinlage in Höhe von 20 000,– EUR noch nicht erbracht hat ?

82 Vgl. näher etwa *K. Schmidt*, Gesellschaftsrecht, S. 538 ff.
83 Zu Fragen der Haftung vor Entstehung der GmbH vgl. später S. 80 ff.
84 Vgl. insoweit auch BT-Drucksache 16/10739.

**Lösung:** (1) X kann seinen Anspruch in Höhe von 50 000,– EUR gem. § 433 Abs. 2 BGB natürlich gegen die A-GmbH geltend machen. (2) Ein Anspruch gegen die Gesellschafter A, B und C steht X grundsätzlich nicht zu. Denn gem. § 13 Abs. 2 GmbHG haftet für die Verbindlichkeiten der A-GmbH nur das Gesellschaftsvermögen. Gleiches gilt für einen Anspruch des X gegen die Geschäftsführer. Selbst wenn diese ihre Pflichten verletzt haben, indem sie die Einlage nicht eingefordert bzw. die A-GmbH vorher zur Eintragung angemeldet haben, wird X als Gläubiger der A-GmbH im Regelfall kein eigener Anspruch gegen die Geschäftsführer zustehen. (3) X könnte jedoch nach Erlangung eines Titels gegen die A-GmbH Ansprüche, die der A-GmbH zustehen, pfänden und sich gem. den §§ 828 ff. ZPO zur Einziehung überweisen lassen. Insoweit kommen der Anspruch der A-GmbH gem. § 14 GmbHG auf Leistung der Stammeinlage gegen C in Höhe von 20 000,– EUR sowie mögliche Schadensersatzansprüche der A-GmbH gem. § 43 Abs. 2 GmbHG, möglicherweise auch gem. § 280 Abs. 1 BGB gegen die Geschäftsführer wegen Pflichtverletzung in Betracht.

### b) Mögliche Geschäftsführerhaftung

**Die Geschäftsführer** einer GmbH haften dieser, wenn sie ihre Pflichten verletzt haben.

**Bei Pflichtverletzungen** können der GmbH Ansprüche gegen die Geschäftsführer aus § 43 Abs. 2 GmbHG zustehen. Gem. § 43 Abs. 1 GmbHG haben die Geschäftsführer in den Angelegenheiten der GmbH die Sorgfalt eines ordentlichen Geschäftsführers anzuwenden. Verletzen Geschäftsführer ihre Obliegenheiten, haften sie der GmbH gem. § 43 Abs. 2 GmbHG als Gesamtschuldner. Zudem kommt § 64 GmbHG als Anspruchsgrundlage in Betracht.

Ansprüche der GmbH bestehen gem. § 43 Abs. 3 GmbHG insbesondere, wenn Geschäftsführer Zahlungen aus dem zur Erhaltung des Stammkapitals erforderlichen Vermögen der GmbH gemacht oder für diese widerrechtlich eigene Geschäftsanteile erworben haben. Diese Haftung wird im Rahmen des § 43 Abs. 3 S. 3 GmbHG auch nicht dadurch aufgehoben, dass die Geschäftsführer in Befolgung eines Beschlusses der Gesellschafter gehandelt haben.[85]

**Daneben kommen** weitere Pflichtverletzungen in Betracht. Die Geschäftsführer können die GmbH zur Eintragung angemeldet haben, obwohl die Voraussetzungen gem. § 7 GmbHG noch nicht vorlagen. Geschäftsführer können Einlagen an Gesellschafter wieder als Darlehen ausgezahlt haben, obwohl der Rückforderungsanspruch nicht werthaltig und liquide ist (Fälle des sog. Hin- und Herzahlens im Sinne des § 19 Abs. 5 GmbHG).

Geschäftsführer können erforderliche Erlaubnisse nicht eingeholt, Steuer- oder sonstige Fristen versäumt, die Bücher nicht richtig geführt, ihre Pflicht zur Verschwiegenheit oder ihr Wettbewerbsverbot verletzt oder, bei Insolvenz, den Insolvenzantrag entgegen § 15a Abs. 1 InsO nicht rechtzeitig gestellt haben. Die Geschäftsführer können das Unternehmen nicht in die richtige Richtung geführt bzw. allgemein nicht ordnungsgemäß betrieben haben etc.

85 Vgl. hierzu und zum Folgenden etwa *Grunewald*, Gesellschaftsrecht, S. 360 ff.; *Zöllner/Noack*, in: Baumbach/Hueck, GmbHG, § 43 RdNr. 7 ff.

**Ob eine Pflichtverletzung** vorliegt, ist im Einzelfall zu prüfen. Bei dieser Prüfung kann sich ein klares Ergebnis zeigen, etwa wenn Geschäftsführer Geheimnisse verraten oder die Bücher falsch geführt haben. Gleiches gilt, wenn Geschäftsführer bei Zahlungsunfähigkeit oder Überschuldung entgegen § 15a Abs. 1 InsO nicht ohne schuldhaftes Zögern, spätestens aber innerhalb von drei Wochen einen Insolvenzantrag gestellt haben.

Ist die Situation nicht klar, muss die Pflichtverletzung den Geschäftsführern nachgewiesen werden. Hier ist zu fragen, ob die Geschäftsführer die Entscheidungsgrundlagen sorgfältig ermittelt haben. Bei verschiedenen Vorgehensmöglichkeiten müssen sie das Für und Wider sorgfältig abgeschätzt und den erkennbaren Risiken Rechnung getragen haben. Dabei kommt ihnen bei ihren Entscheidungen ein, Haftung ausschließendes, unternehmerisches Ermessen zu.[86]

**Die derzeitige Finanzmarktkrise** hat diese Fragen verstärkt in das Zentrum der Diskussion gerückt. Es wird genauer geprüft, ob auf der Basis unzureichender Informationen gehandelt wurde oder ob weit überzogene Risiken eingegangen wurden. Zunehmend wird das Augenmerk auch auf Aufsichtsräte gerichtet. So scheint es möglich, dass eine Haftung von Geschäftsführern, bei der AG: Vorstandsmitgliedern und Aufsichtsratsmitgliedern, zukünftig eher bejaht werden wird.[87]

Ob Ansprüche der GmbH gegen die Geschäftsführer letztlich geltend gemacht werden, ist gem. § 46 Nr. 8 GmbHG von der Gesellschafterversammlung zu entscheiden. Die Gesellschafter haben insoweit ebenfalls unternehmerisches Ermessen. Die Ansprüche verjähren gem. § 43 Abs. 4 GmbHG in fünf Jahren. Ob der Hafttung des Geschäftsführers gem. § 280 Abs. 1 BGB wegen Pflichtverletzung im Rahmen des Anstellungsvertrages daneben Bedeutung zukommt, ist zweifelhaft.[88]

**Bei der Unternehmergesellschaft** (haftungsbeschränkt) kommen die Fälle des Verstoßes gegen die Pflicht zur Rücklagenbildung gem. § 5a Abs. 3 GmbHG hinzu. Werden nicht 25 % des Gewinns der Unternehmergesellschaft (haftungsbeschränkt) in die gesetzliche Rücklage eingestellt und/oder diese Beträge stattdessen an die Gesellschafter ausgezahlt, können die Geschäftsführer gem. § 43 Abs. 2 GmbHG schadensersatzpflichtig werden.

Gleiches kann der Fall sein, wenn die Unternehmergesellschaft (haftungsbeschränkt) mit einem so niedrigen Stammkapital ausgestattet wird, dass es bereits im Rahmen der Gründung zu Überschuldung und Insolvenzreife kommt. Auch in diesen Fällen können Ansprüche entstehen, wenn die Geschäftsführer nicht ohne schuldhaftes Zögern, spätestens aber drei Wochen nach Eintritt der Zahlungsunfähigkeit oder Überschuldung, einen Insolvenzantrag gestellt haben.

86 Zu Einzelheiten und Schwierigkeiten vgl. etwa BGH, Beschluss vom 14.7.2008, NJW 2008, S. 3361 und zu dieser Entscheidung *K. Schmidt*, JuS 2008, S. 1128. Für die AG *Grunewald*, Gesellschaftsrecht, S. 265 f. Für die Genossenschaft BGH, Beschluss vom 3.11.2008, NZG 2009, S. 117. Eine Beweislastumkehr, wie sie § 93 Abs. 2 S. 2 AktG zu Lasten von Vorstandsmitgliedern der AG enthält, ist im GmbHG bisher nicht enthalten

87 Vgl. hierzu etwa *Lutter*, ZIP 2009, S. 197; *Froesch*, DB 2009, S. 722; *v. Werder*, ZIP 2009, S. 500.

88 Vgl. hierzu etwa *Zöllner/Noack*, in: Baumbach/Hueck, GmbHG, § 43 RdNr. 4.

**Ansprüche der Gesellschafter** gegen die Geschäftsführer bestehen in der Regel nicht. Zwar werden Anstellungsverträge mit der GmbH teils als Verträge mit Schutzwirkung zugunsten der Gesellschafter der GmbH angesehen. Die herrschende Meinung geht aber weiterhin prinzipiell von Ansprüchen allein der GmbH aus. Im Einzelfall kann auf dem Weg der actio pro socio ein Tätigwerden der anderen Gesellschafter im Sinne des § 46 Nr. 8 GmbHG angestrebt werden.

Ansprüche von Gläubigern der GmbH und sonstigen Dritten gegen die Geschäftsführer finden sich nur in Ausnahmefällen. Ein solcher Ausnahmefall kann sich aus § 311 Abs. 3 BGB ergeben. Nach BGH können Ansprüche aus Schuldverhältnis gem. § 311 Abs. 3 BGB entstehen, wenn die Geschäftsführer in besonderem Maße Vertrauen für sich in Anspruch nehmen und dadurch die Vertragsverhandlungen oder den Vertragsschluss erheblich beeinflussen.[89]

**Hinzu kommt:** Ansprüche von Gläubigern und sonstigen Dritten können daneben aus § 823 Abs. 1 BGB, § 823 Abs. 2 BGB oder § 826 BGB resultieren. Verletzungen absoluter Rechte gem. § 823 Abs. 1 BGB werden in der Praxis selten vorkommen. Ob eine Verletzung der Insolvenzantragspflicht zu Ansprüchen der Gläubiger gem. § 823 Abs. 2 BGB führen kann, ist fraglich. Ansprüche aus § 826 BGB müssen im Einzelfall genau begründet werden.

Ansprüche aus abgetretenem Recht können sich ergeben, wenn Gläubiger der GmbH einen Titel gegen diese erwirken und sodann Ansprüche der GmbH gegen die Geschäftsführer gem. den §§ 828 ff. ZPO pfänden und sich zur Einziehung überweisen lassen. Auf diese Weise können die Dritten Inhaber der Ansprüche der GmbH gegen die Geschäftsführer aus § 43 Abs. 2 GmbHG, aus § 64 GmbHG oder aus einem anderen Grund werden.

**Fall**

V ist Geschäftsführer der A-Unternehmergesellschaft (haftungsbeschränkt), die Reisen nach Südamerika anbietet. Nach einiger Zeit kommt V auf die Idee, parallel im eigenen Namen und auf eigene Rechnung Reisen nach Südamerika anzubieten. Wie ist die Rechtslage?

**Lösung:** (1) Vorliegend stellt sich zunächst die Frage, ob es V untersagt war, selbst Reisen nach Südamerika anzubieten. Ein solches Wettbewerbsverbot dürfte zu bejahen sein. Denn auch wenn sich bei der GmbH, anders als etwa in § 112 HGB für die OHG, im Gesetz kein ausdrückliches Wettbewerbsverbot findet, dürfte ein solches aus der Überlegung folgen, dass V, tritt er zu der A-Unternehmergesellschaft (haftungsbeschränkt) in Wettbewerb, regelmäßig Vorteile, etwa Kenntnisse aus dem Bereich der Gesellschaft für sich selbst nutzen und zugleich der Gesellschaft Gewinnchancen entziehen wird. Dies aber widerspräche der Sorgfalt eines ordentlichen Geschäftsmanns. (2) Indem V vorliegend seine ihm gegenüber der A-Unternehmergesellschaft (haftungsbeschränkt) oblie-

89 Vgl. zum Vorstehenden und zum Folgenden näher etwa BGH, Urt. v. 6.6.1994, NJW 1994, S. 2220; BGH, Urt. v. 13.6.2002, DStR 2002, S. 1275; *Grunewald*, Gesellschaftsrecht, S. 363 ff.; *Schulze-Osterloh*, in: Baumbach/Hueck, GmbHG, § 43 RdNr. 62 ff. – vieles ist auch hier unklar. Zur actio pro socio vgl. bereits S. 58.

genden Verpflichtungen verletzt hat, ist er dieser gem. § 43 Abs. 2 GmbHG zum Ersatz des ihr hieraus entstandenen Schadens verpflichtet. Die Höhe des Schadens ist im Zweifel auf Grundlage des § 287 ZPO zu schätzen. Ob daneben einer Haftung des V gem. § 280 Abs. 1 BGB wegen Pflichtverletzung im Rahmen des Anstellungsvertrages eigenständige Bedeutung zukommt, ist zweifelhaft. (3) Ob die A-Unternehmergesellschaft (haftungsbeschränkt) den Schadensersatzanspruch gegen V geltend macht, entscheiden gem. § 46 Nr. 8 GmbHG deren Gesellschafter. Ihnen steht insoweit unternehmerisches Ermessen zu. In dieses können Überlegungen, wie sich eine Klage auf das Bild des Unternehmens nach außen auswirken würde oder Überlegungen betreffend die Höhe des Schadens einfließen.

### c) Kaum Haftung der Gesellschafter

**Die Gesellschafter** sind vor Inanspruchnahmen, die über ihre Einlagen hinausgehen, weitestgehend geschützt.

**Finanziell beschränken** die Verpflichtungen der Gesellschafter sich grundsätzlich auf die Erbringung der Einlagen, zu denen sie sich verpflichtet haben. Über die Einforderung der Einlagen entscheiden gem. § 46 Nr. 2 GmbHG die Gesellschafter gemeinsam. Haben die Gesellschafter ihre Einlagen erbracht, sind sie vor Inanspruchnahmen seitens der GmbH wie seitens Dritter, insbesondere von Gläubigern der GmbH, prinzipiell geschützt.

Leisten Gesellschafter ihre Einlagen nicht, kann der Einlagenanspruch im Einzelfall auch von anderen Gesellschaftern auf dem Weg der actio pro socio geltend gemacht werden. Gleiches gilt für die im Folgenden geprüften Ansprüche. Die Gläubiger der GmbH können nur auf das Gesellschaftsvermögen der GmbH zugreifen, nicht auf deren Gesellschafter. Gläubiger können allerdings möglicherweise Ansprüche der GmbH gegen ihre Gesellschafter pfänden.[90]

**Ansprüche der GmbH** gegen die Gesellschafter ergeben sich daneben nur in Ausnahmefällen. Solche Ausnahmefälle können zunächst im Zusammenhang mit der Einlageerbringung vorliegen. So können Zahlungen auf Einlagen nicht wirksam und die Einlagen noch zu erbringen sein, weil im Sinne des § 19 Abs. 4 GmbHG eine sog. verdeckte Sacheinlage oder weil im Sinne des § 19 Abs. 5 GmbHG ein unzulässiger Fall des sog. Hin- und Herzahlens vorliegt.

Entsprechend verhält es sich in den Fällen sog. Einlagenrückgewähr. Gem. § 30 Abs. 1 GmbHG darf das zur Erhaltung des Stammkapitals erforderliche Vermögen der GmbH nicht an die Gesellschafter ausgezahlt werden. Erfolgen dem zuwider gleichwohl Zahlungen an einen Gesellschafter, steht der GmbH gem. § 31 Abs. 1 GmbHG ein Erstattungsanspruch zu. Für diesen Anspruch haften im Rahmen des § 31 Abs. 3 GmbHG auch die übrigen Gesellschafter.[91]

**Ansprüche der GmbH** gegen die Gesellschafter können sich zudem aus § 6 Abs. 5 GmbHG ergeben. Seit dem MoMiG haften die Gesellschafter der GmbH gem. § 6 Abs. 5 GmbHG solidarisch, d.h. gesamtschuldnerisch, für Schäden, die dadurch entste-

90 Zur actio pro socio vgl. bereits S. 58.
91 Vgl. zum Vorstehenden und zum Folgenden die Kommentierungen zu den einzelnen Vorschriften.

hen, dass sie vorsätzlich oder grob fahrlässig einer Person, die nicht Geschäftsführer sein kann, die Führung der Geschäfte überlassen und diese die ihr gegenüber der Gesellschaft bestehenden Obliegenheiten verletzt.

Wann eine Person nicht Geschäftsführer sein kann, ergibt sich aus § 6 Abs. 2 GmbHG. Bestellen die Gesellschafter gleichwohl eine solche Person, berufen sie sie später nicht ab oder überlassen sie ihr die Geschäftsführung faktisch und geschieht dies vorsätzlich oder grob fahrlässig, haften die Gesellschafter der GmbH für den daraus entstandenen Schaden. Diese Haftung tritt neben eine mögliche Haftung der Geschäftsführer gem. § 43 Abs. 2 GmbHG.

**Bei Pflichtverletzungen** der Gesellschafter können der GmbH Schadensersatzansprüche gegen die Gesellschafter zustehen. Auch hier handelt es sich um Ausnahmefälle. Ein solcher Ausnahmefall kann etwa gegeben sein, wenn Gesellschafter ihre Treuepflicht gegenüber der GmbH durch einen Verrat von Geschäftsgeheimnissen oder eine gezielte Schädigung der GmbH verletzen. Anspruchsgrundlagen können hier § 280 Abs. 1 BGB oder die §§ 823 ff. BGB sein.

Teils wird auch die sog. Unterkapitalisierung hierher gezählt, also Fälle, in denen Gesellschafter die GmbH materiell zu schlecht ausstatten. Angesichts der Haftungsbeschränkung des § 13 Abs. 2 GmbHG steht der BGH der Statuierung einer solch allgemeinen gesellschaftsrechtlichen verschuldensabhängigen oder gar verschuldensunabhängigen Haftung des Gesellschafters wegen materieller Unterkapitalisierung jedoch ganz zurückhaltend gegenüber.[92]

**Bei Insolvenz der GmbH** können sich weitere Ansprüche ergeben. In Ausnahmefällen können hier die Gesellschafter, nicht die Geschäftsführer, zur Stellung des Insolvenzantrags verpflichtet sein. Liegt ein Fall des § 15a Abs. 3 InsO vor und kommen die Gesellschafter ihrer Insolvenzantragspflicht nicht nach, können sie der GmbH für daraus entstehende Schäden haften, und zwar auch hier im Rahmen des § 280 Abs. 1 BGB oder der §§ 823 ff. BGB.

Weitere Ansprüche sind möglich, wenn Gesellschafter der GmbH ein Darlehen gegeben haben. Ist einem Gesellschafter in den letzten zehn Jahren vor dem Antrag auf Eröffnung des Insolvenzverfahrens von der GmbH Sicherheit gewährt worden oder ist der Gesellschafter im letzten Jahr vor dem Eröffnungsantrag befriedigt worden, kann dies gem. § 135 InsO anfechtbar sein, woraus Rückgewähransprüche der GmbH gegen den Gesellschafter resultieren können.

**Die Fälle sog. Existenzvernichtungshaftung** zählen ebenfalls hierher. Nach BGH haften Gesellschafter der GmbH auf Schadensersatz, wenn sie Gesellschaftsvermögen, welches im Interesse der Gläubiger zweckgebunden ist, missbräuchlich schädigen. Voraussetzung ist ein kompensationsloser Eingriff des Gesellschafters in das Vermögen

92 Vgl. etwa BGH, Urt. v. 28.4.2008, NJW 2008, S. 2437 - GAMMA sowie zum Vorstehenden näher etwa *Grunewald*, Gesellschaftsrecht, S. 396 ff.

der GmbH, etwa durch eine Übernahme von Teilen des Gesellschaftsvermögens weit unter Wert.

Hierbei handelt es sich um eine schadensersatzrechtliche Innenhaftung der Gesellschafter gegenüber der GmbH. Anspruchsgrundlage der GmbH gegen den Gesellschafter ist § 826 BGB. Nach BGH stellt die Existenzvernichtungshaftung so bei § 826 BGB eine weitere Fallgruppe dar. Ob die Voraussetzungen einer Existenzvernichtungshaftung und eines Schadensersatzanspruchs aus § 826 BGB gegeben sind, ist in jedem Einzelfall genau zu prüfen.[93]

**Gläubiger der GmbH** und sonstige Dritte können die Gesellschafter ebenfalls nur in Ausnahmefällen in Anspruch nehmen. Denn § 13 Abs. 2 GmbHG beschränkt die Haftung ja gerade auf das Gesellschaftsvermögen der GmbH und schützt damit die Gesellschafter. Hier unterscheidet sich die GmbH, wie auch die AG, grundlegend von OHG, KG, BGB-Gesellschaft und Partnerschaft, bei denen jeweils mindestens ein Gesellschafter den Gläubigern unbeschränkt haftet.

Ausnahmefälle können sich in Fällen des § 823 Abs. 2 BGB ergeben. Hier ist insbesondere fraglich, ob eine Verletzung der Insolvenzantragspflicht durch die Gesellschafter zu Ansprüchen der Gläubiger führen kann. Verletzen Gesellschafter absolute Rechte, können sie gem. § 823 Abs. 1 BGB haften. Soweit Gläubiger der GmbH oder sonstige Dritte Ansprüche aus § 826 BGB geltend machen, müssen sie auch deren Voraussetzungen im Einzelnen genau begründen.

**Hinzu kommt:** Zu Ansprüchen aus abgetretenem Recht kann es auch hier kommen, wenn Gläubiger der GmbH einen Titel gegen diese erwirken und sodann Ansprüche der GmbH gegen die Gesellschafter gem. den §§ 828 ff. ZPO pfänden und sich zur Einziehung überweisen lassen. Hier handelt es sich dann nicht um originäre Ansprüche der Gläubiger, sondern um ursprüngliche Ansprüche der GmbH, etwa wegen noch nicht erbrachter Einlagen.

Strafbarkeit der Gesellschafter kann in Fällen der Insolvenzverschleppung gem. § 15a Abs. 4 und 5 InsO eintreten. Weitere Insolvenzstraftaten finden sich auch hier in den §§ 283 bis 283d StGB. Daneben kommen Betrug gem. § 263 BGB, Computerbetrug gem. § 263a StGB, Untreue gem. § 266 StGB, Veruntreuung und das Vorenthalten von Arbeitsentgelten gem. § 266a StGB oder Steuerhinterziehung gem. den §§ 369 ff. AO in Betracht.

93 Vgl. hierzu etwa BGH Urt. v. 16.7.2007, NJW 2007, S. 2689 – Trihotel; BGH, Urt. v. 28.4.2008, NJW 2008, S. 2437 – GAMMA; *Gloger/Goette/van Huet*, DStR 2008, S. 1141.

**Fall**

A ist zu 85 % an der A-GmbH, die sich in Insolvenz befindet, beteiligt. Muss A Ansprüche fürchten, wenn (1) A seine Einlageverpflichtung von 100 000,– EUR erst in Höhe von 70 000,– EUR erfüllt hat, (2) A im Laufe der Zeit mehrmals zur A-GmbH in Wettbewerb getreten ist und (3) die Zahlungsunfähigkeit der A-GmbH unter anderem darauf beruht, dass A veranlasst hat, dass die A-GmbH ein Grundstück, welches ihr gehört hat und 500 000,– EUR wert war, einem Freund des A, X, für 80 000,– EUR verkauft hat?

**Lösung:** In der Insolvenz werden Ansprüche von Seiten der GmbH durch den Insolvenzverwalter geltend gemacht. (1) Den Gläubigern der A-GmbH haftet A gem. § 13 Abs. 2 GmbHG grundsätzlich nicht. Der Insolvenzverwalter kann den ausstehenden Einlageanspruch in Höhe von 30 000,– EUR gegen A geltend machen. Darüber hinaus gehende Ansprüche gegen A allgemein wegen Unterkapitalisierung der A-GmbH kommen nach BGH grundsätzlich nicht in Betracht; eine solche Finanzausstattungspflicht des A wäre systemwidrig und würde letztlich die GmbH als Gesellschaftsform selbst in Frage stellen. (2) Schadensersatzansprüche der A-GmbH gegen A wegen des Wettbewerbs, die der Insolvenzverwalter geltend machen könnte, dürften grundsätzlich nicht bestehen. Denn anders als bei der OHG unterliegen die Gesellschafter einer GmbH in der Regel keinem Wettbewerbsverbot. Anders könnte zu entscheiden sein, wenn A Geschäftsführer der A-GmbH wäre. (3) Hinsichtlich des Grundstücks kommen zunächst Rückgewähransprüche gem. § 143 InsO in Betracht, soweit eine Anfechtung des Kaufvertrags gem. den §§ 132 ff. InsO möglich ist. Möglicherweise kann der Insolvenzverwalter auch einen Schadensersatzanspruch der A-GmbH aus § 826 BGB gegen A wegen existenzvernichtenden Eingriffs geltend machen. Nach BGH setzt die Bejahung eines Anspruchs aus § 826 BGB voraus, dass A Gesellschaftsvermögen, welches im Interesse der Gläubiger zweckgebunden war, missbräuchlich geschädigt hat, und zwar mittels Zufluss in das eigene Vermögen bzw. in ein mit ihm verbundenes Unternehmen. Indem A veranlasste, dass die A-GmbH das Grundstück ohne entsprechende Kompensation verkauft hat, könnten diese Voraussetzungen vorliegend erfüllt sein. A hat dann im Rahmen des § 826 BGB der A-GmbH die Wertdifferenz in Höhe von 420 000,– EUR und zudem einen möglicherweise weiteren, ihr durch den kompensationslosen Eingriff entstandenen, Schaden zu ersetzen. (4) Ergänzend: Ansprüche der Gläubiger der A-GmbH gegen A können sich zwar, liegen die Voraussetzungen vor, aus § 823 Abs. 2 BGB oder aus § 826 BGB ergeben. Dies dürfte jedoch nicht für den Anspruch aus § 826 BGB wegen Existenzvernichtungshaftung gelten. Denn dieser steht nach BGH der A-GmbH bzw. deren Insolvenzverwalter und nicht den Gläubigern der A-GmbH zu.

## 5. Kapitalschutz, Gewinne, Steuern

### a) Der Kapitalschutz bei der GmbH

**Die Sicherung des Vermögens** der GmbH dient primär dem Schutz der Gläubiger der GmbH.

**Bei Gründung der GmbH** soll das Erfordernis eines Mindeststammkapitals von 25 000,– EUR gem. § 5 Abs. 1 GmbHG ein Mindestvermögen sichern. Auf diese Weise soll ein gewisses Gegengewicht zur Haftungsbeschränkung der GmbH erreicht werden. Ob dies ausreicht, ist umstritten. Aus Gläubigersicht können die 25 000,– EUR eine nur ganz kurzlebige Sicherheit darstellen, aus Gesellschaftersicht eine zu hohe Hürde bilden.

Der Sicherung des Mindeststammkapitals dient § 7 GmbHG. Gem. § 7 Abs. 2 GmbHG darf die Anmeldung der GmbH zum Handelsregister erst erfolgen, wenn die Gesellschafter ihre Geldeinlagen zumindest teilweise erbracht haben. Sacheinlagen sind gem. § 7 Abs. 3 GmbHG vor Anmeldung so an die GmbH zu bewirken, dass sie endgültig zur freien Verfügung der Geschäftsführer stehen. Zuvor wird das Handelsregistergericht die Eintragung ablehnen.[94]

**In der Folgezeit** sollen zunächst § 19 Abs. 4 und 5 GmbHG das Kapital der GmbH sichern. Für die Fälle der verdeckten Sacheinlage normiert § 19 Abs. 4 GmbHG eine Haftung der Gesellschafter, für die Fälle des Hin- und Herzahlens § 19 Abs. 5 GmbHG. Verhindern die Geschäftsführer der GmbH ein solches Vorgehen der Gesellschafter nicht oder fördern sie dieses gar, können sie der GmbH gem. § 43 Abs. 2 GmbHG schadensersatzpflichtig werden.

Ergibt sich beim Betrieb der GmbH aus der Jahresbilanz oder aus einer im Laufe des Geschäftsjahres aufgestellten Bilanz, dass die Hälfte des Stammkapitals verloren ist, muss gem. § 49 Abs. 3 GmbHG unverzüglich die Versammlung der Gesellschafter einberufen werden. Auf diese Weise soll gewährleistet werden, dass die Gesellschafter sich über eine mögliche Problematik klar werden und situationsangemessen reagieren können.

**Weitere Regelungen** enthält das GmbHG für Konstellationen, in denen Gesellschafter beim Betrieb der GmbH deren Vermögen schmälern. Gem. § 30 GmbHG sind Rückzahlungen von Einlagen an die Gesellschafter untersagt. Erfolgen dem zuwider gleichwohl Zahlungen an Gesellschafter, steht der GmbH gem. § 31 Abs. 1 GmbHG ein Erstattungsanspruch zu. Dieser Erstattungsanspruch ist gem. § 31 Abs. 4 GmbHG nicht disponibel.

Flankiert wird dieser Erstattungsanspruch zum einen dadurch, dass für ihn im Rahmen des § 31 Abs. 3 GmbHG auch die übrigen Gesellschafter haften. Zum anderen können auch hier die Geschäftsführer gem. § 43 Abs. 2 und 3 GmbHG zum Schadensersatz verpflichtet sein, wenn sie den Bestimmungen des § 30 GmbHG zuwider Zahlungen aus dem zur Erhaltung des Stammkapitals erforderlichen Vermögen der Gesellschaft geleistet haben.

**Bei Insolvenz der GmbH** werden Darlehenrückzahlungsansprüche sowie vergleichbare Ansprüche der Gesellschafter gem. § 39 Abs. 1 Nr. 5 InsO, bei Sicherungen zudem gem. § 44 a InsO, nachrangig behandelt. Sind Sicherheiten gewährt oder Rückzahlungen geleistet worden, sind diese unter den Voraussetzungen des § 135 InsO anfechtbar. Weitere Anfechtungen können aus den §§ 129 ff. InsO resultieren. Folge sind Rückgewähransprüche gem. § 143 InsO.

Bei Verletzungen der Insolvenzantragspflicht können sich zudem Ansprüche der GmbH gegen die Geschäftsführer gem. § 43 Abs. 2 GmbHG oder § 64 GmbHG ergeben. Trifft die Insolvenzantragspflicht die Gesellschafter, kommen auch Ansprüche der GmbH gegen diese in Betracht. Ob den Gläubigern Ansprüche gegen die Geschäftsführer bzw. Gesellschafter wegen Verletzungen der Insolvenzantragspflicht zustehen, ist im Einzelfall zu prüfen.

94 Vgl. zum Vorstehenden und zum Folgenden bereits S. 44 ff.

**Weiteren Schutz gewährt** die Rechtsprechung des BGH zum existenzvernichtenden Eingriff. Haben Gesellschafter Gesellschaftsvermögen, welches im Interesse der Gläubiger zweckgebunden ist, missbräuchlich geschädigt, können der GmbH Schadensersatzansprüche gegen die Gesellschafter gem. § 826 BGB zustehen. Voraussetzung ist ein kompensationsloser Eingriff des Gesellschafters, etwa durch Übernahme von Vermögen der GmbH weit unter Wert.

Bei der Unternehmergesellschaft (haftungsbeschränkt) dürfen Anmeldung und Eintragung gem. § 5a Abs. 2 S. 1 GmbHG erst erfolgen, wenn dass Stammkapital in voller Höhe eingezahlt ist. Sacheinlagen sind gem. § 5a Abs. 2 S. 2 GmbHG ganz ausgeschlossen. Zudem hat die Unternehmergesellschaft gem. § 5a Abs. 3 GmbHG Rücklagen aus den erwirtschafteten Gewinnen zu bilden. Verletzungen dieser Pflicht können Schadensersatzansprüche begründen.[95]

**Fall**

A, B und C sind Gesellschafter, X ist Geschäftsführer der A-GmbH. Da er dringend Geld braucht, hat A sich von X 5000,- EUR seiner Einlage zurückzahlen lassen. B und C haben der A-GmbH Darlehen in Höhe von jeweils 30 000,– EUR gegeben. Wie ist die Rechtslage, wenn die A-GmbH nunmehr in Insolvenz fällt und A und B mit je 45 % sowie C mit 10 % an der A-GmbH beteiligt sind?

**Lösung:** (1) Was die Einlagenrückgewähr an A anbelangt, verstieß diese gegen § 30 Abs. 1 GmbHG. Gem. § 31 Abs. 1 GmbHG hat A der A-GmbH die 5000,- EUR zu erstatten. Außerdem kann sich X der A-GmbH gegenüber wegen der unerlaubten Einlagenrückgewähr gem. § 43 Abs. 2 und 3 GmbHG schadensersatzpflichtig gemacht haben. Ist die Erstattung von A nicht zu erlangen, haften zudem gem. § 31 Abs. 3 GmbHG B und C hierfür nach Verhältnis ihrer Anteile, soweit dies zur Befriedigung der Gläubiger der A-GmbH erforderlich ist. Da die A-GmbH sich in der Insolvenz befindet, werden diese, wie auch die folgenden, Ansprüche durch den Insolvenzverwalter der A-GmbH geltend gemacht. (2) B steht gegen die A-GmbH ein Anspruch auf Rückzahlung des Darlehens gem. § 488 Abs. 1 S. 2 BGB in Höhe von 30 000,– EUR zu. Gem. § 39 Abs. 1 Nr. 5 und Abs. 4 InsO kann B diesen Anspruch freilich im Insolvenzverfahren nur nachrangig an letzter Stelle geltend machen. (3) C steht wie B ein Rückzahlungsanspruch gem. § 488 Abs. 1 S. 2 BGB gegen die A-GmbH in Höhe von 30 000,– EUR zu. Da C freilich nicht geschäftsführender Gesellschafter der A-GmbH und auch nicht mit mehr als 10 % an der A-GmbH beteiligt ist, greift die Einschränkung des § 39 Abs. 1 Nr. 5 InsO gem. § 39 Abs. 5 InsO bei ihm nicht und er kann seinen Anspruch im Insolvenzverfahren wie ein „normaler" Gläubiger geltend machen.

### b) Gewinne und Verluste der GmbH

**Die Gewinne bzw. Verluste**, die die GmbH erzielt, müssen jedes Jahr ermittelt werden.

**Die Gesellschafter der GmbH** haben gem. § 29 Abs. 1 GmbHG Anspruch auf den Jahresüberschuss der GmbH zuzüglich eines Gewinnvortrags bzw. abzüglich eines Verlustvortrags, soweit der sich ergebende Betrag nicht nach Gesetz oder Gesellschaftsvertrag oder durch Beschluss der Gesellschafterversammlung, Gewinne in eine Rücklage einzustellen oder vorzutragen, von der Verteilung unter die Gesellschafter ausgeschlossen ist.

95 Vgl. auch schon S. 50 und S. 65 f.

Ausgangspunkt ist die Bilanz, welche die Geschäftsführer gem. §§ 41 ff. GmbHG i.V.m. den §§ 242; 264 HGB zu erstellen haben. Gem. den §§ 6; 238 ff. HGB gelten im Grundsatz die Regelungen des HGB betreffend Buchführung, Jahresabschluss und Gewinn- und Verlustrechnung, Anhang, Lagebericht und Abschlussprüfung. Bei kleinen GmbH'n (§ 267 Abs. 1 HGB) enthalten § 264 Abs. 1 S. 3 HGB und § 316 Abs. 1 HGB Einschränkungen.

**Die Gesellschafterversammlung** ist es, die auf dieser Grundlage gem. § 46 Nr. 1 GmbHG den Jahresabschluss feststellt und, soweit ein positives Ergebnis erzielt wurde, über dessen Verwendung beschließt. Anders als bei der AG sind die Gesellschafter hier nicht an die Angaben der Geschäftsführer gebunden. Sie treffen ihre Entscheidungen grundsätzlich mit einfacher Mehrheit. Die Beteiligung am Gewinn ist in § 29 Abs. 3 GmbHG geregelt.

Erzielt die Gesellschaft Verluste, werden diese in das nächste Jahr vorgetragen. Die Gesellschafter sind grundsätzlich weder zu einem Nachschuss verpflichtet noch haften sie nach außen. Die Ergebnisse sind im Rahmen der §§ 325 ff. HGB offen zu legen. Bei der Unternehmergesellschaft (haftungsbeschränkt) ist zudem, wie gesehen, die Pflicht zur Rücklagenbildung gem. § 5a Abs. 3 GmbHG zu beachten. Diese senkt den ausschüttungsfähigen Betrag.

**Fall**

A, B und C sind Gesellschafter der A-Unternehmergesellschaft (haftungsbeschränkt). Was kann A tun, wenn B und C mehrheitlich beschließen, dass (1) der gesamte Gewinn des Jahres an die Gesellschafter ausgeschüttet werden soll bzw. (2) der gesamte Gewinn in eine Rücklage eingestellt werden soll?

**Lösung:** Sind Beschlüsse betreffend die Feststellung des Jahresabschlusses oder die Ergebnisverwendung nicht rechtmäßig, kommen in entsprechender Anwendung der §§ 253 ff.; 241 ff. AktG Nichtigkeit oder Anfechtbarkeit in Betracht. (1) Der erste Verwendungsbeschluss ist nicht rechtmäßig, weil er gegen die Pflicht zur Rücklagenbildung bei der Unternehmergesellschaft (haftungsbeschränkt) verstößt. Hier dürfte die Anfechtung entsprechend § 243 Abs. 1 AktG statthaft sein. Daneben kommen Schadensersatzansprüche der GmbH gegen B und C sowie gegen den Geschäftsführer in Betracht. (2) Der zweite Verwendungsbeschluss ist grundsätzlich zulässig. Er könnte jedoch treuwidrig sein, wenn er dazu diente, den A als Gesellschafter gleichsam auszuhungern. Dann dürfte auch hier die Anfechtung statthaft sein. Daneben kämen dann Schadensersatzansprüche des A gegen B und C in Betracht.[96]

### c) Die Besteuerung bei der GmbH

**Hinsichtlich der Besteuerung** ist zwischen der GmbH und ihren Gesellschaftern klar zu trennen.

**Die GmbH selbst** ist körperschaftsteuerpflichtig und die Gesellschafter sind einkommensteuerpflichtig (sog. Trennungsprinzip). Eine GmbH ist gem. § 1 Abs. 1 Nr. 1 KStG

96 Vgl. zur möglichen Treuwidrigkeit des Gewinnverwendungsbeschlusses etwa OLG Hamm, Urt. v. 3.7.1991, DB 1991, S. 2477; *Grunewald*, Gesellschaftsrecht, S. 384 f.

unbeschränkt körperschaftsteuerpflichtig, wenn sie ihre Geschäftsleitung oder ihren Sitz im Inland hat. Daneben unterfällt die GmbH regelmäßig kraft ihrer Rechtsform der Gewerbesteuer. Dies ergibt sich aus § 2 Abs. 2 S. 1 GewStG i.V.m. § 2 Abs. 1 GewStG.

Was die Ermittlung des Einkommens anbelangt, verweist § 8 Abs. 1 KStG für die Körperschaftsteuer auf die Vorschriften des Einkommensteuergesetzes. Gem. den §§ 4; 5 EStG ist der Gewinn prinzipiell nach den handelsrechtlichen Grundsätzen ordnungsmäßiger Buchführung gem. den §§ 242 ff; 264 ff. HGB auszuweisen. Der Geschäftsführer ist es, der gem. den §§ 41 ff. GmbHG zu Buchführung und Einkommensermittlung verpflichtet ist.

Bei der Gewerbesteuer ist es § 7 S. 1 GewStG, der für die Ermittlung des Gewerbeertrags auf den nach den Vorschriften des Körperschaftsteuergesetzes ermittelten Gewinn verweist. Die §§ 8 ff. KStG und die §§ 7 ff. GewStG enthalten ergänzende Vorschriften, welche den nach Einkommensteuerrecht ermittelten Gewinn körperschaftsteuerrechtlich und das nach Körperschaftsteuergesetz ermittelte Einkommen gewerbesteuerspezifisch korrigieren.

Was die Steuersätze anbelangt, beträgt dieser bei der Körperschaftsteuer gem. § 23 Abs. 1 KStG zurzeit 15 % des zu versteuernden Einkommens. Hinzu kommt der Solidaritätszuschlag. Die Gewerbesteuer errechnet sich gem. den §§ 10 ff. GewStG aus dem Gewerbeertrag, der Steuermesszahl von nunmehr 3,5 % sowie dem Hebesatz, den die Gemeinden zu bestimmen haben; im Folgenden wird von einem Gewerbesteuer-Hebesatz von 400 % ausgegangen.

Körperschaftsteuer und Gewerbesteuer sind die beiden großen Steuern, denen die GmbH unterliegt. Daneben wird bei der GmbH regelmäßig Umsatzsteuer anfallen. Gem. § 2 Abs. 1 UStG trifft die Umsatzsteuer den Unternehmer, d.h. jeden, der eine gewerbliche oder berufliche Tätigkeit selbstständig ausübt. Die Bedeutung der Umsatzsteuer ist allerdings meist wirtschaftlich zweitrangig, da es sich bei ihr wirtschaftlich um einen durchlaufenden Posten handeln soll.[97]

**Die Gesellschafter der GmbH** sind, soweit es sich um natürliche Personen handelt, einkommensteuerpflichtig. Halten die natürlichen Personen die GmbH-Anteile im Privatvermögen, stellen Ausschüttungen aus der GmbH Einkünfte aus Kapitalvermögen dar. Gem. § 20 Abs. 1 Nr. 1 EStG gehören zu den Einkünften aus Kapitalvermögen Gewinnanteile (Dividenden), Ausbeuten und sonstige Bezüge aus Anteilen an Gesellschaften mit beschränkter Haftung.

Die Ausschüttungen werden im Grundsatz von der sog. Abgeltungsteuer erfasst. Abgeltungsteuer bedeutet, dass gem. § 32 d Abs. 1 S. 1 EStG die Einkommensteuer für diese Einkünfte pauschal 25 % Einkommensteuer zuzüglich Solidaritätszuschlag und ggf. Kirchensteuer beträgt. Die Steuer wird gem. § 44 Abs. 1 EStG bei der GmbH auf dem Weg des Steuerabzugs erhoben. Gem. § 43 Abs. 5 S. 1 EStG ist der Steueranspruch des Staates hierdurch abgegolten.

97 Vgl. zum Vorstehenden und zum Folgenden die Kommentierungen der einzelnen Gesetzesvorschriften.

Ist der Gesellschafter zu mindestens 25 % an der GmbH beteiligt oder ist der Gesellschafter zu mindestens 1 % an der GmbH beteiligt und beruflich für diese tätig, können Gesellschafter die Besteuerung auf dem Weg der Abgeltungsteuer durch einen Antrag gem. § 32 d Abs. 2 Nr. 3 EStG umgehen. Für die Ausschüttungen der GmbH gilt dann auf Seiten der Gesellschafter anstelle der Abgeltungsteuer das Teileinkünfteverfahren gem. § 3 Nr. 40 EStG.

Die Geltung des Teileinkünfteverfahrens folgt daraus, dass gem. § 32 d Abs. 2 Nr. 3 S. 2 EStG der Ausschluss des Teileinkünfteverfahrens gem. § 3 Nr. 40 S. 2 EStG nicht gilt. Beim Teileinkünfteverfahren sind gem. § 3 Nr. 40 S. 1 d EStG 40 % der Bezüge im Sinne des § 20 Abs. 1 Nr. 1 EStG steuerfrei. Die Beschränkung des Werbungskostenabzugs gem. § 20 Abs. 9 EStG gilt gem. § 32 d Abs. 2 Nr. 3 S. 2 EStG nicht. Im Übrigen kommt der jeweilige persönliche Steuersatz zur Anwendung.

Ob die Einführung der Abgeltungsteuer sinnvoll ist, ist zweifelhaft. Für sie sprechen zwar prima facie Einfachheit, flächendeckende Erfassung sowie Anonymität. Andererseits kommt es zu einem Systembruch, soweit die Besteuerung sich vom persönlichen Steuersatz des Steuerpflichtigen löst. Zudem ergeben sich, etwa durch § 32 d Abs. 2 Nr. 3 EStG oder bei der Kirchensteuer durch § 32d Abs. 1 S. 3 bis 5 EStG, erhebliche Verkomplizierungen.

Halten natürliche Personen die GmbH-Anteile in einem Betriebsvermögen, also in einem Einzelunternehmen oder einer Personengesellschaft, gilt das Teileinkünfteverfahren. Dies folgt aus § 3 Nr. 40 S. 1 d i.V.m. S. 2 EStG. Es sind wieder 40 % steuerfrei und für die restlichen 60 % gilt der jeweilige persönliche Steuersatz. Von der Gewerbesteuer sind die Ausschüttungen gem. § 9 Nr. 2a GewStG ab einer Beteiligungshöhe von 15 % freigestellt, um Doppelbelastungen zu vermeiden (sog. Schachtelprivileg).

Halten Kapitalgesellschaften die GmbH-Anteile, bleiben die Ausschüttungen, um Doppelbelastungen zu vermeiden, gem. § 8 b Abs. 1 KStG bei der Obergesellschaft außer Ansatz. Gem. § 8b Abs. 5 KStG sind jedoch 5 % der Bezüge zu berücksichtigen; diese unterfallen wiederum mit 15 % der Körperschaftsteuer. Gewerbesteuerrechtlich sind die Ausschüttungen auch hier gem. § 9 Nr. 2a GewStG ab einer Beteiligungshöhe von 15 % bis auf 5 % freigestellt, um Doppelbelastungen zu vermeiden.

**Bei Veräußerung der GmbH-Anteile** ist wie folgt zu differenzieren: Halten natürliche Personen GmbH-Anteile in ihrem Privatvermögen, unterfallen Veräußerungsgewinne nunmehr gem. § 20 Abs. 2 EStG ebenfalls der Abgeltungsteuer von pauschal 25 %. Hält die natürliche Person mindestens 1 % der Anteile an der GmbH, liegen gem. § 17 Abs. 1 EStG Einkünfte aus Gewerbebetrieb vor und es gilt auch hier das Teileinkünfteverfahren.

Halten natürliche Personen die GmbH-Anteile in einem Betriebsvermögen, erhöht bei Veräußerung der Anteile auch dies den Gewinn des Einzelunternehmens bzw. der Personengesellschaft und es gilt auch hier das Teileinkünfteverfahren. Werden die GmbH-Anteile von Kapitalgesellschaften gehalten, gilt § 8b Abs. 2 und 3 KStG, d.h. es sind 5 % der Bezüge zu berücksichtigen; diese unterfallen mit 15 % der Körperschaftsteuer.

**In den vergangenen Jahren** ist mehrfach von Seiten des Gesetzgebers versucht worden, die Besteuerung der Unternehmen zu senken und transparenter zu gestalten, um die Attraktivität des Wirtschaftsstandorts Bundesrepublik Deutschland zu stärken. Zugleich sollte Belastungsneutralität der Rechtsformen untereinander, d.h. eine möglichst gleiche Belastung von Kapitalgesellschaften einerseits und Einzelunternehmen bzw. Personengesellschaften andererseits erreicht werden.

Ob und, wenn ja, inwieweit dies gelungen ist, ist umstritten. Auf der einen Seite ist die Belastung ausgeschütteter Gewinne von Kapitalgesellschaften und ihrer Gesellschafter einerseits sowie die Gesamtsteuerbelastung von personenbezogenen Unternehmen bei hohen persönlichen Steuersätzen andererseits inzwischen weitgehend gleich. Auf der anderen Seite wird eingewandt, in Fällen der Thesaurierung würden die Kapitalgesellschaften weiterhin begünstigt.[98]

**Fall**

Die A-GmbH erzielt im Veranlagungszeitraum einen Gewinn von 100. Wie gestaltet sich die Besteuerung, wenn (1) die A-GmbH den Gewinn thesauriert, d.h. nicht an ihre Gesellschafter ausschüttet, wenn (2) die A-GmbH den Gewinn an ihre Gesellschafter A und B (natürliche Personen) ausschüttet, wenn (3) die A-GmbH den Gewinn ausschüttet, die Anteile jedoch nicht von A und B privat, sondern in einem Betriebsvermögen gehalten werden und wenn A und B je zur Hälfte an der A-GmbH beteiligt sind und dem Spitzensteuersatz von 45 % unterfallen bzw. wenn (4) die A-GmbH den Gewinn ausschüttet, Gesellschafter nun jedoch die B-GmbH und die C-GmbH sind, wobei jede dieser Gesellschaften mit mindestens 15 % an der A-GmbH beteiligt ist?

**Lösung:** Es ist strikt zwischen der Besteuerung der A-GmbH einerseits und der Besteuerung der Gesellschafter andererseits zu unterscheiden.

(1) Besteuerung bei der GmbH, wenn der Gewinn thesauriert wird:

| | | |
|---|---|---|
| Gewinn vor Steuern | 100 | |
| GewSt | 14 | (= 100 x 3,5% x 400%) |
| Gewinn nach GewSt | 86 | (= 100,00 - 14,00) |
| KSt | 15 | (= 100 x 15%) |
| Solidaritätszuschlag | 0,83 | (= 15 x 5,5% gem. den §§ 3; 4 SolZG) |
| Gewinn nach KSt, SolZ, GewSt | = 70,17 | (= 100,00 - 14,00 - 15,00 - 0,83) |

Bei der A-GmbH ergibt sich so, einen Gewerbesteuer-Hebesatz von 400 % vorausgesetzt, eine **Steuerbelastung von 29,83** (= 15,83 KSt/SolZ + 14 GewSt). Ergänzung: Dies gilt bei der A-GmbH gleichermaßen, wenn der Gewinn ausgeschüttet wird.

(2) Besteuerung bei Ausschüttung an die Gesellschafter A und B (zusammen):

| | | |
|---|---|---|
| Ausschüttung (s.o.: 1) | 70,17 | (§§ 20 Abs. 1 S. 1 Nr. 1; 8 Abs. 1 EStG) |
| ESt | 17,54 | (= 25 % Abgeltungsteuer von 70,17) |
| Solidaritätszuschlag | 0,96 | (= 17,54 x 5,5% gem. den §§ 3; 4 SolZG) |
| Ausschüttung nach Steuern | = 51,67 | (= 70,17 - 17,54 - 0,96) |

Bei Ausschüttung ergibt sich so eine Steuerbelastung bei den Gesellschaftern (zusammen) in Höhe von 18,50 (= ESt/SolZ) und eine **Gesamtsteuerbelastung von 48,33** (= 29,83 GmbH + 18,50 A und B).

98 Vgl. zum Vorstehenden näher etwa *Hey*, DStR 2007, S. 925; *Streck*, NJW 2007, S. 3176; *Schön*, DStR 2008, Beihefter zu Heft 17; *Scheffler*, Besteuerung von Unternehmen I, S. 15 ff., 283 ff. sowie zum folgenden Beispiel auch *Wacker*, in: Schmidt, EStG, § 34a RdNr. 6.

(3) Besteuerung bei Ausschüttung an die Gesellschafter A und B (zusammen), soweit diese ihre Anteile in einem Betriebsvermögen, also im Rahmen von Einzelunternehmen oder im Rahmen einer Personengesellschaft, halten:

| | | |
|---|---|---|
| Ausschüttung (s.o.: 1) | 70,17 | (§§ 15 Abs. 1 S. 1 Nr. 1 oder 2; 4 Abs. 1 EStG) |
| GewSt | 0,00 | (gem. § 9 Nr. 2 a GewStG keine erneute GewSt) |
| ESt-frei | 28,07 | (= 40 % von 70,17 gem. § 3 Nr. 40 S. 1 EStG) |
| Steuerpflichtige Teileinkünfte | = 42,10 | (= 70,17 - 28,07) |
| ESt | 18,94 | (45% angenommener persönlicher Steuersatz) |
| Solidaritätszuschlag | 1,04 | (= 18,94 x 5,5% gem. den §§ 3; 4 SolZG) |
| Ausschüttung nach Steuern | = 50,19 | (= 70,17 - 18,94 - 1,04) |

Bei Ausschüttung ergibt sich so hier eine Steuerbelastung beim Einzelunternehmer bzw. bei den Gesellschaftern der Personengesellschaft (zusammen) von 19,98 (= ESt/SolZ) und eine **Gesamtsteuerbelastung von 49,81** (= 29,83 GmbH + 19,98 A und B).

(4) Besteuerung, soweit die Anteile an der A-GmbH von der B-GmbH und der C-GmbH gehalten werden (zusammen):

| | | |
|---|---|---|
| Ausschüttung (s.o.: 1) | 70,17 | |
| GewSt | 0,49 | (5 % von 70,17 = 3,50 × 3,5 % × 400 % gem. § 9 Nr. 2 a S. 1 und 4 GewStG i.V.m. § 8b Abs. 5 KStG) |
| Gewinn nach GewSt | 69,68 | (= 70,17 - 0,49) |
| KSt-frei | 70,17 | (gem. § 8b Abs. 1 KStG) |
| Steuerpflichtig | 3,51 | (= 5 % von 70,17 gem. § 8b Abs. 5 KStG) |
| KSt | 0,52 | (= 3,51 x 15%) |
| Solidaritätszuschlag | 0,03 | (= 0,52 x 5,5% gem. den §§ 3; 4 SolZG) |
| Gewinn nach Steuern | = 69,13 | (= 70,17 - 0,49 - 0,52 - 0,03) |

Wird dieser Gewinn nicht ausgeschüttet, ergibt sich so bei der B-GmbH und der C-GmbH (zusammen) eine **Steuerbelastung von 1,04** (= 0,49 GewSt + 0,52 ESt + 0,03 SolZ). Bei einer Ausschüttung des Gewinns an die Gesellschafter der B-GmbH und der C-GmbH sind, soweit es sich bei diesen um natürliche Personen handelt, die soeben unter (2) angestellten Überlegungen entsprechend anzuwenden.

## 6. Änderungen sowie Beendigung

### a) Änderungen bei der GmbH

**Änderungen bei der GmbH** ergeben sich primär durch Änderungen des Gesellschaftsvertrages.

**Gesellschaftsvertragsänderungen** bedürfen gem. den §§ 53; 54 GmbHG eines Beschlusses des Gesellschafterversammlung. Änderungen des Gesellschaftsvertrages kommen primär bei Änderungen der Firma der GmbH, des Sitzes der GmbH oder des Unternehmensgegenstandes in Betracht. Daneben zählen etwa Änderungen der Zuständigkeiten der Organe oder die Aufhebung oder Begründung einer zeitlichen Beschränkung der GmbH hierher.

Der Beschluss bedarf gem. § 53 Abs. 2 GmbHG prinzipiell einer Mehrheit von drei Vierteln der abgegebenen Stimmen und muss notariell beurkundet werden. Die Änderung ist gem. § 54 GmbHG zur Eintragung in das Handelsregister anzumelden und erlangt Wirksamkeit mit Eintragung. Sollen die Pflichten der Gesellschafter vermehrt werden, ist gem. § 53 Abs. 3 GmbHG eine Zustimmung aller Gesellschafter erforderlich.[99]

**Besondere Formen** der Satzungsänderung stellen Kapitalerhöhungen und Kapitalherabsetzungen dar. Bei Kapitalerhöhungen unterscheidet man effektive und nominelle. Bei der effektiven Kapitalerhöhung erhöht die GmbH ihr Stammkapital durch Schaffung und Ausgabe neuer Geschäftsanteile gegen Einlagen an die Altgesellschafter bzw. an Neugesellschafter. Hier treten die §§ 55 ff. GmbHG als ergänzende Vorschriften neben die §§ 53; 54 GmbHG.

Bei der nominellen Kapitalerhöhung werden (nur) Rücklagen in Stammkapital umgewandelt. Für die nominelle Kapitalerhöhung, die besonders bei der Unternehmergesellschaft (haftungsbeschränkt) Bedeutung erlangen kann, finden sich ergänzende Regelungen in den §§ 57 c ff. GmbHG. Die Kapitalherabsetzung schließlich ist in den §§ 58 ff. GmbHG geregelt. Eine vereinfachte Form der Kapitalherabsetzung findet sich in § 58a GmbHG.

**Sonstige Änderungen** kommen in drei Formen in Betracht. Haben die Parteien freiwillig Regelungen in den Gesellschaftsvertrag aufgenommen, die dort nicht enthalten sein müssen, wird zu ihrer Änderung regelmäßig (erstens) eine förmliche Satzungsänderung erforderlich sein. Allerdings ist eine Änderung (zweitens) ohne weiteres möglich, wenn die Regelung nicht materieller Bestandteil des Gesellschaftsvertrages werden sollte.

Haben die Gesellschafter Regelungen außerhalb des Gesellschaftsvertrages in Form einer schuldrechtlichen Nebenabrede getroffen, kann, vorausgesetzt eine Aufnahme in den Gesellschaftsvertrag war nicht erforderlich, die Änderung grundsätzlich ebenso erfolgen wie sie getroffen worden ist. In diesen Fällen ist es dann ausreichend, wenn die Gesellschafter (drittens) eine entsprechende einfache schuldrechtliche Vereinbarung treffen.[100]

**Fall**

A, B, C und D sind Gesellschafter der A-GmbH, und zwar nach dem Gesellschaftsvertrag jeweils alleinvertretungsberechtigt. Nach einigen Jahren erfolgreicher Tätigkeit der A-GmbH wollen A, B und C (1) den Sitz der A-GmbH in eine größere Stadt verlegen und (2) die zwischen den Gesellschaftern abgesprochene Beschränkung des (Allein-)Abschlusses von Geschäften auf die Höhe von 100 000,– EUR auf 200 000,– EUR erhöhen. Wie muss hier vorgegangen werden?

**Lösung:** (1) Beim Sitz der GmbH handelt es sich um einen zwingenden Inhalt des Gesellschaftsvertrages gem. § 3 Abs. 1 Nr. 1 GmbHG. Zur Veränderung ist daher eine Satzungsänderung gem. den §§ 53; 54 GmbHG erforderlich. Da A, B und C zusammen auf drei Viertel der abgegebenen Stimmen kommen können, dürfte ihnen eine solche Änderung möglich sein. Sie bedarf dann der notariellen Beurkundung des Beschlusses sowie der Eintragung in das Handelsregister. (2) Bei der Vereinbarung,

99 Vgl. zum Vorstehenden und zum Folgenden bereits S. 57 ff.
100 Vgl. hierzu auch etwa *Grunewald*, Gesellschaftsrecht, S. 336 f.

vor dem Abschluss von Geschäften über 100 000,– EUR die Zustimmung der anderen Gesellschafter einzuholen, dürfte es sich um eine interne schuldrechtliche Nebenabrede handeln. Diese kann durch einfache Vereinbarung der Gesellschafter untereinander, also ohne die für Satzungsänderungen geltenden Formerfordernisse, abgeändert werden.

### b) Gesellschafterwechsel bei einer GmbH

**Wechsel der Gesellschafter** bei einer GmbH können auf drei Wegen vor sich gehen.

**Neuer Gesellschafter einer GmbH** kann man im Rahmen einer Kapitalerhöhung werden, und zwar in Form der effektiven Kapitalerhöhung. Der neue Gesellschafter übernimmt hier neu geschaffene Geschäftsanteile der GmbH gegen Einlage. Es ist dies ein Unterfall der Gesellschaftsvertragsänderung, wobei die Vorschriften der §§ 53; 54 GmbHG, wie zuvor gesehen, durch die Vorschriften für Kapitalerhöhungen der §§ 55 ff. GmbHG ergänzt werden.

Neuer Gesellschafter kann man auch durch Erwerb von GmbH-Gesellschaftsanteilen werden. GmbH-Anteile sind gem. § 15 Abs. 1 GmbHG veräußerlich und vererblich. Nach dem in Deutschland geltenden Abstraktionsprinzip ist dabei zwischen Verpflichtungs- und Verfügungsgeschäft zu unterscheiden. Das Verpflichtungsgeschäft, etwa ein Kaufvertrag gem. den §§ 453; 433 BGB oder eine Schenkung gem. § 516 BGB, bedarf gem. § 15 Abs. 4 GmbHG der notariellen Form.

Das Verfügungsgeschäft, Abtretung gem. § 398 BGB, bedarf gem. § 15 Abs. 3 GmbHG ebenfalls der notariellen Form. Gem. § 15 Abs. 5 GmbHG kann die Abtretung im Gesellschaftsvertrag an besondere Voraussetzungen geknüpft, insbesondere von einer Genehmigung der Gesellschafter abhängig gemacht werden, sog. Vinkulierung; nach herrschender Meinung ist auch ein vollständiger Ausschluss der Abtretung möglich. Mit Abtretung ist der Wechsel grundsätzlich wirksam.

**Zum Ausscheiden eines Gesellschafters** kann es, umgekehrt zum Vorherigen, durch eine Veräußerung von GmbH-Anteilen kommen. Erwirbt ein Gesellschafter alle GmbH-Anteile eines alten Gesellschafters, scheidet der alte Gesellschafter aus der GmbH aus. Ist hier nach dem Gesellschaftsvertrag eine Genehmigung der anderen Gesellschafter erforderlich und wird diese verweigert, lässt die herrschende Meinung eine Kündigung zu, wenn ein wichtiger Grund vorliegt.

Eine Kündigung aus wichtigem Grund gewährt die herrschende Meinung darüber hinaus auch in anderen Fällen, in denen einem Gesellschafter ein Verbleib in der GmbH nicht mehr zugemutet werden kann. Ob Unzumutbarkeit vorliegt, ist in jedem Einzelfall genau zu prüfen. Kann der Gesellschafter kündigen, stellt sich die (Folge-)Frage, inwieweit die verbleibenden Gesellschafter dem ausscheidenden Gesellschafter eine Abfindung zu leisten haben.[101]

---

101 Vgl. hierzu etwa *Grunewald*, Gesellschaftsrecht, S. 412 ff.

Auch der Gesellschaft stehen in besonderen Fällen Kündigungsmöglichkeiten zu. So kann ein Gesellschafter gem. § 21 GmbHG durch Einziehung seines GmbH-Anteils ausgeschlossen werden, wenn er die Einzahlung seiner Einlage verzögert, sog. Kaduzierung. Gleiches gilt gem. § 34 GmbHG, soweit der Gesellschaftsvertrag eine Einziehung vorsieht, sog. Amortisation. Fehlt eine Regelung, lässt die herrschende Meinung eine Kündigung aus wichtigem Grund zu.

**Wer Gesellschafter der GmbH ist**, richtet sich danach, ob Eintritte, Austritte oder Änderungen im Umfang der Beteiligung wirksam sind. Im Verhältnis zur GmbH gilt allerdings gem. § 16 Abs. 1 GmbHG nur der als Gesellschafter, wer in der im Handelsregister aufgenommenen Gesellschafterliste im Sinne des § 40 GmbHG eingetragen ist. An Berichtigungen der Gesellschafterliste wird daher jeder Gesellschafter schon von sich aus interessiert sein.

Gem. § 40 Abs. 1 GmbHG haben zudem die Geschäftsführer unverzüglich nach Wirksamwerden jeder Veränderung in den Personen der Gesellschafter oder des Umfangs ihrer Beteiligung eine von ihnen unterschriebene Liste der Gesellschafter zum Handelsregister einzureichen, aus welcher Name, Vorname, Geburtsdatum und Wohnort der letzteren sowie die Nennbeträge und die laufenden Nummern der Geschäftsanteile zu entnehmen sind.

Hat ein Notar an der Veränderung mitgewirkt, hat er gem. § 40 Abs. 2 S. 1 GmbHG unverzüglich nach deren Wirksamwerden ohne Rücksicht auf etwaige später eintretende Unwirksamkeitsgründe die Liste anstelle der Geschäftsführer zu unterschreiben, zum Handelsregister einzureichen und eine Abschrift der geänderten Liste an die Gesellschaft zu übermitteln. Zugleich hat er die Liste mit einer Bescheinigung im Sinne des § 40 Abs. 2 S. 2 GmbHG zu versehen.

**Bemerkenswert** ist zudem insbesondere zweierlei. Ist die Einlage auf einen Geschäftsanteil noch nicht erbracht worden, bestimmt § 16 Abs. 2 GmbHG, dass der Erwerber eines Anteils von dem Moment an, in dem er in die im Handelsregister aufgenommene Gesellschafterliste eingetragen ist, neben dem Veräußerer für die rückständigen Einlageverpflichtungen haftet. Hierin liegt eine Folge der Anerkennung seiner Gesellschafterstellung.

Bei GmbH-Gesellschaftsanteilen ist zudem ein gutgläubiger Erwerb möglich. Gem. § 16 Abs. 3 GmbHG kann ein GmbH-Anteil oder ein Recht daran durch Rechtsgeschäft grundsätzlich wirksam vom Nichtberechtigten erworben werden, wenn der Veräußerer als Inhaber des Anteils in der im Handelsregister aufgenommenen Gesellschafterliste eingetragen ist. Dies stellt eine Ausnahme von dem Grundsatz dar, dass ein gutgläubiger Erwerb von Rechten prinzipiell nicht möglich ist.[102]

102 Zu Einzelheiten vgl. etwa *Reichert/Weller*, in: Goette/Habersack, Das MoMiG in Wissenschaft und Praxis, S. 96 ff.

**Fall**

A und B sind Gesellschafter der A-GmbH. Als es nach einiger Zeit zum Streit zwischen den Gesellschaftern wegen angeblicher Pflichtverletzungen des B kommt, vergleichen A und B sich vor dem Landgericht dahingehend, dass B dem A seinen GmbH-Anteil abtreten und dass dadurch alle Ansprüche zwischen den Parteien aus dem Gesellschaftsverhältnis abgegolten sein sollen. Als A später von B die Abtretung seines GmbH-Anteils verlangt, verweigert B dies. Zu Recht?[103]

**Lösung:** A könnte ein Anspruch gegen B auf Abtretung des GmbH-Anteils aus dem vor dem Landgericht geschlossenen Vergleich gem. § 779 BGB zustehen. Fraglich ist, ob der Vergleich wirksam ist. Zwar wurde der Vergleich vor dem Landgericht geschlossen. Gem. § 15 Abs. 4 GmbHG bedarf eine Vereinbarung, durch welche die Verpflichtung eines Gesellschafters zur Abtretung eines GmbH-Anteils begründet wird, jedoch der notariellen Form. Folgt man der Meinung, nach der der Vergleichsabschluss vor dem Landgericht die notarielle Form nicht ersetzt, ist der Vergleich nichtig und A kann aus diesem keinen Anspruch auf Abtretung geltend machen. Sieht man den Vergleich demgegenüber als wirksam an, ist B zur Abtretung an A verpflichtet. Diese erfolgt gem. § 398 BGB durch Einigung zwischen den Parteien, die gem. § 15 Abs. 3 GmbHG ihrerseits der notariellen Form bedarf. Der Notar und grundsätzlich auch der Geschäftsführer haben anschließend eine entsprechende geänderte Gesellschafterliste beim Handelsregister einzureichen.

### c) Auflösung und Abwicklung der GmbH

**Am Ende der GmbH** stehen ihre Auflösung sowie die auf diese folgende Abwicklung.

**Terminologisch bezeichnet** Auflösung dabei, dass das Ende der Gesellschaft, etwa durch Beschluss oder Zeitablauf, bestimmt ist. Abwicklung bezeichnet die anschließend erforderlichen Maßnahmen bis zum endgültigen Ende der GmbH. Soweit hier vielfach von „Auflösung und Liquidation" gesprochen wird, erscheint „Auflösung und Abwicklung" passender; denn das aus dem Lateinischen stammende Liquidation bedeutet übersetzt Auflösung.

**Die Gründe der Auflösung** sind in § 60 Abs. 1 GmbHG geregelt. Hierher zählen insbesondere

- der Ablauf der im Gesellschaftsvertrag bestimmten Zeit (Nr. 1),
- der Auflösungsbeschluss der Gesellschafter (Nr. 2),
- die Eröffnung des Insolvenzverfahrens (Nr. 4),
- die Rechtskraft des Beschlusses, durch den die Eröffnung des Insolvenzverfahrens mangels Masse abgelehnt wird (Nr. 5) oder
- die Löschung der GmbH wegen Vermögenslosigkeit (Nr. 7).

Der Gesellschaftsvertrag kann gem. § 60 Abs. 2 GmbHG weitere Auflösungsgründe, etwa den Tod oder die Insolvenz eines Gesellschafters, die Pfändung eines GmbH-Gesellschaftsanteils oder den Ablauf eines Rechtes vorsehen. § 61 GmbHG definiert zudem die Auflösung durch Urteil, wenn die Erreichung des Unternehmenszwecks unmöglich wird oder wichtige Gründe in den Verhältnissen der GmbH dies fordern. § 62 GmbHG regelt die Auflösung durch eine Verwaltungsbehörde.

103 Vgl. OLG Dresden, Urt. v. 11.9.1998, NZG 1999, S. 170 (Leitsatz).

Bei Auflösung besteht die GmbH zunächst als juristische Person fort. Die Auflösung wird gem. § 65 GmbHG zum Handelsregister angemeldet. Von nun an ist die Tätigkeit der GmbH auf Abwicklung gerichtet. Diese hat entsprechend den §§ 66 ff. GmbHG zu erfolgen. Zuständig für die Abwicklung sind die Liquidatoren, welche regelmäßig, sieht man von den Insolvenzfällen ab, die bisherigen Geschäftsführer sein werden.

**Die Abwicklung der GmbH** erfolgt gem. den §§ 70 ff. GmbHG dergestalt, dass die Liquidatoren die laufenden Geschäfte der GmbH beendigen, die Verpflichtungen der GmbH erfüllen, die Forderungen derselben einziehen und das Vermögen der GmbH in Geld umsetzen. Die Liquidatoren vertreten die GmbH gerichtlich und außergerichtlich. Zur Beendigung schwebender Geschäfte können die Liquidatoren auch neue Geschäfte eingehen.

Gem. § 71 GmbHG haben die Liquidatoren zudem für den Beginn der Abwicklung eine Bilanz (Eröffnungsbilanz) und einen die Eröffnungsbilanz erläuternden Bericht sowie für den Schluss eines jeden Folgejahres einen Jahresabschluss und einen Lagebericht aufzustellen. Über die Feststellung der Eröffnungsbilanz, die Entlastung der Liquidatoren und die Feststellung der Jahresabschlüsse beschließen auch hier die Gesellschafter.

Verbleibendes Vermögen wird gem. § 72 GmbHG unter die Gesellschafter nach Verhältnis ihrer GmbH-Geschäftsanteile verteilt, freilich nicht vor Ablauf des Sperrjahres gem. § 73 GmbHG. Ist die Abwicklung beendet und die Schlussrechnung gelegt, haben die Liquidatoren den Schluss der Abwicklung gem. § 74 GmbHG zur Eintragung in das Handelsregister anzumelden. Bücher und Schriften sind für die Dauer von zehn Jahren in Verwahrung zu geben.

**Das Ende der GmbH** tritt mit der Löschung der GmbH im Handelsregister ein. Gläubiger der GmbH werden durch das Sperrjahr gem. § 73 Abs. 1 GmbHG oder eine Hinterlegung im Sinne des § 73 Abs. 2 GmbHG geschützt. Im Übrigen erlöschen bei Löschung noch bestehende Verbindlichkeiten. Stellt sich nach Löschung der GmbH heraus, dass doch noch Vermögen vorhanden war, kann eine sog. Nachtragsliquidation erforderlich werden.

In Fällen der Insolvenz der GmbH kommt es gem. § 60 Abs. 1 Nr. 4 InsO zur Auflösung. Die Abwicklung der GmbH richtet sich dann nach den Vorschriften des Insolvenzrechts. Tätig wird der Insolvenzverwalter, der die Organe der GmbH bis zu deren Ende weitgehend ersetzt. In der Praxis wird häufig angestrebt werden, das Unternehmen zu erhalten. Verspricht dies Erfolg, kann etwa der Insolvenzplan den Fortbestand der GmbH vorsehen.

Ergänzend: In der Vergangenheit ist immer wieder versucht worden, GmbH'n gleichsam versickern zu lassen, unter anderem im Ausland (sog. Bestattungsunwesen). Das MoMiG versucht, dem neben den Bestellungshindernissen des § 6 Abs. 2 GmbHG insbesondere dadurch entgegenzuwirken, dass es die Gesellschafter durch § 35 Abs. 1 S. 2 GmbHG (Empfangsvertreter) und § 15a Abs. 3 InsO (Insolvenzantragspflicht) in Verantwortung nimmt.

**Fall**

A und B sind Gesellschafter, A zugleich Alleingeschäftsführer der A-GmbH. Da die Geschäfte immer schlechter laufen, beschließen A und B die Auflösung der A-GmbH. A wickelt die A-GmbH ab, das Vermögen in Höhe von ca. 250 000,– EUR wird an A und B verteilt, die A-GmbH wird im Handelsregister gelöscht. Wie ist die Rechtslage, wenn X einen Anspruch in Höhe von 20 000,– EUR gegen die A-GmbH hatte und diesen deswegen nicht geltend gemacht hat, weil A es unterlassen hatte, die Auflösung in den Geschäftsblättern bekannt zu machen?

**Lösung:** Nach Löschung der A-GmbH im Handelsregister besteht die A-GmbH nicht mehr, auch der Anspruch des X ist erloschen. Die fehlende Bekanntmachung der Auflösung entgegen § 65 Abs. 2 GmbHG ändert daran nichts. A könnte dem X jedoch gem. § 823 Abs. 2 BGB i.V.m. § 73 Abs. 1 GmbHG zum Ersatz verpflichtet sein. A war Liquidator der A-GmbH und hat deren Vermögen verteilt, bevor das Sperrjahr gem. § 73 Abs. 1 GmbHG, beginnend mit der letzten Bekanntgabe gem. § 65 Abs. 2 GmbHG, abgelaufen war. Nach h.M. ist § 73 Abs. 1 GmbHG Schutzgesetz im Sinne des § 823 Abs. 2 BGB zugunsten der übergangenen Gläubiger. Da das Vermögen der GmbH die Forderung des X abgedeckt hätte, kann X somit den A in Anspruch nehmen. Eine Grundlage, aufgrund derer X auch den B in Anspruch nehmen könnte, ist nicht ersichtlich. A dürfte jedoch aufgrund des Gesellschaftsverhältnisses, welches zwischen ihm und B bestand, von B im Grundsatz Ersatz der Hälfte des Betrages, also 10 000,– EUR, fordern können.

## 7. Besondere Aspekte

### a) Die GmbH im Vorfeld

**Im Vorfeld der GmbH** werden die sog. Vorgründungsgesellschaft und die sog. Vorgesellschaft unterschieden.

**Die GmbH entsteht** mit Eintragung im Handelsregister als konstitutivem Rechtsakt.[104] Hinsichtlich der Zeit zuvor hält der Gesetzgeber sich weitgehend zurück. Überwiegend werden hier drei Stadien unterschieden. In der ersten Phase fassen die potenziellen Gesellschafter die Gründung der GmbH ins Auge. Hier entstehen regelmäßig noch keine rechtlichen Bindungen, die Gesellschafter befinden sich im gleichsam vorrechtlichen Bereich.

**Zur Vorgründungsgesellschaft**, der zweiten Phase, kommt es, wenn die Gesellschafter beschließen, die GmbH zu gründen. Von nun an ist zunächst regelmäßig eine BGB-Gesellschaft gem. den §§ 705 ff. BGB gegeben, tritt diese nach außen auf, eine BGB-Außengesellschaft. Werden die Gesellschafter bereits in einer Weise tätig, dass ein Handelsgewerbe besteht, liegt eine OHG vor mit der Folge, dass die §§ 123 ff. HGB zur Anwendung kommen.

Mit Abschluss des notariellen Gesellschaftsvertrages wird die Vorgründungsgesellschaft zur Vorgesellschaft. Soweit bereits Vermögen erworben wurde, ist dieses auf die Vorgesellschaft zu übertragen. Die Gesellschafter der Vorgründungsgesellschaft werden dies regelmäßig ohne weiteres tun, da es ja ihren Zielen entspricht. Dritte werden,

104 Vgl. hierzu bereits S. 42 ff.

soweit ihnen bekannt war, dass sie mit der GmbH in Gründung kontrahieren, in der Regel einverstanden sein.[105]

**Die Vorgesellschaft** existiert zwischen der Beurkundung des Gesellschaftsvertrages und der Eintragung der GmbH in das Handelsregister. Die Vorgesellschaft ist nach herrschender Meinung Gesellschaft sui generis (lat. = Gesellschaft eigener Art). Sie ist noch keine juristische Person. Auf sie können die Vorschriften des GmbHG jedoch bereits entsprechend angewandt werden, soweit sie nicht unpassend sind und die Entstehung der GmbH noch erfolgen soll.

Die Vorgesellschaft führt nunmehr die Entstehung der GmbH herbei. Zu diesem Zweck kann die Vorgesellschaft Rechtsgeschäfte, die erforderlich sind, tätigen. Sie ist nach herrschender Meinung parteifähig, wechsel- und scheckfähig, firmenrechtsfähig, insolvenzrechtsfähig und sie kann Gesellschafter einer Personengesellschaft sein. Ihre Geschäftsführer sind, wie bei der GmbH, im Gesellschaftsvertrag bzw. entsprechend § 46 Nr. 5 GmbHG zu bestellen.

Neben der Herbeiführung der Entstehung der GmbH kann die Vorgesellschaft das Unternehmen bereits betreiben, etwa Eigentum erwerben, Verträge schließen, Rechte erwerben oder Verbindlichkeiten eingehen. Auch hier gilt, dass die Gesellschafter bzw. Handelnden sich, betätigen sie sich bereits, der Gefahr persönlicher Haftung aussetzen, sei es gegenüber der Vorgesellschaft, sei es gegenüber den Gläubigern als Handelnde gem. § 11 Abs. 2 GmbHG.

**Entsteht die GmbH**, geht das Vermögen der Vorgesellschaft auf dem Wege der Universalsukzession auf die GmbH über. Die GmbH übernimmt von der Vorgesellschaft erworbenes Sachvermögen. Sie tritt in die Verträge, Forderungen und Verbindlichkeiten der Vorgesellschaft ein, vorausgesetzt diese sind von der Vorgesellschaft mit Blick auf die zukünftige GmbH eingegangen worden und dies war für das jeweilige Gegenüber erkennbar.

Ist im Zeitpunkt der Eintragung der GmbH das Vermögen der Vorgesellschaft bzw. nunmehr: der GmbH niedriger als das Stammkapital, hätte dies zur Folge, dass die GmbH an ihrem Beginn nicht mindestens mit ihrem Stammkapital, wie es das Handelsregister ausweist, ausgestattet wäre. Dies wird immer dann der Fall sein, wenn die Gesellschafter bzw. Geschäftsführer im Rahmen von Vorgründungs- und Vorgesellschaft ein negatives Ergebnis erzielt haben.

Die herrschende Meinung geht in diesen Fällen von einer sog. Unterbilanzhaftung der Gesellschafter aus. Dies bedeutet, dass die GmbH von ihren Gesellschaftern Ersatz der Differenz verlangen kann. Diese Ansprüche sind in der Bilanz der GmbH zu aktivieren. Im Gegenzug haften die Gesellschafter nunmehr ansonsten grundsätzlich nicht mehr

105 Vgl. zum Vorstehenden und zum Folgenden näher etwa *Grunewald*, Gesellschaftsrecht, S. 347 ff.; *Hueck/Fastrich*, in: Baumbach/Hueck, GmbHG, § 11 RdNr. 3 ff.; *K. Schmidt*, Gesellschaftsrecht, S. 1010 ff. Zum Anspruch auf Gründung der GmbH vgl. etwa BGH, Urt. v. 21.9.1987, NJW-RR 1988, S. 288.

persönlich, weder als Handelnde gem. § 11 Abs. 2 GmbHG noch als Gesellschafter gem. § 128 HGB (analog).[106]

**Scheitert die Gründung**, kann die juristische Person GmbH nicht mehr entstehen. Für diese Fälle normiert § 11 Abs. 2 GmbHG zunächst eine Haftung der Handelnden der Vorgesellschaft. Ist vor der Eintragung der GmbH in das Handelsregister in deren Namen gehandelt worden, haften die Handelnden den Gläubigern persönlich und solidarisch. Ob diese Norm, die die Handelnden vor riskanten Geschäften vor Eintragung warnen soll, erforderlich ist, ist umstritten.

Den Gläubigern der Vorgesellschaft haftet nämlich zum einen das Vermögen der Vorgesellschaft. Zum anderen kann die Vorgesellschaft nach herrschender Meinung ihre Gesellschafter für Verluste, die sie erwirtschaftet haben, in Anspruch nehmen, und zwar anteilig. Diese Ansprüche der Vorgesellschaft gegen ihre Gesellschafter können die Gläubiger der Vorgesellschaft, haben sie einen Titel gegen diese, pfänden und sich zur Einziehung überweisen lassen.

Scheitert die Gründung bereits im Stadium der Vorgründungsgesellschaft, können die Gläubiger auf das Vermögen der Vorgründungsgesellschaft zugreifen. Hier können die Gläubiger zudem in der Regel die Gesellschafter unmittelbar in Anspruch nehmen. Dies ergibt sich, ist die Vorgründungsgesellschaft eine BGB-Gesellschaft, aus § 128 HGB analog. Ist die Vorgründungsgesellschaft eine OHG, folgt dies unmittelbar aus § 128 HGB.[107]

**Fall**

A, B und C beschließen, die A-GmbH zu gründen, deren Zweck der Handel mit Natursteinen sein soll. Geschäftsführer sollen B und C werden. Im Mai schließen B und C – als vollmachtlose Vertreter – den notariellen GmbH-Vertrag und eröffnen anschließend bei der X-Bank ein Konto für die „GmbH in Gründung". Im Juni treten A, B und C in Hinblick auf die künftige A-GmbH bei einer Messe für Natursteine auf. Im August überziehen B und C das Konto bei der X-Bank um 300 000,– EUR. Nachdem A, B und C sich zerstritten haben, nimmt die X-Bank den A nach Kündigung des Darlehensvertrages in Höhe eines Teilbetrages von 100 000,– EUR in Anspruch. Zu Recht?[108]

**Lösung**: (1) Der Anspruch der X-Bank gem. § 488 Abs. 1 S. 2 BGB auf Rückzahlung des Darlehens in Höhe von 100 000,– EUR könnte sich gem. § 11 Abs. 2 GmbHG gegen A richten. Da es nicht zur Entstehung der A-GmbH gekommen ist, kommt § 11 Abs. 2 GmbHG zwar in Betracht. Zum einen dürfte A jedoch nicht Handelnder im Sinne des § 11 Abs. 2 GmbHG sein. Zum anderen ist die Handelndenhaftung des § 11 Abs. 2 GmbHG auf das Stadium der Vorgesellschaft beschränkt. Zur Entstehung der Vorgesellschaft ist es aber nicht gekommen, da der GmbH-Gesellschaftsvertrag ohne die erforderliche Zustimmung des A notariell beurkundet worden ist. (2) Der Anspruch der X-Bank könnte sich gem. § 128 HGB gegen A richten. Dann müsste die X-Bank den Vertrag mit der Vorgründungs-

106 Im Einzelnen ist hier vieles umstritten; vgl. näher etwa *Hueck/Fastrich*, in: Baumbach/Hueck, GmbHG, § 11 RdNr. 23 ff.; *Weitemeyer*, NZG 2006, S. 648.

107 Im Einzelnen ist auch hier vieles unklar; vgl. näher etwa BGH, Urt. v. 26.4.2004, DStR 2004, S. 1094; *Grunewald*, Gesellschaftsrecht, S. 347 f., 351 ff.

108 Vgl. BGH, Urt. v. 26.4.2004, DStR 2004, S. 1094.

gesellschaft geschlossen haben und es sich bei dieser um eine OHG handeln. Da A, B und C sich einig waren, die A-GmbH zu gründen, jedoch weder die GmbH noch die Vorgesellschaft entstanden ist, liegt eine Vorgründungsgesellschaft vor. Bei deren Tätigkeit handelt es sich um ein Gewerbe. Dieses ist angesichts des Auftretens auf der Messe wie auch nach der Vermutungsregel des § 1 Abs. 2 HGB in kaufmännischer Weise eingerichtet. Die OHG ist so spätestens mit dem Auftreten auf der Messe gem. § 123 Abs. 2 HGB entstanden. B und C konnten die OHG gem. § 125 Abs. 1 HGB bei der Überziehung des Kontos wirksam vertreten. Somit haftet A der X-Bank gem. § 128 HGB für die Verbindlichkeiten der OHG. Die Tatsache, dass das Konto durch B und C bereits vor der Messe eröffnet worden ist, steht dem nicht entgegen. Jedenfalls ist in dem späteren Auftreten von A auf der Messe eine diesbezügliche Zustimmung des A zu sehen. (3) Fraglich bleibt, ob A möglicherweise gegenüber dem Anspruch der X-Bank mit einem Anspruch aus § 280 Abs. 1 BGB aufrechnen kann oder ob der OHG ein Schadensersatzanspruch gegen die X-Bank zusteht, auf den sich A berufen kann. Ein Schuldverhältnis besteht zwischen der OHG und der X-Bank in Form des Darlehensvertrages. Nach BGH kann die Bank in Konstellationen der vorliegenden Art verpflichtet sein zu prüfen, ob in der Kontoüberziehung eine Missbrauchshandlung der Vertreter der Vorgründungsgesellschaft liegt. Dies gilt vorliegend umso mehr, als die A-GmbH noch nicht im Handelsregister eingetragen war, die X-Bank aber ohne Sicherheiten erhebliche Kontoüberziehungen zuließ. Geht man hier von einer schuldhaften Pflichtverletzung der X-Bank aus, kommt eine Aufrechnung in Betracht.

### b) Besondere Formen der GmbH

**Besondere Erscheinungsformen** sind die Ein-Personen-GmbH sowie die Unternehmergesellschaft (haftungsbeschränkt).

**Die Ein-Personen-GmbH** ist gem. § 1 GmbHG zulässig. Zu ihr kann es kommen, wenn die GmbH von vornherein nur durch eine Person gegründet wird, aber auch wenn sich im Laufe der Zeit alle Gesellschaftsanteile einer GmbH bei einer Person vereinigen oder durch Umwandlungen nach UmwG. Der Anwendungsbereich der Ein-Personen-GmbH ist dem der GmbH allgemein vergleichbar. Besonders häufig wird sie von Inhabern mittelständischer Unternehmen gewählt.

Besonderheiten ergeben sich hier zunächst in praktischer Hinsicht, indem Abstimmungen zwischen den Gesellschaftern nicht erforderlich, andererseits grundlegende Entscheidungen aber auch allein getroffen werden müssen. Gem. § 35 Abs. 3 S. 1 GmbHG findet auf Rechtsgeschäfte zwischen dem Gesellschafter-Geschäftsführer und der Gesellschaft § 181 BGB Anwendung. Gem. § 35 Abs. 3 S. 2 GmbHG und § 48 Abs. 3 GmbHG ist für bestimmte Vorgänge eine Niederschrift zu fertigen.

Anlage (zu § 2) a) zum GmbHG enthält ein Musterprotokoll speziell für die Gründung einer Ein-Personen-GmbH. Weitere Besonderheiten können aus Spezifika der Ein-Personen-GmbH resultieren. So wird etwa für das Vorfeld der Ein-Personen-Gesellschaft vertreten, dass an die Stelle der Vorgesellschaft ein Sondervermögen des Gründungsgesellschafters tritt; scheitert die Gründung, soll der Alleingesellschafter den Gläubigern hier unmittelbar haften.[109]

**Die Unternehmergesellschaft (haftungsbeschränkt)** ist durch das MoMiG in das GmbHG eingefügt worden, unter anderem um dem zunehmenden Auftreten der

109 Vgl. zum Vorstehenden bereits S. 47 ff. sowie zur Frage der Vorgesellschaft etwa *K. Schmidt*, Gesellschaftsrecht, S. 1247 ff.

Limited in Deutschland entgegenzuwirken. Die Unternehmergesellschaft (haftungsbeschränkt) ermöglicht gem. § 5a Abs. 1 GmbHG die Gründung einer GmbH mit einem Mindeststammkapital von theoretisch 1,– bis 24 999,–/ EUR. Im Gegenzug sieht § 5a Abs. 3 GmbHG eine Pflicht zur Bildung einer Rücklage vor.

Die Unternehmergesellschaft (haftungsbeschränkt) muss in ihrer Firma gem. § 5a Abs. 1 GmbHG das Suffix „haftungsbeschränkt" enthalten, Sacheinlagen sind gem. § 5a Abs. 2 S. 2 GmbHG ausgeschlossen und Anmeldung und Eintragung dürfen gem. § 5a Abs. 2 S. 1 GmbHG erst erfolgen, wenn das Stammkapital in voller Höhe eingezahlt ist. § 5a Abs. 4 GmbHG regelt die Einberufung der Gesellschafterversammlung bei Zahlungsunfähigkeit.

Im Übrigen gelten für die Unternehmergesellschaft (haftungsbeschränkt) grundsätzlich die für die GmbH allgemein geltenden Regelungen. Dies gilt für die Haftungsbeschränkung des § 13 Abs. 2 GmbHG ebenso wie für die Komplementärfähigkeit bei einer GmbH&CoKG. Erreicht die Rücklage die Höhe von 25 000,– EUR, kann die Unternehmergesellschaft (haftungsbeschränkt) durch Kapitalerhöhung in eine normale GmbH umgewandelt werden.[110]

**Vorrats- bzw. Mantelgesellschaften** schließlich gehören in weiterem Sinne ebenfalls hierher. Von einer Vorratsgesellschaft spricht man, wenn eine GmbH auf Vorrat gegründet wird, um sie bei Bedarf schnell mit Leben füllen zu können. Bei einer Mantelgesellschaft werden GmbH'n, die nicht mehr oder kaum noch tätig sind, wieder belebt, häufig nachdem die Gesellschaften zu diesem Zweck von einem Dritten preiswert erworben worden sind.

Zivilrechtlich stellt sich hier insbesondere die Frage, wie es sich verhält, wenn bei Aufnahme der neuen Tätigkeit das Stammkapital ganz fehlt oder nur noch beschränkt vorhanden ist. Um Gefahren für die Gläubiger zu vermeiden, wendet der BGH hier die für die Gründung einer GmbH geltenden Vorschriften entsprechend an, insbesondere die Pflicht zur Abgabe von Versicherungen gem. § 8 Abs. 2 GmbHG sowie die Handelndenhaftung gem. § 11 Abs. 2 GmbHG.

Steuerrechtlich stellt sich zudem bei den Mantelgesellschaften die Frage, inwieweit bei der neuen Tätigkeit erzielte Gewinne mit früheren Verlusten der GmbH verrechnet werden können. § 8c KStG setzt hier nunmehr, wesentlich weiter noch als früher, enge Grenzen. Ergänzend: Diese Überlegungen zu den Vorrats- und Mantelgesellschaften gelten entsprechend bei den Unternehmergesellschaften (haftungsbeschränkt) und bei den Ein-Personen-GmbH'n.[111]

110 Vgl. zum Vorstehenden bereits S. 49 ff. und S. 62.

111 Vgl. zum Vorstehenden näher etwa *K. Schmidt*, Gesellschaftsrecht, S. 1247 ff. sowie zum Steuerrecht *Hey*, in: Tipke/Lang, Steuerrecht, S. 444.

**Fall**

A, B und C haben vor einiger Zeit die A-Unternehmergesellschaft (haftungsbeschränkt) gegründet, wobei jeder Gesellschafter eine Geldeinlage in Höhe von 1000,– EUR übernommen hat. Alleingeschäftsführer ist A. Wie ist die Rechtslage, (1) wenn die Unternehmergesellschaft (haftungsbeschränkt) aufgrund der Anmeldung des A in das Handelsregister eingetragen worden ist, obwohl B seine Einlage noch nicht erbracht hatte bzw. (2) wenn die Geschäfte der Gesellschaft so schlecht laufen, dass nunmehr Zahlungsunfähigkeit droht?

**Lösung:** (1) B ist gem. § 14 GmbHG verpflichtet, seine Einlage zu erbringen. Daneben kann ein Ersatzanspruch der Unternehmergesellschaft (haftungsbeschränkt) gegen (Allein-) Geschäftsführer A gem. § 43 Abs. 2 GmbHG treten. Gem. § 5a Abs. 2 S. 1 GmbHG darf nämlich eine Anmeldung der Unternehmergesellschaft (haftungsbeschränkt) zum Handelsregister erst erfolgen, wenn deren Stammkapital in voller Höhe eingezahlt ist. Indem A die Anmeldung tätigte, bevor B seine Einlage erbracht hatte, hat A diese Pflicht verletzt. (2) A ist als Geschäftsführer der A-Unternehmergesellschaft (haftungsbeschränkt) gem. § 5a Abs. 4 GmbHG verpflichtet, bei drohender Zahlungsunfähigkeit unverzüglich eine Gesellschafterversammlung einzuberufen. Tritt Zahlungsunfähigkeit oder Überschuldung der Unternehmergesellschaft (haftungsbeschränkt) ein, hat A zudem gem. § 15a Abs. 1 InsO ohne schuldhaftes Zögern, spätestens aber nach drei Wochen Insolvenzantrag zu stellen.

### c) Problem: Die desolate GmbH

**Fehler** bei Gründung oder Änderung der GmbH können unterschiedliche Folgen nach sich ziehen.

**Primär wird hier** der Gesellschaftsvertrag fehlerhaft sein. Das GmbHG enthält insoweit, anders als das Personengesellschaftsrecht, Regelungen. Gem. § 9c GmbHG hat das Registergericht die Eintragung abzulehnen, wenn die Gründung der GmbH einen Fehler aufweist, es sei denn, es liegt ein gering wiegender Fehler des Gesellschaftsvertrages vor. Ist es gleichwohl zur Eintragung der GmbH gekommen, ist wie folgt zu unterscheiden:

**Es kann ein** zur Nichtigkeit führender Fehler vorliegen. Dies ist gem. § 75 GmbHG der Fall, wenn der Gesellschaftsvertrag keine Bestimmungen über die Höhe des Stammkapitals oder den Gegenstand des Unternehmens enthält oder die Bestimmungen des Gesellschaftsvertrags über den Gegenstand des Unternehmens nichtig sind. Hier kann die Nichtigkeit im Rahmen des § 76 GmbHG durch einstimmigen Beschluss der Gesellschafter geheilt werden.

Hier kann aber auch jeder Gesellschafter und jeder Geschäftsführer im Wege der Klage beantragen, dass die GmbH für nichtig erklärt wird. Gibt das Gericht der Klage statt, ist die GmbH gem. § 77 GmbHG für die Zukunft nichtig und es finden die für die Abwicklung der GmbH geltenden Vorschriften entsprechende Anwendung. Im Rahmen des § 77 Abs. 3 GmbHG haben die Gesellschafter noch die versprochenen Einlagen zu leisten.

**Sonstige Fehler** werden in der Regel ohne Folgen bleiben; es gilt insoweit Bestandsschutz.[112] Weitere Fehler können bei Beschlüssen, die den Gesellschaftsvertrag ändern,

112 Vgl. hierzu etwa *Schulze-Osterloh/Zöllner*, in: Baumbach/Hueck, GmbHG, § 75 RdNr. 12.

passieren. Sind diese nichtig entsprechend § 241 AktG, dürfen sie nicht eingetragen werden. Kommt es gleichwohl zur Eintragung, kann es im Rahmen des § 242 AktG zur Heilung kommen. Andernfalls ist die Eintragung zu korrigieren. Anfechtbare Beschlüsse können eingetragen werden.

Kommt es bei Gründungen bzw. Kapitalerhöhungen zu Fehlern bei der Übernahme von GmbH-Anteilen, insbesondere zu Irrtümern oder Formverstößen, können diese vor Eintragung in das Handelsregister geltend gemacht werden. Nach Eintragung gilt auch hier prinzipiell Bestandsschutz. Fehler bei der Übertragung von GmbH-Anteilen richten sich nach allgemeinen Vorschriften. Diese werden ergänzt durch § 15 GmbHG sowie aus Sicht der GmbH durch § 16 GmbHG.[113]

**Fall**

A verkauft und überträgt dem X seinen A-GmbH-Gesellschaftsanteil. Wer ist Gesellschafter der GmbH, (1) wenn die Gesellschafter sich nie über den Sitz der A-GmbH geeinigt hatten, (2) wenn zwar die Abtretung des Anteils von A an X, nicht aber der Kaufvertrag zwischen A und X in notarieller Form geschlossen worden ist, (3) wenn A nicht Inhaber des Anteils war bzw. (4) A zwar Gesellschafter war, X aber noch nicht in die Gesellschafterliste im Handelsregister aufgenommen worden ist?

**Lösung:** (1) Hatten die Gesellschafter sich nie über den Sitz der A-GmbH geeinigt, hätte das Registergericht die Eintragung gem. § 9 c GmbH ablehnen müssen. Da kein Nichtigkeitsgrund im Sinne des § 75 GmbHG vorliegt, genießt die A-GmbH aber Bestandsschutz und X kann ohne weiteres Gesellschafter werden. (2) Indem die Abtretung des Anteils an der A-GmbH von A an X gem. § 15 Abs. 3 GmbHG in notarieller Form erfolgt ist, ist X wirksam Gesellschafter geworden. Der Kaufvertrag hätte als Verpflichtungsgeschäft zwar gem. § 15 Abs. 4 S. 1 GmbHG ebenfalls der notariellen Form bedurft; dieser Formmangel ist jedoch gem. § 15 Abs. 4 S. 2 GmbHG durch die formgerechte Abtretung geheilt worden. (3) War A nicht Inhaber des GmbH-Anteils, kann X zwar grundsätzlich nicht durch Abtretung Gesellschafter werden. § 16 Abs. 3 GmbHG ermöglicht jedoch einen gutgläubigen Erwerb seitens des X, vorausgesetzt A war in der Gesellschafterliste eingetragen und die weiteren Voraussetzungen des § 16 Abs. 3 S. 2 und 3 GmbHG liegen vor. (4) Die Aufnahme in die Gesellschafterliste ist nicht Voraussetzung für den Anteilserwerb durch X, d.h. X wird auch ohne Aufnahme in die Gesellschafterliste Gesellschafter der A-GmbH. Im Verhältnis zur A-GmbH gilt X jedoch gem. § 16 Abs. 1 GmbHG erst dann als Gesellschafter, wenn er in die Gesellschafterliste eingetragen ist, d.h. er kann vorher etwa keine Stimmrechte in der Gesellschafterversammlung geltend machen.

## III. Die AG

### 1. Die AG in der Praxis

#### a) Primäre Anwendungsbereiche

**Bei der AG**, der „großen Schwester" der GmbH, ist primär kennzeichnend das Sammeln von Kapital.

113 Vgl. zum Vorstehenden näher etwa *Grunewald*, Gesellschaftsrecht S. 414 ff.; *K. Schmidt*, Gesellschaftsrecht, S. 136 ff.

**Leitbild der AG** ist das kapitalintensive Großunternehmen. Dabei kann eine AG, wie eine GmbH, zu jedem gesetzlich zulässigen Zweck errichtet werden. Die AG kommt daneben als Rechtsform für Familienunternehmen, aber auch für sonstige Unternehmen des Mittelstands in Betracht. AG'n stehen häufig an der Spitze von Verbindungen von Unternehmen. Sie sind gem. § 2 AktG seit dem Jahr 1994 auch als Ein-Personen-AG zulässig.[114]

Gem. § 1 Abs. 1 AktG ist die AG, wie schon zuvor die GmbH, juristische Person und kann als solche Unternehmensträger sein. Gem. § 3 Abs. 1 AktG ist auch sie unabhängig von ihrem Unternehmensgegenstand Handelsgesellschaft. Indem den Gläubigern gem. § 1 Abs. 1 S. 2 AktG nur das Gesellschaftsvermögen haftet, ist auch sie unter dem Gesichtspunkt der Haftungsbeschränkung attraktiv. § 3 Abs. 2 AktG unterscheidet börsennotierte und nicht börsennotierte AG'n.

**Die Geschichte** der AG ist wesentlich älter als die der GmbH. Vergleichbare Rechtsformen finden sich bereits im Italien des Mittelalters und darüber hinaus in römischer Zeit. In Deutschland ähnelte bereits das Unternehmen der Fugger in Augsburg der AG. Nach zunehmender Bedeutung im 18. Jahrhundert wurde das Recht der AG im Deutschland des 19. Jahrhunderts zunächst liberalisiert, später engeren Gründungsvoraussetzungen unterworfen.

Nachdem die AG zunächst im HGB geregelt war, wurde sie im Jahre 1937 in das eigens geschaffene AktG übernommen. Die Aktienrechtsreform des Jahres 1965 wollte die Aktie als Kapitalanlage fördern und die Stellung der Aktionäre stärken. In der Folge haben insbesondere das Gesetz zur Kontrolle und Transparenz im Unternehmensbereich (KonTraG) des Jahres 1998 sowie verschiedene Neuerungen des Bilanzrechts Änderungen mit sich gebracht.

**Die jüngere Zeit** hat weitere Ausprägungen der AG gebracht. Seit dem Gesetz für kleine Aktiengesellschaften und zur Deregulierung des Aktienrechts aus dem Jahre 1994 ist (erstens) die Ein-Personen-AG zulässig. Zudem existiert seitdem die sog. (zweitens) kleine AG. Von dieser kleinen AG gem. AktG ist die (drittens) kleine AG gem. § 267 Abs. 1 HGB zu unterscheiden. Für (viertens) nicht-börsennotierte AG'n enthält das AktG weitere Regelungen.

Die Zahl der AG'n in Deutschland ist seit dem Zweiten Weltkrieg, wie auch die Zahl der GmbH'n, ständig gestiegen. Heute wird die Zahl der AG'n auf ca. 20 000 geschätzt. Die bekanntesten AG'n in Deutschland dürften die im Deutschen Aktienindex (DAX) notierten, aber auch die im sog. Mid-Cap-Dax (MDax) gelisteten und die seit dem Jahre 2003 im Technologiewerte-DAX (TechDax) gelisteten Unternehmen der deutschen Wirtschaft sein.[115]

---

114 Vgl. hierzu bereits S. 38 f. Angesichts der größeren Bedeutung der GmbH in der Praxis und der Beschränkung des Umfangs dieses Lehrbuchs fallen die folgenden Überlegungen zur AG vergleichsweise knapp aus. Nur die zentralen Aspekte werden angesprochen. Wegen Weiterem wird auf die Lehrbücher und Kommentare zur AG verwiesen.

115 Zu den Zahlen vgl. bereits S. 9 sowie zur Geschichte der AG näher etwa *Klunzinger*, Gesellschaftsrecht, S. 162 ff.; *K. Schmidt*, Gesellschaftsrecht, S. 758 ff.

### b) Besondere AG-Ausprägungen

**Bei den Ausprägungen** der AG, wie sie sich in jüngerer Zeit entwickelt haben, ist genau zu unterscheiden.

**Ein-Personen-AG**, kleine AG im Sinne des AktG, kleine AG im Sinne des HGB, Publikums-AG, börsennotierte AG und nicht-börsennotierte AG sind sämtlich AG'n im Sinne des AktG. Die Publikums-AG für Großunternehmen kann dabei als Grundtypus der AG bezeichnet werden. Ein großer Kreis von Anlegern ermöglicht ein hohes Grundkapital. Für den Fall der Börsennotierung enthält das AktG ergänzende Vorschriften.

Für Ein-Personen-AG, kleine AG im Sinne des AktG, kleine AG im Sinne des HGB und für die nicht-börsennotierte AG werden die Vorschriften des AktG bzw. HGB durch jeweils besondere Regelungen ergänzt. So bestehen bei der Ein-Personen-AG nicht nur faktische Erleichterungen. Rechtlich sieht etwa § 121 Abs. 4 AktG Erleichterungen für die Einberufung der Hauptversammlung vor. Auf die Ein-Personen-AG wird später näher eingegangen.[116]

**Die kleine AG** im Sinne des AktG ist kein Begriff, den das AktG verwendet. Vielmehr wird unter kleiner AG eine AG verstanden, für die bestimmte, das Verfahren bei der AG erleichternde Vorschriften des AktG gelten. Sind die Aktionäre der AG namentlich bekannt, bringt § 121 Abs. 4 AktG formelle Erleichterungen mit sich. Sind bei der Hauptversammlung alle Aktionäre erschienen oder vertreten, enthält § 121 Abs. 6 AktG Erleichterungen.

Auf diese Weise soll die Attraktivität der Rechtsform AG insbesondere für den Mittelstand erhöht werden. Hiervon zu unterscheiden ist die kleine AG im Sinne des HGB: Diese liegt vor, wenn die in § 267 Abs. 1 HGB genannten Bilanzsummen-, Umsatzerlösbzw. Arbeitnehmerzahlen nicht überschritten werden. Ist dies der Fall, finden bestimmte Erleichterungen bilanzrechtlicher Art, etwa § 264 Abs. 1 S. 3 HGB oder § 316 Abs. 1 S. 1 HGB, Anwendung.[117]

**Für nicht-börsennotierte AG'n** sieht das Gesetz weitere Erleichterungen vor. Gem. § 110 Abs. 3 AktG ist hier eine geringere Zahl von Pflichtsitzungen des Aufsichtsrates – nur zwei anstelle von vier Sitzungen im Jahr – erforderlich. Gem. § 130 Abs. 1 S. 3 AktG müssen Hauptversammlungen grundsätzlich nicht notariell beurkundet werden. Gem. § 134 Abs. 1 S. 2 AktG können in der Satzung Höchststimmrechte vereinbart werden.

Für börsennotierte AG'n gelten Verschärfungen, Spielräume stehen nicht zur Verfügung. Regelungen finden sich hier etwa in § 125 Abs. 1 S. 3 AktG und § 328 Abs. 3 AktG betreffend die Wahl des Aufsichtsrates, in § 171 Abs. 2 S. 2 AktG betreffend den Bericht

116 Vgl. später S. 112. Zur börsennotierten AG vgl. die folgenden Überlegungen.
117 Zur kleinen AG im Sinne des AktG vgl. näher etwa *Seibert*, Handbuch der kleinen AG; *v. Horstig/Jaschinski/Ossola-Haring*, Die kleine AG. Zur kleinen AG im Sinne des HGB vgl. die Kommentierungen zu § 267 HGB.

des Aufsichtsrates, in § 285 S. 1 Nr. 11 letzter Halbsatz HGB betreffend die Pflichtangaben beim Jahresabschluss oder in § 317 Abs. 4 HGB betreffend die Prüfung des Jahresabschlusses.

**Im Einzelfall** werden die Voraussetzungen von Ein-Personen-AG, kleiner AG nach AktG, kleiner AG nach HGB und nicht börsennotierter AG häufig gleichzeitig gegeben sein. So werden bei der Ein-Personen-AG regelmäßig die für die kleine AG geltenden Vorschriften des § 121 Abs. 4 AktG und des § 121 Abs. 6 AktG zur Anwendung kommen. Kleine AG'n im Sinne des AktG werden oft zugleich kleine AG'n nach HGB sein. Häufig wird hier auch keine Börsennotierung gegeben sein.

Neben diesen Ausprägungen finden sich als Gestaltungen auch hier die AG&CoKG, z.B. Remondis oder Vodafon sowie die AG&CoOHG, z.B. Continental Teves. Wie bei der GmbH ist heute auch bei der AG anerkannt, dass diese einziger Komplementär einer AG&CoKG sein kann oder dass allein AG'n Gesellschafter einer AG&CoOHG sein können. Auf diesem Weg kann auch hier eine Personengesellschaft ein Unternehmen betreiben, ohne dass eine natürliche Person persönlich unbeschränkt haftet.[118]

## 2. Gründung einer AG

### a) Die Schritte zur Gründung

**Die Gründung der AG** ist in den §§ 23 ff. AktG geregelt, wobei den Regelfall die sog. einfache Gründung bildet.

**Eine einfache Gründung** setzt voraus

- die Feststellung der Satzung durch die Gründer (§§ 23; 28 AktG), einschließlich
- Übernahme der Aktien durch die Gründer (§§ 29; 6 ff. AktG),
- die Bestellung der Organe (§§ 30; 31 AktG),
- Einzahlungen auf das Grundkapital (§§ 36; 36a AktG),
- Gründungsbericht und Gründungsprüfung (§§ 32 ff. AktG) sowie
- Anmeldung und Eintragung der AG beim Handelsregister (§§ 36 ff. AktG).

**Im Einzelnen:** Feststellung der Satzung bedeutet Abschluss des Gesellschaftsvertrages. Die Feststellung muss gem. § 23 Abs. 1 S. 1 AktG notariell erfolgen. Den Inhalt der Satzung schreibt § 23 AktG vor. Gem. § 23 Abs. 2 AktG muss die Satzung bestimmte Mindestangaben enthalten und zudem gem. § 23 Abs. 3 AktG weitere Punkte wie die Firma der AG (§ 4 AktG), ihren Sitz (§ 5 AktG) und den Gegenstand des Unternehmens bestimmen.

Was das Grundkapital, bei der GmbH: Stammkapital, anbelangt, sind hier gem. § 7 AktG mindestens 50 000,– EUR erforderlich. Einzelheiten enthalten die §§ 6 ff. AktG. Mit der Übernahme der Aktien verpflichten die Gründer sich, die Aktien zu übernehmen, nicht auch schon zur Einzahlung. Mit der Übernahme der Aktien durch die nota-

118 Vgl. hierzu bereits S. 40 f.

rielle Satzung ist die AG gem. § 29 AktG errichtet, aus der Vorgründungsgesellschaft ist die Vorgesellschaft geworden.[119]

**In der Folge** hat die Bestellung der Organe gem. den §§ 30; 31 AktG dergestalt zu erfolgen, dass die Gründer den ersten Aufsichtsrat der AG und den Abschlussprüfer für das erste Voll- oder Rumpfgeschäftsjahr bestellen; der Aufsichtsrat bestellt dann den ersten Vorstand. Einzahlungen auf das Grundkapital haben die Aktionäre bei Bareinlagen mindestens in Höhe der in den §§ 36; 36a AktG genannten Quoten zu leisten. Sacheinlagen sind vollständig zu erbringen.

Die Gründer haben gem. den §§ 32 ff. AktG einen schriftlichen Bericht über den Hergang der Gründung zu erstatten. Die Mitglieder des Vorstands und des Aufsichtsrates prüfen dann den Hergang der Gründung. Schließlich ist die AG gem. den §§ 36 ff. AktG von allen Gründern und Mitgliedern des Vorstands und des Aufsichtsrats zur Eintragung in das Handelsregister anzumelden. Das Gericht prüft, ob die AG ordnungsgemäß errichtet und angemeldet ist.

**Die AG entsteht** auch hier mit der Eintragung als konstitutivem Rechtsakt. Dies gilt allgemein. Dies ergibt sich zudem aus § 41 Abs. 1 S. 1 AktG, nach dem die AG vor der Eintragung in das Handelsregister als solche nicht besteht. Bei der Eintragung sind gem. § 39 AktG die Firma und der Sitz der AG, der Gegenstand des Unternehmens, die Höhe des Grundkapitals, der Tag der Feststellung der Satzung und die Vorstandsmitglieder anzugeben.

Das Gericht wird die Eintragung gem. § 38 Abs. 1 AktG ablehnen, wenn die Gesellschaft nicht ordnungsgemäß errichtet und angemeldet ist. Gem. § 38 Abs. 2 AktG kann das Gericht die Eintragung ablehnen, wenn die Gründungsprüfer erklären oder es offensichtlich ist, dass der Gründungsbericht oder der Prüfungsbericht der Mitglieder des Vorstands und des Aufsichtsrats unrichtig oder unvollständig ist oder den gesetzlichen Vorschriften nicht entspricht.

**Fall**

A, B und C wollen die A-AG gründen, um in diese später das von ihnen aufgebaute Unternehmen, welches Stahlprofile herstellt, einzubringen. Wie wird das Registergericht entscheiden, (1) wenn A für die von ihm übernommenen Aktien mit dem Nennbetrag von 40 000,– EUR erst 8000,– EUR eingezahlt hat, (2) wenn die Aktien (Nennbetrag 40 000,– EUR) an A für 60 000,– EUR ausgegeben worden sind und A erst 8000,– EUR eingezahlt hat bzw. (3) wenn das Registergericht der Auffassung ist, dass eine Regelung in der Satzung, welche die interne Zusammenarbeit der Vorstandsmitglieder betrifft, mangelhaft formuliert ist?

**Lösung:** (1) Gem. § 36 Abs. 1 und 2 AktG dürfen die Gründer, die Mitglieder des Vorstands und des Aufsichtsrats die AG erst dann zur Eintragung ins Handelsregister anmelden, wenn auf jede Aktie der eingeforderte Betrag ordnungsgemäß im Sinne des § 54 Abs. 3 AktG eingezahlt worden ist. Gem. § 36a Abs. 1 AktG muss bei Bareinlagen der eingeforderte Betrag mindestens ein Viertel des gerings-

119 Zum Stammkapital bei der GmbH vgl. bereits S. 44 f. Zum Vorfeld bei der AG vgl. hier noch später S. 110 f.

ten Ausgabebetrages umfassen. Geringster Ausgabebetrag ist gem. § 9 Abs. 1 AktG der Nennbetrag. Die AG hätte daher erst nach Einzahlung von mindestens 10 000,– EUR zur Eintragung ins Handelsregister angemeldet werden dürfen. Damit aber ist die AG nicht ordnungsgemäß angemeldet und das Gericht hat die Eintragung gem. § 38 AktG abzulehnen. (2) Die Ausgabe der Aktien für 60 000,– EUR, also für einen höheren Betrag als den Nennwert von 40 000,– EUR, kann gem. den §§ 23 Abs. 5 S. 2; 9 Abs. 2; 36a Abs. 1 AktG in der Satzung bestimmt werden. Damit aber hätte die Anmeldung der AG zur Eintragung ins Handelsregister hier erst erfolgen dürfen, nachdem A gem. § 36a Abs. 1 AktG mindestens 30 000,– EUR (10 000,– EUR + 20 000,– EUR Aufgeld) eingezahlt hat. Indem die Anmeldung ohne dies erfolgte, ist sie nicht ordnungsgemäß und das Gericht muss die Anmeldung auch hier ablehnen. (3) Auch hier könnte ein Gründungsfehler vorliegen, der zu einer Ablehnung der Eintragung führen könnte. Gem. § 38 Abs. 3 AktG darf das Gericht die Eintragung wegen einer mangelhaften Bestimmung der Satzung nur ablehnen, wenn einer der dort in Nr. 1 bis 3 genannten Punkte vorliegt. Da es sich bei der Regelung der internen Zusammenarbeit der Vorstandsmitglieder weder um eine zwingende Angabe noch um eine Verletzung von Gläubigerinteressen noch um eine Regelung handeln dürfte, die die Nichtigkeit der Satzung zur Folge hat, wird das Gericht die Eintragung insoweit nicht ablehnen dürfen.

### b) Qualifizierte Gründung und Ein-Personen-AG

**Besonderheiten** ergeben sich bei der sog. qualifizierten Gründung sowie bei der Ein-Personen-Gründung.

**Zu einer qualifizierten Gründung** kommt es, wenn eine Gründung Merkmale aufweist, die Risiken für die Gläubiger der AG in sich bergen. Dies kann der Fall sein, wenn Aktionären Sondervorteile eingeräumt werden, wenn Aktionäre oder andere Personen im Rahmen der Gründung einen Ersatz für Aufwand erhalten, bei Sacheinlagen oder dann, wenn die AG sich bei Gründung verpflichtet, bestimmte Gegenstände zu übernehmen.

Um die Risiken in diesen Fällen möglichst gering zu halten, schreiben die §§ 26; 27 AktG die Aufnahme von Sondervorteilen, Gründungsaufwand, Sacheinlagen und Sachübernahmen in die Satzung vor. Die Angemessenheit der Leistungen für Sacheinlagen und -übernahmen ist gem. § 32 Abs. 2 AktG im Gründungsbericht darzulegen und es sind bestimmte Angaben zu machen; gem. § 33 Abs. 2 Nr. 3 und 4 AktG hat zudem eine Zusatzgründungsprüfung zu erfolgen.

Werden bei Gründung für Rechnung eines Mitglieds des Vorstands oder des Aufsichtsrats Aktien übernommen oder einem Mitglied des Vorstands oder des Aufsichtsrats Sondervorteile oder Aufwandentschädigungen eingeräumt, sind Ob und Umfang gem. § 32 Abs. 3 AktG ebenfalls in den Gründungsbericht aufzunehmen; gem. § 33 Abs. 2 Nr. 2 und 3 AktG hat auch in diesen Fällen eine Zusatzgründungsprüfung stattzufinden.

**Bei der Ein-Personen-AG** bringt die Gründung ebenfalls Besonderheiten mit sich. Für die Praxis ist es eine Erleichterung, dass die AG auch nur durch eine Person gegründet werden kann. Der Abstimmungsaufwand, der sich regelmäßig zwischen mehreren Gesellschaftern ergeben wird, entfällt. Früheren Bedenken gegen die Ein-Personen-Kapitalgesellschaft hat der Gesetzgeber auch für den Bereich der AG in § 2 AktG ausdrücklich widersprochen.

Die Gründung erfolgt bei der Ein-Personen-AG durch die Abgabe einer formgerechten Erklärung durch den Ein-Personen-Gründer. Nach herrschender Meinung fällt gem.

§ 36 Abs. 1 KostO nur eine Notargebühr an. Risiken ergeben sich aus dem Fehlen einer gegenseitigen Kontrolle der Gründer. Gleichwohl hat das MoMiG die Vorschrift des § 36 Abs. 2 S. 2 AktG a.F., nach der Sicherheit für nicht geleistete Geldeinlagen zu leisten war, gestrichen.

Eine Ein-Personen-AG kann, wie eine GmbH, auch entstehen, wenn sämtliche Anteile einer bereits bestehenden Gesellschaft bei einer Person zusammenfallen. § 42 AktG schreibt für diesen Fall eine entsprechende Mitteilung zum Handelsregister vor. Auf dem Weg der §§ 152; 158 ff. UmwG kann eine Ein-Personen-AG durch Ausgliederung zur Neugründung entstehen. Gleiches gilt bei sonstigen spaltungsfähigen Rechtsträgern gem. § 124 UmwG.[120]

**Fall**

A hat seinen Autohandel bisher als Einzelunternehmer betrieben. Nunmehr möchte A in die Rechtsform der AG wechseln. Welche Wege stehen A hier zur Verfügung?

**Lösung:** A kann (erstens) eine Ein-Personen-AG gründen und sodann sein Unternehmen durch Übertragung aller Einzelbestandteile auf diese AG übertragen. Dieser Weg ist freilich umständlich und bringt zudem steuerrechtlich die Gefahr der Aufdeckung im Unternehmen schlummernder stiller Reserven mit sich. A kann (zweitens) sein Unternehmen gem. § 152 UmwG i.V.m. §§ 3 Abs. 1 Nr. 2; 158 ff.; 153 ff. UmwG auf eine AG übertragen. Mit der Eintragung der Umwandlung im Handelsregister entsteht die AG als Ein-Personen-AG, ihre Anteile stehen allein dem A zu. Hinsichtlich der Aufdeckung im Unternehmen schlummernder stiller Reserven sind die §§ 20 ff. UmwStG zu prüfen.

## 3. Verfassung und Betrieb der AG

### a) Die Verfassung der AG

**Die Verfassung** der AG schreibt den Vorstand, die Hauptversammlung und den Aufsichtsrat vor.

**Der Vorstand** der AG hat diese gem. § 76 Abs. 1 AktG unter eigener Verantwortung zu leiten. Einzelheiten regeln die §§ 76 bis 94 AktG. Hiernach ist der Vorstand, vergleichbar den Geschäftsführern bei der GmbH, für Geschäftsführung und Vertretung zuständig. Jede AG muss bei Gründung einen Vorstand haben. Fällt ein Vorstand später weg, führt dies zwar nicht zum Wegfall der AG, diese kann dann jedoch insoweit nicht mehr handeln.[121]

**In der Hauptversammlung** machen die Aktionäre ihre Rechte geltend. Die Hauptversammlung ist gem. § 119 AktG in den im Gesetz und in der Satzung ausdrücklich bestimmten Fällen zuständig. Hier geht es primär um grundlegende Fragen. Einzelhei-

120 Vgl. zum Vorstehenden bereits die Überlegungen zur Ein-Personen-GmbH S. 47 ff.
121 Vgl. zum Vorstehenden und zum Folgenden bereits die Überlegungen zur GmbH S. 52 ff.

ten regeln die §§ 118–149 AktG. Zur Geschäftsführung kann die Hauptversammlung, anders als bei der GmbH, gem. § 119 Abs. 2 AktG nur entscheiden, wenn der Vorstand dies verlangt.

**Der Aufsichtsrat** hat gem. § 111 AktG die Aufgabe, die Geschäftsführung zu überwachen. Einzelheiten regeln die §§ 95–116 AktG sowie die Mitbestimmungsgesetze. Jede AG muss, anders als die GmbH, einen Aufsichtsrat haben. Neben der Überwachung der Geschäftsführung ist der Aufsichtsrat insbesondere für die Bestellung des Vorstands zuständig. Maßnahmen der Geschäftsführung können ihm gem. § 111 Abs. 4 S. 1 AktG nicht übertragen werden.

**Die Gewichtung** von Vorstand, Hauptversammlung und Aufsichtsrat im Verhältnis zueinander hat sich im Laufe der Zeit mehrmals geändert. Prinzipiell wird sich sagen lassen, dass dem Vorstand zwar große Bedeutung zukommt. Indem jedoch die Hauptversammlung, begrenzt durch das Mitbestimmungsrecht, den Aufsichtsrat wählt und der Aufsichtsrat den Vorstand beruft und überwacht, darf die Bedeutung der Hauptversammlung ebenfalls nicht unterschätzt werden.

**Fall**

Die Gründer der A-AG, die optische Geräte herstellen soll, wollen in die Satzung der A-AG aufnehmen, (1) dass die A-AG keinen Aufsichtsrat haben soll oder (2) dass die A-AG einen Aufsichtsrat haben und der Vorstand bestimmte Arten von Geschäften nur mit Zustimmung des Aufsichtsrates vornehmen können soll oder (3) dass die AG neben dem Aufsichtsrat einen Beirat haben soll, der den Vorstand hinsichtlich aktueller wissenschaftlicher Entwicklungen bei optischen Geräten beraten soll. Sind solche Regelungen in der Satzung zulässig?

**Lösung:** (1) Jede AG muss einen Aufsichtsrat haben. Die §§ 95 ff. AktG setzen dies voraus. Die Satzung der A-AG, die einen Aufsichtsrat ausschließt, wäre daher nicht zulässig. (2) Gem. § 111 Abs. 4 S. 2 AktG kann in der Satzung bestimmt werden, dass bestimmte Geschäfte von Seiten des Vorstands nur mit Zustimmung des Aufsichtsrats durchgeführt werden dürfen. Sieht die Satzung der A-AG dies vor, ist diese Regelung wirksam und Vorstand und Aufsichtsrat sind an sie gebunden. (3) Der Beirat ist im AktG nicht geregelt. Durch Satzung kann jedoch nach herrschender Meinung ein Beirat vorgesehen werden, vorausgesetzt dieser übernimmt keine originären Aufgaben von Vorstand, Hauptversammlung oder Aufsichtsrat. Da die wissenschaftliche Beratung keine solch originäre Aufgabe darstellt, ist auch diese Regelung in der Satzung der A-AG zulässig.

### b) Der Betrieb durch den Vorstand

**Der Vorstand** ist gem. den §§ 76 ff. AktG zuständig für Geschäftsführung und Vertretung bei der AG.

**Die Zusammensetzung des Vorstands** regelt primär die Satzung, wobei der Vorstand gem. § 76 Abs. 2 AktG aus einer oder mehreren Personen bestehen kann. Grenzen der Regelbarkeit ergeben sich aus dem Mitbestimmungsrecht; gem. § 76 Abs. 2 S. 3 AktG muss dem Vorstand in den Fällen des § 33 MitbestG, des § 13 Montan-MitbestG und des § 13 Montan-MitbestErgG als gleichberechtigtes Mitglied ein sog. Arbeitsdirektor angehören.

Vorstandsmitglieder können bei der AG, wie bei der GmbH, gem. § 76 Abs. 3 S. 1 AktG nur natürliche unbeschränkt geschäftsfähige Personen sein. Auch bei der AG ist Drittorganschaft, das heißt Geschäftsführung und Vertretung durch Dritte als Organe, möglich. Personen, die § 76 Abs. 3 S. 2 bis 3 AktG unterfallen, können nicht Vorstandsmitglieder sein, wobei die Ausschlussgründe weitgehend den Ausschlussgründen des § 6 Abs. 2 GmbHG entsprechen.

**Die Bestellung der Vorstandsmitglieder** erfolgt gem. § 84 Abs. 1 AktG durch den Aufsichtsrat, und zwar auschließlich durch diesen und auf höchstens fünf Jahre. Erforderlich sind auch hier Bestellungsbeschluss und -erklärung als körperschaftlicher Rechtsakt. Der Bestellung liegt regelmäßig ein Anstellungsvertrag im Sinne der §§ 611 ff. BGB als Verpflichtungsgeschäft zugrunde. Für den Abschluss des Anstellungsvertrages ist ebenfalls der Aufsichtsrat zuständig.

Bei mehreren Vorstandsmitgliedern kann der Aufsichtsrat gem. § 84 Abs. 2 AktG ein Mitglied zum Vorstandsvorsitzenden ernennen. Gem. § 77 Abs. 1 AktG bzw. § 78 Abs. 2 AktG sind sämtliche Vorstandsmitglieder nur gemeinschaftlich zur Geschäftsführung bzw. Vertretung der AG befugt. Die Satzung wird häufig etwas anderes bestimmen. Der Widerruf der Bestellung setzt gem. § 84 Abs. 3 AktG, anders als bei der GmbH, einen wichtigen Grund voraus.

**Der Aufgabenbereich des Vorstands** umfasst auch hier im Grundsatz alle Tätigkeiten der Geschäftsführung und Vertretung. Die Geschäftsführung erfolgt bei mehreren Vorstandsmitgliedern gem. § 77 Abs. 1 AktG, ist nichts anderes bestimmt, gemeinschaftlich und umfasst den gesamten Bereich der AG. Der Vorstand kann sich gem. § 77 Abs. 2 AktG eine Geschäftsordnung geben. Im Rahmen des § 90 AktG hat der Vorstand dem Aufsichtsrat Bericht zu erstatten.

Die Vertretung erfolgt bei mehreren Vorstandsmitgliedern, ist nichts anderes bestimmt, gem. § 78 Abs. 2 GmbHG ebenfalls gemeinschaftlich. Die Vertretungsbefugnis kann gem. § 82 Abs. 1 AktG nach außen nicht beschränkt werden. Im Innenverhältnis sind die Vorstandsmitglieder jedoch gem. § 82 Abs. 2 AktG verpflichtet, die Beschränkungen einzuhalten, die die Satzung, der Aufsichtsrat, die Hauptversammlung oder die Geschäftsordnung des Vorstands getroffen haben.

**Die Sorgfalt des Vorstands** hat gem. § 93 Abs. 1 AktG der Sorgfalt eines ordentlichen und gewissenhaften Geschäftsleiters zu entsprechen. Dies bezieht sich insbesondere auf Geschäftsführung und Vertretung. Dies gilt auch für Buchführung, Aufstellung und Vorlage von Jahresabschluss und Lagebericht, für die Pflicht zur Verschwiegenheit, gem. § 88 AktG für das Unterlassen von Wettbewerb und für die auch hier geltende allgemeine Treuepflicht.

Gem. § 15a Abs. 1 InsO besteht auch hier die Pflicht, ohne schuldhaftes Zögern, spätestens aber drei Wochen nach Eintritt der Zahlungsunfähigkeit oder Überschuldung einen Insolvenzantrag zu stellen. § 92 AktG erweitert dies für Fälle von Verlusten in Höhe der Hälfte des Grundkapitals um eine Pflicht zur unverzüglichen Einberufung einer Hauptversammlung sowie in Fällen der Zahlungsunfähigkeit oder Überschuldung um ein Verbot von Zahlungen.

**Verletzen Vorstandmitglieder ihre Pflichten**, können der AG, möglicherweise auch den Gläubigern der AG, Schadensersatzansprüche gegen die Vorstandsmitglieder zustehen. Außerdem kann der Aufsichtsrat die Bestellung der Vorstandsmitglieder widerrufen, wenn die Voraussetzungen des § 84 Abs. 3 AktG vorliegen; gem. § 626 BGB wird dann auch hier regelmäßig eine außerordentliche fristlose Kündigung des Anstellungsvertrages möglich sein.

Strafbarkeit der Vorstandsmitglieder kann in Fällen der Insolvenz auch hier aus § 15a Abs. 4 und 5 InsO sowie aus den §§ 283 bis 283 d StGB folgen. Speziell aus dem Aktienrecht kommen die §§ 399 ff. AktG sowie daneben auch hier etwa Betrug gem. § 263 BGB, Computerbetrug gem. § 263a StGB, Untreue gem. § 266 StGB oder die Veruntreuung und das Vorenthalten von Arbeitsentgelten gem. § 266a StGB hinzu.[122]

**Fall**

V ist einer von drei Vorstandsmitgliedern der A-AG. (1) Kann V allein für die A-AG mit X einen Vertrag über den Kauf einer Maschine im Wert von 500 000,– EUR schließen und, wenn nein, welche Rechtsfolgen zieht es nach sich, wenn V dies gleichwohl tut? (2) Welche Möglichkeiten gäbe es, V das Recht zum Vertragsschluss ohne die Mitwirkung der anderen Vorstandsmitglieder einzuräumen?

**Lösung:** (1) Gem. § 78 Abs. 2 S. 1 AktG ist V, bestimmt die Satzung der A-AG nichts anderes, nur gemeinschaftlich mit den anderen Vorstandsmitgliedern zur Vertretung der A-AG berechtigt. Schließt V gleichwohl im Namen der A-AG mit X den Kaufvertrag, handelt er als Vertreter ohne Vertretungsmacht. Dem X stehen die Rechte gem. den §§ 177 ff. BGB zu. Ist, was hier der Fall sein dürfte, eine grobe Pflichtverletzung zu bejahen, dürfte der Aufsichtsrat zudem die Bestellung des V zum Vorstand gem. § 84 Abs. 3 AktG widerrufen und seinen Anstellungsvertrag gem. § 626 BGB kündigen können; sollte der A-AG durch das Verhalten des V ein Schaden entstanden sein, könnte V dieser zudem gem. § 93 Abs. 2 AktG zum Ersatz verpflichtet sein. (2) Gem. § 78 Abs. 3 S. 1 AktG kann einzelnen Vorstandsmitgliedern durch Satzung das Recht eingeräumt werden, die AG allein (sog. Einzelvertretungsbefugnis) oder in Gemeinschaft mit einem Prokuristen (sog. unechte Gesamtvertretung) zu vertreten. Gem. § 78 Abs. 3 S. 2 AktG kann auch der Aufsichtsrat diese Rechte einräumen, wenn die Satzung ihn hierzu ermächtigt hat.

### c) Hauptversammlung und Aufsichtsrat

**Zentrale Bedeutung** für die AG haben neben dem Vorstand Hauptversammlung und Aufsichtsrat.

**Die Hauptversammlung** ist die Versammlung der Anteilseigner. Gem. den §§ 118 ff. AktG ist die Hauptversammlung der Ort, an dem die Aktionäre ihre Rechte ausüben. Die Aktionäre haben gem. § 118 AktG Teilnahmerechte, gem. § 131 AktG Informationsrechte und gem. § 134 AktG Stimmrechte. Die Zuständigkeiten der Hauptversammlung bestimmt § 119 Abs. 1 AktG, nämlich

- die Bestellung der Mitglieder des Aufsichtsrates im Rahmen von Nr. 1;
- die Verwendung des Bilanzgewinns (Nr. 2);

122 Vgl. zur Parallelproblematik bei der GmbH bereits S. 55 f. und zu möglichen Schadensersatzansprüchen gegen die Vorstandsmitglieder näher gleich S. 100 f.

- die Entlastung der Mitglieder des Vorstands und des Aufsichtsrats (Nr. 3);
- die Bestellung des Abschlussprüfers (Nr. 4);
- Satzungsänderungen (Nr. 5);
- Maßnahmen der Kapitalbeschaffung und Kapitalherabsetzung (Nr. 6);
- die Bestellung von Prüfern im Rahmen von Nr. 7;
- die Auflösung der Gesellschaft (Nr. 8).

Entlastung bedeutet auch hier Billigung der Verwaltung, wobei das AktG, anders als das GmbHG, die Entlastung in § 120 AktG näher regelt. Fragen der Geschäftsführung kann die Hauptversammlung gem. § 119 Abs. 2 AktG nur entscheiden, wenn der Vorstand es verlangt.

Die Hauptversammlung ist gem. § 121 Abs. 1 AktG in den durch das Gesetz oder in der Satzung bestimmten Fällen sowie dann einzuberufen, wenn das Wohl der AG es erfordert. Zudem ist die Hauptversammlung gem. § 122 AktG einzuberufen, wenn Aktionäre, deren Anteile den zwanzigsten Teil des Grundkapitals erreichen, dies verlangen. Die Modalitäten der Einberufung, regelmäßig durch den Vorstand, regeln die §§ 121 ff. AktG.[123]

**Den Ablauf** der Hauptversammlung, Einberufung, Niederschrift, Auskunftsrecht und Stimmrecht, regeln die §§ 129 ff. AktG. Gem. § 133 Abs. 1 AktG bedürfen die Beschlüsse der Hauptversammlung grundsätzlich der Mehrheit der abgegebenen Stimmen. Für Satzungsänderungen, Kapitalerhöhungen bzw. -herabsetzungen sind gem. den §§ 179 Abs. 2; 182 Abs. 1; 222 Abs. 1 AktG, wie bei der GmbH, 75 % der abgegebenen Stimmen erforderlich.

Sind Beschlüsse nichtig gem. § 241 AktG, dürfen sie nicht ins Handelsregister eingetragen werden. Ist dies gleichwohl geschehen, kann im Rahmen des § 242 AktG eine Heilung erfolgen, andernfalls ist das Register zu korrigieren. Anfechtbare Beschlüsse können gem. den §§ 243 ff. AktG angefochten werden. Anfechtungsbefugnis und -frist ergeben sich aus den §§ 245; 246 AktG. Hier ist die Eintragbarkeit im Einzelfall zu prüfen.

**Der Aufsichtsrat** hat die Geschäftsführung zu überwachen. Das Gesetz regelt dies in den §§ 95 ff. AktG. Der Aufsichtsrat besteht prinzipiell aus drei Mitgliedern, wobei die Satzung im Rahmen des § 95 AktG eine höhere Zahl von Mitgliedern bestimmen kann. Die Aufsichtsratsmitglieder werden gem. den §§ 101; 119 Abs. 1 Nr. 1 AktG durch die Anteilseigner in der Hauptversammlung bestellt. Ob daneben ein Anstellungsvertrag tritt, ist umstritten.

Unterfällt die AG dem DrittelbG, dem MitbestG, dem MontanmitbestG oder dem MontanMitbestErgG, was ab einer Mitarbeiterzahl von 500 der Fall ist, richtet sich die Zusammensetzung des Aufsichtsrats nach diesen Gesetzen, im Anwendungsbereich

123 Vgl. zum Vorstehenden und zum Folgenden die Kommentierungen der einzelnen Gesetzesvorschriften.

des DrittelbG etwa nach § 4 DrittelbG. Ein Teil der Aufsichtsratsmitglieder wird nunmehr von der Arbeitnehmerseite gewählt. Gem. § 102 Abs. 1 AktG beträgt die Amtszeit für alle Aufsichtsratsmitglieder maximal vier Jahre.

**Die Aufgaben** des Aufsichtsrats bestehen primär in der Bestellung und ggf. Abberufung des Vorstands gem. § 84 AktG und der Überwachung der Geschäftsführung des Vorstands gem. § 111 AktG. Außerdem hat der Aufsichtsrat gem. § 112 AktG die AG gegenüber den Vorstandsmitgliedern zu vertreten, gem. den §§ 171; 172 AktG den Jahresabschluss samt Lagebericht zu prüfen und einen Vorschlag für die Verwendung des Bilanzgewinns zu machen.

Gem. § 111 Abs. 3 AktG hat der Aufsichtsrat die Hauptversammlung einzuberufen, wenn das Wohl der AG dies erfordert. Maßnahmen der Geschäftsführung können dem Aufsichtsrat gem. § 111 Abs. 4 S. 1 AktG nicht übertragen werden. Gem. § 111 Abs. 4 S. 2 AktG kann der Aufsichtsrat jedoch hinsichtlich bestimmter Arten von Geschäften zustimmungsberechtigt sein, wenn die Satzung ihn hierzu ermächtigt oder der Aufsichtsrat dies so bestimmt hat.

**Sorgfaltsmaßstab** für die Aufsichtsratsmitglieder bei der Erfüllung ihrer Aufgaben ist gem. § 116 AktG i.V.m. § 93 AktG auch hier die Sorgfalt eines ordentlichen und gewissenhaften Geschäftsleiters. Verletzen Aufsichtsratsmitglieder ihre Pflichten, können der AG, möglicherweise auch Gläubigern, Schadensersatzansprüche zustehen. Zudem kommen Widerruf der Bestellung zum Aufsichtsratsmitglied und, soweit vorhanden, Kündigung des Anstellungsvertrages in Betracht.

Strafbarkeit der Aufsichtsratsmitglieder kann in Fällen der Insolvenzverschleppung, ist die AG führungslos, aus § 15a Abs. 4 und 5 InsO resultieren, es sei denn, dass das Aufsichtsratsmitglied von Zahlungsunfähigkeit, Überschuldung oder Führungslosigkeit keine Kenntnis hatte. Speziell aus dem Aktienrecht kommen auch hier die §§ 399 ff. AktG hinzu. Denkbar sind zudem auch hier etwa Betrug gem. § 263 StGB oder Untreue gem. § 266 StGB.[124]

**Fall**

A und B sind Aktionäre der A-AG, die ein Grundkapital von sechs Millionen EUR hat und 700 Arbeitnehmer beschäftigt. A und B wollen wissen, (1) wie der Aufsichtsrat der A-AG zusammengesetzt sein muss und (2) wie es zu einer Versammlung der Anteilseigner kommen kann, wenn es der A-AG einmal nicht so gut geht?

**Lösung:** (1) Die Zahl der Aufsichtsratsmitglieder der A-AG ist gem. § 95 AktG in deren Satzung zu bestimmen und kann zwischen drei und 15 Personen betragen, wobei die Zahl durch drei teilbar sein muss. Da die A-AG mit 700 Arbeitnehmern § 1 Abs. 1 Nr. 1 DrittelbG unterfällt, muss ihr Aufsichtsrat gem. § 4 Abs. 1 DrittelbG zu einem Drittel aus Arbeitnehmervertretern bestehen. Sieht die Satzung

124 Vgl. zur Parallelproblematik bei den Geschäftsführern der GmbH bereits S. 55 f. und zu möglichen Schadensersatzansprüchen gegen die Aufsichtsratsmitglieder näher gleich S. 101 f.

der A-AG etwa neun Aufsichtsratsmitglieder vor, müssen drei von diesen Arbeitnehmervertreter und gem. § 4 Abs. 2 DrittelbG zwei von diesen bei der A-AG beschäftigt sein. Die Wahl der Arbeitnehmervertreter hat gem. den §§ 5 ff. DrittelbG durch die Arbeitnehmer zu erfolgen. Die anderen sechs Aufsichtsratsmitglieder werden gem. § 101 AktG durch die Aktionäre in der Hauptversammlung gewählt. (2) Geht es der A-AG nicht gut, kann der Vorstand gem. § 121 Abs. 1 und 2 AktG eine Hauptversammlung einberufen. Die gleiche Möglichkeit steht dem Aufsichtsrat gem. § 111 Abs. 3 AktG zu. Inwieweit dem „Wohl" in § 121 AktG und § 111 AktG dabei in der Praxis Bedeutung zukommt, wird unterschiedlich beurteilt. Voraussetzung der Einberufung ist jedenfalls, dass es um eine Frage geht, die in den Aufgabenbereich der Hauptversammlung gem. § 119 AktG fällt. Schließlich können Aktionäre, deren Anteile zusammen den zwanzigsten Teil des Grundkapitals erreichen, gem. § 122 AktG die Einberufung verlangen.

## 4. Rechtsträgerschaft und Haftung

### a) Unternehmensträger und Haftung

**Die AG ist**, wie die GmbH, juristische Person und kann damit Träger eines Unternehmens sein.

**Die Rechtsträgerschaft der AG** nennt § 1 Abs. 1 AktG ausdrücklich. Gem. § 1 Abs. 1 S. 1 AktG ist die AG eine Gesellschaft mit eigener Rechtspersönlichkeit. So ist die AG, wie die GmbH, juristische Person, sie ist rechtsfähig und sie kann unter ihrem Namen Vermögen erwerben und ein Unternehmen innehaben. § 3 Abs. 1 AktG bestätigt dies, nach dem das Unternehmen der AG ein Handelsgewerbe, aber auch ein anderes Unternehmen sein kann.

Im Rechtsverkehr wird die AG durch den Vorstand vertreten. Erworbene Gegenstände, wie auch das Unternehmen als Ganzes werden Vermögen der juristischen Person AG. Sie hält die einzelnen Bestandteile ebenso wie das Unternehmen als Ganzes. Die AG kann einzelne Bestandteile, die zum Unternehmen gehören, veräußern. Gläubiger der AG können auf einzelne Bestandteile zugreifen. Die AG kann das Unternehmen als Ganzes veräußern.

**Was die Haftung anbelangt**, haftet gem. § 1 Abs. 1 S. 2 AktG auch bei der AG den Gläubigern für die Verbindlichkeiten der AG das gesamte Gesellschaftsvermögen und zugleich „nur" das Gesellschaftsvermögen. So können die Gläubiger auch hier in Folge der Anerkennung der AG als juristische Person die AG, aber grundsätzlich nicht deren Aktionäre, Vorstands- und Aufsichtsratsmitglieder in Anspruch nehmen.

Zugleich bedeutet dies auch hier, dass die Gläubiger der AG auf alles zugreifen können, was sich im Gesellschaftsvermögen befindet, unbewegliche und bewegliche Sachen, Rechte, Forderungen oder auch immaterielle Werte. Die Haftung selbst kann sich aus für die AG in ihrem Namen begründeten (Primär-) Verbindlichkeiten, aus (Sekundär-) Verbindlichkeiten, etwa aufgrund von Pflichtverletzungen, oder aus gesetzlichen Ansprüchen ergeben.

Soweit sich demgegenüber die Aussage findet, die AG hafte mit ihrem Grundkapital oder mit dem Mindestkapital, ist dies, wie bei der GmbH, zumindest ungenau. Zwar besteht das Vermögen der AG zu Beginn grundsätzlich in ihrem Grundkapital. Indem die AG aber ihr Unternehmen betreibt, gute wie schlechte Geschäfte abschließt, Gewinne oder Verluste erzielt, verändert sich laufend ihr Vermögen und damit die Haftungsmasse, auf die die Gläubiger zugreifen können.

**Der Schutz des Grundkapitals** ist auch bei der AG in mehrfacher Weise gewährleistet. Gem. § 9 Abs. 1 AktG dürfen Aktien nicht für einen geringeren Betrag als den Nennbetrag ausgegeben werden (Verbot der sog. Unterpari-Emission). Gem. § 29 AktG ist die AG erst mit Übernahme aller Aktien durch die Gründer errichtet. Gem. § 36 AktG darf die Anmeldung der AG zum Handelsregister erst erfolgen, wenn im vorgeschriebenen Umfang eingezahlt worden ist.

Bei Sachgründungen muss die Satzung gem. § 27 AktG bestimmte Angaben enthalten und zudem eine Gründungsprüfung gem. § 33 AktG erfolgen. Gem. § 54 Abs. 3 AktG sind Zahlungen der Aktionäre an die AG nur auf den dort genannten Wegen wirksam. Gem. § 66 AktG dürfen die Aktionäre nicht von ihrer Leistungspflicht befreit werden. Zahlen Aktionäre den eingeforderten Betrag nicht rechtzeitig, droht auch hier gem. § 64 AktG Kaduzierung.

§ 57 AktG schließlich verbietet, vergleichbar § 30 GmbHG, eine Rückgewähr von Einlagen. Auf diese Weise soll verhindert werden, dass Vorstand oder Aktionäre der AG und damit den Gläubigern das Grundkapital entziehen bzw. von vornherein nicht zur Verfügung stellen. Vor der Gefahr, dass die AG Verluste erzielt und damit das Grundkapital aufgebraucht wird, vermögen freilich auch diese Vorschriften nicht zu schützen.[125]

**Fall**

A und B sind Gründer der A-AG, jeder von beiden hat Aktien im Wert von 10 000,– EUR übernommen. X hat einen Anspruch gegen die A-AG aus Kaufvertrag in Höhe von 100 000,– EUR. (1) An wen kann sich hier X wenden? (2) An wen kann sich die A-AG wenden, wenn die A-AG dem A die Einzahlung auf die von ihm übernommenen Aktien erlassen und dem B von seinen Einzahlungen auf seine Aktien 5000,– EUR zurückgewährt hat?

**Lösung:** (1) X kann gem. § 433 Abs. 2 BGB von der A-AG, die sein Vertragspartner ist, 100 000,–EUR verlangen. A und B oder auch dem Vorstand der A-AG gegenüber kann X grundsätzlich keine Ansprüche geltend machen. (2) (a) Der A-AG steht gegen A ein Anspruch gem. § 54 Abs. 1 AktG auf Zahlung seiner Einlage in Höhe von 10 000,– EUR zu. Zwar hat die A-AG den A von seiner Leistungspflicht befreit. Dies ist jedoch gem. § 66 Abs. 1 S. 1 AktG ohne Bedeutung. Der Anspruch ist gem. § 63 Abs. 2 S. 1 AktG ab Fälligkeit mit fünf vom Hundert für das Jahr zu verzinsen. (b) Der A-AG steht gegen B ein Anspruch gem. § 62 Abs. 1 S. 1 AktG auf Rückgewähr der 5000,– EUR zu. Denn dem B hätte seine Einlage gem. § 57 Abs. 1 S. 1 AktG nicht zurückgewährt werden dürfen.

125 Vgl. zum Vorstehenden bereits S. 89 f. sowie zur Parallelproblematik bei der GmbH S. 67 f.

### b) Mögliche Haftung der Vorstände

**Die Vorstandsmitglieder** einer AG können dieser gem. Art. 93 Abs. 2 AktG zum Schadensersatz verpflichtet sein.

**Pflichtverletzungen** der Vorstandsmitglieder im Sinne des § 93 Abs. 2 S. 1 AktG liegen vor, wenn diese bei der Geschäftsleitung nicht die Sorgfalt eines ordentlichen und gewissenhaften Geschäftsleiters anwenden. § 93 Abs. 3 AktG nennt Beispiele hierfür, etwa die Rückgewähr von Einlagen oder die Verteilung von Gesellschaftsvermögen entgegen dem Gesetz oder Zahlungen nach Zahlungsunfähigkeit oder Überschuldung der AG.

Weitere Pflichtverletzungen können auch hier daraus resultieren, dass die Vorstandsmitglieder zum Betrieb des Unternehmens erforderliche Erlaubnisse nicht einholen, Steuer- oder sonstige Fristen versäumen, die Bücher nicht richtig führen, ihre Pflicht zur Verschwiegenheit verletzen, zur AG in Konkurrenz treten oder auch das Unternehmen nicht in die richtige Richtung führen bzw. allgemein nicht ordnungsgemäß betreiben. Eine Erleichterung enthält § 93 Abs. 1 S. 2 AktG.[126]

**Ob eine Pflichtverletzung** vorliegt, hängt so auch hier davon ab, ob die Vorstandsmitglieder die Entscheidungsgrundlagen sorgfältig ermittelt haben. Bei mehreren Wegen haben sie das Für und Wider abzuwägen. Dann aber kommt auch ihnen unternehmerisches Ermessen zu. Auch wenn § 93 Abs. 2 S. 2 AktG hier eine Beweislastumkehr zu Lasten den Vorstandsmitglieder enthält, wird es gleichwohl häufig zu Streit über die Richtigkeit des Vorgehens kommen.

Liegt eine Pflichtverletzung vor, haben die Vorstandsmitglieder der AG einen ihr durch die Pflichtverletzung entstandenen Schaden zu ersetzen. Dies gilt gem. § 93 Abs. 4 AktG nicht, wenn die Pflichtverletzung auf einem Beschluss der Hauptversammlung beruht. Im Rahmen des § 93 Abs. 5 AktG können ausnahmsweise auch die Gläubiger der AG den Anspruch geltend machen. Der Anspruch verjährt gem. § 93 Abs. 6 AktG in fünf Jahren.

**Weitere Ansprüche der AG** gegen ihre Vorstandsmitglieder können sich auch hier aus § 823 Abs. 2 BGB ergeben, etwa wenn diese ein Vermögensdelikt zu Lasten der AG begangen haben. Außerdem kommen Ansprüche aus § 826 BGB und, wenngleich seltener, aus § 823 Abs. 1 BGB in Betracht. Ob der Haftung der Vorstandsmitglieder aus dem Anstellungsvertrag mit der AG gem. § 280 Abs. 1 BGB neben § 93 AktG eine eigenständige Bedeutung zukommt, ist auch hier offen.

Zuständig für die Durchsetzung der Schadensersatzansprüche der AG gegen ihre Vorstandsmitglieder ist gem. § 112 AktG der Aufsichtsrat. Nach herrschender Meinung ist er hierzu verpflichtet. Die Hauptversammlung kann die Durchsetzung gem. § 147 Abs. 1 S. 1 AktG verlangen. Aktionären steht zudem der Weg des § 148 AktG offen. Eine

126 Vgl. zum Vorstehenden und zum Folgenden bereits S. 94 f. sowie zur Parallelproblematik bei der GmbH bereits S. 61 ff.

Entlastung der Vorstandsmitglieder durch die Hauptversammlung steht dem gem. § 120 Abs. 2 S. 2 AktG nicht entgegen.[127]

**Ansprüche der Gläubiger** der AG gegen die Vorstandsmitglieder, möglicherweise auch Ansprüche sonstiger Dritter, können neben § 62 Abs. 2 S. 1 AktG und § 93 Abs. 5 AktG auch hier im Einzelfall entstehen. Bei Inanspruchnahme persönlichen Vertrauens kommen Ansprüche gem. den §§ 280 Abs. 1; 311 Abs. 2; 241 Abs. 2 BGB in Betracht. Daneben stehen Ansprüche aus Unerlaubter Handlung, insbesondere gem. § 823 Abs. 2 BGB und § 826 BGB.[128]

**Fall**

V ist Vorstand der A-AG. Als die A-AG zahlungsunfähig wird, stellt V gleichwohl keinen Insolvenzantrag und leistet weiter Zahlungen an Dritte. Wem können hier Ersatzansprüche zustehen?

**Lösung:** (1) In Betracht kommen zunächst Ansprüche der A-AG gegen V, die nach Eröffnung des Insolvenzverfahrens vom Insolvenzverwalter geltend gemacht würden. Gem. § 93 Abs. 2 AktG schuldet V der A-AG Schadensersatz. Denn zum einen hat V seine Pflicht aus § 15a Abs. 1 InsO, spätestens drei Wochen nach Eintritt der Zahlungsunfähigkeit Insolvenzantrag zu stellen, verletzt. Zum anderen hat er, § 93 Abs. 3 Nr. 6 AktG nennt diesen Fall ausdrücklich, seine Pflichten verletzt, indem er nach Eintritt der Zahlungsunfähigkeit noch Zahlungen geleistet hat. Ob einer Haftung des V aus seinem Anstellungsvertrag mit der A-AG gem. § 280 Abs. 1 BGB daneben eine eigenständige Bedeutung zukommt, ist offen. (2) Daneben kommen Ansprüche der Gläubiger der A-AG gegen V in Betracht: Gem. § 93 Abs. 5 AktG kann der Anspruch der A-AG gegen V aus § 93 Abs. 2 und 3 AktG auch von den Gläubigern der A-AG geltend gemacht werden, soweit sie von dieser keine Befriedigung erlangen können. Ob den Gläubigern daneben ein Anspruch gem. § 823 Abs. 2 BGB i.V.m. § 15a InsO gegen V zusteht, ist umstritten.

### c) Aufsichtsrat und Hauptversammlung

**Die Haftung des Aufsichtsrats** ist in jüngerer Zeit zunehmend in den Fokus gerückt.

**Haftungsgrundlage** ist hier § 116 AktG. Gem. § 116 S. 1 AktG gilt für die Sorgfaltspflicht und Verantwortlichkeit der Aufsichtsratsmitglieder § 93 AktG für die Sorgfaltspflicht und Verantwortlichkeit der Vorstandsmitglieder sinngemäß. Auch die Aufsichtsratsmitglieder haben so die Sorgfalt eines ordentlichen und gewissenhaften Geschäftsleiters anzuwenden. § 116 S. 2 AktG nennt hier mit der Pflicht zur Verschwiegenheit einen Teilbereich.

Die Frage, wann eine Pflichtverletzung vorliegt, ist auch hier durch die derzeitige Finanzmarktkrise zunehmend in das Zentrum der Diskussion gerückt. Entscheidend ist ein Vergleich mit einer typischen Person, die in verantwortlicher Stellung die Verwaltung eines fremden Vermögens beaufsichtigt. Die Aufsichtsratsmitglieder haben sich dabei am Interesse des Unternehmens zu orientieren; bei Arbeitnehmervertretern treten die Interessen der Arbeitnehmer hinzu.[129]

127 Vgl. näher die Kommentierungen der einzelnen Gesetzesvorschriften.
128 Vgl. hierzu näher etwa *Hüffer*, AktG, § 93 RdNr. 20 ff.
129 Vgl. zum Vorstehenden und zum Folgenden bereits S. 61 ff.

**Liegt eine Pflichtverletzung** vor, haben die Aufsichtsratsmitglieder der AG gem. § 116 S. 1 AktG i.V.m. § 93 Abs. 2 S. 1 AktG Schadensersatz zu leisten. Kommt es zum Streit, haben auch hier gem. § 116 S. 1 AktG i.V.m. § 93 Abs. 2 S. 2 AktG die Aufsichtsratsmitglieder nachzuweisen, dass sie keine Pflichtverletzung begangen haben. Daneben können auch hier im Einzelfall Ansprüche aus Unerlaubter Handlung und, liegt ein Anstellungsvertrag vor, eventuell aus diesem treten.

Zuständig für die Durchsetzung der Schadensersatzansprüche der AG gegen die Aufsichtsratsmitglieder ist der Vorstand. Handelt der Vorstand nicht, etwa weil er selbst Inanspruchnahmen fürchtet, können auch hier die Hauptversammlung gem. § 147 AktG oder die Aktionäre gem. § 148 AktG tätig werden. Eine Entlastung der Aufsichtsratsmitglieder durch die Hauptversammlung steht gem. § 120 Abs. 2 S. 2 AktG auch hier nicht entgegen.

**Die Hauptversammlung** haftet grundsätzlich nicht. Eine § 93 AktG oder § 116 AktG vergleichbare Norm, die Ansprüche der AG begründen könnte, fehlt. Schädigen Aktionäre andere (Minderheits-)Aktionäre durch Beschlüsse, können ausnahmsweise Ansprüche von Aktionären gegen Aktionäre wegen Treuepflichtverletzung oder aus Unerlaubter Handlung gegeben sein.

Ansprüche von Gläubigern der AG gegen Aufsichtsratsmitglieder können aus § 116 S. 1 AktG i.V.m. § 93 Abs. 5 AktG folgen; können Gläubiger der AG von dieser keine Befriedigung erlangen, können sie auch hier Ansprüche der AG gegen Aufsichtsratsmitglieder selbst geltend machen. Daneben können Ansprüche von Gläubigern der AG gegen Aufsichtsratsmitglieder oder gar Aktionäre etwa aus Unerlaubter Handlung resultieren, freilich nur in seltenen Ausnahmefällen.

**Fall**

O, P und Q bilden den Aufsichtsrat der A-AG. Nach der Satzung der A-AG bedürfen Rechtsgeschäfte mit einer Verpflichtung von mehr als 100 000,– EUR der Zustimmung des Aufsichtsrates. Auf Betreiben des Aktionärs A der A-AG stimmt der Aufsichtsrat dem Abschluss mehrerer Rechtsgeschäfte der A-AG über jeweils mehr als 100 000,– EUR mit der X-AG zu, die A und seinen Familienmitgliedern gehört. Das Geld fließt ohne sofortige Gegen- und Sicherheitsleistungen an die X-AG. Kann die A-AG O, P und Q auf Schadensersatz in Anspruch nehmen, wenn die Gelder bei der X-AG verloren sind und der Aufsichtsrat vor Erteilung seiner Zustimmungen keine Erkundigungen über die X-AG und die genaue Verwendung der Gelder eingeholt hat?

**Lösung:** Der A-AG könnten Schadensersatzansprüche gem. den §§ 116 S. 1; 93 Abs. 2 S. 1 AktG gegen O, P und Q zustehen. Fraglich ist, ob O, P und Q ihre Pflichten verletzt haben. Zustimmungsvorbehalte im Sinne des § 111 Abs. 4 S. 2 AktG, wie die Satzung der A-AG sie enthält, sollen von vornherein verhindern, dass der Vorstand einer AG schädliche Geschäfte vornimmt, die später nicht mehr rückgängig gemacht werden können. Neben eine mögliche Ersatzpflicht des Vorstands wegen der Geschäfte kann daher eine Ersatzpflicht der Aufsichtsratsmitglieder treten, wenn diese ihre Zustimmung bei pflichtgemäßem Handeln hätten verweigern müssen. Dies ist vorliegend der Fall, da O, P und Q es versäumt haben, vor der Erteilung ihrer Zustimmungen Erkundigungen über die X-AG einzuholen und ggf. dafür zu sorgen, dass die Rückzahlungsansprüche der A-AG in geeigneter Weise gesichert werden.[130]

130 Vgl. hierzu BGH, Urt. v. 11.12.2006, NJW-RR 2007, S. 390.

## 5. Aktionäre, Gewinne und Steuern

### a) Aktionärsrechte und -pflichten

**Die Rechte und Pflichten** der Aktionäre sind entsprechend dem Charakter der AG begrenzt.

**Ihre Rechte machen die Aktionäre**, den Gesellschaftern der GmbH vergleichbar, in der Hauptversammlung geltend. Die Aktionäre haben Teilnahmerecht gem. § 118 Abs. 1 AktG, Auskunfts- und Stimmrechte. Das Auskunftsrecht regeln die §§ 131; 132 AktG, das Stimmrecht die §§ 133 ff. AktG. Auf das Recht zum Gewinnbezug wird im Anschluss näher eingegangen. Eine actio pro socio besteht bei der AG angesichts § 148 AktG nach herrschender Meinung nicht.

Bei Kapitalerhöhungen haben die Aktionäre Bezugsrechte gem. § 186 Abs. 1 AktG, bei Kapitalherabsetzungen Zahlungsansprüche gem. § 225 Abs. 2 AktG und bei Beendigung Rechte auf den Liquidationserlös gem. § 271 AktG. Daneben stehen den Aktionären einzelne weitere Rechte zu. Diese reichen jedoch angesichts des Charakters der AG als Kapitalsammelbecken nicht so weit wie die Rechte der Gesellschafter der persönlicheren GmbH.[131]

**Bei den Pflichten der Aktionäre** steht, wie bei der GmbH, die Pflicht zur Erbringung Grundkapitals gem. § 54 Abs. 1 AktG im Zentrum. Art und Weise der Erbringung schreibt § 54 Abs. 3 AktG vor. In diesem Zusammenhang enthält das Gesetz zahlreiche Kapitalschutzvorschriften. Zur Eintragung der AG kommt es erst, wenn die Einlagen zumindest partiell geleistet sind. Über die Einlagen hinaus, haften die Aktionäre den Gläubigern grundsätzlich nicht.

Neben der Pflicht zur Einlagenerbringung steht auch hier eine Treuepflicht der Aktionäre gegenüber der AG, etwa erpresserische Anfechtungsklagen zu unterlassen, sowie eine Treuepflicht der Aktionäre untereinander. Angesichts des Charakters der AG als Kapitalsammelbecken und der hieraus resultierenden Distanz der Aktionäre zur AG wie untereinander reicht diese Treuepflicht jedoch weniger weit als bei den GmbH-Gesellschaftern.[132]

**Fall**

A ist Aktionär der A-AG, die keinen Vorstand mehr hat und überschuldet ist. Welche Risiken bringt dies für A mit sich?

**Lösung:** Im Falle der Führungslosigkeit der A-AG ist im Rahmen des § 15a Abs. 3 InsO bei Überschuldung auch jedes Mitglied des Aufsichtsrats zur Stellung des Insolvenzantrags verpflichtet. Für A als bloßen Aktionär beschränkt sich das Risiko grundsätzlich darauf, dass er sein in der AG angelegtes

131 Vgl. hierzu näher etwa *Hüffer*, AktG, § 118 RdNr. 7 f.

132 Vgl. zum Vorstehenden bereits S. 92 f. Zur Treuepflicht vgl. näher etwa *Grunewald*, Gesellschaftsrecht, S. 257 ff.

Kapital verliert. Hat A seine Einlage noch nicht (vollständig) erbracht, ist er hierzu gem. § 54 Abs. 1 AktG weiterhin verpflichtet. Zur Stellung eines Insolvenzantrags ist A, anders als die Gesellschafter einer GmbH gem. § 15a Abs. 3 InsO, nicht verpflichtet; A kann also insoweit auch nicht schadensersatzpflichtig oder straffällig werden.

### b) Gewinne und Verluste der AG

**Bei Gewinnen und Verlusten** der AG ist die Situation der Lage bei der GmbH vergleichbar.

**Die Aktionäre der AG** haben gem. § 58 Abs. 4 AktG Anspruch auf den Bilanzgewinn der AG, soweit er nicht nach Gesetz oder Satzung oder durch Hauptversammlungsbeschluss, Gewinne in eine Rücklage einzustellen oder vorzutragen, von der Verteilung unter die Aktionäre ausgeschlossen ist. Ein Anspruch auf Auszahlung einer bestimmten Summe besteht erst, wenn die Hauptversammlung über die Gewinnverteilung beschlossen hat.

Ausgangspunkt ist auch hier die Bilanz, welche der Vorstand gem. §§ 150 ff. AktG i.V.m. den §§ 242; 264 HGB zu erstellen hat. Gem. den §§ 6; 238 ff. gelten im Grundsatz die Regelungen des HGB betreffend Jahresabschluss und Gewinn- und Verlustrechnung, Anhang, Lagebericht und Abschlussprüfung. Bei kleinen AG'n (§ 267 Abs. 1 HGB) enthalten § 264 Abs. 1 S. 3 HGB und § 316 Abs. 1 HGB Einschränkungen.

**Der Aufsichtsrat** prüft den Jahresabschluss, die Gewinn- und Verlustrechnung und den Lagebericht auf Grundlage der §§ 170; 171 AktG, sobald er diese vom Vorstand, von Abschlussprüfern gem. den §§ 316 ff. HGB geprüft, erhalten hat. Gleiches gilt für den Vorschlag für die Gewinnverwendung, den der Vorstand dem Aufsichtsrat gem. § 170 Abs. 2 AktG vorzulegen hat. Billigt der Aufsichtsrat den Jahresabschluss, so ist dieser gem. § 172 AktG festgestellt.

**Die Hauptversammlung** entscheidet gem. § 174 Abs. 1 AktG über die Verwendung des Bilanzgewinns, wobei sie an den vom Aufsichtsrat festgestellten Jahresabschluss einschließlich bilanzieller Bewertungsspielräume sowie gebildeter Gewinnrücklagen gebunden ist. Neben dem an die Aktionäre auszuschüttenden Betrag kann die Hauptversammlung gem. § 174 Abs. 2 AktG selbst Gewinnrücklagen bilden oder Gewinnvorträge beschließen.

Beschließt die Hauptversammlung einen an die Aktionäre auszuschüttenden Gewinn, richten sich die Anteile der einzelnen Aktionäre gem. § 60 Abs. 1 AktG grundsätzlich nach der Verbriefung in ihren Aktien. Erzielt die AG Verluste, werden diese auch hier in das nächste Jahr vorgetragen. Die Aktionäre sind weder zu einem Nachschuss verpflichtet noch haften sie nach außen. Am Ende sind die Ergebnisse des Jahresabschlusses gem. den §§ 325 ff. HGB offen zu legen.

**Fall**

A ist Aktionär, V ist Vorstand der A-AG, die 20 Arbeitnehmer beschäftigt und deren Bilanzsumme 2 Millionen EUR beträgt. V möchte wissen, was er hinsichtlich Gewinn bzw. Verlust der A-AG genau zu tun hat. A fragt, was er unternehmen kann, wenn seine Dividende wegen erheblicher gebildeter Rücklagen nur sehr niedrig ausfällt?

**Lösung:** (1) V ist als Vorstand der A-AG verpflichtet, den Jahresabschluss aufzustellen und diesen sodann gem. § 170 AktG unverzüglich dem Aufsichtsrat der A-AG zusammen mit einem Vorschlag für die Gewinnverwendung vorzulegen. Lagebericht und Abschlussprüfung sind gem. den §§ 264 Abs. 1 S. 3; 316 Abs. 1 HGB nicht erforderlich, da es sich bei der A-AG um eine kleine Kapitalgesellschaft im Sinne des § 267 Abs. 1 HGB handelt. Billigt der Aufsichtsrat den Jahresabschluss, ist dieser gem. § 172 AktG festgestellt. Die Hauptversammlung entscheidet dann gem. § 174 Abs. 1 AktG über die Verwendung. Spätestens vor Ablauf des zwölften Monats des dem Abschlussstichtag nachfolgenden Geschäftsjahres, hat V als Vorstand gem. § 325 HGB den Jahresabschluss mit dem Bestätigungsvermerk oder dem Vermerk über dessen Versagung beim Betreiber des elektronischen Bundesanzeigers elektronisch einzureichen. (2) Gem. § 58 Abs. 4 AktG hat A als Aktionär Anspruch auf den Bilanzgewinn, soweit er nicht nach Gesetz, Satzung oder durch Hauptversammlungsbeschluss von der Verteilung unter die Aktionäre ausgeschlossen ist. Die Bildung von Rücklagen durch Vorstand und Aufsichtsrat ist im Rahmen des § 58 AktG zulässig, im Rahmen des § 150 AktG sogar vorgeschrieben. Liegt in der zu hohen Rücklagenbildung ein Verstoß gegen § 58 AktG, ist der Jahresabschluss nichtig gem. § 256 Abs. 1 Nr. 4 AktG, jedoch heilbar gem. § 256 Abs. 6 AktG. Gleiches gilt gem. § 253 Abs. 1 S. 1 AktG für den Gewinnverwendungsbeschluss. Im Übrigen kann der Gewinnverwendungsbeschluss gem. den §§ 243; 254 AktG anfechtbar sein.

### c) Die Besteuerung bei der AG

**Hinsichtlich der Besteuerung** gelten im Grundsatz dieselben Regeln wie bei der GmbH.

**Die AG selbst** ist in der Regel körperschaftsteuerpflichtig, gewerbesteuerpflichtig und umsatzsteuerpflichtig. Die Ermittlung der Bemessungsgrundlagen für Körperschaftsteuer und Gewerbesteuer richtet sich im Grundsatz nach den Vorschriften des Einkommensteuergesetzes und des Handelsrechts. Wie bei den Gewinnen und Verlusten ist es auch hier der Vorstand, der für die Bestimmung der steuerlichen Grundlagen zuständig ist.

Der Steuersatz für die auf die AG entfallende Körperschaftsteuer beträgt gem. § 23 Abs. 1 KStG, wie bei der GmbH, 15 % des zu versteuernden Einkommens zuzüglich Solidaritätszuschlag. Die Gewerbesteuer errechnet sich auch hier aus dem Gewerbeertrag, der Steuermesszahl von nunmehr 3,5 % sowie dem Hebesatz, den die Gemeinden jeweils zu bestimmen haben, wobei auch hier im Folgenden von einem Gewerbesteuer-Hebesatz von 400 % ausgegangen wird.[133]

**Bei den Aktionären ist wieder zu differenzieren.** Handelt es sich bei den Aktionären um natürliche Personen und halten diese die Aktien in ihrem Privatvermögen, unterfallen die Ausschüttungen auch hier grundsätzlich der Abgeltungsteuer. Es werden seitens der AG pauschal 25 % Einkommensteuer zuzüglich Solidaritätszuschlag und

133 Vgl. zum Vorstehenden und zum Folgenden bereits die Parallelüberlegungen zur GmbH S. 70 ff.

ggf. Kirchensteuer entrichtet. Mit diesem Steuerabzug ist der Steueranspruch des Staates abgegolten.

Halten natürliche Personen die Aktien im Betriebsvermögen, also einem Einzelunternehmen oder einer Personengesellschaft, oder in den Fällen des Antrags gem. § 32d Abs. 2 Nr. 3 EStG gilt auch hier das Teileinkünfteverfahren. 40 % der Bezüge sind steuerfrei; für die verbleibenden 60 % gilt der jeweilige persönliche Steuersatz zuzüglich Solidaritätszuschlag und ggf. Kirchensteuer. Gewerbesteuerrechtlich gilt auch hier ab einer Beteiligungshöhe von 15 % die Freistellung des § 9 Nr. 2a GewStG.

Halten Kapitalgesellschaften die Aktien, bleiben die Ausschüttungen, um Doppelbelastungen zu vermeiden, gem. § 8b Abs. 1 KStG auch hier bei der Obergesellschaft außer Ansatz. Gem. § 8b Abs. 5 KStG sind jedoch auch hier 5 % der Bezüge zu berücksichtigen; diese unterfallen wiederum mit 15 % der Körperschaftsteuer. Gewerbesteuerrechtlich gilt auch hier ab einer Beteiligungshöhe von 15 % bis auf 5 % die Freistellung des § 9 Nr. 2a GewStG.

**Bei Veräußerungen der Aktien** gelten die zur Veräußerung von GmbH-Anteilen angestellten Überlegungen entsprechend. Entsprechend den Ausführungen zur GmbH ist auch hier danach zu differenzieren, ob die Aktien von natürlichen Personen in ihrem Privatvermögen gehalten werden, ob die natürliche Person mehr als 1 % der Aktien hält, ob natürliche Personen die Aktien in einem Betriebsvermögen halten oder ob Kapitalgesellschaften die Aktien halten.

**Fall**

Die A-AG erzielt im Veranlagungszeitraum einen Gewinn von 1000. Wie gestaltet sich die Besteuerung, wenn die A-AG den Gewinn in Höhe von 400 thesauriert, d.h. nicht an ihre Aktionäre ausschüttet, und den Gewinn in Höhe von 600 (= 60 %) an ihre Aktionäre ausschüttet?

**Lösung:** Auch hier ist strikt zwischen der Besteuerung der AG einerseits und der Besteuerung der Aktionäre andererseits zu unterscheiden.

(1) Besteuerung bei der A-AG:

| | | |
|---|---|---|
| Gewinn vor Steuern | 1000 | |
| GewSt | 140 | (= 1000 x 3,5% x 400%) |
| Gewinn nach GewSt | 860 | (= 1000,00 - 140,00) |
| KSt | 150 | (= 1000 x 15%) |
| Solidaritätszuschlag | 8,30 | (= 150 x 5,5% gem. den §§ 3; 4 SolZG) |
| Gewinn nach KSt, SolZ, GewSt | = 701,70 | (= 1000,00 - 140,00 - 150,00 - 8,30) |

Bei der AG ergibt sich so, einen Gewerbesteuerhebesatz von 400 % vorausgesetzt und unabhängig von Thesaurierung und Ausschüttung, eine Steuerbelastung in Höhe von **298,30** (= 158,30 KSt/SolZ + 140,00 GewSt).

(2) Besteuerung bei den Aktionären (zusammen):

| | | |
|---|---|---|
| Ausschüttung | 421,02 | (60 % von 701,70) |
| ESt | 105,26 | (= 25 % Abgeltungsteuer von 421,02) |
| Solidaritätszuschlag | 5,79 | (= 105,26 x 5,5% gem. den §§ 3; 4 SolZG) |
| Ausschüttung nach Steuern | = 309,97 | (= 421,02 - 105,26 - 5,79) |

Bei den Aktionären (zusammen) ergibt sich so bei einer Gewinnausschüttung von 600 eine Steuerbelastung in Höhe von **111,05** (= 105,26 ESt + 5,79 SolZ).

Im Übrigen gelten für die AG die Beispiele für die GmbH entsprechend.[134]

## 6. Änderungen sowie Beendigung

### a) Änderungen bei der AG

**Änderungen bei der AG** ergeben sich primär bei Satzungsänderungen sowie bei Maßnahmen der Kapitalbeschaffung.

**Die Satzungsänderungen** sind in den §§ 179 ff. AktG geregelt. Gem. § 179 AktG ist für eine Satzungsänderung bei der AG, der GmbH vergleichbar, ein Beschluss der Hauptversammlung erforderlich, und zwar prinzipiell mit einer Mehrheit, die mindestens drei Viertel des bei der Beschlussfassung vertretenen Grundkapitals umfasst. Der Beschluss ist gem. § 181 AktG, versehen mit einer notariellen Bescheinigung, beim Handelsregister anzumelden.

Satzungsänderungen sind insbesondere erforderlich, wenn der Unternehmensgegenstand der AG verändert werden soll. Dem sind gem. § 179a AktG die Fälle gleichgestellt, in denen eine AG sich zur Übertragung ihres ganzen Gesellschaftsvermögens verpflichtet. In den Fällen des § 180 AktG ist die Zustimmung aller betroffenen Aktionäre erforderlich. Bei Unternehmensverträgen finden anstelle der §§ 179 ff. AktG die §§ 293 ff. AktG Anwendung.[135]

**Kapitalerhöhungen und Kapitalherabsetzungen** stellen bei der AG, wie bei der GmbH, besondere Formen der Satzungsänderung dar. Sie sind in den §§ 182 ff. AktG geregelt. Sog. effektive Kapitalerhöhungen sind als ordentliche Kapitalerhöhungen gem. §§ 182 ff. AktG oder als bedingte Kapitalerhöhungen gem. den §§ 192 ff. AktG durch die Hauptversammlung oder in Form genehmigten Kapitals gem. §§ 202 ff. AktG durch den Vorstand möglich.

Sog. nominelle Kapitalerhöhung sind in den §§ 207 ff. AktG geregelt. § 207 AktG definiert nominelle Kapitalerhöhungen dabei als Erhöhungen des Grundkapitals durch Umwandlung der Kapitalrücklage und von Gewinnrücklagen in Grundkapital. Die Kapitalherabsetzungen schließlich sind in den §§ 222 ff. AktG geregelt, wobei zwischen ordentlichen Kapitalherabsetzungen und vereinfachten Kapitalherabsetzungen unterschieden wird.

134 Vgl. S. 73 f.
135 Vgl. zum Vorstehenden und zum Folgenden auch schon die Überlegungen bei der GmbH S. 74 f.

**Fall**

Die A-AG betreibt einen Handel mit Backwaren. Daneben geht sie einigen weiteren kleinen Tätigkeiten nach. Wie ist vorzugehen, wenn die A-AG ihren Backwarenhandel an die X-GmbH für 1,5 Millionen € veräußern will?

**Lösung:** Zur Beantwortung dieser Frage ist zwischen dem Abschluss des Kaufvertrages und seiner Erfüllung einerseits und der eventuellen Zustimmung durch die Hauptversammlung andererseits zu unterscheiden. Zuständig für den Abschluss des Kaufvertrages gem. den §§ 453 Abs. 1; 433 BGB und dessen Erfüllung ist gem. § 78 AktG der Vorstand der A-AG. Fraglich ist, ob es für den Abschluss des Kaufvertrages einer Zustimmung durch die Hauptversammlung der A-AG bedarf. Das Zustimmungserfordernis könnte aus § 179a AktG i.V.m. § 179 AktG resultieren. Dann müsste die A-AG sich durch den Kaufvertrag zur Übertragung des ganzen Gesellschaftsvermögens verpflichten. Dies ist nach herrschender Meinung nicht der Fall, wenn die A-AG mit dem zurückbehaltenen Betriebsvermögen noch ausreichend in der Lage bleibt, satzungsmäßige Unternehmensziele, wenn auch in eingeschränktem Umfang, selbst zu verfolgen. Hiernach wäre, ist dies mit den verbleibenden kleineren Tätigkeiten nicht mehr der Fall, die Zustimmung der Hauptversammlung mit einer Mehrheit, die mindestens drei Viertel des bei der Beschlussfassung vertretenen Grundkapitals umfasst, erforderlich. Ein ohne diese Zustimmung abgeschlossener Kaufvertrag wäre schwebend unwirksam. Würde die Zustimmung verweigert, wäre der Kaufvertrag nach herrschender Meinung unwirksam.[136]

### b) Gesellschafterwechsel bei einer AG

**Neuer Aktionär** wird man, neben Kapitalerhöhungen, indem man Aktien der AG erwirbt.

**Die Art und Weise des Erwerbs** richtet sich nach der Art der Aktien. Unverbriefte Aktien werden gem. den §§ 398; 413 BGB durch Abtretung übertragen. Namensaktien können gem. § 68 Abs. 1 AktG durch Indossament, also durch schriftliche Übertragungserklärung auf der Aktienurkunde, übertragen werden; nach herrschender Meinung ist zudem eine Übereignung der Urkunde gem. den §§ 929 ff. BGB erforderlich.

Inhaberaktien werden grundsätzlich gem. den §§ 929 ff. BGB übertragen. Da dies freilich für den Börsenhandel wenig praktikabel wäre, werden stattdessen bei den die Aktien haltenden Sammelbanken Miteigentumsanteile gebildet, die dann gem. den §§ 929; 931 BGB übertragen werden. In allen Fällen wird den Verfügungsgeschäften regelmäßig ein Verpflichtungsgeschäft, etwa ein Kauf- oder ein Schenkungsvertrag, zugrunde liegen.

**Zum Ausscheiden aus der AG** kommt es auch hier, umgekehrt zum Vorherigen, wenn ein Aktionär sämtliche von ihm gehaltenen Aktien veräußert. Daneben kommen in Sonderfällen weitere Wege des Ausscheidens in Betracht. Erbringen Aktionäre ihre Einlagen nicht rechtzeitig und reagieren sie auch auf eine Nachfristsetzung nicht, kann es gem. § 64 AktG, wie auch bei der GmbH, zu einem Ausschluss durch Kaduzierung kommen.

136 Vgl. BGH, Urt. v. 25.2.1982, NJW 1982, S. 1703 – Holzmüller.

Aktien können gem. den §§ 237 ff. AktG zwangseingezogen werden, freilich nur wenn die Satzung der AG dies zulässt. Im Rahmen der §§ 327a ff. AktG ist ausnahmsweise ein sog. Squeeze-out möglich, vorausgesetzt einem (Haupt-) Aktionär gehören Aktien der AG in Höhe von 95 vom Hundert des Grundkapitals. Ob darüber hinaus wie bei der GmbH eine Kündigung von Aktionären aus wichtigem Grund zulässig ist, ist offen.

**Fall**

Der Vorstand der A-AG fürchtet eine feindliche Übernahme und möchte daher die Veräußerbarkeit der Aktien beschränken. Welche Wege stehen hier zur Verfügung?

**Lösung:**Handelt es sich bei den Aktien der A-AG um Namensaktien, kann deren Übertragbarkeit gem. § 68 Abs. 2 AktG dergestalt beschränkt werden, dass die Übertragung an die Zustimmung der AG, erteilt durch den Vorstand, geknüpft wird, sog. Vinkulierung; wird dann eine Übertragung ohne diese Zustimmung vorgenommen, ist sie unwirksam. Im Übrigen können bei Namensaktien wie Inhaberaktien zwischen der AG, vertreten durch den Vorstand, und den Aktionären Vereinbarungen getroffen werden, die die Übertragbarkeit der Aktien einschränken oder der Kontrolle durch den Vorstand unterstellen sollen. Solchen Vereinbarungen kommt jedoch nur schuldrechtliche Wirkung im Innenverhältnis zu; im Außenverhältnis bleiben sie grundsätzlich ohne Wirkung.

### c) Auflösung und Abwicklung der AG

**Am Ende der AG** stehen auch hier die Auflösung sowie die auf diese folgende Abwicklung.

**Die Gründe der Auflösung** sind in § 262 Abs. 1 AktG geregelt. Hierher zählen auch hier insbesondere

- Zeitablauf (Nr. 1),
- der Auflösungsbeschluss der Hauptversammlung (Nr. 2),
- die Eröffnung des Insolvenzverfahrens über das Vermögen der AG (Nr. 3),
- die Rechtskraft des Beschlusses, durch den die Eröffnung des Insolvenzverfahrens mangels Masse abgelehnt wird (Nr. 4) oder
- die Löschung der AG wegen Vermögenslosigkeit (Nr. 6).

Die Satzung kann auch hier weitere Auflösungsgründe vorsehen. Liegt ein Auflösungsgrund vor, hat der Vorstand die Auflösung gem. § 263 AktG zur Eintragung in das Handelsregister anzumelden. Die juristische Person besteht zunächst fort. Von nun an ist ihre Tätigkeit auf Abwicklung gerichtet. Diese hat entsprechend den §§ 264 ff. AktG zu erfolgen. Zuständig für die Abwicklung sind grundsätzlich die Vorstandsmitglieder als Abwickler.[137]

**Die Abwicklung** erfolgt dergestalt, dass die Abwickler die laufenden Geschäfte der AG beendigen, die Verpflichtungen der AG erfüllen, die Forderungen derselben einziehen

137 Vgl. zum Vorstehenden und zum Folgenden auch die Parallelüberlegungen bei der GmbH S. 78 ff.

und das Vermögen der AG in Geld umsetzen. Die Abwickler vertreten die AG gem. § 269 Abs. 1 AktG gerichtlich und außergerichtlich. Dabei dürfen sie gem. § 268 Abs. 1 S. 2 AktG auch hier, soweit es für die Liquidation erforderlich ist, neue Geschäfte eingehen.

Hinsichtlich Eröffnungsbilanz, Bericht, Jahresabschluss und Lagebericht gelten gem. § 270 AktG grundsätzlich die Regelungen, die auch bei der GmbH gelten. Zwecks Gläubigerschutz sieht § 272 AktG auch hier eine Sperrfrist von einem Jahr vor. Nach Berichtigung der Verbindlichkeiten wird das verbleibende Vermögen der AG gem. § 271 AktG unter die Aktionäre verteilt. Die AG endet gem. § 273 AktG auch hier mit ihrer Löschung im Handelsregister.

**Fall**

A und B sind Aktionäre, V ist Vorstand der A-AG, die sich in Auflösung befindet. Im Rahmen der Abwicklung stellt sich heraus, dass V vor einiger Zeit in seiner Funktion als Vorstand Gelder der A-AG unterschlagen hat. Können A und B die Ablösung des V als Abwickler erreichen?

**Lösung:** Gem. § 265 Abs. 1 AktG besorgen regelmäßig die Vorstandsmitglieder die Abwicklung einer aufgelösten AG. Auf Antrag des Aufsichtsrats oder einer Minderheit von Aktionären, deren Anteile zusammen den zwanzigsten Teil des Grundkapitals oder den anteiligen Betrag von 500 000,– EUR erreichen, hat das Gericht jedoch gem. § 265 Abs. 3 S. 1 AktG bei Vorliegen eines wichtigen Grundes die Abwickler abzuberufen. Die Unterschlagung seitens des V ist ein wichtiger Grund. Erreichen A und B das von § 265 Abs. 3 S. 1 AktG geforderte Quorum, können diese einen Abberufungsantrag bei Gericht stellen, vorausgesetzt sie machen gem. § 265 Abs. 3 S. 2 AktG glaubhaft, dass sie seit mindestens drei Monaten Inhaber der Aktien sind. Andernfalls dürfte der Aufsichtsrat verpflichtet sein, die Abberufung zu betreiben. Zugleich wird der Anstellungsvertrag des V mit der AG gem. § 626 BGB zu kündigen sein; zuständig hierfür ist der Aufsichtsrat.

## 7. Besondere Aspekte

### a) Die AG im Vorfeld

**Die Situation im Vorfeld der AG** ist der Situation im Vorfeld der GmbH vergleichbar.

**Die AG entsteht** mit Eintragung im Handelsregister als konstitutivem Rechtsakt. Vor der Eintragung besteht die AG gem. § 41 Abs. 1 S. 1 AktG noch nicht. Von Regelungen für diese Zeit hat der Gesetzgeber abgesehen. Nach überwiegender Meinung sind hier, wie im Vorfeld der GmbH, drei Stadien zu unterscheiden. Im ersten Stadium entstehen noch keine rechtlichen Bindungen, die Gründer befinden sich noch im gleichsam vorrechtlichen Bereich.

Zur Vorgründungsgesellschaft kommt es auch hier, wenn die Gründer beschließen, die AG zu gründen. Von diesem Moment an wird zunächst regelmäßig eine BGB-Gesellschaft gegeben sein, tritt diese nach außen auf, eine BGB-Außengesellschaft. Wird die Vorgründungsgesellschaft bereits in einer Weise tätig, dass ein Handelsgewerbe im

Sinne des § 1 HGB besteht, liegt eine OHG vor mit der Folge, dass die §§ 123 ff. HGB zur Anwendung kommen.[138]

**Die Vorgesellschaft** entsteht mit der Errichtung der AG. Die AG ist gem. §§ 29; 23 AktG errichtet, wenn die Satzung festgestellt und die Aktien in dieser durch die Gründer übernommen sind. Soweit bereits Vermögen erworben wurde, ist dieses auf die Vorgesellschaft zu übertragen. Soweit hier Zustimmungen Dritter erforderlich sind, werden diese einverstanden sein, soweit ihnen bekannt war, dass sie mit der AG in Gründung kontrahieren.

Die Vorgesellschaft ist Gesellschaft sui generis. Sie ist keine juristische Person, nach herrschender Meinung jedoch parteifähig, wechsel- und scheckfähig, firmenrechtsfähig, insolvenzrechtsfähig und kann Gesellschafter einer Personengesellschaft sein. Sie kann das Unternehmen bereits betreiben. Freilich gilt auch hier, dass die Gründer sich dann der Gefahr persönlicher Haftung aussetzen, sei es gegenüber der Vorgesellschaft, sei es gegenüber den Gläubigern.

**Entsteht die AG**, geht das Vermögen der Vorgesellschaft auf dem Wege der Universalsukzession auf die AG über. Die AG übernimmt von der Vorgesellschaft erworbenes Sachvermögen, ebenso Forderungen, die von der Vorgesellschaft mit Blick auf die zukünftige AG erworben worden sind. In Verträge und Verbindlichkeiten der Vorgesellschaft tritt die AG nach Maßgabe des § 41 Abs. 2 AktG ebenfalls auf weitgehende Weise ein.

Ist im Zeitpunkt der Entstehung der AG das Vermögen der Vorgesellschaft bzw. nunmehr: der AG niedriger als das Grundkapital, hätte dies auch hier zur Folge, dass die AG an ihrem Beginn nicht mindestens mit ihrem Grundkapital, wie es das Handelsregister ausweist, ausgestattet wäre. Um dies zu vermeiden, geht die herrschende Meinung auch hier von einer Unterbilanzhaftung der Gründer aus, d.h. die AG kann von ihren Gründern Ersatz der Differenz verlangen.

**Scheitert die Gründung**, kann die juristische Person AG nicht mehr entstehen. Den Gläubigern haftet dann das Vermögen der Vorgesellschaft. Daneben normiert § 41 Abs. 1 S. 2 AktG, wie bei der GmbH, eine Handelndenhaftung. Zudem kann die Vorgesellschaft auch hier nach herrschender Meinung von ihren Gesellschaftern Verlustdeckung verlangen, und zwar anteilig; die Gläubiger können den Verlustdeckungsanspruch der Vorgesellschaft pfänden.

Scheitert die Gründung bereits im Stadium der Vorgründungsgesellschaft, können die Gläubiger regelmäßig auf das Vermögen der Vorgründungsgesellschaft zugreifen. Zudem können die Gläubiger die Gesellschafter, ist die Vorgründungsgesellschaft eine BGB-Gesellschaft, gem. § 128 HGB analog, ist die Vorgründungsgesellschaft eine OHG, gem. § 128 HGB unmittelbar in Anspruch nehmen.[139]

---

138 Vgl. zum Vorstehenden und zum Folgenden bereits S. 89 f. sowie zur Parallelkonstellation bei der GmbH S. 80 ff.

139 Vgl. zum Vorstehenden näher etwa *Hüffer*, AktG, § 41 RdNr. 1 ff.

**Fall**

A, B und C wollen die A-AG gründen, um auf dieser Grundlage Bier nach Südamerika zu exportieren. An wen kann V sich halten, wenn A mit Zustimmung der Anderen, aber vor Eintragung der A-AG ins Handelsregister bei V eine Lagerhalle für die künftige A-AG anmietet und es dann wegen eines Zerwürfnisses nicht zur Eintragung der A-AG kommt?

**Lösung:** Nachdem die AG nicht mehr entstehen, also auch den Mietvertrag nicht mehr übernehmen kann, ist zu unterscheiden: (1) Ist die Gründung nicht über das Stadium der Vorgründungsgesellschaft hinausgekommen, besteht der Mietvertrag zwischen der Vorgründungsgesellschaft, welche je nach Umfang ihrer Tätigkeit als BGB-Gesellschaft oder als OHG einzuordnen ist, und V. V kann in diesem Fall wegen ihm zustehender Forderungen gem. § 124 HGB analog die BGB-Gesellschaft bzw. gem. § 124 HGB die OHG in Anspruch nehmen. Darüber hinaus haften die Gesellschafter A, B und C gem. § 128 HGB analog (BGB-Gesellschaft) bzw. gem. § 128 HGB (OHG) persönlich. (2) War bereits das Stadium der Vorgesellschaft erreicht, d.h. waren die Satzung festgestellt und in dieser die Aktien durch A, B und C übernommen, besteht der Mietvertrag zwischen der Vorgesellschaft als Gesellschaft sui generis und V. Neben dem Vermögen der Vorgesellschaft kann V hier den A als Handelnden gem. § 41 Abs. 1 S. 2 AktG in Anspruch nehmen. Besteht bei der Vorgesellschaft ein Verlust, haben A, B und C diesen der Vorgesellschaft auszugleichen, und zwar anteilig entsprechend ihrer jeweiligen Beteiligung. V kann dann diese Verlustdeckungsansprüche der A-AG gegen A, B und C pfänden. Weitere direkte Ansprüche des V gegen A, B und C kommen hier nach herrschender Meinung grundsätzlich nicht in Betracht, es sei denn, die Vorgesellschaft ist faktisch nicht mehr existent; dann sollen die Gläubiger die Verlustdeckungsansprüche der Vorgesellschaft ohne weiteres selbst geltend machen können.

### b) Besondere Konstellationen

**Besondere Konstellationen** ergeben sich auch hier zunächst bei der Ein-Personen-AG.

Die **Ein-Personen-AG** ist gem. § 2 AktG ausdrücklich zulässig. Zu ihr kann es kommen, wenn die AG von vornherein nur durch eine Person gegründet wird, aber auch wenn sich im Laufe der Zeit alle Aktien einer AG im Sinne des § 42 AktG bei einer Person vereinigen oder durch Spaltungen nach UmwG. Angesichts des fehlenden Abstimmungsaufwands bringt die Ein-Personen-AG viele faktische Erleichterungen mit sich.

Rechtliche Besonderheiten folgen daraus, dass für die Einberufung der Hauptversammlung die Erleichterung des § 121 Abs. 4 AktG gilt, der Stimmrechtsausschluss des § 136 Abs. 1 AktG nicht gilt, die Pflicht zur Erstellung eines Teilnehmerverzeichnisses gem. § 129 Abs. 1 AktG entfällt oder gem. § 293b AktG die Prüfung von Unternehmensverträgen nicht erforderlich ist. Regelmäßig werden zudem die Sonderregeln für nichtbörsennotierte AG'n gelten.

Inwieweit bei Rechtsgeschäften zwischen der Ein-Personen-AG und ihrem Alleingesellschafter Sonderregeln gelten, ist nicht ganz klar, da hier eine § 35 Abs. 3 GmbHG entsprechende Regelung fehlt. Für das Vorfeld der Ein-Personen-AG wird, wie bei der Entstehung der GmbH, vertreten, dass an die Stelle der Vorgesellschaft ein Sondervermögen des Gründers tritt; scheitert die Gründung, soll der Alleingründer den Gläubigern unmittelbar haften.[140]

140 Vgl. zum Vorstehenden bereits S. 91 f. sowie hierzu noch näher etwa *Hüffer*, AktG, § 41 RdNr. 17a ff. und § 42 RdNr. 1 f.

**Häufig werden sich Besonderheiten** bei der AG zudem aus dem Kapitalmarktrecht sowie aus dem Corporate Governance Kodex ergeben. Zum Kapitalmarktrecht werden die Vorschriften des Börsen-, des Depot-, des Finanzdienstleistungsaufsichts-, des Investment-, des Kapitalanleger-Musterverfahrens-, des Kreditwesen-, des Verkaufsprospekt-, des Wagniskapitalbeteiligungs- oder des Wertpapierprospektgesetzes gezählt.

Besondere Bedeutung kommt vorliegend dem Wertpapierhandelsgesetz (WpHG) und dem Wertpapiererwerbs- und Übernahmegesetz (WpÜG) zu. Diese Gesetze, wie auch die anderen vorgenannten Gesetze, generieren zwar keine besonderen Gesellschaftsformen. Sie schaffen aber für börsennotierte Gesellschaften bestimmte Melde-, Veröffentlichungs- oder Mitteilungspflichten, verbieten bestimmte Geschäfte und schreiben öffentliche Angebote vor.[141]

Beim Corporate Governance Kodex verhält es sich ähnlich. Auch hier werden keine besonderen Gesellschaftsformen generiert. Der Corporate Governance Kodex enthält jedoch für börsennotierte Gesellschaften Empfehlungen und damit Besonderheiten, die eine vom Bundesjustizministerium eingesetzte Kommission entwickelt hat. Über § 161 AktG kann der Corporate Governance Kodex Verbindlichkeit erlangen, was in der Praxis zunehmend relevant wird.[142]

**Fall**

A ist Allein-Aktionär der A-AG, die im Jahr ca. 70 Millionen EUR Umsatzerlöse erzielt und ca. 600 Arbeitnehmer beschäftigt. Vorstand V möchte wissen, ob die Einberufung der Hauptversammlung im Bundesanzeiger bekannt gemacht werden muss, wann er den Jahresabschluss aufstellen muss und ob für die A-AG Mitbestimmung gilt?

**Lösung:** (1) Die Einberufung der Hauptversammlung ist in § 121 AktG geregelt. Gem. § 121 Abs. 4 AktG kann der Vorstand die Hauptversammlung, da mit A alle Aktionäre der A-AG namentlich bekannt sind, mit eingeschriebenem Brief einberufen. (2) Der Jahresabschluss einer AG muss gem. § 264 Abs. 1 S. 2 HGB vom Vorstand in den ersten drei Monaten des Geschäftsjahres für das vergangene Geschäftsjahr aufgestellt werden. Zwar dürfen gem. § 264 Abs. 1 S. 3 HGB kleine Kapitalgesellschaften im Sinne des § 267 Abs. 1 HGB den Jahresabschluss auch später aufstellen; vorliegend sind die Voraussetzungen einer kleinen AG im Sinne des HGB jedoch nicht erfüllt, da zwei der in § 267 Abs. 1 HGB genannten Kriterien überschritten sind. (3) Ob eine AG der Mitbestimmung unterfällt, richtet sich nach Mitbestimmungsrecht. Da die A-AG mehr als 500 Arbeitnehmer beschäftigt, unterfällt sie gem. § 1 Abs. 1 Nr.1 DrittelbG der Mitbestimmung; der Aufsichtsrat ist unter Berücksichtigung der §§ 4 ff. DrittelbG zu bilden.

141 Vgl. hierzu näher etwa *Buck-Heeb*, Kapitalmarktrecht; *Siller*, Kapitalmarktrecht.
142 Vgl. hierzu näher etwa *Hüffer*, AktG, § 76 RdNr. 15a ff. sowie aus der Rechtsprechung der jüngeren Zeit etwa BGH, Urt. v. 16.2.2009, NZG 2009, S. 342 – Kirch/Deutsche Bank.

### c) Problem: Die desolate AG

**Fehler** bei Gründung oder Änderung können auch bei der AG unterschiedliche Folgen nach sich ziehen.

**Die zur GmbH entwickelten Grundsätze** gelten hier weitgehend entsprechend. Wie das GmbHG enthält auch das AktG, anders als das Personengesellschaftsrecht, Regelungen hierzu. Ist die AG nicht ordnungsgemäß errichtet und angemeldet, wird das Gericht die Eintragung gem. § 38 Abs. 1 AktG ablehnen, es sei denn, es liegt ein Fall des § 38 Abs. 3 AktG vor. In den Fällen des § 38 Abs. 2 AktG kann das Gericht die Eintragung ablehnen.

Kommt es zur Eintragung, obwohl ein Fehler vorliegt, genießt die AG von nun an Bestandsschutz. Die AG kann jedoch in den Fällen des § 275 AktG für nichtig erklärt werden. Liegt einer der dort genannten Fehler vor, kann jeder Aktionär und jedes Vorstands- oder Aufsichtsratsmitglied Nichtigkeitsklage erheben. Gibt das Gericht der Klage statt, ist die AG gem. § 277 AktG nach den bei Auflösung geltenden Grundsätzen abzuwickeln.[143]

**Weitere Fehler** können sich bei Satzungsänderungen ergeben. Sind hier Hauptversammlungsbeschlüsse gem. § 241 AktG nichtig, dürfen diese nicht in das Handelsregister eingetragen werden; die AG bleibt unverändert. Kommt es gleichwohl zur Eintragung, kann es im Rahmen des § 242 AktG zur Heilung kommen, andernfalls ist das Register zu korrigieren. Sind Beschlüsse gem. § 243 AktG anfechtbar, ist die Eintragbarkeit im Einzelfall zu prüfen.

Weitere Fehler können bei der Übernahme von Aktien im Rahmen einer Kapitalerhöhung geschehen. Aktionäre können sich hier geirrt haben, sie können arglistig getäuscht worden sein oder es kann ein Formfehler vorliegen. Auch in diesen Fällen wird die Eintragung regelmäßig nicht erfolgen dürfen. Ist die Eintragung erfolgt, ist die Kapitalerhöhung grundsätzlich wirksam und die Aktionäre haben ihre Einlagen zu erbringen.[144]

**Fall**

Bei der Gründung der A-AG, die Autoteile in großem Umfang aus dem Ausland importieren soll, ist vergessen worden, in der Satzung den Unternehmensgegenstand anzugeben. Durch ein Versehen ist die A-AG gleichwohl im Handelsregister eingetragen worden. Vorstand V fragt, ob die A-AG wirksam gegründet worden ist?

**Lösung:** Enthält die Satzung der A-AG keine Bestimmung über den Gegenstand des Unternehmens, kann gem. § 275 Abs. 1 AktG jeder Aktionär und jedes Mitglied des Vorstands und des Aufsichtsrats darauf klagen, dass die A-AG für nichtig erklärt wird. Der Mangel ist jedoch gem. § 276 AktG heilbar, wenn der Unternehmensgegenstand nunmehr nachträglich von der Hauptversammlung nach den für Satzungsänderungen geltenden Vorschriften der §§ 179 ff. AktG bestimmt wird. Die Nichtigkeitsklage kann gem. § 275 Abs. 2 AktG erst erhoben werden, nachdem ein Klageberechtigter die Gesellschaft aufgefordert hat, den Mangel zu beseitigen und sie binnen einer Frist von drei Monaten dieser Aufforderung nicht nachgekommen ist.

---

143 Vgl. zum Vorstehenden bereits S. 89 f. und S. 109 f.

144 Vgl. zum Vorstehenden bereits S. 96 und S. 107 sowie näher etwa *Grunewald*, Gesellschaftsrecht S. 326 f.; *K. Schmidt*, Gesellschaftsrecht, S. 136 ff.

# IV. Weitere Formen

## 1. Die KGaA

### a) Die KGaA in der Praxis

**Die KGaA**, eine Mischform zwischen AG und KG, ist in den §§ 278 ff. AktG geregelt.

**Der Gesetzgeber will** mit der KGaA eine Rechtsform zur Verfügung stellen, die die Vorteile von Kapital- und Personengesellschaft verbindet. Während die KGaA früher als Sonderform der KG gesehen wurde, steht sie heute der AG nahe. Dies zeigt sich daran, dass die KGaA im AktG geregelt ist und im Verweis des § 278 Abs. 3 AktG auf die Vorschriften des AktG. Die KGaA ist gem. § 278 Abs. 1 AktG juristische Person und gem. § 3 Abs. 1 Nr. 2 UmwG Kapitalgesellschaft.

Den Gläubigern der KGaA haftet gem. § 278 Abs. 1 AktG mindestens ein Gesellschafter unbeschränkt, was eine Besonderheit im Kreis der juristischen Personen darstellt. Für die persönlich haftenden Gesellschafter gelten gem. § 278 Abs. 2 AktG streckenweise die Vorschriften des HGB für die KG. Die übrigen Gesellschafter, die sog. Kommanditaktionäre, sind an dem in Aktien zerlegten Grundkapital beteiligt, ohne persönlich für die Verbindlichkeiten der KGaA zu haften.

So sind drei Akteure zu unterscheiden. Die KGaA ist als juristische Person und Kapitalgesellschaft Unternehmensträger. Daneben stehen die Gesellschafter und zwar aufgeteilt nach persönlich haftenden Gesellschaftern auf der einen und Kommanditaktionären auf der anderen Seite. Blickt man auf die Verfassung, kommt die zentrale Rolle den persönlich haftenden Gesellschaftern zu. Daneben stehen auch hier Hauptversammlung und Aufsichtsrat.[145]

**Die Zahl der KGaA'n** in der Praxis ist zwar gering. So ist von 200 bis 300 KGaA'n die Rede. Gleichwohl darf die Bedeutung auch dieser Rechtsform nicht unterschätzt werden. Die KGaA ermöglicht es mit ihren beiden Gesellschaftertypen Familienunternehmen, einzelnen Mitgliedern der Familie unterschiedliche Positionen zukommen zu lassen. Unternehmen des Mittelstands können sich über die KGaA Kapital beschaffen.

Indem der Gesetzgeber in § 279 Abs. 2 AktG zugelassen hat, dass auch ausschließlich GmbH'n, AG'n oder GmbH&CoKG'n persönlich haftende Gesellschafter einer KGaA sein können, ist die Bedeutung der KGaA weiter gestiegen. Bekannte Beispiele der KGaA sind etwa die Henkel-KGaA oder die REWE-Handelsgesellschaft-KGaA und für die GmbH&CoKGaA bzw. die AG&CoKGaA die Fresenius Medical-Care-AG&CoKGaA.

Die Unternehmensgegenstände der KGaA sind grundsätzlich ebenso vielfältig wie bei der AG. Gleichwohl lassen sich Schwerpunkte feststellen. Ein Schwerpunkt liegt im Privatbankenbereich. Beispiel ist hier etwa die Hauck&Aufhäuser-KGaA. Einen anderen Schwerpunkt bilden Fußballvereine. So sind etwa die Lizenzspielerabteilungen des

---

145 Vgl. hierzu und zum Folgenden bereits S. 6, S. 24 und S. 39.

1. FC Köln, von Borussia Dortmund oder von Hertha BSC Berlin in der Rechtsform der GmbH&CoKGaA organisiert.

### b) Grundzüge der KGaA

**Bei den Grundzügen** der KGaA sollen primär Verfassung und Haftung ins Auge gefasst werden.

**Bei der Verfassung** der KGaA, kommt den persönlich haftenden Gesellschaftern die zentrale Rolle zu. Gem. § 278 Abs. 2 AktG obliegt ihnen allein Geschäftsführung und Vertretung. Es gilt der Grundsatz der Selbstorganschaft. Zu einer Berufung durch den Aufsichtsrat kommt es nicht, eine Folge des Zusammenhangs zwischen Handeln und Haftung. Hinsichtlich der Einzelheiten verweist § 278 Abs. 2 AktG auf die §§ 161 ff. HGB.

Der Verweis des § 278 Abs. 2 AktG auf die §§ 161 ff. HGB gilt auch für das Verhältnis der persönlich haftenden Gesellschafter zu den anderen Gesellschaftern sowie für ihre Haftung. Zudem ergeben sich die Aufgaben der persönlich haftenden Gesellschafter aus § 283 AktG, der auf Vorschriften für den Vorstand der AG verweist, etwa betreffend die Gründung der KGaA, die Einberufung der Hauptversammlung oder die Pflichten gegenüber dem Aufsichtsrat.

Für die KGaA im Übrigen gilt prinzipiell der Verweis des § 278 Abs. 3 AktG auf die für die AG geltenden Vorschriften, korrigiert durch die §§ 279 ff. AktG. So enthält § 285 AktG besondere Regelungen für die Stellung des persönlich haftenden Gesellschafters in der Hauptversammlung. Ansonsten gilt hier dasselbe wie bei der AG. Entsprechend verhält es sich beim Aufsichtsrat, wobei § 287 AktG dem Aufsichtsrat weit reichende Aufgaben überträgt.[146]

**Für die Haftung bei der KGaA** ist auch hier zunächst zwischen der KGaA und ihren Gesellschaftern zu unterscheiden. Die KGaA haftet ihren Gläubigern mit dem Gesellschaftsvermögen. Die Gläubiger können auf alles zugreifen, was sich im Gesellschaftsvermögen befindet. Dies ergibt sich aus der Stellung der KGaA gem. § 278 Abs. 1 AktG als juristische Person sowie aus dem Verweis des § 278 Abs. 3 AktG auf § 1 Abs. 1 S. 2 AktG.

Bei den Gesellschaftern der KGaA ist zu unterscheiden. Die persönlich haftenden Gesellschafter haften für die Verbindlichkeiten der KGaA gem. § 278 Abs. 2 AktG i.V.m. den §§ 161 Abs. 2; 128 HGB persönlich und unbeschränkt. Die Kommanditaktionäre haben demgegenüber nur ihre Einlagen zu erbringen. Sie können gem. § 278 Abs. 1 AktG, wie die Aktionäre einer AG, nicht persönlich von den Gläubigern in Anspruch genommen werden.

Kommt es zu Pflichtverletzungen bei Geschäftsführung und Vertretung, dürften die persönlich haftenden Gesellschafter zwar grundsätzlich wie Vorstandsmitglieder haf-

146 Zu Einzelheiten vgl. etwa *Hüffer*, AktG, § 278 RdNr. 15.

ten. Angesichts der ohnehin bestehenden persönlichen Haftung der persönlich haftenden Gesellschafter tritt dies vorliegend jedoch in den Hintergrund. Für die Haftung des Aufsichtsrats gelten die zur Haftung des Aufsichtsrats bei der AG angestellten Überlegungen entsprechend.[147]

**Bei sonstigen Fragen**, die sich bei der KGaA ergeben können, ist systematisch ebenso vorzugehen. Für die Gründung der KGaA enthalten etwa die §§ 279–282 AktG Sonderregeln. Im Übrigen gelten die hier für die AG entwickelten Grundzüge entsprechend. Für Auflösung und Abwicklung enthalten die §§ 289; 290 AktG Sonderregeln, ansonsten gelten die für Auflösung und Abwicklung bei der AG entwickelten Grundsätze entsprechend.

Steuerlich ist die KGaA selbst gem. § 1 Abs. 1 Nr. 1 KStG körperschaftsteuerpflichtig. Bei der Ermittlung des Gewinns der KGaA können dabei im Rahmen des § 9 Abs. 1 Nr. 1 KStG die Gewinnanteile der persönlich haftenden Gesellschafter sowie deren Vergütungen für die Geschäftsführung als Aufwendungen abgezogen werden. Hierneben wird die KGaA regelmäßig selbst gewerbesteuerpflichtig und umsatzsteuerpflichtig sein.

Auf Seiten der persönlich haftenden Gesellschaftern sind deren Gewinnanteile und Vergütungen im Rahmen des § 15 Abs. 1 S. 1 Nr. 3 Einkünfte aus Gewerbebetrieb, wenn die Gesellschafter natürliche Personen sind. Handelt es sich um juristische Personen, etwa um eine GmbH, sind sie körperschaftsteuerpflichtig. Die Kommanditaktionäre erzielen gem. § 20 Abs. 1 Nr. 1 EStG Einkünfte aus Kapitalvermögen bzw. sind, soweit es sich um juristische Personen handelt, wieder körperschaftsteuerpflichtig.[148]

**Fall**

A und B sind persönlich haftende Gesellschafter der A-KGaA. Sie fragen an, ob jeder einzeln zur Vertretung der A-KGaA berechtigt ist?

**Lösung:** Gem. § 278 Abs. 2 AktG sind die persönlich haftenden Gesellschafter zur Vertretung der KGaA berechtigt. Ob es sich hierbei um eine Einzelvertretung oder eine Gesamtvertretung handelt, sagt die Vorschrift nicht ausdrücklich. § 278 Abs. 2 AktG verweist insoweit auf die Vorschriften des HGB über die KG. Da auch die §§ 161 ff. HGB hier keine Regelung treffen, gilt der weitere Verweis des § 161 Abs. 2 HGB auf die für die OHG geltenden Vorschriften der §§ 105 ff. HGB. Nach dem dortigen § 125 HGB ist zur Vertretung der Gesellschaft grundsätzlich jeder Gesellschafter allein berechtigt. A und B können die A-KGaA daher jeweils einzeln vertreten. Ergänzend: Bei außergewöhnlichen Geschäften dürfte allerdings gem. § 278 Abs. 2 AktG i.V.m. § 164 HGB die Hauptversammlung zustimmen müssen. Gem. den §§ 278 Abs. 2; 111 Abs. 1 AktG hat der Aufsichtsrat die Geschäftsführung durch die persönlich haftenden Gesellschafter zu überwachen.

147 Vgl. zum Vorstehenden bereits die Parallelüberlegungen bei der AG S. 101 f.
148 Vgl. hierzu näher etwa *Wacker*, in: Schmidt, EStG, § 15 RdNr. 890 f.; *Weber-Grellet*, in: Schmidt, EStG, § 20 RdNr. 52 ff.

## 2. Die (britische) Limited

### a) Die Limited in der Praxis

**Die Limited** hat sich in den vergangenen Jahren zunehmend zu einer Konkurrenz für die GmbH entwickelt.

**Als Limited wird** allgemein eine Gesellschaft anglo-amerikanischen Rechts bezeichnet, bei der die Haftung beschränkt ist. Vorteile der Limited werden im Vergleich mit GmbH und AG darin gesehen, dass der Gründungsaufwand geringer und dass die Gründung schneller möglich ist. Die Limited kann jedoch auch Schwierigkeiten mit sich bringen. So wird auf eine Limited regelmäßig britisches Gesellschaftsrecht anzuwenden sein.[149]

In Deutschland wird in der Regel die britische Private company limited by shares (Ltd.) genutzt. Zu deren Einordnung ein kurzer Blick auf das britische Gesellschaftsrecht: Anders als das deutsche Recht unterscheidet das britische Gesellschaftsrecht zwischen Gesellschaftsrecht allgemein (company law) und Recht der Personengesellschaften (partnership law). Bei den Partnerships, den Personengesellschaften ist die Haftung weitgehend unbegrenzt.

Bei den Companies, den juristischen Personen, ist die Haftung begrenzt. Die Private company limited by shares (Ltd.) stellt dabei die wohl häufigste britische Gesellschaftsform dar und wird meist von kleinen und mittleren Unternehmen gewählt. Die Public limited company (PLC) kann ihre Aktien an der Börse handeln und wird von größeren Unternehmen verwendet. Zwischen Partnership und Limited steht die Limited liability partnership (LLP).[150]

**In Deutschland** ist eine in Großbritannien nach dortigem Recht gegründete und dort eingetragene Limited nach EuGH und BGH anzuerkennen. Sie ist nach dem britischen Companies Act 2006 (CA 2006) zu behandeln und somit rechts- und parteifähig und in ihrer Haftung beschränkt. Angesichts dessen, dass eine Limited in Großbritannien schnell gegründet werden kann, existieren in Deutschland inzwischen zahlreiche Unternehmen mit dieser Rechtsform.

Erfüllt die Tätigkeit der Limited in Deutschland die Voraussetzungen einer Zweigniederlassung, muss sie hier entsprechend den §§ 13d ff. HGB in das Handelsregister eingetragen werden. Dies ist der Fall, wenn es sich um eine wirtschaftlich und organisatorisch verselbstständigte Einheit handelt. Die Eintragung kann Vorteile mit sich bringen, etwa bei der Eröffnung eines Bankkontos. Liegt nur eine unselbstständige Betriebsstätte vor, reicht, bei Gewerben, eine Gewerbeanmeldung aus.[151]

---

149 Vgl. zum Vorstehenden und zum Folgenden bereits S. 9 und S. 33 ff.

150 Vgl. näher etwa *Just*, Die englische Limited in der Praxis, S. 2 ff. sowie näher zur britischen Public limited Company (PLC) *Degenhardt*, Companies Act (U.K.) bzw. zur britischen Limited liability partnership (LLP) *Henssler/Mansel*, NJW 2007, S. 1393.

151 Vgl. näher etwa *Just*, Die englische Limited in der Praxis, S. 11 ff.

Die Zahlenangaben zur Limited schwanken, da in Deutschland nicht jede Limited eingetragen wird. Meist wird von 30 000 bis 40 000 Limiteds in Deutschland gesprochen. Die Public limited company (PLC) steht demgegenüber in Deutschland im Hintergrund. Ob die Neuerungen des MoMiG und hier insbesondere die Unternehmergesellschaft (haftungsbeschränkt) die Limited wieder zurückdrängen werden, wird sich in den kommenden Jahren zeigen.

### b) Grundzüge der Limited

**Die Strukturen** der Private company limited by shares (Ltd.) können hier nur in Grundzügen dargestellt werden.

**Die Gründung** hat nach dem Companies Act 2006 (CA 2006) zu erfolgen. Die Limited entsteht durch Eintragung in das Gesellschaftsregister (Companies House) in Cardiff. Hierzu sind vorzulegen: Memorandum of association, Gesellschaftsvertrag, Registrierungsantrag, Erklärung zum Kapital, Bestätigung eines Anwalts (solicitor, barrister, notary), dass alle gesetzlichen Anforderungen eingehalten wurden sowie ein Scheck zur Deckung der Gebühren von 20,– Pfund.

Gesellschaftsvertrag sind die Articles of association. Diese regeln das Innenverhältnis der Limited; hier wird regelmäßig eine Mustersatzung verwendet. Das Memorandum of association ist nach dem Companies Act 2006 kein Teil des Gesellschaftsvertrages mehr. Es enthält nur noch die Erklärung, dass die Unterschreibenden Gesellschafter der Limited werden wollen. Der Gesellschaftssitz (Registered Office) muss in England, Wales, Schottland oder Nordirland liegen.[152]

**Die Verfassung** der Limited schreibt Gesellschafter (Shareholders), Vorstand (Board of Directors) und, seit dem Jahr 2008 nicht mehr zwingend, Schriftführer (Company Secretary) vor. Die Gesellschafter wählen, der deutschen GmbH vergleichbar, den Vorstand und entscheiden durch Beschlüsse über grundlegende Fragen der Limited. Die Gesellschafter können dabei auf die Abhaltung von Hauptversammlungen verzichten und Entscheidungen im Umlaufverfahren treffen.

Der Vorstand der Limited muss aus mindestens einer Person (Director) bestehen. Handelt es sich um mehrere Personen, kann zwischen geschäftsführenden (Executive Directors) und beratenden und überwachenden (Non-Executive-Directors) Mitgliedern unterschieden werden. Hat die Limited einen Schriftführer, ist dieser insbesondere für Mitteilungen an das britische Handelsregister zuständig; die Position des Schriftführers ist in Deutschland ohne Entsprechung.

**Den Gläubigern haftet** das Gesellschaftsvermögen. Eine Haftung der Gesellschafter ist, wie bei AG und GmbH, im Grundsatz ausgeschlossen. Gleiches gilt für den Vorstand, wenngleich dessen Pflichten durch den Companies Act 2006 erweitert worden sind. Die Tatsache, dass eine Limited mit nur 1,– Pfund Mindestkapital gegründet wer-

152 Vgl. zum Vorstehenden und zum Folgenden näher etwa *Just*, Die englische Limited in der Praxis; *Römermann*, NJW 2006, S. 2065; *Kadel*, MittBayNot 2006, S. 102.

den kann, ändert hieran ebenso wenig etwas wie die Tatsache, dass es bei ihr an einer Pflicht zur Rücklagenbildung fehlt.

Insgesamt entspricht die Limited so, insbesondere was ihre Verfassung anbelangt, am ehesten der AG. Blickt man auf ihre Anwendung in der Praxis bei kleinen und mittleren Unternehmen, entspricht sie eher der GmbH. Die Haftung ist bei der Limited, wie bei AG und GmbH, auf das Gesellschaftsvermögen beschränkt. Die Limited&CoKG ist heute in Deutschland ebenfalls anerkannt. Bei ihr handelt es sich um eine KG, bei der Komplementär eine Limited ist.[153]

**In Deutschland** ist die Limited, erreicht sie den Status einer Zweigniederlassung entsprechend den §§ 13d ff. HGB in das Handelsregister einzutragen. Buchführung, Jahresabschlussprüfung und Publizität richten sich nach britischem Recht. Hat die Limited Verwaltungssitz bzw. Zweigniederlassung in Deutschland, stellt sich die Frage, ob sie zugleich zur Buchführung nach dem in Deutschland geltenden Recht verpflichtet ist. Die Meinungen hier gehen auseinander.

Steuerrechtlich gilt: Hat die in Deutschland tätige Limited hier ihre Geschäftsleitung, ist sie hier gem. § 1 Abs. 1 Nr. 1 KStG unbeschränkt, andernfalls gem. § 2 KStG beschränkt körperschaftsteuerpflichtig. Daneben wird sie hier regelmäßig gewerbesteuer- und umsatzsteuerpflichtig sein. Was die Besteuerung der Gesellschafter anbelangt, gelten die Überlegungen zur GmbH entsprechend. Zugleich wird die Limited in Großbritannien steuerpflichtig sein.[154]

**Fall**

A ist Alleingesellschafter und Vorstand der A-Limited, welche ihr Registered Office in London hat und in Berlin tätig ist. A, der für die A-Limited in Berlin bei V in großem Umfang Computer kaufen will, möchte wissen, welches Recht in diesem Fall gilt und ob er persönlich zur Haftung herangezogen werden kann? Angenommen, die A-Limited hat in Berlin ihren Verwaltungssitz, muss sie in Berlin in das Handelsregister eingetragen werden?

**Lösung:** (1) Vertragspartner des Kaufvertrags werden die A-Limited, die in Deutschland nach der Gründungstheorie als juristische Person anzuerkennen ist, sowie V. Dabei richten sich Abschluss und Inhalt des in Berlin geschlossenen Kaufvertrages nach deutschem Recht, also nach den §§ 433 ff. BGB. Die Vertretung der A-Limited durch A als Vorstand richtet sich nach britischem Gesellschaftsrecht. Die Haftung auf Seiten der A-Limited richtet sich ebenfalls nach britischem Gesellschaftsrecht. Hiernach kann V im Grundsatz allein die A-Limited, nicht aber den A in Anspruch nehmen. (2) Hat die A-Limited in Berlin ihren Verwaltungssitz, ist sie in Berlin entsprechend den §§ 13d ff. HGB in das Handelsregister einzutragen. Die Tatsache, dass das HGB (nur) von Zweigniederlassung spricht, steht dem wohl nicht entgegen, wenn der Verwaltungssitz die Voraussetzungen der wirtschaftlichen und organisatorischen Selbstständigkeit erfüllt.[155] Soweit die Anmeldung mit beglaubigten und übersetz-

153 Vgl. zur Limited&CoKG näher etwa *Just*, Die englische Limited in der Praxis, S. 91 ff. sowie hierzu auch noch hier später S. 180 ff.

154 Vgl. näher etwa *Just*, Die englische Limited in der Praxis, S. 69 ff., 74 ff.; *Kessler/Eicke*, DStR 2005, S. 2101; *Korts/Korts*, BB 2005, S. 1474 sowie zur Besteuerung bei der GmbH bereits hier S. 70 ff.

155 Vgl. etwa *Just*, Die englische Limited in der Praxis, S. 11 f.

ten Papieren des Registered Office unter Beteiligung eines Notars erfolgen muss, verliert das Argument des geringeren Gründungsaufwands bei der Limited praktisch an Gewicht.

### 3. Sonstige Formen

**Weitere Rechtsformen** können Genossenschaft, SE, Verein und Stiftung sowie Rechtsformen des öffentlichen Rechts sein.

**Die Genossenschaft** ist gem. § 1 GenG eine Gesellschaft von nicht geschlossener Mitgliederzahl, welche die Förderung des Erwerbs oder der Wirtschaft ihrer Mitglieder mittels gemeinschaftlichen Geschäftsbetriebs bezweckt, und zwar namentlich in den in § 1 GenG genannten Fällen. Klassische Anwendungsbereiche der Genossenschaft sind die Landwirtschaft und das Handwerk. Die Zahl der Genossenschaften in Deutschland wird mit ca. 8000 angegeben.

Die Genossenschaft ist gem. §§ 2; 17 GenG juristische Person und Kaufmann und haftet den Gläubigern nur mit ihrem Gesellschaftsvermögen. Da der Betrieb des Unternehmens bei ihr allenfalls zweitrangig ist, ist die Genossenschaft weder Kapital- noch Handelsgesellschaft. Ihre Verfassung sieht Vorstand, Aufsichtsrat und General- bzw. Vertreterversammlung vor (vgl. §§ 24 ff.; 36 ff.; 43 ff. GenG). Auf europäischer Ebene ist die SCE im Jahre 2006 neben die Genossenschaft getreten.[156]

**Bei der SE** handelt es sich auch um eine Rechtsform, und zwar um eine europäische Rechtsform. Die SE hat die Bildung europaweiter Holdings im Focus. Will man in Deutschland (nur) ein Unternehmen gründen, steht die SE nicht zur Verfügung, weshalb sie vorliegend auch ganz im Hintergrund steht. Will man mehrere europäische Unternehmen verbinden, ist dies zudem nur auf den in Art. 2 SE-VO vorgesehenen Wegen möglich.

In den Fällen eines Verbundes in Form der SE bestehen die Vorteile darin, dass bei der SE europaweit dieselben Rahmenregeln gelten und so Übertragungen von Unternehmen und Sitzverlegungen vergleichsweise einfach möglich sind. Auch erweckt ein Zusammenschluss unter dem Dach einer SE nach außen den Anschein gleichwertiger Partner. Bisher ist es so etwa bei der Allianz-SE oder der Porsche-Automobil-Holding-SE zu einer SE gekommen.[157]

**Verein und Stiftung** sind die beiden Grundtypen der juristischen Personen. Der eingetragene nicht wirtschaftliche Verein gem. § 21 BGB, geregelt im Allgemeinen Teil des BGB in den §§ 21 ff.; 55 ff. BGB, stellt systematisch, weitgehend auch historisch, den Ursprung von GmbH, AG und KGaA dar. Da GmbH, AG, KGaA und auch die Limited den Verein als Unternehmensträger weitgehend abgelöst haben, soll auch auf ihn hier nicht näher eingegangen werden.[158]

---

156 Vgl. zum Vorstehenden bereits S. 9, S. 24 und S. 32 sowie hierzu noch näher etwa *Müssig*, Wirtschaftsprivatrecht, S. 451 ff.; *Grunewald*, Gesellschaftsrecht, S 419 ff.

157 Vgl. zum Vorstehenden bereits S. 31 f.

158 Vgl. hierzu und zum Folgenden bereits S. 20 f.

Die Stiftung, geregelt in den §§ 80 ff. BGB, stellt neben dem Verein den zweiten Grundtypus der juristischen Personen dar. Anders als beim Verein, bei dem den Mitgliedern die zentrale Position zukommt, steht bei der Stiftung die Einrichtung eines Vermögens zur Erfüllung eines Zwecks im Vordergrund. Obwohl als Rechtsform für Familienunternehmen immer wieder aktuell, soll auch die Stiftung hier nicht näher behandelt werden.[159]

**Im öffentlichen Recht** schließlich finden sich ebenfalls Rechtsformen, die Unternehmensträger sein können. Die Rechtsformen hier sind juristische Personen. Man unterscheidet bei ihnen, dem Dualismus von Verein und Stiftung vergleichbar, zwischen Körperschaften, wie Gemeinden, Zweckverbänden, Kammern, Universitäten oder Fachhochschulen, einerseits und Anstalten des öffentlichen Rechts, etwa ARD und ZDF, andererseits. Stiftungen des öffentlichen Rechts kommen hinzu.

Zum Betrieb eines Unternehmens in engem Zusammenhang mit dem öffentlichen Recht kommt es etwa, wenn Gemeinden Angebote beim Trinkwasser oder kultureller Art machen, Sparkassen im Bankenbereich tätig werden oder Kammern Beratungen anbieten wollen. Auch hier stellt sich regelmäßig die Frage, in welcher Rechtsform dies zulässig und sinnvoll ist, wobei in der Regel Spezifika des öffentlichen Rechts zu beachten sein werden.[160]

**Fall**

Die Gemeinde A möchte eine Eisenbahn in ein Erholungsgebiet auf einem nahe gelegenen Berg bauen und mit den Einnahmen die Gemeindefinanzen aufbessern. A fragt an, in welcher Rechtsform dies geschehen kann und was hier rechtlich zu beachten ist, auch wenn sie, angenommen ihr Plan ist zulässig, den Bau der Eisenbahn durch ein Drittunternehmen vornehmen lässt.

**Lösung:** (1) Inwieweit Gemeinden (überhaupt) als Unternehmer auftreten und damit zu Privatunternehmen in Konkurrenz treten können, ist umstritten. Teils werden wirtschaftliche Betätigungen des Staates als grundsätzlich zulässig, teils als grundsätzlich rechtfertigungsbedürftig angesehen. (2) Ist die Betätigung zulässig, kann die Gemeinde zu diesem Zweck einen Zweckverband gründen oder eine Rechtsform des Privatrechts, etwa GmbH oder AG, wählen. Lässt sie den Bau durch ein Drittunternehmen vornehmen, ist bei dessen Auswahl zudem europäisches bzw. nationales Vergaberecht zu beachten.

159 Vgl. zur Stiftung näher etwa *Schlüter/Stolte*, Stiftungsrecht.

160 Vgl. zu den Rechtsformen des öffentlichen Rechts sowie zu den Betätigungsmöglichkeiten des Staates näher etwa *Stober*, NJW 2002, S. 2357; *Hertwig*, NZBau 2008, S. 355.

## V. Wiederholungsfragen

1. Was versteht man unter einer Kapitalgesellschaft im engeren und im weiteren Sinn und wodurch zeichnen diese sich gegenüber anderen juristischen Personen, aus?
2. Schildern Sie kurz die primären Kennzeichen und Anwendungsbereiche der GmbH bzw. der AG. Was ist eine UG (haftungsbeschränkt), was eine kleine AG?
3. Welche sind die Voraussetzungen für die Gründung einer GmbH und inwiefern ergeben sich hier bei der Ein-Personen-GmbH Besonderheiten?
4. Die Gesellschafterversammlung der A-GmbH beschließt mit einer Mehrheit von 56 % der abgegebenen Stimmen eine Satzungsänderung. Kann A, Gesellschafter der A-GmbH gegen diesen Beschluss vorgehen und, wenn ja, wie?
5. Nennen Sie die zentralen Fälle, in denen der GmbH Ansprüche gegen die Geschäftsführer oder die Gesellschafter zustehen können. Können auch die Gläubiger der GmbH entsprechende Ansprüche haben?
6. Nach welchen Vorschriften bestimmen sich die Gewinne bzw. Verluste der GmbH, wie werden diese verteilt und welchen Gewinnsteuern unterliegen die GmbH bzw. ihre Gesellschafter?
7. Welche Möglichkeiten des Gesellschafterwechsels gibt es bei der GmbH, welche sind die Gründe, die zur Auflösung einer GmbH führen können und wann endet eine GmbH?
8. Welche Phasen unterscheidet man bei der Gründung einer GmbH, welche Fehlertypen kann es hier geben und welche sind die Rechtsfolgen, die diese nach sich ziehen?
9. Welche sind die Voraussetzungen der Gründung einer AG, was versteht man hier unter einer qualifizierten Gründung und was kennzeichnet allgemein die Verfassung der AG?
10. Angenommen einer AG geht es wirtschaftlich schlecht, wer ist hier inwieweit zu einem Tätigwerden verpflichtet und welche Rechtsfolgen kann ein Untätigbleiben nach sich ziehen?
11. Welche sind die zentralen Rechte und Pflichten der Aktionäre einer AG?
12. Welche Stadien unterscheidet man im Vorfeld der AG?
13. Welche Aufgaben kommen dem Aufsichtsrat bei der KGaA zu?
14. Welche Argumente können gegen die Wahl der Rechtsform der Limited sprechen?

# D. Die Personengesellschaften

## I. Grundlagen

**Die Personengesellschaften** werden auch als Gesellschaften im engeren Sinne bezeichnet.

**Die BGB-Gesellschaft** ist der systematische Ausgangspunkt der Personengesellschaften. Diese sind Zusammenschlüsse von natürlichen und/oder juristischen Personen zur Erzielung eines gemeinsamen Zweckes, ohne dass der Status einer juristischen Person erreicht wird. Es handelt sich um Gesamthandsgemeinschaften, die partiell rechtsfähig sind. Die Gesellschafter haften den Gläubigern der Gesellschaft gegenüber persönlich.[161]

Die Personengesellschaften stehen so gleichsam zwischen dem Einzelunternehmer und den juristischen Personen. Ihre Fähigkeit, Rechte zu erwerben und Verbindlichkeiten einzugehen, rückt sie in die Nähe der juristischen Personen, die persönliche Haftung ihrer Gesellschafter in die Nähe der Einzelunternehmer. Zwischenformen wie die GmbH&CoKG zeigen zudem, dass die Grenzen zwischen den Rechtsformen fließend gestaltet sein können.[162]

**OHG und KG** sind die Personengesellschaften der Kaufleute. Ihre Bezeichnung Handelsgesellschaft knüpft an die Überschrift des Zweiten Buches des HGB: Handelsgesellschaften und stille Gesellschaft an. Gem. den §§ 105 ff.; 161 ff. HGB liegt eine OHG bzw. KG vor, wenn der Zweck der Personengesellschaft auf den Betrieb eines Handelsgewerbes im Sinne von § 1 HGB unter einer gemeinschaftlichen Firma gerichtet ist.

Ihre (Teil-)Rechtsfähigkeit normiert § 124 HGB. Die KG unterscheidet sich von der OHG dadurch, dass es bei ihr zwei Typen von Gesellschaftern gibt. Während der Komplementär, für Personengesellschaften typisch, persönlich unbeschränkt haftet, ist die Haftung des Kommanditisten beschränkt. Die GmbH&CoKG ist eine in der Haftung beschränkte Sonderform der KG, die GmbH&CoOHG eine in der Haftung beschränkte Sonderform der OHG.

**Die Partnerschaft** ist vom Gesetzgeber im Jahre 1995 als Personengesellschaft neben BGB-Gesellschaft, OHG und KG gestellt worden. Gem. § 1 Abs. 1 PartGG handelt es sich bei ihr um eine Gesellschaft, in der sich Angehörige Freier Berufe zur Ausübung ihrer Tätigkeit zusammenschließen können. Grund für ihre Schaffung war, dass den Angehörigen der Freien Berufe eine adäquate Rechtsform zur Verfügung gestellt werden sollte.

161 Vgl. hierzu und zum Folgenden bereits S. 22 ff.
162 Zur BGB-Gesellschaft vgl. im Einzelnen später S. 177 ff.

Kern der Regelung der Partnerschaft und entscheidender Unterschied gegenüber der BGB-Gesellschaft ist, dass bei der Partnerschaft die Haftung für berufliche Fehler gem. § 8 Abs. 2 PartGG beschränkt ist. Die Partnerschaft ist, wie OHG und KG, gem. § 7 Abs. 2 PartGG i.V.m. § 124 HGB (teil-) rechtsfähig. Teils finden auf sie die für die OHG geltenden Vorschriften, im Übrigen gem. § 1 Abs. 4 PartGG die Vorschriften der BGB-Gesellschaft Anwendung.

**Personengesellschaften sind** auch die stille Gesellschaft und nach herrschender Meinung die Partenreederei. Die stille Gesellschaft gem. den §§ 238 ff. HGB ist allerdings reine Innengesellschaft. Der stille Gesellschafter ist Teilhaber des Einzelunternehmers, ohne nach außen in Erscheinung zu treten. Eine Partenreederei gem. den §§ 489 ff. HGB liegt vor, wenn Personen ein ihnen gemeinschaftlich zustehendes Schiff zum Erwerbe durch die Seefahrt für gemeinschaftliche Rechnung verwenden.

## II. OHG und KG

### 1. OHG und KG in der Praxis

#### a) Primäre Anwendungsbereiche

**OHG und KG** sind die Personengesellschaften der Kaufleute und setzen ein Handelsgewerbe voraus.

**Ein Handelsgewerbe** ist gem. § 1 Abs. 2 HGB jeder Gewerbebetrieb, es sei denn, dass das Unternehmen nach Art oder Umfang einen in kaufmännischer Weise eingerichteten Geschäftsbetrieb nicht erfordert. Gewerbebetrieb ist nach herrschender Meinung jede erkennbar planmäßige, auf Dauer angelegte, selbstständige, auf Gewinnerzielung ausgerichtete oder jedenfalls wirtschaftliche Tätigkeit am Markt unter Ausschluss freiberuflicher, wissenschaftlicher und künstlerischer Tätigkeit.

Insoweit kommen als Unternehmen, die im Rahmen einer OHG oder KG betrieben werden, die herkömmlichen Geschäfte der Kaufleute, Einzelhandels- wie Großhandelsunternehmen in Betracht. Indem die Definition des Handelsgewerbes seit dem Jahr 1998 nicht mehr nur die klassischen Kaufleute, sondern jede Art von Gewerbebetrieb umfasst, zählen auch die Handwerker und die Unternehmen, die Dienstleistungen anbieten, hierher.

Gem. § 105 Abs. 2 HGB können Unternehmen, die die Voraussetzungen des § 1 Abs. 2 HGB nicht erfüllen, also Gewerbebetriebe, die nicht in kaufmännischer Weise eingerichtet sind und Unternehmen der Land- und Forstwirtschaft, sowie Unternehmen, die nur eigenes Vermögen verwalten, auf Eintragungsantrag hin OHG bzw. KG werden. Freiberufler können auch weiterhin grundsätzlich nicht in der Rechtsform einer OHG oder KG tätig werden werden.[163]

163 Vgl. zum Vorstehenden und zum Folgenden bereits S. 5, S. 7 und S. 15 f.

**Blickt man auf die Geschichte**, ist die OHG als deutschrechtlich modifizierte societas, BGB-Gesellschaft, entstanden. Sie hat sich jedoch bereits früh als eigenständige Institution weiter entwickelt. Bereits im Mittelalter findet sich die OHG als Gemeinschaft, in der Unternehmer sich zusammenschließen. Im 19. Jahrhundert erlebt die Bedeutung der OHG einen Höhepunkt, wobei freilich zunehmend nach Wegen der Haftungsbeschränkung gesucht wird.

Dem Bedürfnis der Haftungsbeschränkung entspricht die KG. Sie findet sich ebenfalls bereits im Mittelalter und überholt die OHG im Laufe der Zeit an Bedeutung. Die KG ist eine Rechtsform, die, wie die OHG, zu den unterschiedlichsten Zwecken genutzt werden kann. Besondere Bedeutung erlangt sie bereits früh bei Familienunternehmen sowie, besonders vor der Kodifikation des Aktienrechts, als Publikums-KG zum Sammeln von Kapital.

Heute ist die KG Rechtsform für Unternehmen des Mittelstands jeder Art, für kleine wie große Familienunternehmen und für Publikums-KG'n. Die OHG tritt demgegenüber in den Hintergrund. Die Zahlen verdeutlichen dies. So wird die Zahl der KG'n heute mit ca. 200 000 angegeben, die Zahl der OHG'n mit ca. 30 000 (wobei diese Zahl schwankt). Bei den KG'n dürfte die Sonderform der GmbH&CoKG den weitaus größten Raum einnehmen.[164]

**Wenn die OHG** im Folgenden gleichwohl am Beginn der Überlegungen steht, beruht dies zum einen darauf, dass die KG als gleichsam mit dem Ziel der Haftungsbeschränkung weiter entwickelte OHG angesehen werden kann. § 161 Abs. 2 HGB verweist hier immer wieder auf die OHG und auf die für diese geltenden Vorschriften. Zum anderen kommt der OHG in jüngerer Zeit im Zusammenhang mit der BGB-Gesellschaft zentrale Bedeutung zu.

### b) Weitere Anwendungsbereiche

**Die GmbH&CoKG** und die BGB-Gesellschaft und im weiteren Sinne die KGaA stehen OHG und KG nahe.

**Die Sonderform der GmbH&CoKG** zeichnet sich dadurch aus, dass bei dieser KG Komplementäre allein juristische Personen sind. Auf diese Weise wird erreicht, dass den Gläubigern dieses Unternehmensträgers keine natürliche Person mehr unbeschränkt haftet. Die GmbH&CoKG ist KG und damit Personengesellschaft und Handelsgesellschaft. Auf sie finden die für die KG geltenden Vorschriften Anwendung. Die Firma regelt § 19 Abs. 2 HGB.

Die GmbH&CoKG dürfte neben der GmbH die in Deutschland häufigste Rechtsform sein. Ihre Vorteile bestehen neben der Haftungsbeschränkung etwa darin, dass Steuervorteile der Personengesellschaften auch bei ihr zum Tragen kommen oder dass die

---

164 Vgl. zu den Zahlen bereits S. 9 sowie zur Geschichte von OHG und KG näher etwa *K. Schmidt*, Gesellschaftsrecht, S. 1360 ff., 1531 f.

Mitbestimmung bei ihr nur beschränkt gilt. Der GmbH&CoKG nahe stehen die AG&CoKG, die Limited&CoKG, die GmbH&CoOHG, die AG&CoOHG und die Limited&CoOHG.[165]

**Die BGB-Gesellschaft** ist die Grundform von OHG und KG, weshalb auch § 105 Abs. 3 HGB für die OHG im Zweifel auf die Vorschriften für die BGB-Gesellschaft verweist. Zugleich geht der BGH davon aus, dass die BGB-Gesellschaft (teil-)rechtsfähig ist, vorausgesetzt, sie tritt im Rechtsverkehr nach außen auf. In diesem Fall finden nach BGH Regelungen der OHG auch auf die BGB-Gesellschaft Anwendung, was zwar nicht den Anwendungsbereich der OHG, wohl aber den der Vorschriften der OHG erweitert.

Die KGaA erweitert auch nicht den Anwendungsbereich von KG und OHG. Indem § 278 Abs. 2 AktG jedoch für die persönlich haftenden Gesellschafter der KGaA teilweise auf die Vorschriften für die KG und § 161 Abs. 2 HGB wiederum partiell auf die Vorschriften für die OHG verweist, wird auch insoweit der Anwendungsbereich der Vorschriften von KG und OHG erweitert.

## 2. Gründung von OHG und KG

### a) Die Gründung einer OHG

**Die Gründung der OHG**, oder wie es das Gesetz formuliert „Errichtung", ist in den §§ 105 ff. HGB geregelt.

**Voraussetzungen der Gründung** sind

- mindestens zwei Vertragspartner,
- der Abschluss eines Gesellschaftsvertrages, der auf den Zweck des Betriebs eines Handelsgewerbes gerichtet ist und
- die Anmeldung und Eintragung beim Handelsregister.

**Mindestens zwei Vertragspartner** sind erforderlich, um eine OHG gründen zu können. Anders als bei der Ein-Personen-GmbH oder der Ein-Personen-AG ist die Gründung einer OHG durch nur eine Person nicht möglich. Will der Unternehmer sein Unternehmen allein betreiben, kann er dies als Einzelunternehmer tun oder er muss sich den Gründungsformalia der Ein-Personen-GmbH oder der Ein-Personen-AG unterziehen.

Gesellschafter einer OHG können natürliche Personen, juristische Personen oder Personengesellschaften sein. Bei natürlichen Personen sind in Fällen beschränkter Geschäftsfähigkeit neben den Beschränkungen der §§ 106 ff. BGB die §§ 1643; 1822 Nr. 3 BGB zu beachten. Juristische Personen können ohne weiteres Gesellschafter einer OHG sein. Für die Fälle, in denen nur juristische Personen Gesellschafter sind, gelten Ergänzungen.

Personengesellschaften können ebenfalls Gesellschafter einer OHG sein. Dies ist für OHG und KG als Gesellschafter seit jeher anerkannt. Mit der Anerkennung der Teil-

165 Vgl. hierzu bereits S. 40 f.

rechtsfähigkeit der BGB-Gesellschaft durch den BGH im Jahre 2001 wird dies nunmehr zunehmend auch für die (Außen-)BGB-Gesellschaft so gesehen. Erbengemeinschaften können demgegenüber nicht Gesellschafter einer OHG sein.[166]

**Der Abschluss des Gesellschaftsvertrages** ist grundsätzlich formfrei möglich. Unter Beweisaspekten ist Schriftform sinnvoll. In Sonderfällen kann die notarielle Form erforderlich sein, etwa gem. § 311b Abs. 1 BGB, wenn die Gesellschafter sich im Rahmen des Gesellschaftsvertrages zur Übertragung von Grundstücken verpflichten. Inwieweit bei Gründung einer OHG zugleich eine (formbedürftige) Schenkung gegeben sein kann, ist umstritten.

Der Zweck der OHG muss gem. § 105 Abs. 1 HGB auf den Betrieb eines Handelsgewerbes unter gemeinschaftlicher Firma gerichtet sein und darf gem. § 105 Abs. 2 HGB nicht nur in der Verwaltung eigenen Vermögens bestehen. Ein Handelsgewerbe liegt, wie bereits soeben gezeigt, vor, wenn die Voraussetzungen des § 1 Abs. 2 HGB erfüllt sind. Die Firma ist gem. den §§ 17 ff. HGB der Name, unter dem die OHG betrieben wird.

Schließlich darf bei keinem Gesellschafter die Haftung gegenüber den Gesellschaftsgläubigern beschränkt sein. Im Übrigen sind die Gesellschafter gem. § 109 HGB bei der Ausgestaltung des Innenverhältnisses grundsätzlich frei. Im Außenverhältnis gelten demgegenüber zahlreiche zwingende Regelungen, etwa § 123 Abs. 3 HGB zum Zeitpunkt, zu dem die OHG beginnen soll oder § 128 S. 2 HGB zur Unbeschränkbarkeit der Haftung nach außen.

**Anmeldung und Eintragung** beim Handelsregister sind in den §§ 106 ff. HGB geregelt. Die Anmeldungen sind gem. den §§ 106; 108; 12 HGB von sämtlichen Gesellschaftern elektronisch in öffentlich beglaubigter Form zu bewirken, und zwar bei dem Gericht, in dessen Bezirk die OHG ihren Sitz hat. Die Anmeldungen haben Namen, Vornamen, Geburtsdatum und Wohnort jedes Gesellschafters, die Firma der OHG und den Ort, wo sie ihren Sitz hat sowie die Vertretungsmacht der Gesellschafter zu enthalten.

Die OHG wird gem. § 123 Abs. 1 HGB im Verhältnis zu Dritten mit dem Zeitpunkt wirksam, in welchem sie in das Handelsregister eingetragen wird. Die Eintragung wirkt in diesem Fall konstitutiv. Eine Verschiebung des Zeitpunktes ist gem. § 123 Abs. 3 HGB Dritten gegenüber unwirksam. Beginnt die Gesellschaft ihre Geschäfte schon vor Eintragung, tritt die Wirksamkeit gem. § 123 Abs. 2 HGB bereits mit dem Zeitpunkt des Geschäftsbeginns ein.

Weitere Voraussetzungen wie ein Mindeststammkapital, die Erbringung von Geld- oder Sacheinlagen durch die Gesellschafter oder die Bestellung der Geschäftsführer sind hier grundsätzlich nicht erforderlich. Für Mindestkapital und Einlageerbringung ergibt sich dies aus der persönlichen unbeschränkten Haftung der Gesellschafter der OHG,

166 Vgl. zum Vorstehenden näher etwa *Klunzinger*, Gesellschaftsrecht, S. 63 ff.; *Hopt*, in: Baumbach/Hopt, HGB, § 105 RdNr. 28 ff.

für die Geschäftsführer aus der Tatsache, dass dies von Gesetzes wegen die Gesellschafter sind.

**Festhalten lässt sich**: Die OHG entsteht gem. § 123 Abs. 1 HGB grundsätzlich mit Eintragung. Beginnt die Gesellschaft ihre Geschäfte schon vor der Eintragung, tritt die Wirksamkeit gem. § 123 Abs. 2 HGB bereits mit dem Zeitpunkt des Geschäftsbeginns ein, es sei denn, es liegt ein Fall des § 105 Abs. 2 HGB vor. Die spätere Eintragung ist dann deklaratorisch, d.h. sie gibt das wieder, was bereits gegeben ist. Freiberufler können keine OHG gründen.

In den Fällen des § 105 Abs. 2 HGB entsteht in der Regel zunächst eine BGB-Gesellschaft, nämlich wenn der Gewerbebetrieb nach Art und Umfang einen in kaufmännischer Weise eingerichteten Geschäftsbetrieb nicht erfordert, die Gesellschaft nur eigenes Vermögen verwaltet oder in Fällen der Land- und Forstwirtschaft. Inwieweit hier bereits im Innenverhältnis die für die OHG geltenden Vorschriften zur Anwendung kommen, ist im Einzelfall zu prüfen.

**Mit der Errichtung** erwirbt die OHG gem. § 124 Abs. 1 HGB die Fähigkeit, unter ihrer Firma Rechte zu erwerben und Verbindlichkeiten einzugehen. Die OHG kann selbst Eigentum und andere dingliche Rechte an Grundstücken erwerben, vor Gericht klagen und verklagt werden. Dieser mit der Eintragung beim Handelsregister erlangte Status der OHG, wie auch der KG und der Partnerschaft, wird als (teil-)rechtsfähig bezeichnet.

Die Gesellschafter halten an der OHG Gesellschaftsanteile und Kapitalanteile. Die Kapitalanteile stellen eine Rechengröße dar und werden mit einem Konto verglichen. Sie zeigen das Verhältnis der Beteiligung der Gesellschafter an. Das Gesetz nimmt auf sie in § 121 HGB, § 122 HGB und § 155 HGB Bezug. Indem Gewinne und Verluste bei den Kapitalanteilen zu- bzw. abgeschrieben werden, sind diese variabel. Es können auch feste Kapitalanteile vereinbart werden.[167]

**Fall**

A und B wollen die A-OHG gründen, deren Zweck im ökologischen Anbau von Obst und Gemüse bestehen soll. Ist hier die Gründung einer OHG möglich und was ist hier besonders zu beachten, wenn A sich im Gesellschaftsvertrag zur Einbringung einer wertvollen Maschine in die OHG verpflichtet, B, der erst 17 Jahre alt ist, aber keine besondere Leistung erbringen soll?

**Lösung:** (1) Das Unternehmen, welches A und B betreiben wollen, soll im Bereich der Land- und Forstwirtschaft tätig werden mit der Folge, dass die Voraussetzungen einer OHG gem. § 105 Abs. 1 HGB i.V.m. § 105 Abs. 2 HGB und § 3 HGB nicht erfüllt sind. Nehmen A und B die Geschäfte auf, entsteht eine BGB-Gesellschaft und, wie § 123 Abs. 2 HGB nochmals betont, keine OHG. Beantragen A und B gem. § 105 Abs. 2 HGB die Eintragung der Gesellschaft ins Handelsregister, wird das Gericht diese vornehmen. Mit Eintragung entsteht die OHG konstitutiv. (2) Hinsichtlich der Verpflichtung des A, eine wertvolle Maschine in die OHG einzubringen, stellt sich angesichts dessen, dass B keine dem

167 Vgl. zu den Kapitalanteilen näher etwa *Grunewald*, Gesellschaftsrecht, S. 116 ff.; *Hopt*, in: Baumbach/Hopt, HGB, § 120 RdNr. 12 ff.; *K. Schmidt*, Gesellschaftsrecht, S. 1382 ff. sowie zum Begriff des Gesellschaftsanteils bereits hier S. 42.

entsprechende Verpflichtung übernimmt, die Frage, ob hierin eine Schenkung seitens des A zu sehen ist mit der Folge, dass der Gesellschaftsvertrag zu seiner Wirksamkeit gem. § 518 Abs. 1 BGB der notariellen Form bedarf. Die wohl herrschende Meinung geht hier davon aus, dass in der Übernahme des Haftungsrisikos durch B ebenfalls eine Leistung liegt, die Einbringung der Maschine durch A also nicht unentgeltlich erfolgt und damit eine Schenkung ausgeschlossen ist. (3) Hinsichtlich B ist zu berücksichtigen, dass dieser erst 17 Jahre alt und damit beschränkt geschäftsfähig im Sinne der §§ 106 ff. BGB ist. B bedarf daher für den Abschluss des Gesellschaftsvertrages der Zustimmung seiner gesetzlichen Vertreter. Gem. den §§ 1643; 1822 Nr. 3 BGB ist zudem die Genehmigung des Familiengerichts erforderlich.

### b) Besonderheiten bei der KG

**Für die KG** gelten zunächst die gleichen Gründungsvoraussetzungen wie für die OHG.

**Entsprechend dem Verweis** des § 161 Abs. 2 HGB auf die für die OHG geltenden Vorschriften gelten die für die OHG entwickelten Linien der Gründung im Grundsatz auch für die KG. So sind auch für die Gründung der KG mindestens zwei Vertragspartner, der Abschluss eines Gesellschaftsvertrages, der auf den Zweck des Betriebs eines Handelsgewerbes gerichtet ist sowie Anmeldung und Eintragung beim Handelsregister erforderlich.

Auch für die KG gilt, dass Gesellschafter natürliche Personen, juristische Personen, OHG und KG sein können. Eine BGB-Gesellschaft kann jedenfalls Kommanditist sein[168], ob sie Komplementär sein kann, wird zunehmend bejaht, ist jedoch noch nicht geklärt. Auch bei der KG ist der Abschluss des Gesellschaftsvertrages grundsätzlich formfrei möglich und auch hier sind die Gesellschafter bei der Gestaltung des Innen-, nicht aber des Außenverhältnisses weitgehend frei.

Die KG zielt wie die OHG primär auf den Betrieb eines Handelsgewerbes. Sie entsteht mit der Handelsregistereintragung bzw. wenn sie die Geschäfte aufnimmt. Gesellschaften, deren Unternehmen einen in kaufmännischer Weise eingerichteten Geschäftsbetrieb nicht erfordern, nur eigenes Vermögen verwalten oder im Bereich der Land- und Forstwirtschaft tätig sind, können durch Eintragung, die die Gesellschafter ausdrücklich beantragen müssen, KG werden.

**Besonderheiten** ergeben sich aus der Stellung des Kommanditisten als beschränkt haftendem Gesellschafter. Voraussetzung für das Vorliegen einer KG ist gem. § 161 Abs. 1 HGB, dass im Gesellschaftsvertrag die Haftung gegenüber den Gesellschaftsgläubigern bei einem oder einigen von den Gesellschaftern auf den Betrag einer bestimmten Vermögenseinlage beschränkt ist. Bei der Anmeldung ist dies gem. § 162 Abs. 1 und 2 HGB zu berücksichtigen.

Was die Haftungsbeschränkung der Kommanditisten im Außenverhältnis anbelangt, sind gem. § 172 Abs. 1 HGB die im Handelsregister für die Kommanditisten eingetragenen Beträge der Einlage entscheidend. Gem. § 171 Abs. 1 HGB haftet der Kommanditist nur bis zu dieser Höhe und soweit er die Einlage noch nicht geleistet hat. Ist eine zu

168 Vgl. BGH, Urt. v. 16.7.2001, NJW 2001, S. 3121 sowie nun ausdrücklich § 162 Abs. 1 S. 2 HGB.

hohe Einlage eingetragen, haftet er grundsätzlich bis zu dieser Höhe, fehlt die Eintragung, unbeschränkt.

Hat die Gesellschaft ihre Geschäfte begonnen, bevor sie in das Handelsregister eingetragen ist, gelten die zur OHG angestellten Überlegungen entsprechend. Die Kommanditisten haften dann gem. § 176 Abs. 1 HGB, haben sie dem Geschäftsbeginn zugestimmt, für die bis zur Eintragung der KG begründeten Verbindlichkeiten der Gesellschaft gleich einem persönlich haftenden Gesellschafter, es sei denn, dass ihre Beteiligung als Kommanditisten den Gläubigern bekannt war.

**Vergleicht man sie** mit den Kapitalgesellschaften, ist die Gründung von OHG und KG hiernach einfach. Der Gesellschaftsvertrag bedarf keiner bestimmten Form, Mindestkapitalerfordernisse bestehen nicht, eine Kapitalaufbringung bei Gründung ist nicht erforderlich. Anders als bei GmbH, AG und KGaA, bei denen die Handelsregistereintragung als konstitutiver Akt zwingend ist, können OHG und KG bereits mit Aufnahme der Geschäfte entstehen.

**Fall**

A, die B-AG, C und die D-BGB-Gesellschaft wollen gemeinsam die A-KG gründen, um mit dieser einen Kurier-Service zu betreiben. A und B sollen Komplementäre, C und D Kommanditisten der A-KG werden. Welche sind hier die Voraussetzungen und was ist besonders zu beachten, wenn C und D auf keinen Fall unbeschränkt in Anspruch genommen werden wollen?

**Lösung:** (1) Voraussetzung für die Entstehung der A-KG ist zunächst ein Vertrag zwischen den Beteiligten. Dabei kann die B-AG als juristische Person ohne weiteres Gesellschafter werden. Was die D-BGB-Gesellschaft anbelangt, ist zwar umstritten, ob eine BGB-Gesellschaft persönlich haftende Gesellschafterin einer OHG oder KG sein kann; dass eine BGB-Gesellschaft Kommanditist sein kann, ergibt sich heute jedoch bereits aus § 162 Abs. 1 S. 2 HGB. Voraussetzungen für die Entstehung sind zudem der Zweck eines Handelsgewerbes im Sinne des § 1 Abs. 2 HGB, der vorliegend gegeben ist, die Beschränkung der Haftung von C und D im Gesellschaftsvertrag sowie Anmeldung und Eintragung der KG beim Handelsregister. (2) Um die Haftungsbeschränkung für C und D zu gewährleisten, müssen die KG und die Beträge der Einlagen von C und D im Handelsregister eingetragen sein. Würde die Gesellschaft ihre Geschäfte vor Eintragung aufnehmen, würde § 176 Abs. 1 HGB gelten. Hiernach würden C und D, hätten sie dem Geschäftsbeginn zugestimmt, für die bis zur Eintragung begründeten Verbindlichkeiten der Gesellschaft gleich einem persönlich haftenden Gesellschafter haften, es sei denn, dass ihre Beteiligung als Kommanditist dem jeweiligen Gläubiger bekannt war. Würde die KG eingetragen, die Eintragung der Einlagen jedoch unterlassen, würden C und D gem. den §§ 171 Abs. 1; 172 Abs. 1; 161 Abs. 2; 128 HGB unbeschränkt haften. Die beiden letztgenannten Konstellationen gilt es also durch Eintragung zu vermeiden.

## 3. Verfassung und Betrieb bei OHG und KG

### a) Die Verfassung der OHG

**Die Gesellschafter** sind es, denen bei der Verfassung der OHG die zentrale Rolle zukommt.

**Geschäftsführung und Vertretung** müssen bei der OHG prinzipiell durch die Gesellschafter erfolgen. Nach dem bei der OHG geltenden Grundsatz der Selbstorganschaft müssen die Gesellschafter an Geschäftsführung und Vertretung beteiligt sein und dürfen diese nicht vollständig auf Dritte übertragen. Das Gesetz legt dies in den §§ 114 ff.; 124 ff. HGB fest. Demzufolge sind die Gesellschafter ohne weiteres Geschäftsführer und Vertreter der OHG.

Inhaltlicher Grund für den Grundsatz der Selbstorganschaft ist die persönliche Haftung der OHG-Gesellschafter. Wie bereits bei der KGaA folgt auch hier aus der persönlichen Haftung der Gesellschafter und der Verbindung zwischen Handeln und Haftung, dass es die Gesellschafter sind, die zu Geschäftsführung und Vertretung befugt sein müssen. Eine Bestellung oder ein Anstellungsvertrag sind hier, anders als bei GmbH oder AG, nicht erforderlich.[169]

**Die Gesellschafterversammlung** steht daneben als Entscheidungsorgan für grundsätzliche Fragen. In der Gesellschafterversammlung treffen die Gesellschafter die Grundlagenentscheidungen für die OHG. Gem. § 119 HGB bedarf es für die von den Gesellschaftern zu fassenden Beschlüsse der Zustimmung aller zur Mitwirkung bei der Beschlussfassung berufenen Personen, wobei der Gesellschaftsvertrag Abweichendes regeln kann.

Das Stimmrecht der Gesellschafter folgt, ohne ausdrücklich geregelt zu sein, aus der Stellung der Gesellschafter. Die Treuepflicht der Gesellschafter kann im Einzelfall eine Pflicht, auf eine bestimmte Weise abzustimmen, begründen. Ebenso kann sich im Einzelfall bei Interessenkonflikten oder aus Gesellschaftsvertrag ein Stimmrechtsausschluss ergeben. Die Beschlüsse sind Rechtsgeschäfte, welche durch die Stimmabgaben zustande kommen.[170]

**Ein Aufsichtsrat** ist bei der OHG, wie auch bei der GmbH und anders als bei der AG, grundsätzlich nicht vorgeschrieben. Auch die Mitbestimmungsgesetze sehen keinen Aufsichtsrat für die OHG vor. Die Aufzählung in § 1 DrittelbG ist abschließend. Grund dafür, dass die Mitbestimmungsgesetze weder bei der OHG noch bei den anderen Personengesellschaften Anwendung finden, ist auch hier, dass die Gesellschafter die persönliche Haftung übernehmen.

**Fall**

A und B wollen die A-OHG gründen, um mit dieser ein Taxiunternehmen zu betreiben. A und B wollen wissen, ob es Voraussetzung für die Gründung der A-OHG ist, dass sie Geschäftsführer bestellen und Aufsichtsratsmitglieder berufen?

**Lösung:** Weder die Bestellung von Geschäftsführern noch von Aufsichtsratsmitgliedern ist Voraussetzung für die Gründung. Mit Entstehung der A-OHG werden A und B gem. § 114 Abs. 1 HGB ohne weiteres zu deren Geschäftsführern. Eines Aufsichtsrats bedarf die A-OHG nicht.

169 Vgl. zum Vorstehenden bereits S. 41 und S. 53 ff.
170 Vgl. hierzu näher etwa *Hopt*, in: Baumbach/Hopt, HGB, § 119 RdNr. 5 ff.

### b) Der Betrieb der OHG

**Der Betrieb der OHG** erfolgt durch ihre Gesellschafter als Geschäftsführer und Vertreter.

**Zur Geschäftsführung** sind gem. § 114 Abs. 1 HGB alle Gesellschafter berechtigt und verpflichtet. Anders als bei der BGB-Gesellschaft gilt bei der OHG der Grundsatz der Einzelgeschäftsführung, weil dies ein schnelleres Reagieren ermöglicht. § 115 Abs. 1 HGB stellt neben § 114 Abs. 1 HGB klar, dass jeder Gesellschafter allein zu handeln berechtigt ist und normiert zugleich ein Widerspruchsrecht der verbleibenden Gesellschafter.

Im Gesellschaftsvertrag kann Abweichendes geregelt werden. Die Einzelgeschäftsführung kann auf einzelne Gesellschafter beschränkt werden mit der Folge, dass die anderen von Geschäftsführung und Widerspruchsrecht ausgeschlossen sind. Es kann Gesamtgeschäftsführung vereinbart werden, d.h. es sind, wie regelmäßig bei der BGB-Gesellschaft, alle Gesellschafter gemeinschaftlich oder ein Teil der Gesellschafter gemeinschaftlich zur Geschäftsführung befugt.

Stets gilt dabei der Grundsatz der Selbstorganschaft. Danach ist es, anders als bei GmbH und AG prinzipiell unzulässig, die Geschäftsführung allein Nichtgesellschaftern zu überlassen. Ebenfalls unzulässig wäre es, die Geschäftsführungstätigkeit ganz an die Zustimmung eines Nichtgesellschafters, etwa eines Prokuristen, zu binden. Allerdings ist hier manches unklar.[171] Liegt ein Fall der Gesamtgeschäftsführung vor, greift bei Gefahr im Verzug § 115 Abs. 2 HGB.

**Der Umfang** der Geschäftsführungsbefugnis erstreckt sich gem. § 116 Abs. 1 HGB auf alle Maßnahmen, die der gewöhnliche Betrieb des Handelsgewerbes der OHG mit sich bringt. Zur Vornahme von Handlungen, die darüber hinausgehen, ist gem. § 116 Abs. 2 HGB ein Beschluss sämtlicher Gesellschafter erforderlich. Die Bestellung eines Prokuristen und der Widerruf von Prokura sind daneben in § 116 Abs. 3 HGB besonders geregelt.

Im Gesellschaftsvertrag kann Abweichendes geregelt werden. Dabei sind Geschäftsführungsbefugnis und Umfang der Geschäftsführungsbefugnis stets klar zu trennen. Während es bei der Bestimmung der Geschäftsführungsbefugnis um die Frage geht, wer als Person für die OHG tätig werden darf, geht es bei der Bestimmung des Umfangs um die Frage, wie weit die Befugnis der zur Geschäftsführung Berufenen in der Sache im Einzelnen reicht.

Bei ihrer Tätigkeit haben die Gesellschafter auch hier die Sorgfalt eines ordentlichen Geschäftsmannes anzuwenden.[172] Zur Entziehung der Geschäftsführungsbefugnis kann es gem. § 117 HGB kommen, wenn ein wichtiger Grund vorliegt, insbesondere bei

171 Vgl. hierzu näher etwa *Grunewald*, Gesellschaftsrecht, S. 25 ff.; *Hopt*, in: Baumbach/Hopt, HGB, § 114 RdNr. 24 f.
172 Vgl. hierzu bereits bei der GmbH S. 61 f.

grober Pflichtverletzung oder Unfähigkeit zur ordnungsmäßigen Geschäftsführung. Ein Gesellschafter kann seine Geschäftsführungstätigkeit auch selbst gem. § 105 Abs. 3 HGB i.V.m. § 712 Abs. 2 BGB beenden.

**Zur Vertretung** der OHG ist gem. § 125 Abs. 1 HGB jeder Gesellschafter ermächtigt, wenn er nicht durch den Gesellschaftsvertrag von der Vertretung ausgeschlossen ist. So kann auch hier jeder Gesellschafter grundsätzlich einzeln tätig werden. Rechtstechnisch ist die Vertretungsbefugnis, anders als bei der BGB-Gesellschaft, nicht an die Geschäftsführungsbefugnis gekoppelt mit der Folge, dass beide leichter auseinander fallen können.

Auch hier kann Abweichendes geregelt werden. Die Vertretungsbefugnis kann auf einzelne Gesellschafter beschränkt oder es kann gem. § 125 Abs. 2 HGB Gesamtvertretungsbefugnis für alle oder einen Teil der Gesellschafter vereinbart werden. § 125 Abs. 3 HGB eröffnet den Weg der unechten Gesamtvertretung, der Koppelung der Vertretungsbefugnis an die Zustimmung eines Prokuristen. Abweichungen sind gem. den §§ 106; 107 HGB anzumelden und einzutragen.

Stets gilt dabei auch hier der Grundsatz der Selbstorganschaft. Auch hier ist es grundsätzlich unzulässig, die Vertretung allein einem Nichtgesellschafter zu überlassen oder ganz an die Zustimmung von Nichtgesellschaftern zu koppeln. Dies kommt auch in § 125 Abs. 3 HGB zum Ausdruck, nach dem die Koppelung der Vertretungsbefugnis an einen Prokuristen nur zulässig ist, wenn zugleich ein gemeinsames Handeln der Gesellschafter möglich bleibt.

**Der Umfang** der Vertretungsbefugnis erstreckt sich gem. § 126 Abs. 1 HGB auf alle gerichtlichen und außergerichtlichen Geschäfte und Rechtshandlungen einschließlich der Veräußerung und Belastung von Grundstücken sowie der Erteilung und des Widerrufs von Prokura. Hier wird, anders als bei der Geschäftsführungsbefugnis, nicht zwischen gewöhnlichen und darüber hinaus gehenden, außergewöhnlichen, Geschäften unterschieden.

Hinzu kommt, dass bei der Vertretungsbefugnis gem. § 126 Abs. 2 HGB eine Beschränkung des Umfangs Dritten gegenüber unwirksam ist. Dies gilt insbesondere für die Beschränkung, dass die Vertretung sich nur auf bestimmte Geschäfte oder Arten von Geschäften erstrecken oder dass sie nur unter gewissen Umständen oder für eine gewisse Zeit oder an einzelnen Orten stattfinden soll. Auf diese Weise sollen die Dritten geschützt werden.

Zur Entziehung der Vertretungsbefugnis kann es gem. § 127 HGB auch hier auf Antrag der übrigen Gesellschafter durch gerichtliche Entscheidung kommen, wenn ein wichtiger Grund vorliegt, insbesondere bei grober Pflichtverletzung oder Unfähigkeit zur ordnungsgemäßen Vertretung der OHG. Wird dem einzigen vertretungsberechtigten Gesellschafter die Vertretungsbefugnis entzogen, tritt an seine Stelle nach herrschender Meinung Gesamtvertretungsbefugnis aller Gesellschafter.

**Für grundlegende Rechtsgeschäfte** schließlich gelten, wie bereits gesehen, besondere Regeln. Für außergewöhnliche Geschäfte ist gem. § 116 Abs. 2 HGB die Zustimmung aller Gesellschafter erforderlich. Für die Auflösung der OHG ist gem. § 131 Nr. 2 HGB ein Beschluss aller Gesellschafter erforderlich. Gleiches gilt gem. den §§ 146 Abs. 1; 147; 148; 152; 157 Abs. 2 S. 2 HGB bei den dort genannten Maßnahmen der Liquidation.

Aber auch für Grundlagengeschäfte im Übrigen ist die Zustimmung aller Gesellschafter erforderlich. Dies gilt für Änderungen von Regelungen, die die Parteien ursprünglich im Gesellschaftsvertrag getroffen haben ebenso wie für nunmehrige Änderungen des Unternehmensgegenstandes oder der Firma, der Geschäftsführungs- oder Vertretungsbefugnis, für die Aufnahme neuer Gesellschafter oder für die Veräußerung des Unternehmens der OHG.[173]

**Fall**

A, B, C und D sind Gesellschafter der A-OHG mit Sitz in Köln, wobei D nach dem Gesellschaftsvertrag von Geschäftsführung und Vertretung ausgeschlossen ist. Darf und kann A für die A-OHG bei V eine Maschine im Wert von 500 000,– EUR kaufen und dem X Prokura im Sinne der §§ 48 ff. HGB erteilen?

**Lösung:** Blickt man zunächst auf das Innenverhältnis, gilt: Gem. § 114 Abs. 1 HGB sind A, B und C zur Geschäftsführung einzeln berechtigt und verpflichtet; D ist durch Gesellschaftsvertrag von der Geschäftsführung ausgeschlossen. Ob A berechtigt ist, das Geschäft mit V über 500 000,– EUR allein durchzuführen, richtet sich gem. § 116 Abs. 1 HGB danach, ob es sich um ein Geschäft handelt, das der gewöhnliche Betrieb des Handelsgewerbes mit sich bringt. Ist dies der Fall, darf A allein tätig werden; B und C sind dann gem. § 115 Abs. 1 HGB als geschäftsführende Gesellschafter zum Widerspruch berechtigt. Zur Bestellung der Prokura für X bedarf es gem. § 116 Abs. 3 HGB demgegenüber der Zustimmung aller geschäftsführenden Gesellschafter. Blickt man auf das Außenverhältnis, gilt: Gem. § 125 Abs. 1 HGB sind A, B und C zur Vertretung einzeln berechtigt und verpflichtet; D ist durch Gesellschaftsvertrag von der Vertretung ausgeschlossen. Hinsichtlich des Vertrags mit V ist A gem. § 126 Abs. 1 HGB vertretungsbefugt unabhängig davon, ob es sich bei ihm um ein gewöhnliches oder außergewöhnliches Geschäft handelt. Gleiches gilt gem. § 126 Abs. 1 HGB, wenn A dem X Prokura erteilt. Auch hier deckt die Vertretungsmacht des A die Prokuraerteilung ab.[174] Ergänzend: Soweit A seine Kompetenzen (im Innenverhältnis) überschreitet, indem er (im Außenverhältnis) den Vertrag wirksam schließt oder Prokura wirksam erteilt, obwohl er hierzu nicht berechtigt ist, kann er gegenüber der A-OHG schadensersatzpflichtig werden. Außerdem kommt dann eine Entziehung von Geschäftsführungs- und Vertretungsbefugnis aus wichtigem Grund, unter Umständen sogar eine Ausschließung des A aus der A-OHG in Betracht.

### c) Besonderheiten bei der KG

**Bei der KG** resultieren die Besonderheiten wiederum aus der Stellung der Kommanditisten.

**Entsprechend dem Verweis** des § 161 Abs. 2 HGB auf die für die OHG geltenden Vorschriften kommen die soeben für Geschäftsführung und Vertretung bei der OHG

173 Vgl. zum Vorstehenden näher etwa *Klunzinger*, Gesellschaftsrecht, S. 77 ff., 85 ff.; *Grunewald*, Gesellschaftsrecht, S. 101 ff.
174 Vgl. etwa *Hopt*, in: Baumbach/Hopt, HGB, § 116 RdNr. 8.

entwickelten Grundsätze auch hier zum Tragen. Auch hier sind prinzipiell Gesellschafter, und zwar die Komplementäre, für Geschäftsführung und Vertretung zuständig, und zwar jeder einzeln und ohne dass es einer Bestellung oder eines Anstellungsvertrages bedarf. Es gilt der Grundsatz der Selbstorganschaft.

Auch für die KG gilt, dass beim Umfang der Geschäftsführungsbefugnis, fehlen Vereinbarungen im Gesellschaftsvertrag, zwischen gewöhnlichen und außergewöhnlichen Geschäften zu unterscheiden ist. Der Umfang der Vertretungsbefugnis kann auch hier Dritten gegenüber nicht beschränkt werden. Und auch hier können wichtige Gründe zu einer Entziehung der Geschäftsführungsbefugnis oder der Vertretungsbefugnis führen.

**Besonderheiten** folgen aus § 164 HGB und § 170 HGB. Gem. § 164 HGB sind die Kommanditisten von der Führung der Geschäfte der KG ausgeschlossen. Sie können einer Handlung des Komplementärs, also des persönlich haftenden Gesellschafters, nicht widersprechen. Anders verhält es sich gem. § 164 S. 1 HGB, wenn ein außergewöhnliches Geschäft vorliegt. Die Vorschrift des § 116 Abs. 3 HGB bleibt gem. § 164 S. 2 HGB unberührt.

Dies bedeutet, dass die Geschäftsführung hier grundsätzlich bei den Komplementären liegt, auch hier eine Folge der Verbindung von Handeln und Haftung. Durch Gesellschaftsvertrag können Kommanditisten an der Geschäftsführung beteiligt werden. Der BGH lässt es sogar zu, dass zur Geschäftsführung (nicht: zur Vertretung) allein der Kommanditist befugt ist.[175] Grundlegende Entscheidungen fordern auch hier regelmäßig eine Zustimmung aller Gesellschafter.

Gem. § 170 HGB sind die Kommanditisten auch zur Vertretung der KG nicht ermächtigt. Die Vertretung liegt grundsätzlich bei den Komplementären. Den Kommanditisten kann jedoch Vertretungsbefugnis eingeräumt werden, indem ihnen im Gesellschaftsvertrag oder später Vollmacht, auch Prokura erteilt wird. Freilich muss die Vertretung nach dem Grundsatz der Selbstorganschaft auch hier letztlich in den Händen der Komplementäre bleiben.[176]

**Fall**

A und B sind Komplementäre, C und D Kommanditisten der A-KG, die einen Verlag für juristische Literatur betreibt. A möchte in der Nachbarstadt eine neue Druckerei eröffnen und zudem dem X Prokura erteilen. Darf A dies tun?

**Lösung:** Gem. den §§ 161 Abs. 2; 114 Abs. 1; 125 Abs. 1 HGB ist A als Komplementär der A-KG grundsätzlich alleingeschäftsführungs- und alleinvertretungsberechtigt. Hinsichtlich der neu zu eröffnenden Druckerei ist entscheidend, ob es sich um ein gewöhnliches oder um ein außergewöhnliches Geschäft im Rahmen der A-KG handelt. Liegt ein außergewöhnliches Geschäft vor, wofür bei der Eröffnung einer neuen Druckerei in einer Nachbarstadt einiges spricht, ist gem. den §§ 161 Abs. 2; 116

175 Vgl. BGH, Urt. v. 9.12.1968, NJW 1969, S. 507.
176 Vgl. zum Vorstehenden sowie zum folgenden Beispiel näher etwa *Klunzinger*, Gesellschaftsrecht, S. 117 ff., 122 ff.; *Grunewald*, Gesellschaftsrecht, S. 133 ff.

Abs. 2 HGB im Innenverhältnis die Zustimmung des B erforderlich und gem. § 164 S. 1 HGB nach herrschender Meinung auch die Zustimmung von C und D. Hinsichtlich der Erteilung der Prokura an X ergibt sich aus den §§ 161 Abs. 2; 116 Abs. 3 HGB, dass im Innenverhältnis die Zustimmung des B erforderlich ist, es sei denn, es ist Gefahr im Verzug. Eine Zustimmung von C und D ist nicht erforderlich, da § 164 S. 2 HGB auf § 116 Abs. 3 HGB verweist und § 116 Abs. 3 HGB allein auf die geschäftsführungsbefugten Gesellschafter abstellt, zu denen C und D nicht gehören. Ergänzung: Im Außenverhältnis reicht das Können des A weiter, so dass Verträge betreffend die Druckerei oder die Prokura, schlösse A sie ohne Zustimmung der Anderen ab, auch hier wirksam sein könnten. In diesem Fall kämen auch hier Schadensersatzansprüche der A-KG gegen ihn sowie ggf. die Entziehung von Geschäftsführungs- und Vertretungsbefugnis oder sogar eine Ausschließung des A aus der A-KG in Betracht.

## 4. Rechtsträgerschaft und Haftung bei OHG und KG

### a) Die OHG als Unternehmensträger

**Die OHG kann** Vermögen innehaben und damit auch Träger eines Unternehmens sein.

**Die Fähigkeit der OHG**, Rechtsträger zu sein, folgt aus § 124 Abs. 1 HGB. Gem. § 124 Abs. 1 HGB kann die OHG unter ihrer Firma Rechte erwerben und Verbindlichkeiten eingehen, Eigentum und andere dingliche Rechte an Grundstücken erwerben, vor Gericht klagen und verklagt werden. Die OHG ist zwar nicht juristische Person. Indem sie unter ihrem Namen im Rechtsverkehr auftreten und Vermögen erwerben kann, ist sie jedoch (teil-)rechtsfähig.

Im Rechtsverkehr wird die OHG durch ihre Gesellschafter vertreten. Die für die Gesellschaft erworbenen Gegenstände werden gem. § 105 Abs. 3 HGB i.V.m. § 718 Abs. 1 BGB gemeinschaftliches Vermögen der Gesellschafter. Dieses Gesellschaftsvermögen ist gesamthänderisch gebunden. Es ist vom Vermögen der einzelnen Gesellschafter zu unterscheiden. Gem. § 719 Abs. 1 BGB kann kein Gesellschafter Teilung des Vermögens verlangen.[177]

**Für den Unternehmensträger** folgt aus dem Vorherigen, dass die OHG auch ein Unternehmen innehaben kann. Dies wird sogar regelmäßig der Fall sein, da Zweck der OHG der Betrieb eines Handelsgewerbes ist. Die OHG hält die Einzelbestandteile. Aus dem Zusammenwirken der Einzelbestandteile ergibt sich das Unternehmen als ein lebendiger Organismus des Wirtschaftslebens, als tätige Einheit.

Die OHG hält die einzelnen Bestandteile ebenso wie das Unternehmen als Ganzes. Die Bestandteile, wie Grundstücke, Maschinen, Forderungen, Patente, Urheberrechte, Namensrechte, Verbindlichkeiten oder immaterielle Werte sind Gesellschaftsvermögen, welches den Gesellschaftern gesamthänderisch zusteht; sie können einzeln veräußert werden. Ebenso ist das Unternehmen als Ganzes Gesellschaftsvermögen; es kann als Ganzes veräußert werden.

177 Vgl. zum Vorstehenden und zum Folgenden näher etwa *Grunewald*, Gesellschaftsrecht, S. 107 f.; *Hopt*, in: Baumbach/Hopt, HGB, § 124 RdNr. 1 ff.

**Die Rechte der OHG** werden regelmäßig durch die Gesellschafter geltend gemacht. Die Gesellschafter sind es, die im Rahmen ihrer Geschäftsführungs- und Vertretungsbefugnis Forderungen und sonstige Rechte der OHG verfolgen. Dabei müssen die Gesellschafter im Namen der OHG tätig werden. Darüber hinaus können diejenigen Personen im Namen der OHG tätig werden, die Vollmacht, insbesondere Prokura, für die OHG haben.

Tritt ein Schaden am Vermögen der OHG ein, gehören Ansprüche, die hieraus resultieren, gem. § 105 Abs. 3 HGB i.V.m. § 718 Abs. 2 BGB zum Vermögen der OHG. Auch insoweit sind die Gesellschafter im Rahmen ihrer Geschäftsführungs- und Vertretungsbefugnis für die Geltendmachung zuständig. Eigene Ansprüche gegen Dritte wegen Schäden, die diese der OHG zufügen, etwa aus Unerlaubter Handlung, werden den Gesellschaftern regelmäßig nicht zustehen.

**Fall**

A, B und C sind Gesellschafter der A-OHG, die eine Reitanlage betreiben soll. Das Grundstück hierzu und die Gebäude sollen von Verkäufer V gekauft werden. Die Pferde will A zur Verfügung stellen. A, B und C fragen, inwieweit die A-OHG hier eine Rolle spielt.

**Lösung:** (1) Was das Grundstück und die Gebäude anbelangt, werden A, B und C den Kaufvertrag mit V im Namen der A-OHG schließen. Mit Eintragung im Grundbuch geht das Eigentum über und die A-OHG wird mit ihrer Firma im Grundbuch eingetragen. Die Vertretung der A-OHG kann dabei durch A, B und C gemeinschaftlich, gem. den §§ 125 Abs. 1; 126 Abs. 1 HGB aber auch durch nur einen von ihnen erfolgen. (2) Bei den Pferden handelt es sich um einen Beitrag, den der A an die A-OHG erbringt. Je nach Vereinbarung im Gesellschaftsvertrag wird A der A-OHG Eigentum oder Besitz an den Pferden übertragen. (3) Nach Übertragung ist die A-OHG, die von den Gesellschaftern A, B und C gesamthänderisch gebildet wird, Rechtsträgerin, d.h. sie trägt das Eigentum an dem Grundstück und den Gebäuden und sie trägt das Eigentum bzw. den Besitz an den Pferden. (4) Ergänzung: Schädigt ein Dritter Grundstück und Gebäude, können A, B oder C hieraus resultierende Ansprüche der A-OHG, etwa aus § 823 Abs. 1 BGB, im Namen der A-OHG geltend machen.

### b) OHG- und Gesellschafter-Haftung

**Die Gläubiger der OHG** können auf das Gesellschaftsvermögen und auf die Gesellschafter der OHG zugreifen.

**Die OHG selbst** kann von den Gläubigern als Rechtsträger in Anspruch genommen werden. Indem die OHG unter ihrer Firma Sachen und Rechte erwerben, Verträge schließen und sonstige Verbindlichkeiten eingehen kann, kann sie, GmbH und AG vergleichbar, Schuldnerin von Ansprüchen werden. Die Gläubiger können diese Ansprüche unmittelbar gegen die OHG geltend machen. Es haftet dann das gesamte Vermögen der OHG.

Kommt es zum Streit, können die Gläubiger die OHG gem. § 124 Abs. 1 HGB unter ihrer Firma verklagen. Diese Klage gegen die OHG ist klar von der Klage zu trennen, die sich gegen die Gesellschafter der OHG richtet. Die Namen der Gesellschafter müssen in der

Klageschrift gegen die OHG nicht genannt werden. Vertreten wird die OHG durch ihre Gesellschafter. Den Gerichtsstand hat die OHG gem. § 17 ZPO an ihrem Sitz.

**Zur Zwangsvollstreckung** in das Gesellschaftsvermögen ist gem. § 124 Abs. 2 HGB ein gegen die Gesellschaft gerichteter vollstreckbarer Schuldtitel erforderlich. Dieser kann auf dem Klagewege oder auf dem Weg eines gerichtlichen Mahnverfahrens erlangt werden. Der Titel muss sich gegen die OHG und nicht gegen die Gesellschafter richten. Mit Hilfe des Titels kann dann etwa in Maschinen oder Forderungen der OHG vollstreckt werden.

Sind es Gesellschafter, die Ansprüche gegen die OHG geltend machen, gelten diese Grundsätze entsprechend. Ist ein Gesellschafter etwa der Auffassung, ihm stünden aus einem Vertrag Ansprüche gegen die OHG zu, muss er diese gegen die OHG geltend machen. Demgegenüber: Sind Gesellschafter der Auffassung, ihre Mitgesellschafter würden ihren Pflichten gegenüber der OHG nicht nachkommen, ist die actio pro socio der richtige Weg.[178]

**Die Gesellschafter der OHG** haften gem. § 128 S. 1 HGB für die Verbindlichkeiten der OHG persönlich als Gesamtschuldner. Es ist dies ein typisches Kennzeichen der Personengesellschaften, bei denen die Haftung eben nicht wie bei GmbH oder AG auf das Gesellschaftsvermögen beschränkt ist. Um gegen die Gesellschafter vollstrecken zu können, müssen die Gläubiger Titel gegen sie erlangen, ein Titel gegen die OHG reicht nicht aus.

Gesamtschuldnerisch bedeutet, dass jeder Gesellschafter auf die volle Summe haftet. Die Haftung ist zudem unmittelbar, d.h. direkt und nicht auf dem Umweg über die OHG, unbeschränkt, d.h. mit dem gesamten Privatvermögen der Gesellschafter, primär, d.h. sofort, es muss nicht zuvor gegen die OHG vorgegangen werden und akzessorisch, d.h. Veränderungen des Anspruchs wirken sich ohne weiteres auf die Haftung aus.

**Entgegenstehende Vereinbarungen** sind gem. § 128 S. 2 HGB nicht möglich. Durch Vereinbarungen zwischen den Gesellschaftern kann deren Außenhaftung nicht ausgeschlossen werden. Interne Vereinbarungen können nur Ausgleichspflichten zwischen den Gesellschaftern generieren. Wollen Gesellschafter die Außenhaftung ausschließen, müssen sie dies mit den Gläubigern vereinbaren, sei es von Anfang an, sei es in Form eines nachträglichen Verzichts.

Die Gesellschafter können den Gläubigern gegenüber persönliche Einwendungen und Einwendungen, die der OHG zustehen, geltend machen. Dies ergibt sich aus § 129 HGB. Ersteres gilt auch etwa, wenn ein Gläubiger mit einem Gesellschafter eine Stundung vereinbart hat, letzteres, wenn der Vertrag zwischen dem Gläubiger und der OHG, auf den der Gläubiger seinen Haftungsanspruch stützt, wegen eines Gesetzesverstoßes unwirksam ist.

178 Vgl. zum Vorstehenden näher etwa *Hopt*, in: Baumbach/Hopt, HGB, § 124 RdNr. 23 ff.; 41 ff. Zur actio pro socio vgl. noch gleich S. 143.

**Fraglich ist die Haftung**, wenn die OHG nicht Geld, sondern etwas anderes schuldet. Ist die OHG dem Gläubiger etwa zu einer Sachleistung oder zu einem Tun oder Unterlassen verpflichtet, wird teils vertreten, dass die Gesellschafter auch insoweit Erfüllung schulden. Teils wird davon ausgegangen, dass die Gesellschafter in diesen Fällen lediglich auf die Leistung eines Geldersatzes in Anspruch genommen werden können.[179]

Geht man davon aus, dass die Möglichkeit bei der Personengesellschaft, die Gesellschafter persönlich in Anspruch zu nehmen, die Gläubiger der Gesellschaft schützen soll, liegt es nahe, die Gesellschafter auf Erfüllung haften zu lassen. Hier muss dann darauf geachtet werden, dass die Gläubiger tatsächlich dasselbe erhalten, was sie auch von der OHG bekommen hätten. Freilich lassen sich auch für den Standpunkt des Geldersatzes gute Argumente finden.

**Schließlich kommt in Betracht**, dass die OHG schadensersatzpflichtig wird. Dies kann sich ergeben, wenn von Seiten der OHG im Rahmen eines Vertrages oder eines vorvertraglichen Schuldverhältnisses Pflichten verletzt worden sind. Anspruchsgrundlage sind dann die §§ 280 ff. BGB. Dabei muss die OHG sich das Verhalten ihrer Vertreter und sonstigen Erfüllungsgehilfen gem. § 278 BGB zurechnen lassen. Die Gesellschafter haften auch für diese Ansprüche gem. § 128 HGB.

Das Verhalten ihrer Gesellschafter muss die OHG sich nach wohl herrschender Meinung gem. § 31 BGB analog zurechnen lassen. So ist die OHG für jeden Schaden verantwortlich, den einer ihrer verfassungsmäßig berufenen Vertreter durch eine in Ausführung der ihm zustehenden Verrichtungen begangene, zum Schadensersatz verpflichtende Handlung einem Dritten zugefügt hat. Auch für diese Ansprüche haften neben der OHG die Gesellschafter gem. § 128 HGB.[180]

**Fall**

X hat der A-OHG, deren Gesellschafter A und B sind, eine gebrauchte Maschine für 100 000,– EUR verkauft und geliefert. Welche Ansprüche stehen X zu, wenn die A-OHG den Kaufpreis noch nicht gezahlt hat und zudem Y, ein Angestellter der A-OHG, als er die Maschine vertragsgemäß bei X abgeholt hat, grob fahrlässig eine Glastür bei X beschädigt hat?

**Lösung:** (1) Hinsichtlich des Kaufpreises ist die A-OHG dem X als Vertragspartner gem. § 433 Abs. 2 BGB zur Zahlung verpflichtet. Neben der A-OHG kann X die Gesellschafter A und B gem. § 128 HGB als Haftende in Anspruch nehmen. (2) Hinsichtlich des Schadens an der Glastür des X könnte diesem ein Schadensersatzanspruch gegen die A-OHG zustehen. Die Voraussetzungen des § 280 Abs. 1 BGB sind insoweit erfüllt, da zwischen der A-OHG und X mit dem Kaufvertrag ein Schuldverhältnis besteht und Y als Erfüllungsgehilfe der A-OHG gem. § 278 BGB bei der Beschädigung der Glastür eine fahrlässige Pflichtverletzung begangen hat. Daneben kommt ein Schadensersatzanspruch des X gegen die A-OHG gem. § 831 BGB in Betracht. Auch für diesen Schadensersatzanspruch haften die Gesellschafter A und B dem X gem. § 128 HGB. (3) Ergänzung: Dem X werden zudem Schadensersatzansprüche wegen der Beschädigung der Glastür gegen den Y zustehen, und zwar gem. § 823 Abs. 1 BGB.

---

179 Vgl. näher etwa *Klunzinger*, Gesellschaftsrecht, S. 92 ff.; *Grunewald*, Gesellschaftsrecht, S. 109 ff.

180 Vgl. zum Vorstehenden näher etwa *Hopt*, in: Baumbach/Hopt, HGB, § 124 RdNr. 24 ff.

### c) Besonderheiten bei der KG

**Bei der KG** resultieren Besonderheiten wiederum aus der Stellung des Kommanditisten.

**Auch die KG** ist rechtsfähig. Gem. den §§ 161 Abs. 2; 124 Abs. 1 HGB kann die KG Träger von Rechten und Pflichten und damit auch Träger eines Unternehmens sein. Auch bei der KG werden erworbene Gegenstände gemeinschaftliches Vermögen der Gesellschafter. Auch die KG macht ihre Rechte durch ihre geschäfts- und vertretungsbefugten Gesellschafter, im Regelfall also durch ihre Komplementäre, im Regelfall einzeln, geltend.

Die Gläubiger der KG können auch die KG selbst wegen ihrer Verbindlichkeiten in Anspruch nehmen. Kommt es zum Streit, können sie die KG gem. den §§ 161 Abs. 2; 124 Abs. 1 HGB unter ihrer Firma verklagen. Zudem haften den Gläubigern die Gesellschafter der KG gem. den §§ 161 Abs. 2; 128 HGB für deren Verbindlichkeiten, und zwar auch hier gesamtschuldnerisch, unmittelbar, unbeschränkt, primär und akzessorisch.

**Besonderheiten** folgen aus der begrenzten Haftung des Kommanditisten. Gem. § 171 Abs. 1 HGB haftet der Kommanditist den Gläubigern der KG bis zur Höhe seiner Einlage unmittelbar. Die Haftung ist ausgeschlossen, soweit die Einlage geleistet ist. Dabei wird gem. § 172 Abs. 1 HGB im Verhältnis zu den Gläubigern der KG nach der Eintragung im Handelsregister die Einlage eines Kommanditisten durch den in der Eintragung angegebenen Betrag bestimmt.

Hiernach ist also, soweit im Gesellschaftsvertrag die Kommanditistenstellung vereinbart ist, die KG und die Einlage des Kommanditisten im Handelsregister eingetragen sind und der Kommanditist die Einlage an die KG geleistet hat, die Haftung des Kommanditisten ausgeschlossen. Anders als die Komplementäre haftet der Kommanditist von nun an nicht mehr persönlich unbeschränkt, es sei denn, es liegt einer der folgenden Ausnahmefälle vor.

**Weitere Regelungen** sichern den Schutz der Gläubiger ab. So ist eine Vereinbarung der Gesellschafter, durch die einem Kommanditisten die Einlage erlassen oder gestundet wird, gem. § 172 Abs. 3 HGB den Gläubigern gegenüber unwirksam. Auf diese Weise soll sichergestellt werden, dass es nur dann zur Haftungsbegrenzung beim Kommanditisten kommt, wenn der im Handelsregister als Einlage genannte Betrag auch tatsächlich in das Vermögen der KG geflossen ist.

Soweit die Einlage eines Kommanditisten zurückbezahlt wird, gilt sie gem. § 172 Abs. 4 S. 1 HGB den Gläubigern der KG gegenüber als nicht geleistet. Hierdurch soll sichergestellt werden, dass die Einlage auch tatsächlich im Vermögen der KG verbleibt. Das Gleiche gilt gem. § 172 Abs. 4 S. 2 HGB, soweit ein Kommanditist Gewinnanteile entnimmt und dies dazu führt, dass sein Kapitalanteil unter den Betrag seiner Einlage herabsinkt.[181]

181 Vgl. zum Vorstehenden näher etwa *Klunzinger*, Gesellschaftsrecht, S. 124 ff.; *Grunewald*, Gesellschaftsrecht, S. 138 ff. zum Begriff des Kapitalanteils vgl. bereits hier S. 129.

**Fall**

X hat einen Anspruch gegen die A-KG, bestehend aus dem Komplementär A und den Kommanditisten B und C, in Höhe von 10 000,– EUR. (1) Wen kann X in welcher Höhe in Anspruch nehmen, wenn die Einlage des B in Höhe von 9000,– EUR im Handelsregister eingetragen ist, die Einlage des C in Höhe von 9000,– EUR aber aufgrund eines Fehlers noch nicht eingetragen ist und wenn B auf seine Einlage bisher 8000,– EUR geleistet hat? (2) Ändert sich etwas an Ihrer Beurteilung, wenn B einwendet, er rechne mit einer Kaufpreisforderung in Höhe von 2000,– EUR, die ihm (unstreitig) gegen die A-KG zusteht, gegenüber der noch ausstehenden Einlageforderung auf?

**Lösung:** (1) X kann die A-KG in Höhe der 10 000,– EUR in Anspruch nehmen, da sein Anspruch sich gegen diese als Rechtsträger gem. § 124 Abs. 1 HGB richtet. Komplementär A haftet dem X gem. den §§ 161 Abs. 2; 128 HGB persönlich in voller Höhe. Die Haftung gem. den §§ 161 Abs. 2; 128 HGB gilt grundsätzlich auch für die Kommanditisten B und C. Fraglich ist jedoch, ob diese sich nicht auf Haftungsbeschränkung berufen können. Die Einlage des B ist in Höhe von 9000,– EUR im Handelsregister eingetragen; außerdem hat er bereits 8000,– EUR auf diese Einlage erbracht. Er haftet dem X gem. den §§ 171 Abs. 1; 172 Abs. 1 HGB also nur noch in Höhe von 1000,- EUR. Die Einlage des C ist noch nicht in das Handelsregister eingetragen. C kann sich gem. § 172 Abs. 1 HGB also X gegenüber grundsätzlich nicht auf eine Haftungsbeschränkung berufen und haftet X daher prinzipiell in Höhe der vollen 10 000,– EUR. Etwas anderes kann gelten, wenn C nachweist, dass X bei Begründung seiner Forderung gegen die A-KG wusste, dass er, C, nur in Höhe von 9000,– EUR haften sollte; dann würde C, solange er seine Einlage noch nicht erbracht hat, nur in Höhe dieser 9000,– EUR haften. (2) Fraglich ist ob B hinsichtlich des noch offenen Einlageanspruchs der A-KG in Höhe von 1000,– EUR dieser gegenüber wirksam die Aufrechnung erklären kann. Dann wäre die Einlage in voller Höhe erbracht und B würde dem X gar nicht mehr haften. Nach herrschender Meinung ist eine Aufrechnung in diesen Fällen wirksam, wenn es zu einer sog. tatsächlichen Wertzuführung kommt, d.h. wenn die Forderung des B gegen die A-KG vollwertig war. Ist die Forderung demgegenüber etwa dubios, bleibt die Aufrechnung hinsichtlich der Einlageerbringung ohne Wirkung und X kann die 1000,– EUR weiterhin von B verlangen.

## 5. Gesellschafter, Gewinne und Steuern

### a) Gesellschafterrechte und -pflichten

**Die Rechte und Pflichten** der Gesellschafter entsprechen der zentralen Position, die den Gesellschaftern zukommt.

**Blickt man auf die Rechte** der Gesellschafter, haben diese zunächst die Möglichkeit, die OHG und ihr Unternehmen zu gestalten. Die Gesellschafter sind es, die zu Geschäftsführung und Vertretung berechtigt und verpflichtet sind. Diese Zuordnung von Geschäftsführung und Vertretung stellt die Kehrseite der persönlichen Haftung dar. Der Grundsatz der Selbstorganschaft verhindert, dass die Geschicke ganz in fremde Hände gegeben werden.

Beschränkt werden die Geschäftsführungs- und Vertretungsbefugnisse der Gesellschafter durch die Mitgestaltungsrechte der anderen Gesellschafter. Die anderen Gesellschafter können Maßnahmen der Geschäftsführung gem. § 115 Abs. 1 HGB widersprechen. Außergewöhnliche Geschäfte sowie grundlegende Entscheidungen bedürfen der Entscheidung aller Gesellschafter, die regelmäßig in Versammlungen getroffen werden.

**Rechte der Gesellschafter** bestehen daneben gem. § 118 HGB darin, sich auch bei Ausschluss von der Geschäftsführung von den Angelegenheiten persönlich unterrichten, die Handelsbücher und die Papiere einsehen und sich aus ihnen eine Bilanz und einen Jahresabschluss anfertigen zu können. Den Gesellschaftern steht ein Anspruch auf ihren Gewinn zu. Im Rahmen des § 122 HGB sind sie zu Entnahmen berechtigt. § 110 HGB gibt einen Anspruch auf Aufwendungsersatz.

Sind Gesellschafter der Auffassung, Mitgesellschafter kämen ihren Pflichten gegenüber der OHG nicht nach, können sie von diesen auf dem Weg der actio pro socio Leistung an die Gesellschaft verlangen. Dies ist etwa der Fall, wenn Gesellschafter Beitragspflichten gegenüber der OHG nicht nachkommen oder bei Schadensersatz wegen pflichtwidriger Geschäftsführung. Daneben können Ansprüche der Gesellschafter untereinander bestehen.[182]

**Pflichten der Gesellschafter** können neben Geschäftsführung, Vertretung und Haftung daraus resultieren, dass die Gesellschafter sich zur Erbringung bestimmter Beiträge gegenüber der OHG verpflichtet haben. Diese können in der Zahlung von Geld, in der Zurverfügungstellung von Sachen oder Rechten oder in der Erbringung von Dienstleistungen bestehen und werden, wie bei der GmbH, als (Geld- oder Sach-)Einlagen bezeichnet.

Grundlage hierfür ist § 105 Abs. 3 HGB i.V.m. den §§ 705; 706 BGB. Daneben statuiert § 111 HGB eine Verzinsungspflicht. Art und Umfang dieser Pflichten im Einzelnen richten sich nach dem Gesellschaftsvertrag, der häufig durch spätere Vereinbarungen ergänzt werden wird. Verletzen Gesellschafter ihre Pflichten, kann dies von der OHG durch ihre zur Vertretung berufenen Gesellschafter geltend gemacht werden. Daneben steht die actio pro socio.

**Ein Wettbewerbsverbot** normiert § 112 HGB. So soll verhindert werden, dass Gesellschafter ihre Verbindungen und Erfahrungen, die sie bei der OHG erlangt haben, zu ihrem Vorteil verwerten. Erfasst werden Geschäfte des Handelszweigs wie auch Teilnahmen an einer gleichartigen Handelsgesellschaft als persönlich haftender Gesellschafter. Verletzt ein Gesellschafter das Wettbewerbsverbot, ist er der OHG gem. § 113 HGB zu Schadensersatz verpflichtet.

Das Wettbewerbsverbot ist eine Ausprägung der Treuepflicht, die die Gesellschafter der OHG allgemein sowohl gegenüber der OHG als auch gegenüber den anderen Gesellschaftern trifft. Die Treuepflicht beruht auf dem engen Verhältnis der Gesellschafter untereinander. Die Gesellschafter sind verpflichtet, positiv die Interessen der OHG wahrzunehmen und negativ alles zu unterlassen, was die Interessen der OHG schädigt.[183]

182 Vgl. hierzu näher etwa *Hopt*, in: Baumbach/Hopt, HGB, § 109 RdNr. 32 ff.; *K. Schmidt*, Gesellschaftsrecht, S. 629 ff. sowie zur actio pro socio bei der GmbH bereits hier S. 58.

183 Vgl. zum Vorstehenden auch etwa *Klunzinger*, Gesellschaftsrecht, S. 72 ff.; *Grunewald*, Gesellschaftsrecht, S. 105 ff.

**Besonderheiten bei der KG** resultieren auch hier aus der Stellung des Kommanditisten. Die Rechtsstellung der Komplementäre entspricht über § 161 Abs. 2 HGB der Rechtsstellung der Gesellschafter einer OHG. Die Komplementäre haften den Gläubigern der KG persönlich unbeschränkt. Sie führen die Geschäfte der KG und vertreten diese nach außen. Die Komplementäre unterliegen einem Wettbewerbsverbot und einer Treuepflicht.

Für Komplementäre und Kommanditisten gilt auch hier, dass ihnen ein Anspruch auf Gewinn zusteht. Gem. den §§ 161 Abs. 2; 110 HGB haben Komplementäre wie Kommanditisten einen Anspruch auf Aufwendungsersatz. Für Komplementäre wie Kommanditisten können Rechte vereinbart werden, die über die ohnehin bestehenden Rechte hinausgehen oder es können ihre Rechte, bis zu einem gewissen Punkt, eingeschränkt werden.

**Abweichungen ergeben sich** auch hier aus der Haftungsbeschränkung der Kommanditisten und daraus, dass die Kommanditisten infolgedessen im Regelfall nicht zu Geschäftsführung und Vertretung berufen sind. Demzufolge unterliegen Kommanditisten auch prinzipiell keinem Wettbewerbsverbot. Denn die Gefahr einer Interessenkollision besteht insoweit nicht, weshalb § 165 HGB eine Anwendung der §§ 112; 113 HGB ausdrücklich ausschließt.

Die Kommanditisten haben ein Kontrollrecht gem. § 166 HGB und das Recht bei grundlegenden Entscheidungen zuzustimmen. Die Pflichten der Kommanditisten bestehen in erster Linie in der Erbringung ihrer Einlage. Auch die Kommanditisten unterliegen einer Treuepflicht. Soweit hier keine besonderen Vereinbarungen vorliegen, beschränkt sich ihre Treuepflicht jedoch darauf, alles zu unterlassen, was der KG schaden kann.[184]

**Fall**

A, B und C sind Gesellschafter der A-OHG, die (erlaubt) Tiere nach Deutschland einführt und hier vertreibt. Wie beurteilen Sie den Sachverhalt, wenn C (1) von einer Tierschützeraktion erfährt, nach der die LKW der A-OHG an einem bestimmten Tag sabotiert werden sollen, hierauf aber nicht reagiert und C (2) einem Konkurrenten der A-OHG die wichtigsten Abnehmer der A-OHG mitteilt?

**Lösung:** (1) Aufgrund seiner ihm gegenüber der A-OHG obliegenden Treuepflicht ist C verpflichtet, die Interessen der A-OHG wahrzunehmen, also auch, sie über drohende Gefahren zu unterrichten. Indem C die A-OHG nicht auf die bevorstehende Tierschützeraktion hingewiesen hat, hat er seine Treuepflicht verletzt. Dies kann eine Klage auf ein pflichtgemäßes Verhalten in der Zukunft, Schadensersatzansprüche gem. § 280 Abs. 1 BGB sowie möglicherweise eine Entziehung der Geschäftsführungs- und Vertretungsbefugnis gem. §§ 117; 127 HGB sowie eine Ausschließung des C gem. § 140 Abs. 1 HGB aus der A-OHG nach sich ziehen. (2) Die Treuepflicht bringt es zudem mit sich, dass C alles zu unterlassen hat, was die Interessen der A-OHG schädigt. Hierher zählt das Verbot, Geheimnisse der A-OHG an Dritte weiter zu leiten. Der Verstoß des C hiergegen kann zu einer Unterlassungsklage der A-OHG gegen ihn und zudem zu den anderen zuvor bereits genannten Konsequenzen führen.

184 Vgl. zum Vorstehenden auch etwa *Klunzinger*, Gesellschaftsrecht, S. 115 ff.

(3) Ergänzung: Handelt es sich bei der Gesellschaft um eine KG und bei C um deren Kommanditisten, ist im Einzelfall zu entscheiden, ob die den Kommanditisten allgemein treffende Treuepflicht auch die Pflicht beinhaltet, die KG über von Dritten drohende Gefahren zu unterrichten. Dem Verbot, Geheimnisse an Dritte weiter zu leiten, dürfte C auch als Kommanditist unterfallen.

### b) Gewinne und Verluste bei OHG und KG

**Gewinne und Verluste** sind jährlich zu ermitteln und im Grundsatz den Gesellschaftern zugeordnet.

**Bei der OHG** haben die Gesellschafter gem. § 120 Abs. 2 HGB einen Anspruch darauf, dass ihr Gewinn ihrem Kapitalanteil zugeschrieben wird. Zu diesem Zweck ist gem. § 120 Abs. 1 HGB am Schlusse jedes Geschäftsjahres aufgrund der Bilanz der Gewinn oder der Verlust des Jahres zu ermitteln. Die Ermittlung erfolgt nach den Grundsätzen ordnungsmäßiger Buchführung der §§ 242 ff. HGB. Sodann ist für jeden Gesellschafter sein Anteil zu berechnen.[185]

Die Verteilung der Gewinne bzw. Verluste auf die Gesellschafter ist dispositiv. Oft wird der Gesellschaftsvertrag entsprechende Regelungen enthalten. Häufigster Fall ist die Verteilung nach Anteilen. Daneben kann etwa auf die Ergebnisse bestimmter Abteilungen abgestellt werden. Oder bei der Verteilung der Gewinne oder Verluste kann berücksichtigt werden, wer von den Gesellschaftern im Rahmen der OHG welche Leistungen erbracht hat.

**Fehlen Regelungen**, ist die Verteilung von Gewinn und Verlust in § 121 HGB geregelt, wobei teils die Kapitalanteile, teils die Personenzahlen entscheidend sind. Gem. § 121 Abs. 1 und 2 HGB gebührt zunächst von dem Jahresgewinn jedem Gesellschafter ein Anteil in Höhe von vier vom Hundert seines Kapitalanteils. Reicht der Jahresgewinn hierzu nicht aus, so bestimmen sich die Anteile nach einem entsprechend niedrigeren Satze.

Derjenige Teil des Jahresgewinns, welcher die nach den Kapitalanteilen zu berechnenden Gewinnanteile übersteigt, sowie der Verlust eines Geschäftsjahres werden gem. § 121 Abs. 3 HGB unter die Gesellschafter nach Köpfen verteilt. Erzielt die OHG einen Jahresverlust, ist dieser mangels abweichender Vereinbarungen gem. § 121 Abs. 3 HGB nach Köpfen umzulegen. Der umgelegte Verlust wird den Gesellschaftern von ihren Kapitalanteilen abgeschrieben.

**Entnahmen der Gesellschafter** regelt § 122 HGB. Gem. § 122 Abs. 1 HGB ist jeder Gesellschafter berechtigt, aus der Gesellschaftskasse Geld bis zum Betrage von vier vom Hundert seines für das letzte Geschäftsjahr festgestellten Kapitalanteils zu seinen Lasten zu erheben und, soweit es nicht zu einem offenbaren Schaden der OHG gereicht, auch die Auszahlung seines den bezeichneten Betrag übersteigenden Anteils am Gewinne der letzten Jahre zu verlangen.

185 Zum Begriff des Kapitalanteils vgl. bereits hier S. 129.

Darüber hinaus sind die Gesellschafter gem. § 122 Abs. 2 HGB grundsätzlich nicht befugt, ihren Kapitalanteil ohne Einwilligung der anderen Gesellschafter zu vermindern. § 122 HGB ist jedoch dispositiv. Das Entnahmerecht kann erweitert oder eingeschränkt werden, etwa indem eine Tätigkeitsvergütung als Gewinnvoraus zugesagt wird oder Entnahmen an bestimmte Voraussetzungen gekoppelt werden. In Grenzen sind zudem Mehrheitsbeschlüsse möglich.

**Bei der KG** ist zwischen den Komplementären und den Kommanditisten zu unterscheiden, wobei über § 161 Abs. 2 HGB zunächst dieselben Grundsätze gelten wie für die OHG und ihre Gesellschafter. Auch hier sind am Schlusse eines jeden Geschäftsjahres Gewinn oder Verlust der KG aufgrund der Bilanz nach den Grundsätzen ordnungsmäßiger Buchführung zu ermitteln. Sodann ist für jeden Gesellschafter sein Anteil am Gewinn oder Verlust zu bestimmen.

Die für die einzelnen Gesellschafter ermittelten Gewinne bzw. Verluste werden prinzipiell deren Kapitalanteilen zugeschrieben bzw. von diesen abgeschrieben. Was die Verteilung anbelangt, werden die Gesellschafter auch hier oft Regelungen im Gesellschaftsvertrag treffen. Im Übrigen ist zwischen Komplementären und Kommanditisten zu unterscheiden. Die Komplementäre sind auch hier im Rahmen des § 122 HGB zu Entnahmen berechtigt.

**Abweichungen regeln** die §§ 167 ff. HGB. Dies gilt für die Verteilung von Gewinn und Verlust. Haben die Gesellschafter keine Vereinbarungen getroffen, gebührt zwar auch hier zunächst jedem Gesellschafter von dem Jahresgewinn ein Anteil in Höhe von vier vom Hundert seines Kapitalanteils. Im Übrigen wird ein Gewinn dann jedoch nicht nach Köpfen, sondern gem. § 168 Abs. 2 HGB einem den Umständen nach angemessenen Verhältnis der Anteile entsprechend verteilt.

Grund hierfür ist die beschränkte Haftung der Kommanditisten. Gewinne werden diesen gem. § 167 Abs. 2 HGB nur so lange zugeschrieben, als sie die bedungene Einlage nicht erreichen; im Übrigen gelangen sie auf sog. Privatkonten und sind dort jederzeit verfügbar. An Verlusten nehmen die Kommanditisten gem. § 167 Abs. 3 HGB nur bis zum Betrag ihres Kapitalanteils und ihrer noch rückständigen Einlagen teil. Entnahmen können sie nur gem. § 169 HGB tätigen.[186]

**Fall**

A und B sind Komplementäre, C ist Kommanditist der A-KG. Der Kapitalanteil eines jeden Gesellschafters ist im Gesellschaftsvertrag mit 10 000,– EUR bezeichnet worden. Was bedeutet diese Bezeichnung und wie sind Gewinne zu verteilen, wenn A, B und C insoweit, was in der Praxis allerdings nur selten vorkommen wird, keine Vereinbarungen getroffen haben?

**Lösung:** (1) Die Kapitalanteile von A, B und C bezeichnen deren Einlagen. Den Kapitalanteilen der Gesellschafter werden die von diesen jeweils erzielten Gewinne bzw. Verluste zu- bzw. von diesen

186 Vgl. zum Vorstehenden auch etwa *Klunzinger*, Gesellschaftsrecht, S. 83 ff., 121 f. sowie die Kommentierungen der einzelnen Gesetzesvorschriften.

abgeschrieben, es sei denn, es sind feste Kapitalanteile vereinbart. Für den Kommanditisten C wird sein Kapitalanteil regelmäßig zugleich die Höhe seiner Einlage bestimmen, die, will er die Haftungsbeschränkung erreichen, in das Handelsregister einzutragen ist. (2) Gewinne der A-KG sind dergestalt zu verteilen, dass jeder Gesellschafter gem. den §§ 168 Abs. 1; 121 Abs. 1 HGB zunächst vier vom Hundert seines Kapitalanteils, also, soweit diese sich noch auf 10 000,– EUR belaufen, 400,– EUR erhält. Im Übrigen sind Gewinne gem. § 168 Abs. 2 HGB einem den Umständen nach angemessenen Verhältnis der Anteile entsprechend zu verteilen. Zentrales Kriterium wird hier sein, dass A und B in vollem Umfang, C demgegenüber nur beschränkt haftet. Hierneben können etwa Leistungen, die Gesellschafter erbringen, eine Rolle spielen. Die Gewinne werden den Kapitalanteilen von A und B zugeschrieben; sind feste Kapitalanteile vereinbart, sind die Gewinne auf ein besonderes Konto, häufig Kapitalkonto II genannt, zu buchen. Bei C erfolgt eine Zuschreibung gem. § 167 Abs. 2 HGB nur, bis der Betrag der bedungenen Einlage erreicht ist, darüber hinaus gehende Gewinne werden dem sog. Privatkonto des C zugeschrieben, über das dieser jederzeit verfügen kann.

### c) Die Besteuerung bei OHG und KG

**Hinsichtlich der Besteuerung** ist hier zwischen der Ertragsbesteuerung und den sonstigen Steuern zu unterscheiden.

**Bei OHG und KG** sind Steuersubjekt der Ertragsteuern die Gesellschafter, auch wenn die Gewinnermittlung bei der Gesellschaft stattfindet (sog. Transparenzprinzip). Handelt es sich bei den Gesellschaftern um natürliche Personen, sind die Gewinne einkommensteuerpflichtig, handelt es sich um juristische Personen, körperschaftsteuerpflichtig. Die Besteuerung unterscheidet sich so grundlegend von GmbH und AG, bei denen das Trennungsprinzip gilt.[187]

Bei der Gewerbesteuer und der Umsatzsteuer sind OHG und KG selbst Steuersubjekt. Gem. § 2 Abs. 1 GewStG unterliegt jeder stehende Gewerbebetrieb, soweit er im Inland betrieben wird, der Gewerbesteuer. Dies wird vorliegend meist der Fall sein, da OHG und KG einen Gewerbebetrieb voraussetzen. Für die Bemessungsgrundlage verweist § 7 S. 1 GewStG auf den nach den Vorschriften des Einkommensteuergesetzes ermittelten Gewinn.

Die §§ 8 ff. GewStG enthalten ergänzende Vorschriften, welche diesen Gewinn gewerbesteuerspezifisch korrigieren. Die Gewerbesteuer errechnet sich dann auch hier gem. den §§ 10 ff. GewStG aus dem Gewerbeertrag, der Steuermesszahl von 3,5 % sowie dem Hebesatz, wobei im Folgenden auch hier von einem Hebesatz von 400 % ausgegangen wird. Gem. § 11 Abs. 1 S. 3 Nr. 1 GewStG ist hier zudem ein Freibetrag in Höhe von 24 500,– EUR zu berücksichtigen.

Daneben werden OHG und KG regelmäßig der Umsatzsteuer unterfallen. Gem. § 2 Abs. 1 UStG trifft die Umsatzsteuer den Unternehmer, d.h. jeden, der eine gewerbliche oder berufliche Tätigkeit selbstständig ausübt. Wie bereits bei GmbH und AG wird es sich bei der Umsatzsteuer meist wirtschaftlich um einen durchlaufenden Posten handeln. Dabei gelten die vorstehenden Überlegungen unabhängig davon, ob es sich um eine OHG oder um eine KG handelt.

187 Zur Besteuerung von GmbH und AG vgl. bereits S. 70 ff. und S. 105 ff.

**Bei den Gesellschaftern** sind die Gewinne der OHG bzw. KG in der Regel Einkünfte aus Gewerbebetrieb gem. § 15 Abs. 1 S. 1 Nr. 2 EStG. Das Gesetz bezeichnet die Gesellschafter hier als Mitunternehmer. Bei den Gesellschaftern werden diese Einkünfte deren jeweiligem persönlichen Steuersatz unterworfen, wobei die von der OHG bzw. KG gezahlte Gewerbesteuer gem. § 35 EStG teilweise angerechnet werden kann. Solidaritätszuschlag und ggf. Kirchensteuer kommen hinzu.

Um die Gewinne zu bestimmen, werden sie zunächst bei der OHG bzw. KG im Rahmen einer sog. einheitlichen und gesonderten Feststellung im Sinne der §§ 179; 180 Abs. 1 Nr. 2a AO festgestellt. Dies dient Vereinfachung und Einheitlichkeit, ändert aber nichts daran, dass die Gesellschafter Steuersubjekt der Einkommen- bzw. Körperschaftsteuer sind. Am Ende der einheitlichen und gesonderten Feststellung wird der Gewinn für jeden der Gesellschafter festgestellt.

Der Gewinn, der den einzelnen Gesellschaftern zufällt, kann dabei unterschiedlich hoch sein. Diese Unterschiede können daraus resultieren, dass die Gesellschafter von vornherein verschieden hoch am Gewinn beteiligt sind. Sie können aber auch aus Vergütungen für Arbeitsleistungen oder aus Entgelten für Geld- oder Sachüberlassungen folgen, die den Einkünften aus Gewerbebetrieb zuzurechnen sind und damit den Gewinn beeinflussen.

Handelt es sich bei den Gesellschaftern der OHG oder KG um Kapitalgesellschaften, erhöhen die Gewinne der OHG bzw. KG die Gewinne dieser Kapitalgesellschaften und sind bei diesen körperschaftsteuer- und solidaritätszuschlagspflichtig. Auch hier kommt es zunächst zu einer einheitlichen und gesonderten Gewinnfeststellung auf Ebene der OHG oder KG. Gewerbesteuerrechtlich sind die Gewinne gem. § 9 Nr. 2 GewStG freigestellt, um Doppelbelastungen zu vermeiden.

Veräußert eine OHG oder KG ihr Unternehmen, gelten die vorstehenden Überlegungen entsprechend. Die durch die Veräußerung erzielten Gewinne oder Verluste sind bei den Gesellschaftern zu versteuern. Soweit die Gesellschafter der Einkommensteuer unterfallen, kann im Rahmen des § 16 EStG unter Umständen der Freibetrag des § 16 Abs. 4 EStG hinzutreten; zudem besteht hier die Möglichkeit einer Steuerermäßigung gem. § 34 EStG.

**Die Thesaurierungsbegünstigung** schließlich stellt den Versuch des Gesetzgebers dar, die Unterschiede in der Besteuerung von Einzelunternehmen und Personengesellschaften einerseits und Kapitalgesellschaften andererseits auszugleichen. Erstmals für den Veranlagungszeitraum 2008 normiert § 34a EStG hier einen Sondertarif für nicht entnommene Gewinne. Ziel ist es, dass Gewinne von OHG oder KG, solange sie bei OHG bzw. KG verbleiben, GmbH und AG vergleichbar besteuert werden.

Gem. § 34a EStG ist, sind in dem zu versteuernden Einkommen eines Gesellschafters nicht entnommene Gewinne aus der Tätigkeit einer OHG oder KG enthalten, die Einkommensteuer für diese Gewinne auf Antrag ganz oder teilweise mit einem Steuersatz von 28,25 % zu berechnen. Dies gilt nicht, wenn die Grenzen des § 34a Abs. 1 S. 3 EStG unterschritten werden, für die Gewinne der Freibetrag nach § 16 Abs. 4 EStG in Anspruch genommen wird oder es zur Steuerermäßigung gem. § 34 EStG kommt.

Der Gesellschafter hat also die Wahl, ob er Gewinne sogleich versteuert oder ob er die Thesaurierungsbegünstigung des § 34a EStG in Anspruch nimmt, und auch ob er in Fällen der Unternehmensveräußerung, liegen die Voraussetzungen vor, auf den Freibetrag des § 16 Abs. 4 EStG und die Steuerermäßigung des § 34 EStG zurückgreift. Im vorliegenden Zusammenhang kann auf die überaus zahlreichen Fragen, die sich hier stellen, nicht näher eingegangen werden.

Entscheiden Gesellschafter sich für die Thesaurierungsbegünstigung, ist eine Bilanzaufstellung bei der OHG bzw. KG zwingend erforderlich. Bei mehreren Gesellschaftern kann deren Entscheidung angesichts § 34a Abs. 1 S. 2 und 3 EStG unterschiedlich ausfallen. Der Gewinn kann voll oder zum Teil thesauriert werden. Kommt es später zu einer Ausschüttung an die Gesellschafter, hat eine Nachversteuerung gem. § 34a Abs. 4 und 6 EStG zu erfolgen.

**Festhalten lässt sich**: Bei OHG und KG werden Gewinne sogleich bei den Gesellschaftern, den Komplementären und Kommanditisten besteuert. Handelt es sich bei diesen um natürliche Personen, sind die Gewinne als Einkünfte aus Gewerbebetrieb einkommensteuerpflichtig, und zwar mit dem jeweiligen persönlichen Steuersatz des Gesellschafters oder dem Thesaurierungssatz. Handelt es sich um juristische Personen, sind die Gewinne körperschaftsteuerpflichtig.

Einige dieser Regelungen sind das Ergebnis der Bemühungen des Gesetzgebers, eine Belastungsgleichheit zwischen der Besteuerung von OHG und KG einerseits und GmbH und AG andererseits zu erreichen, was freilich nur streckenweise gelungen ist. Und schließlich: Die vorstehenden Überlegungen gelten entsprechend, wenn das Unternehmen nicht in der Rechtsform einer OHG oder KG, sondern als Einzelunternehmen betrieben wird.[188]

**Fall**

Die A-KG, Komplementär ist A und Kommanditist B, erzielt im Veranlagungszeitraum einen Gewinn von 100. (1) Wie gestaltet sich die Einkommen- und Gewerbebesteuerung, wenn die Gewinne bei A und B dem Spitzensteuersatz von 45 % unterfallen? Was ändert sich, wenn (2) der Gewinn in der A-KG thesauriert werden soll und dann (3) der Gewinn später von A und B entnommen wird? (4) Wie beurteilen Sie die Grundkonstellation, wenn Gesellschafter der A-KG die A-GmbH und die B-AG sind? (5) Was ändert sich, wenn der Gewinn nicht von einer KG, sondern von A als Einzelunternehmer erzielt wird?[189]

**Lösung**: Auch hier ist zwischen der Besteuerung der A-KG einerseits und der Besteuerung der Gesellschafter andererseits zu unterscheiden.

188 Vgl. zum Vorstehenden näher etwa *Scheffler*, Besteuerung von Unternehmen I, S. 283 ff.; *Schanz/Kollruss/Zipfel*, DStR 2008, S. 1702; *Rech*, BC 2008, S. 86; *Wendt*, DStR 2009, S. 406 sowie die Kommentierungen der einzelnen Gesetzesvorschriften.

189 Vgl. zum Folgenden auch *Wacker*, in: Schmidt, EStG, § 34a RdNr. 6.

(1) Besteuerung bei der A-KG:

| | | |
|---|---|---|
| Gewinn vor Steuern | 100 | |
| Zu zahlende GewSt | 14 | (= 100 x 3,5% x 400%)[190] |
| Gewinn nach GewSt | 86 | (= 100 - 14) |

Auf der Ebene der A-KG ergibt sich so, einen Gewerbesteuer-Hebesatz von 400 % vorausgesetzt, eine **Gewerbesteuerbelastung von 14.**

Besteuerung bei A und B (zusammen):

| | | |
|---|---|---|
| Gewinn vor Steuern | 100 | (gem. § 15 Abs. 1 S. 1 Nr. 2 EStG) |
| ESt | 45 | (45 % angenommener persönlicher Steuersatz; GewSt gem. § 4 Abs. 5b EStG nicht abziehbar) |
| GewSt-Anrechnung | 13,30 | (= 100 x 3,5% x 3,8 gem. § 35 EStG) |
| ESt nach GewSt | 31,70 | (= 45,00 - 13,30) |
| Solidaritätszuschlag | 1,74 | (= 31,70 x 5,5% gem. den §§ 3; 4 SolZG) |
| Zu zahlende ESt/SolZ | 33,44 | (31,70 + 1,74) |

Insgesamt ergibt sich so bei der A-KG und A und B (zusammen) eine **Gesamtsteuerbelastung von 47,44** (= 14,00 GewSt + 33,44 ESt/SolZ).

(2) Im Falle der Thesaurierung ändert sich die Besteuerung bei A und B:

| | | |
|---|---|---|
| Gewinn vor Steuern | 100 | |
| ESt | 24,30 | (= 86 x 28,25 % thesauriert, begünstigt gem. § 34a Abs. 1 EStG) |
| ESt | 6,30 | (= 14 x 45 % von A-KG als GewSt gezahlt, nicht begünstigt) |
| GewSt-Anrechnung | 13,30 | (= 100 x 3,5% x 3,8 gem. § 35 EStG) |
| ESt nach GewSt | 17,30 | (= 24,30 + 6,30 - 13,30) |
| Solidaritätszuschlag | 0,95 | (= 17,30 x 5,5% gem. den §§ 3; 4 SolZG) |
| Zu zahlende ESt/SolZ | 18,25 | (= 17,30 + 0,95) |

Insgesamt ergibt sich so im Falle der Vollthesaurierung, d.h. wenn der gesamte Gewinn bis auf die zu zahlende GewSt thesauriert wird, und liegen die Voraussetzungen des § 34a EStG sowie die erforderlichen Anträge der Steuerpflichtigen vor, zunächst bei der KG und A und B (zusammen) eine **Gesamtsteuerbelastung von 32,25** (= 14,00 GewSt + 18,25 ESt/SolZ). Ergänzung: Geht man davon aus, dass auch die ESt aus dem Gewinn beglichen wird, sinkt der thesaurierte Betrag entsprechend weiter und die Höhe des nicht thesaurierten, nicht begünstigten Betrags und damit auch die ESt steigt.[191]

(3) Im Falle der späteren Entnahme der Gewinne hat eine Nachversteuerung bei A und B zu erfolgen:

| | | |
|---|---|---|
| Nicht entnommener Gewinn | 86 | (= 100,00 - 14,00) |
| ESt bei Thesaurierung | 24,30 | (s.o.; Abzug gem. § 34a Abs. 3 EStG) |
| Solidaritätszuschlag hierauf | 1,34 | (= 24,30 x 5,5% gem. den §§ 3; 4 SolZG)[192] |
| Nachversteuerungsbetrag | 60,36 | (= 86,00 - 24,30 - 1,34) |
| ESt | 15,09 | (= 60,36 x 25% gem. § 34a Abs. 4 EStG) |
| Solidaritätszuschlag | 0,83 | (= 15,09 x 5,5% gem. den §§ 3; 4 SolZG) |
| Noch zu zahlende ESt/SolZ | 15,92 | (= 15,09 + 0,83) |

Insgesamt ergibt sich so im Falle von Vollthesaurierung und späterer Nachversteuerung eine **Gesamtsteuerbelastung von 48,17** (= 14,00 GewSt + 18,25 ESt/SolZ + 15,92 ESt/SolZ).

190 Der Freibetrag in Höhe von 24 500,– EUR gem. § 11 Abs. 1 S. 3 Nr. 1 GewStG bleibt hier und im Folgenden außer Betracht.

191 Vgl. insoweit *Scheffler*, Besteuerung von Unternehmen I, S. 285 ff.

192 Vgl. hierzu *Wacker*, in: Schmidt, EStG, § 34a RdNr. 52; *Ley*, KÖSDI 2007, S. 15737/47.

(4) Besteuerung, soweit die Anteile an der A-KG von der A-GmbH und der B-AG gehalten werden (zusammen):

| | | |
|---|---|---|
| Ausschüttung | 100 | (GewSt gem. § 8 Abs. 1 KStG i.V.m § 4 Abs. 5b EStG nicht abziehbar) |
| GewSt | 0,00 | (gem. § 9 Nr. 2 GewStG keine erneute GewSt) |
| Gewinn nach GewSt | 100 | |
| KSt | 15 | (= 100 x 15%) |
| Solidaritätszuschlag | 0,83 | (= 15 x 5,5% gem. den §§ 3; 4 SolZG) |
| Gewinn nach Steuern | = 84,17 | (= 100,00 - 15,00 - 0,83) |

Wird der Gewinn, den die A-KG erzielt hat und der der A-GmbH bzw. B-AG zugerechnet wird, von der A-GmbH und der B-AG nicht ausgeschüttet, ergibt sich so bei A-KG, A-GmbH und B-AG (zusammen) eine **Gesamtsteuerbelastung von 29,83** (= 14,00 GewSt + 15,00 KSt + 0,83 SolZ). Kommt es später zu einer Ausschüttung an die Gesellschafter bzw. Aktionäre der A-GmbH und der B-AG, sind die zur Besteuerung von GmbH und AG angestellten Überlegungen entsprechend anzuwenden.[193]

(5) Soweit Unternehmensträger nicht die A-KG, sondern der Einzelunternehmer A ist, erfolgen Besteuerung wie Thesaurierung entsprechend dem Vorherigen. Die nun von A zu zahlende GewSt beträgt ebenfalls **14** und die zu zahlende ESt inkl. Solidaritätszuschlag **33,44**, im Falle der Vollthesaurierung **18,25** und im Falle der Nachversteuerung **15,92**.

## 6. Änderungen sowie Beendigung

### a) Änderungen bei OHG und KG

**Änderungen** ergeben sich bei OHG und KG, wenn grundlegende Entscheidungen anstehen.

**Von Änderungen kann bei OHG und KG** zunächst gesprochen werden, wenn außergewöhnliche Geschäfte zu entscheiden sind. Insoweit hat sich bereits gezeigt, dass für die Vornahme von Handlungen, die über den gewöhnlichen Betrieb des Handelsgewerbes hinausgehen, gem. § 116 Abs. 2 HGB ein Beschluss sämtlicher Gesellschafter erforderlich ist. Kommanditisten steht hier gem. § 164 S. 1 HGB ein Widerspruchsrecht zu.

Die Erteilung von Prokura stellt ebenfalls eine grundlegende Entscheidung dar. Gem. § 116 Abs. 3 HGB ist hierfür die Zustimmung aller geschäftsführenden Gesellschafter erforderlich, es sei denn, dass Gefahr im Verzug ist. Grundlegend sind zudem Entziehungen von Geschäftsführung und Vertretung, welche in § 117 HGB und § 127 HGB geregelt sind sowie Ausschlüsse aus der Gesellschaft gem. § 140 HGB.[194]

**Änderungen des Gesellschaftsvertrages** stehen daneben. Änderungen des Gesellschaftsvertrages kommen zum einen in Betracht, wenn existierende Regelung eines Gesellschaftsvertrages, etwa betreffend Geschäftsführung, Vertretung oder Gewinnverteilung geändert werden sollen. Außerdem bedürfen Änderungen, die für die OHG oder die KG sog. Grundlagengeschäfte darstellen, einer Regelung im Rahmen des Gesellschaftsvertrages.

193 Vgl. hierzu bereits S. 70 ff. sowie S. 105 ff.
194 Vgl. zum Vorstehenden bereits S. 133 ff.

Dies muss, wie ebenfalls bereits gesehen, grundsätzlich in Gesellschafterversammlungen durch einstimmige Beschlüsse geschehen. Bei der KG müssen auch die Kommanditisten zustimmen. Soll also etwa der Unternehmensgegenstand oder die Firma geändert, sollen Geschäftsführungs- oder Vertretungsbefugnis neu geregelt oder soll die Zusammensetzung der Gesellschafter verändert werden, werden regelmäßig alle Gesellschafter zustimmen müssen.

**Fall**

A und B sind Komplementäre, C und D Kommanditisten der A-KG. Nach einiger Zeit stellt sich heraus, dass B bei der Führung der Geschäfte der A-KG nicht immer eine gute Hand hat. An welche Änderungen hinsichtlich der Geschäftsführungsbefugnis ließe sich hier denken und wie wären diese zu erreichen?

**Lösung:** Bisher ist B gem. den §§ 161 Abs. 2; 114 Abs. 1 HGB berechtigt, die Geschäfte für die A-KG allein zu führen. Eine Abänderung, etwa dergestalt, dass B von der Geschäftsführung ausgeschlossen wird oder nur gemeinsam mit A oder auch mit einem der Kommanditisten C oder D zur Geschäftsführung berechtigt sein soll, könnte durch eine Änderung des Gesellschaftsvertrages herbeigeführt werden. Für eine solche Änderung wäre eine Zustimmung aller Gesellschafter, grundsätzlich auch des B und auch der Kommanditisten C und D, erforderlich. Verweigert B die Zustimmung, kommt in Betracht, dem B die Geschäftsführungsbefugnis gem. den §§ 161 Abs. 2; 117 HGB wegen Unfähigkeit zur ordnungsgemäßen Geschäftsführung zu entziehen.

### b) Gesellschafterwechsel bei OHG und KG

**Zu einem Gesellschafterwechsel** bei OHG und KG kann es auf drei Wegen kommen.

**Das Ausscheiden eines Gesellschafters** ist in § 131 Abs. 3 HGB geregelt. Es führt im Zweifel nicht zur Auflösung der Gesellschaft, sondern zur Fortführung mit den verbleibenden Gesellschaftern. § 131 Abs. 3 HGB nennt den Tod eines Gesellschafters, die Eröffnung des Insolvenzverfahrens über das Vermögen eines Gesellschafters, die Kündigung eines Gesellschafters oder die Kündigung durch den Privatgläubiger eines Gesellschafters. § 132 HGB und § 135 HGB regeln Einzelheiten.

Der Gesellschaftsvertrag kann weitere Gründe für ein Ausscheiden bestimmen, etwa eine bestimmte Altersgrenze für Gesellschafter oder Mehrheitsbeschluss. Die Gesellschafter können ein Ausscheiden einvernehmlich vereinbaren. In den Fällen des § 140 HGB kommt zudem auf Antrag der übrigen Gesellschafter eine Ausschließung aufgrund gerichtlichen Urteils in Betracht. Das Ausscheiden ist gem. § 143 HGB zur Eintragung im Handelsregister anzumelden.

Folge des Ausscheidens ist, dass der Gesellschaftsanteil des Ausscheidenden auf die verbleibenden Gesellschafter übergeht; man spricht hier auch davon, dass es zu einer Anwachsung kommt. Dem Ausscheidenden kann ein Abfindungsanspruch zustehen, insbesondere beim Ausscheiden aufgrund Vereinbarung. Für den Fall, dass ein Gesellschafter stirbt und seine Erben an seine Stelle treten sollen, enthält § 139 HGB Sonderregelungen.

Der Ausgeschiedene haftet im Rahmen des § 160 HGB für fünf Jahre weiter. Möglich ist zwar eine Vereinbarung mit den verbleibenden Gesellschaftern, dass diese den Ausscheidenden von Ansprüchen der Gläubiger freistellen; dies gilt dann freilich nur im Innen-, nicht im Außenverhältnis. Bei der KG gelten diese Grundsätze entsprechend. Gem. § 177 HGB kommt es allerdings beim Tod eines Kommanditisten im Zweifel zu einer Fortsetzung der KG mit dessen Erben, und nicht zu einem Ausscheiden.

**Beim Eintritt eines Gesellschafters** ist regelmäßig zwischen Verpflichtungs- und Verfügungsgeschäft zu unterscheiden. Das Verpflichtungsgeschäft stellt die schuldrechtliche Grundlage für den Eintritt dar. Die Gesellschafter verpflichten sich, den neuen Gesellschafter in die Gesellschaft aufzunehmen. Der neue Gesellschafter wird häufig einen Preis für den Eintritt zu zahlen, möglicherweise auch weitere Leistungen zu erbringen haben.

Der Eintritt selbst wird in der Regel durch Vertrag zwischen den bisherigen Gesellschaftern und dem Eintretenden erfolgen. Dabei kann der Gesellschaftsvertrag insgesamt geändert oder es kann eine Ergänzungsvereinbarung zum Gesellschaftsvertrag getroffen werden. Möglich ist auch, dass der Gesellschaftsvertrag den Eintritt bereits vorsieht, es also nicht der Zustimmung aller Gesellschafter bedarf oder dass Mehrheitsentscheidungen möglich sind.

Mit dem Eintritt erhält der neue Gesellschafter Gesellschafts- und Kapitalanteil. Die Gesellschaftsanteile der bisherigen Gesellschafter verringern sich entsprechend; man spricht insoweit auch von Abwachsung. Gem. § 130 HGB haftet der Eintretende gleich den bisherigen Gesellschaftern nach Maßgabe der §§ 128; 129 HGB für die vor seinem Eintritt begründeten Verbindlichkeiten der Gesellschaft. Gem. § 107 HGB ist der Eintritt einzutragen.

Bei der KG gelten auch diese Grundsätze entsprechend. Was die Haftung des eintretenden Kommanditisten anbelangt, stellt § 173 HGB noch einmal ausdrücklich klar, dass dieser nach Maßgabe der §§ 171; 172 HGB für die vor seinem Eintritt begründeten Verbindlichkeiten der KG, d.h. bis zur Höhe seiner Einlage, haftet. Tritt ein Gesellschafter als Kommanditist in eine OHG ein, wandelt sich diese in eine KG um.

**Die Anteilsübertragung** stellt die dritte Möglichkeit des Gesellschafterwechsels dar. Dabei ist wiederum zwischen Verpflichtungs- und Verfügungsgeschäft zu unterscheiden. Mit dem Verpflichtungsgeschäft verpflichtet sich ein Gesellschafter einem anderen gegenüber, seinen Gesellschaftsanteil entgeltlich oder unentgeltlich auf diesen zu übertragen, etwa durch Kaufvertrag gem. den §§ 453; 433 BGB oder durch Schenkungsvertrag gem. § 516 BGB.

Die Verfügung erfolgt auch hier, wie bereits bei der GmbH, durch Abtretung des Gesellschaftsanteils. Erforderlich ist gem. § 398 BGB eine Einigung der Parteien, die grundsätzlich formlos möglich ist. Voraussetzung für die Wirksamkeit der Abtretung ist, dass alle Gesellschafter mit dem Wechsel in der Gesellschafterstellung einverstanden sind. Der Gesellschaftsvertrag kann im Einzelfall hiervon abweichende Regelungen enthalten.

Was die Haftung anbelangt, haftet der Ausscheidende auch hier im Rahmen des § 160 HGB analog noch für fünf Jahre weiter. Auch hier kann der Ausscheidende mit der Gesellschaft oder mit dem eintretenden Gesellschafter eine Freistellung vereinbaren; diese gilt freilich dann auch hier prinzipiell nur im Innenverhältnis. Der Eintretende haftet gem. § 130 HGB analog gleich den bisherigen Gesellschaftern nach Maßgabe der §§ 128; 129 HGB.

Für die KG gelten diese Grundsätze entsprechend. Auch bei der KG sind für die Anteilsübertragung Verpflichtung und Verfügung erforderlich. Auch hier bedarf die Abtretung grundsätzlich der Zustimmung aller Gesellschafter, also auch der Kommanditisten. Gleiches gilt für die Haftung, wobei gem. § 173 HGB analog der eintretende Kommanditist nach Maßgabe der §§ 171; 172 HGB haftet und die Einlageerbringung des alten Kommanditisten für den neuen wirkt.[195]

**Fall**

A und B sind Gesellschafter der A-OHG. (1) Angenommen A möchte aus Altersgründen die A-OHG verlassen und D soll als Gesellschafter an die Stelle des A treten - welche beiden Wege stehen hier zur Verfügung? (2) Angenommen, es handelt sich bei der Gesellschaft nicht um die A-OHG, sondern um die A-KG, die neben den Komplementären A und B durch den Kommanditisten C gebildet wird. Wie verhält es sich, wenn A bzw. C stirbt?

**Lösung:** (1) A und D können ihr Ziel erreichen, indem A seinen Gesellschaftsanteil an der A-OHG auf D überträgt oder indem D in die A-OHG ein- und sodann A aus dieser austritt. Im erstgenannten Fall sind Verpflichtungs- und Verfügungsgeschäft erforderlich, wobei für die Wirksamkeit der Abtretung zwischen A und D grundsätzlich auch die Zustimmung des B erforderlich ist. Im zweitgenannten Fall werden Eintritt und Austritt kombiniert. Dabei muss der Eintritt des D vor dem Austritt des A erfolgen, da andernfalls B für kurze Zeit „allein" wäre, wodurch die OHG zum Einzelunternehmen würde. In beiden Fällen haftet A den Gläubigern nach seinem Ausscheiden noch grundsätzlich fünf Jahre weiter gem. § 160 HGB analog bzw. gem. § 160 HGB. D haftet ab Erlangung der Gesellschafterstellung für die zu diesem Zeitpunkt bereits begründeten Verbindlichkeiten der A-OHG gem. § 130 HGB analog bzw. gem. § 130 HGB. (2) Stirbt Komplementär A, kommt es gem. den §§ 161 Abs. 2; 131 Abs. 3 S. 1 Nr. 1 HGB im Zweifel zu dessen Ausscheiden aus der A-KG. Stirbt Kommanditist C, wird die A-KG demgegenüber gem. § 177 HGB im Zweifel mit dessen Erben fortgesetzt.

### c) Auflösung und Abwicklung von OHG und KG

**Am Ende von OHG und KG** stehen auch hier Auflösung und Abwicklung der Gesellschaft.

**Die Gründe der Auflösung** sind in § 131 Abs. 1 und 2 HGB genannt. Gem. § 131 Abs. 1 HGB führen zur Auflösung

- Zeitablauf (Nr. 1),
- Beschluss der Gesellschafter (Nr. 2),

195 Vgl. zum Vorstehenden näher etwa *Klunzinger*, Gesellschaftsrecht, S. 97 ff., 130 f. sowie insbesondere zu den Fällen des Todes eines Gesellschafters *Grunewald*, Gesellschaftsrecht, S. 121 ff., 152 f.

- Eröffnung des Insolvenzverfahrens über das Vermögen der Gesellschaft (Nr. 3) und
- gerichtliche Entscheidung (Nr. 4).

Ist kein persönlich haftender Gesellschafter eine natürliche Person, wird die Gesellschaft zudem grundsätzlich in den in § 131 Abs. 2 HGB genannten Fällen aufgelöst.

Zu einem Auflösungsbeschluss der Gesellschafter kann es etwa kommen, wenn diese sich zerstritten haben. Die Auflösung durch gerichtliche Entscheidung regelt § 133 HGB, Voraussetzung ist, dass ein wichtiger Grund vorliegt. Der Gesellschaftsvertrag kann weitere Auflösungsgründe vorsehen, etwa, entsprechend der Rechtslage bei der BGB-Gesellschaft, den Tod eines Gesellschafters oder dass die Gesellschaft Verluste erzielt.

Liegt ein Auflösungsgrund vor, ist die Auflösung gem. § 143 Abs. 1 HGB von sämtlichen Gesellschaftern zur Eintragung in das Handelsregister anzumelden. Bei Insolvenz hat das Gericht die Auflösung und ihren Grund von Amts wegen einzutragen. Ist anzunehmen, dass der Tod eines Gesellschafters die Auflösung der Gesellschaft zur Folge hat, kann die Eintragung gem. § 143 Abs. 3 HGB erfolgen, auch ohne dass die Erben bei der Anmeldung mitwirken.

**Die Abwicklung der Gesellschaft** ist in den §§ 145 ff. HGB geregelt. Gem. § 146 Abs. 1 HGB erfolgt die Abwicklung im Zweifel durch sämtliche Gesellschafter als Liquidatoren. Gem. § 150 HGB handeln sie nunmehr nicht einzeln, sondern prinzipiell gemeinschaftlich. Die Liquidatoren und ihre Vertretungsmacht sind gem. § 148 HGB von sämtlichen Gesellschaftern beim Handelsregister anzumelden. Im Gesellschaftsvertrag kann Abweichendes geregelt werden.

Aufgabe der Liquidatoren ist es gem. § 149 HGB, die laufenden Geschäfte zu beendigen, die Forderungen einzuziehen, das übrige Vermögen in Geld umzusetzen und die Gläubiger zu befriedigen; zur Beendigung schwebender Geschäfte können sie auch neue Geschäfte eingehen. Die Liquidatoren haben gem. § 154 HGB zu Beginn wie am Ende der Liquidation eine Bilanz aufzustellen. Ihre Befugnisse sind gem. § 151 HGB Dritten gegenüber unbeschränkbar.

Während der Abwicklung kommen in Bezug auf die Rechtsverhältnisse der bisherigen Gesellschafter untereinander sowie der Gesellschaft zu Dritten gem. § 156 HGB grundsätzlich die bisherigen Vorschriften zur Anwendung. Das nach Berichtigung der Schulden verbleibende Vermögen der Gesellschaft ist von den Liquidatoren gem. § 155 HGB nach dem Verhältnisse der Kapitalanteile, wie sie sich aufgrund der Schlussbilanz ergeben, unter die Gesellschafter zu verteilen.

**Die OHG ist beendet**, wenn das Erlöschen ihrer Firma, nachdem die Liquidatoren dieses gem. § 157 HGB beim Handelsregister angemeldet haben, dort eingetragen ist. Entsteht über die Verteilung des Gesellschaftsvermögens Streit unter den Gesellschaftern, haben die Liquidatoren die Verteilung des Gesellschaftsvermögens gem. § 155 Abs. 3 HGB bis zur Entscheidung des Streits auszusetzen. Bücher und Papiere der Gesellschaft sind zu verwahren.

Was die Haftung anbelangt, verjähren gem. § 159 Abs. 1 HGB, § 160 HGB vergleichbar, die Ansprüche gegen einen Gesellschafter aus Verbindlichkeiten der Gesellschaft in fünf Jahren nach der Auflösung der Gesellschaft, sofern nicht der Anspruch gegen die Gesellschaft einer kürzeren Verjährung unterliegt. § 159 Abs. 2 und 3 HGB regeln den Verjährungsbeginn. § 159 Abs. 4 HGB enthält Sonderregelungen betreffend Hemmung und Neubeginn der Verjährung.

Bei der KG gilt all dies entsprechend. Der Verweis des § 161 Abs. 2 HGB auf die Vorschriften für die OHG führt auch hier dazu, dass die vorgenannten Regelungen betreffend Auflösungsgründe, Abwicklung und Haftung grundsätzlich auch bei der KG Anwendung finden können. Allerdings ändert sich die Verfassung der KG nunmehr insoweit grundlegend, als gem. den §§ 161 Abs. 2; 146 Abs. 1 HGB auch die Kommanditisten zur Abwicklung berufen sind.[196]

**Fall**

A und B sind Komplementäre, C ist Kommanditist der A-KG. C war als Kommanditist im Handelsregister eingetragen und hatte seine Einlage in Höhe von 10 000,– EUR erbracht. Vier Monate nach Abwicklung und Löschung der A-KG aus dem Handelsregister und nachdem die Verteilung des Vermögens jedem Gesellschafter 10 000,– EUR gebracht hat, macht X, ein Gläubiger der A-KG, noch einen, ursprünglich tatsächlich bestehenden, Anspruch in Höhe von 20 000,– EUR geltend. Wen kann X in Anspruch nehmen?

**Lösung:** Die A-KG hat kein Vermögen, so dass X diese nicht mehr in Anspruch nehmen wird. X kann aber Ansprüche gegen A, B und C als Gesellschafter geltend machen. Die Tatsache, dass X seinen Anspruch nicht geltend gemacht hat, solange die A-KG noch bestand, hindert ihn nicht, diesen nunmehr geltend zu machen. Denn nach herrschender Meinung besteht der Verband A-KG trotz Löschung fort und damit auch der Anspruch des X. A und B haften dem X demnach noch gem. den §§ 161 Abs. 2; 128 HGB persönlich und unbeschränkt, freilich gem. den §§ 161 Abs. 2; 159 HGB auf fünf Jahren beschränkt. Entsprechend verhält es sich hinsichtlich Kommanditist C, wobei dieser freilich zunächst die Beschränkung seiner Haftung gem. den §§ 171 Abs. 1; 172 Abs. 1 HGB einwenden konnte. Fraglich ist, ob die Auszahlung der 10 000,– EUR an C zu einem Wiederaufleben seiner Haftung in Höhe seiner Einlage von 10 000,– EUR geführt hat. Sieht man hierin eine Rückzahlung der Einlage entsprechend § 172 Abs. 4 HGB, ist dies der Fall. X kann dann den A und den B in voller Höhe sowie C in Höhe von 10 000,– EUR in Anspruch nehmen, und zwar als Gesamtschuldner.

## 7. Besondere Aspekte

### a) OHG und KG im Vorfeld

**Auch hier stellt sich die Frage**, wie Handlungen der Gesellschafter im Vorfeld der Gesellschaft einzuordnen sind.

**Die OHG entsteht** gem. § 123 Abs. 1 HGB im Verhältnis zu Dritten konstitutiv mit ihrer Eintragung im Handelsregister. Vor Eintragung ist hier, nicht wie bei GmbH und AG nach Vorgründungsgesellschaft und Vorgesellschaft, sondern wie folgt zu unterscheiden: Handeln die Gesellschafter vor Eintragung, entsteht die OHG im Außenverhältnis

196 Vgl. zum Vorstehenden auch etwa *Grunewald*, Gesellschaftsrecht, S. 124 ff., 153; *K. Schmidt*, Gesellschaftsrecht, S. 1509 ff.; 1554 ff.

gem. § 123 Abs. 2 HGB prinzipiell mit Geschäftsbeginn; eine spätere Eintragung wirkt dann nur deklaratorisch.

Bei § 2 HGB und § 105 Abs. 2 HGB, also wenn der Gewerbebetrieb nach Art und Umfang einen in kaufmännischer Weise eingerichteten Geschäftsbetrieb nicht erfordert, die Gesellschaft nur eigenes Vermögen verwaltet oder in Fällen der Land- und Forstwirtschaft kommt es gem. § 123 Abs. 2 HGB noch zu keiner OHG. Hier wird in der Regel zunächst eine BGB-Gesellschaft bestehen, bei der die Gesellschafter allerdings auch schon persönlich haften.[197]

**Bei der KG** gelten diese Grundsätze entsprechend. Besonderheiten ergeben sich hier mit Blick auf die Haftung der Gesellschafter. Nach Aufnahme des Geschäftsbetriebs bis zur Eintragung haften die Gesellschafter einer OHG gem. § 128 HGB und die Gesellschafter einer KG gem. § 161 Abs. 2 HGB i.V.m. § 128 HGB persönlich und unbeschränkt. In den Fällen einer BGB-Gesellschaft ergibt sich diese Haftung aus § 128 HGB analog.

Die Kommanditisten erreichen ihre Haftungsbeschränkung erst mit Eintragung. § 176 HGB besagt, dass, hat die KG ihre Geschäfte begonnen, bevor sie in das Handelsregister eingetragen ist, jeder Kommanditist, der dem Geschäftsbeginn zugestimmt hat, für die bis zur Eintragung begründeten Verbindlichkeiten der KG gleich einem persönlich haftenden Gesellschafter haftet, es sei denn, dass seine Beteiligung als Kommanditist dem Gläubiger bekannt war.

**Fall**

A und B sollen Komplementäre, C mit einer Einlage von 10 000,– EUR Kommanditist der A-KG werden. Bei Eintragung der A-KG in das Handelsregister wird die Einlage des C irrtümlich mit 20 000,– EUR beziffert, was aber niemandem auffällt. In der Folgezeit leistet C seine vereinbarte Einlage in Höhe von 10 000,– EUR an die A-KG. Nunmehr erwirbt X, ein Gläubiger der A-KG, einen Anspruch in Höhe von 100 000,– EUR gegen die A-KG. Wen kann X in welcher Höhe in Anspruch nehmen?

**Lösung:** X kann die A-KG selbst gem. den §§ 161 Abs. 2; 124 HGB sowie die Komplementäre A und B gem. den §§ 161 Abs. 2; 128 HGB in Höhe von 100 000,– EUR in Anspruch nehmen, und zwar als Gesamtschuldner. Fraglich ist, ob X auch C gem. den §§ 161 Abs. 2; 128 HGB in Anspruch nehmen kann. Nachdem die A-KG als Gesellschaft und C als Kommanditist in das Handelsregister eingetragen sind, haftet C nicht mehr gem. § 176 HGB unbeschränkt. Möglicherweise kann X den C aber in Anspruch nehmen, weil die Haftungsbeschränkung der §§ 171; 172 HGB nur begrenzt zum Tragen kommt. Denn gem. § 172 Abs. 1 HGB wird die Einlage und damit die Haftungsbeschränkung eines Kommanditisten im Verhältnis zu den Gläubigern der KG nach Eintragung in das Handelsregister durch den in der Eintragung angegebenen Betrag bestimmt. Da vorliegend eine Einlage von 20 000,– EUR im Handelsregister eingetragen ist, C jedoch erst 10 000,– EUR gegenüber der A-KG geleistet hat, muss C so grundsätzlich noch in Höhe von 10 000,– EUR haften. Die Tatsache, dass die zu hohe Eintragung auf einem Irrtum beruht, ändert hieran zunächst nichts; es hätte bei C gelegen, zu prüfen, ob seine Haftungsbeschränkung zutreffend im Handelsregister eingetragen ist. Jedoch: Für den Fall, dass X bei Entstehung der Forderung gewusst hat, dass die Einlageverpflichtung des C sich in Wirklichkeit nur auf 10 000,– EUR beläuft, geht die herrschender Meinung, entsprechend der Einschränkung

197 Vgl. zum Vorstehenden bereits S. 128 f.

des § 176 Abs. 1 S. 1 a.E. HGB, davon aus, dass X den C, nachdem dieser seine Einlage in Höhe von 10 000,- EUR geleistet hat, nicht mehr in Anspruch nehmen kann.

### b) Besondere Formen von OHG und KG

**Besondere Formen** von OHG und KG stellen insbesondere die GmbH&CoKG und die Publikumsgesellschaft dar.

**Bei der GmbH&CoKG** sind Komplementäre allein juristische Personen. Auf diese Weise sollen die Vorteile von Personengesellschaft und juristischer Person kombiniert werden. Entsprechend verhält es sich bei der AG&CoKG und bei der Limited&CoKG. Bei der GmbH&CoOHG, der AG&CoOHG sowie der Limited&CoOHG handelt es sich um OHG'n, bei denen Gesellschafter nur juristische Personen sind, GmbH'n, AG'n oder Limited'n.

Zulässig ist auch die Unternehmergesellschaft(haftungsbeschränkt)&CoKG sowie die Unternehmergesellschaft(haftungsbeschränkt)&CoOHG. Die Tatsache, dass hier kein Mindestkapital garantiert ist, ändert nichts daran, dass es sich bei der Unternehmergesellschaft (haftungsbeschränkt) um eine GmbH handelt, die komplementärfähig ist. Bei der GmbH&CoKGaA und AG&CoKGaA handelt es sich demgegenüber nicht um KG'n, sondern um KGaA'n.[198]

**Von einer Publikumsgesellschaft** spricht man, wenn an einer Gesellschaft eine Vielzahl von Gesellschaftern beteiligt ist, besonders wenn die Gesellschaftsanteile in der Öffentlichkeit angeboten werden. Zwar sind AG und KGaA die Rechtsformen, die der Gesetzgeber primär für Publikumsgesellschaften vorgesehen hat. Wenn es darum geht, auf dem Weg der Publikumsgesellschaft Steuern zu sparen, wird in der Praxis jedoch häufig die GmbH&CoKG gewählt.

Probleme ergeben sich bei Publikums-KG'n bzw. -OHG'n zum einen daraus, dass KG wie OHG nicht für eine Vielzahl von Gesellschaftern geschaffen sind. Zum anderen wird häufig zweifelhaft sein, wie weit die Haftungsbeschränkung reicht. Und schließlich hat sich immer wieder die Frage gestellt, inwieweit diese Konstruktionen steuerrechtlich anzuerkennen sind. Rechtsprechung und Gesetzgebung haben inzwischen vielfältig auf die Publikumsgesellschaft reagiert.[199]

**Fall**

Die A-UG (haftungsbeschränkt) ist Komplementär, B Kommanditist der A-UG(haftungsbeschränkt)&CoKG. X hat der A-UG(haftungsbeschränkt)&CoKG eine Maschine für 100 000,– EUR verkauft. Wen kann X wegen seiner Kaufpreisforderung in Anspruch nehmen?

**Lösung:** Die A-UG(haftungsbeschränkt)&CoKG ist eine KG. X steht sein Anspruch aus § 433 Abs. 2 BGB gem. den §§ 161 Abs. 2; 124 HGB zunächst gegen die A-UG(haftungsbeschränkt)&CoKG selbst

198 Vgl. hierzu bereits S. 126 f. sowie zur GmbH&CoKG noch ausführlich später S. 180 ff.

199 Vgl. zur Publikumsgesellschaft näher etwa *Hopt*, in: Baumbach/Hopt, Anhang § 177a RdNr. 52 ff.; *K. Schmidt*, Gesellschaftsrecht, S. 1665 ff.

zu. Außerdem haften dem X gem. den §§ 161 Abs. 2; 128 HGB die A-UG (haftungsbeschränkt) als Komplementär sowie B als Kommanditist der A-UG(haftungsbeschränkt)&CoKG. Diese Haftung ist freilich in doppelter Hinsicht beschränkt. Die A-UG(haftungsbeschränkt) ist zwar Komplementär, haftet aber ihrerseits gem. § 13 Abs. 2 GmbHG nur mit ihrem Gesellschaftsvermögen. Die Haftung des Kommanditisten B beschränken die §§ 171; 172 HGB.

### c) Problem: Die desolate OHG bzw. KG

**Fehler bei Gründung** ziehen auch bei OHG und KG schwer zu beantwortende Fragen nach sich.

**Ursachen für Fehler** werden hier primär in der Nichtigkeit des Gesellschaftsvertrages liegen. Die Nichtigkeit kann auf einer Anfechtung, auf § 134 BGB, auf § 138 BGB, möglicherweise auch auf einem Formfehler oder auf Beschränkungen der Geschäftsfähigkeit beruhen. Haben die Gesellschafter bereits Handlungen für die Gesellschaft vorgenommen, wird sich eine Rückabwicklung regelmäßig nicht mehr erreichen lassen.

Die herrschende Meinung sieht daher eine Gesellschaft, die von den Gesellschaftern in Vollzug gesetzt worden ist, prinzipiell als wirksam an. Von welchem Zeitpunkt an dies der Fall ist, ist freilich ebenso umstritten wie die Rechtsgrundlage, auf der dieser Ansatz beruht. Die wohl überwiegende Meinung geht davon aus, dass mit dem Vollzug der Gesellschaft faktisch ein Verband geschaffen worden ist, der vom Rechtsverkehr akzeptiert werden muss.

**Für die fehlerhafte OHG bzw. KG** bedeutet dies, dass diese jedenfalls ab der Eintragung in das Handelsregister als bestehend anzusehen ist. Vorher reicht in der Regel ein Handeln der Gesellschafter nach außen aus. Inwieweit bereits ein Handeln nur zwischen den Gesellschaftern für die Annahme eines Bestehens der Gesellschaft ausreicht, ist unklar; angesichts dessen, dass Dritte noch nicht betroffen sind, dürfte hier jedoch Zurückhaltung angebracht sein

Folge des Bestehens ist, dass die OHG bzw. KG trotz Fehlerhaftigkeit grundsätzlich als wirksam angesehen wird und die für die Gesellschaft jeweils geltenden Regeln anzuwenden sind. Will ein Gesellschafter die OHG oder KG beenden, muss er diese kündigen, wobei die Unwirksamkeit des Gesellschaftsvertrages regelmäßig als Kündigungsgrund ausreichen wird. Im Einzelfall können Ausnahmen sowohl von der Wirksamkeit als auch von der Kündbarkeit begründet sein.

**Weitere Fehler** können sich beim Ein- oder Austritt von Gesellschaftern ergeben. Ist der Ein- oder Austritt unwirksam, gilt nach herrschender Meinung auch hier, dass der Ein- bzw. Austritt ab Vollzug als wirksam anzusehen ist. Von einem Vollzug ist auch hier ab der Eintragung ins Handelsregister bzw. ab einer Manifestation des Ein- bzw. Austritts nach außen anzusehen. Solange die Gesellschafter allein unter sich gehandelt haben, ist auch hier Zurückhaltung geboten.

Beruht die Unwirksamkeit auf der Minderjährigkeit eines Gesellschafters, gelten die vorstehenden Überlegungen zwar grundsätzlich ebenfalls. Hier ist jedoch darauf zu achten, dass sich die Grundsätze des fehlerhaften Ein- bzw. Austritts nicht zum Schaden des Minderjährigen auswirken. Beim Eintritt dürfen daher keine unzulässigen

Pflichten des Minderjährigen generiert werden. Beim Austritt ist zweifelhaft, ob dieser wirksam wird.[200]

**Fall**

A und B wollen sich zur A-OHG zusammenschließen, die einen Kurierdienst betreiben soll. Im Gesellschaftsvertrag verpflichtet A sich schriftlich, der A-OHG ein Grundstück mit Gebäude zu übertragen, in dem der Kurierdienst seinen Sitz haben soll. Nachdem die A-OHG im Handelsregister eingetragen worden ist, kommen A Zweifel an der Wirksamkeit des Geschehens, zu Recht?

**Lösung:** Zweifel an der Wirksamkeit der OHG-Gründung können daran anknüpfen, dass A sich im Gesellschaftsvertrag zur Übertragung eines Grundstücks verpflichtet hat. Diese Verpflichtung bedarf gem. § 311b Abs. 1 BGB der notariellen Beurkundung. Da der Gesellschaftsvertrag jedoch nur schriftlich geschlossen worden ist und Anhaltspunkte für eine Heilung im Sinne des § 311b Abs. 1 S. 2 BGB nicht ersichtlich sind, dürfte der Gesellschaftsvertrag gem. § 139 BGB insgesamt nichtig sein. Nachdem die A-OHG im Handelsregister eingetragen worden ist, kommen jedoch die Grundsätze der fehlerhaften Gesellschaft zur Anwendung, d.h. die Gesellschaft wird nach außen als wirksam angesehen. Will A sich hiergegen wenden, muss er die A-OHG (ex nunc) kündigen; zur Übertragung des Grundstücks ist A mangels notarieller Beurkundung nicht verpflichtet.

## III. Die Partnerschaft

### 1. Die Partnerschaft in der Praxis

**In der Partnerschaft** schließen sich Angehörige Freier Berufe zur Ausübung ihrer Berufe zusammen.

**Als Freie Berufe** definiert § 1 Abs. 2 S. 1 PartGG seit der Novelle des PartGG im Jahr 1998 solche Berufe, die im Allgemeinen auf der Grundlage besonderer beruflicher Qualifikationen oder schöpferischer Begabung die persönliche, eigenverantwortliche und fachlich unabhängige Erbringung von Dienstleistungen höherer Art im Interesse der Auftraggeber und der Allgemeinheit zum Inhalt haben und normiert damit erstmals eine Definition der Freien Berufe.

Als Beispiele Freier Berufe nennt § 1 Abs. 2 S. 2 PartGG die selbstständige Berufstätigkeit der Ärzte, Zahnärzte und Tierärzte, der Diplom-Psychologen, der Mitglieder der Rechtsanwaltskammern, Patentanwälte, Wirtschaftsprüfer und Steuerberater, der Ingenieure und Architekten, der Journalisten und Bildberichterstatter oder der Wissenschaftler und Künstler. Welche Berufe darüber hinaus „ähnliche Berufe" sind, ist von Fall zu Fall zu prüfen.

So steht den Angehörigen Freier Berufe zur Berufsausübung neben Einzelunternehmen, BGB-Gesellschaft, teils auch GmbH, AG und KGaA, die Partnerschaft zur Verfügung. Einschränkungen ergeben sich daraus, dass Angehörige einer Partnerschaft gem.

200 Vgl. zum Vorstehenden näher etwa *Grunewald*, Gesellschaftsrecht, S. 81 ff., 124, 153; *K. Schmidt*, Gesellschaftsrecht, S. 136 ff.

§ 1 Abs. 1 S. 3 PartGG nur natürliche Personen sein können. Zudem können Vorschriften für einzelne Freie Berufe, wie es auch § 1 Abs. 3 PartGG ausdrückt, Einschränkungen vorsehen.[201]

**Blickt man auf die Geschichte**, hat der Gesetzgeber das Gesetz über Partnerschaftsgesellschaften Angehöriger Freier Berufe (Partnerschaftsgesellschaftsgesetz – PartGG) im Jahre 1995 als Alternative zu den Regelungen der BGB-Gesellschaft geschaffen. Grund war, dass die Haftungsregelungen der BGB-Gesellschaft für die Freien Berufe nicht als ausreichend angesehen wurden und diesen eine adäquate Rechtsform zur Verfügung gestellt werden sollte.

Zu diesem Zweck hat der Gesetzgeber die Partnerschaft gem. § 7 Abs. 2 PartGG i.V.m. § 124 HGB wie OHG und KG als (teil-)rechtsfähig normiert. Kern der PartGG ist § 8 Abs. 2 PartGG, nach dem, waren nur einzelne Partner mit der Bearbeitung eines Auftrags befasst, nur sie neben der Partnerschaft für berufliche Fehler haften; die übrigen Partner haften so grundsätzlich nicht für Fehler, die einzelne Partner begangen haben.

Im Übrigen finden sich teils Anleihen an OHG und KG, teils Anleihen an die BGB-Gesellschaft. § 6 Abs. 3 PartGG nimmt für das Verhältnis der Partner untereinander weitgehend auf die für die OHG geltenden Regeln Bezug. Gleiches gilt in § 7 Abs. 2 PartGG für (Teil-)Rechtsfähigkeit und Vertretung der Partnerschaft. Im Zweifel kommen gem. § 1 Abs. 4 PartGG die Vorschriften über die BGB-Gesellschaft zur Anwendung.

**In der Praxis** hat die Normierung der Partnerschaft überwiegend Zustimmung gefunden. Dies gilt für den Ansatz, eine Rechtsform speziell für die Angehörigen der Freien Berufe zu schaffen, die BGB-Gesellschaft und GmbH ergänzt. Dies gilt auch für die Haftungsbeschränkung des § 8 Abs. 2 PartGG. Die Akzeptanz, die die Partnerschaft inzwischen erlangt hat, zeigt sich daran, dass heute ca. 7500 Partnerschaften eingetragen sind.

Kritik an der Partnerschaft knüpft primär daran an, das PartGG bliebe auf halber Strecke stehen, die Chance, eine passgenaue Rechtsform für die Freien Berufe zu schaffen, sei vertan worden. Die Pflicht, die Partnerschaft in das Partnerschaftsregister einzutragen, sei ein Hindernis, welches die Praxis von ihrer Anwendung abhalte. Auch wird kritisiert, dass die Partnerschaft letztlich nicht klar entweder an die OHG oder an die BGB-Gesellschaft anknüpft.

Seit dem Jahre 1995 vom Gesetzgeber vorgenommene Ergänzungen des PartGG, insbesondere des § 1 Abs. 2 PartGG sowie des § 8 Abs. 2 PartGG, wie auch die Entscheidungen des BGH zur (Teil-) Rechtsfähigkeit der BGB-Gesellschaft sowie zur Haftung neu in eine BGB-Gesellschaft eintretender Gesellschafter für Altschulden der Gesellschaft haben die an der Partnerschaft geäußerte Kritik freilich inzwischen weitgehend verstummen lassen.[202]

---

201 Vgl. zum Vorstehenden und zum Folgenden bereits S. 9, S. 24 und S. 124 f.

202 Vgl. hierzu näher etwa *Grunewald*, Gesellschaftsrecht, S. 180 f.; *Lenz*, in: Meilicke, Partnerschaftsgesellschaftsgesetz, § 1 RdNr. 1 ff., 13; *Ulmer/Schäfer*, in: Ulmer/Schäfer, Gesellschaft bürgerlichen Rechts und Partnerschaftsgesellschaft, Vor § 1 PartGG RdNr. 1 ff.; *K. Schmidt*, Gesellschaftsrecht, S. 1877 ff.; *Seibert*, Die Partnerschaft, S. 36 ff.

## 2. Die Gründung der Partnerschaft

**Die Gründung** der Partnerschaft richtet sich in erster Linie nach den §§ 1 ff. PartGG.

**Voraussetzungen der Gründung** sind

- mindestens zwei natürliche Personen die einen Freien Beruf ausüben,
- der Abschluss eines Partnerschaftsvertrages, der den Anforderungen des § 3 PartGG entspricht und
- die Anmeldung und Eintragung der Partnerschaft beim Partnerschaftsregister.

**Mindestens zwei Vertragspartner** sind erforderlich, um eine Partnerschaft gründen zu können. Gem. § 1 Abs. 1 PartGG müssen diese natürliche Personen und Angehörige Freier Berufe im Sinne des § 1 Abs. 2 PartGG sein. Juristische Personen können nicht Angehörige einer Partnerschaft sein. Die Partner können unterschiedliche Freie Berufe ausüben. Unzulässig wäre es, wenn einer von ihnen nicht Angehöriger eines Freien Berufes wäre.

So können sich etwa Rechtsanwälte, Steuerberater und Wirtschaftsprüfer zur Ausübung ihrer Tätigkeit in einer Partnerschaft zusammenschließen. Allerdings kann bei einzelnen Freien Berufen, worauf § 1 Abs. 3 PartGG ausdrücklich hinweist, das Berufsrecht die Zusammenschlussmöglichkeit ausschließen oder von weiteren Voraussetzungen abhängig machen. Berufsrecht und Gesellschaftsrecht sind insoweit klar auseinander zu halten.

**Der Abschluss des Partnerschaftsvertrages** bedarf gem. § 3 Abs. 1 PartGG der Schriftform. Ob die Verletzung des Schriftformerfordernisses zur Nichtigkeit des Vertrages oder zum Vorliegen einer, formlos möglichen, BGB-Gesellschaft führt, ist umstritten. In Sonderfällen kann die notarielle Form erforderlich sein, etwa gem. § 311b Abs. 1 BGB, wenn die Partner sich im Rahmen des Partnerschaftsvertrages zur Übertragung von Grundstücken verpflichten.

Der Partnerschaftsvertrag muss gem. § 3 Abs. 2 PartGG den Namen und den Sitz der Partnerschaft, den Namen und den Vornamen sowie den in der Partnerschaft ausgeübten Beruf und den Wohnort jedes Partners sowie den Gegenstand der Partnerschaft enthalten. Der Name muss gem. § 2 PartGG den Namen mindestens eines Partners, den Zusatz „und Partner" oder „Partnerschaft" sowie die Berufsbezeichnung aller in der Partnerschaft vertretenen Berufe enthalten.

**Anmeldung und Eintragung** beim Partnerschaftsregister sind in den §§ 4; 5 PartGG geregelt. Gem. § 4 PartGG i.V.m. § 108 HGB sind die Anmeldungen von sämtlichen Partnern zu bewirken, und zwar gem. § 5 Abs. 2 PartGG i.V.m. § 12 HGB prinzipiell elektronisch in öffentlich beglaubigter Form. Die Anmeldung hat die in § 3 Abs. 2 PartGG vorgeschriebenen Angaben, das Geburtsdatum jedes Partners und die Vertretungsmacht der Partner zu enthalten.

Die Partnerschaft wird gem. § 7 Abs. 1 PartGG im Verhältnis zu Dritten mit dem Zeitpunkt wirksam, in welchem sie in das Partnerschaftsregister eingetragen wird. Eine § 123 Abs. 2 HGB entsprechende Vorschrift, nach der es zur Wirksamkeit bereits mit

Geschäftsbeginn kommen würde, fehlt. Vor Eintragung besteht eine BGB-Gesellschaft. Auf diese sollen teils die für diese, teils aber auch schon die für die Partnerschaft geltenden Vorschriften zur Anwendung kommen.[203]

**Mit der Eintragung** erwirbt die Partnerschaft gem. § 7 Abs. 2 PartGG i.V.m. § 124 Abs. 1 HGB konstitutiv die Fähigkeit unter ihrem Namen Rechte zu erwerben und Verbindlichkeiten einzugehen. Die Partnerschaft kann selbst Eigentum, auch an Grundstücken erwerben, vor Gericht klagen und verklagt werden. Dieser mit der Eintragung beim Partnerschaftsregister erlangte Status der Partnerschaft wird auch hier als (teil-)rechtsfähig bezeichnet.

Auch hier ist zu unterscheiden: Die Gesellschaftsanteile stellen die Beteiligung der einzelnen Partner an der Partnerschaft dar und beinhalten die Mitgliedschaftsrechte. Bei den Kapitalanteilen handelt es sich auch hier um Rechengrößen, die das Verhältnis der Beteiligung der einzelnen Partner anzeigen. Gewinne und Verluste der Partnerschaft werden bei den Kapitalanteilen zu- bzw. abgeschrieben; es können auch feste Kapitalanteile vereinbart werden.

**Fall**

A, B und C, alle Ärzte, wollen die A-Ärzte-Partnerschaft gründen, die eine Arztpraxis betreiben soll. Durch ein Versehen vergisst C, den Vertrag zu unterschreiben. Wie ist die Rechtslage?

**Lösung:** Der Partnerschaftsvertrag entbehrt der gem. § 3 Abs. 1 PartGG erforderlichen Schriftform, da C den Vertrag nicht eigenhändig durch Namensunterschrift unterzeichnet hat, was gem. § 126 BGB erforderlich gewesen wäre. Das Registergericht wird die Eintragung daher ablehnen. Ob der Gesellschaftsvertrag nichtig gem. § 125 BGB ist, ist umstritten. Teils wird von Nichtigkeit ausgegangen. Die wohl herrschende Meinung geht davon aus, dass eine, formlos mögliche, BGB-Gesellschaft besteht, soweit für die Gesellschafter nicht die Haftungsbeschränkung des § 8 Abs. 2 PartGG entscheidend war. Im Einzelnen ist hier vieles umstritten.[204]

## 3. Verfassung und Betrieb der Partnerschaft

### a) Die Verfassung der Partnerschaft

**Bei der Verfassung** der Partnerschaft sind es die Partner, die ganz im Mittelpunkt stehen.

**Geschäftsführung und Vertretung** müssen bei der Partnerschaft durch die Partner erfolgen. Das Gesetz verweist insoweit in den §§ 6 Abs. 3; 7 Abs. 3 PartGG weitgehend auf die für die OHG geltenden Vorschriften. Auch hier folgt aus der persönlichen Haf-

203 Vgl. zum Vorstehenden näher etwa *Meilicke*, in: Meilicke, Partnerschaftsgesellschaftsgesetz, § 3 RdNr. 3 ff.; *Ulmer/Schäfer*, in: Ulmer/Schäfer, Gesellschaft bürgerlichen Rechts und Partnerschaftsgesellschaft, § 7 PartGG RdNr. 3 ff.; *K. Schmidt*, Gesellschaftsrecht, S. 1881 ff.

204 Vgl. näher etwa *Ulmer/Schäfer*, in: Ulmer/Schäfer, Gesellschaft bürgerlichen Rechts und Partnerschaftsgesellschaft, § 3 RdNr. 7 ff.

tung der Partner und der Verbindung zwischen Handeln und Haftung, dass es die Partner sind, die die Geschicke der Partnerschaft lenken müssen.

Die Partner werden Geschäftsführer und Vertreter prinzipiell mit Gründung. Eine Bestellung oder gar ein Anstellungsvertrag kommen hier, wie bei OHG, KG und KGaA und anders als bei GmbH und AG, nicht in Betracht. Es gilt der Grundsatz der Selbstorganschaft. Zudem schreibt § 6 Abs. 2 PartGG vor, dass Partner im Partnerschaftsvertrag nur von der Führung sonstiger Geschäfte, nicht von der Ausübung des Freien Berufs ausgeschlossen werden können.

**Die Partnerversammlung** stellt das Entscheidungsorgan für grundsätzliche Fragen dar. In der Partnerversammlung treffen die Partner die Grundlagenentscheidungen für die Partnerschaft. Gem. § 6 Abs. 3 PartGG i.V.m. § 119 HGB bedarf es auch hier für die von den Partnern zu fassenden Beschlüsse der Zustimmung aller zur Mitwirkung bei der Beschlussfassung berufenen Personen, wobei der Partnerschaftsvertrag Abweichendes regeln kann.

Das Stimmrecht der Partner ergibt sich auch hier aus ihrer Stellung als Partner der Partnerschaft. Die Treuepflicht kann auch hier im Einzelfall eine Pflicht, auf eine bestimmte Weise abzustimmen, begründen. Ebenso kann sich im Einzelfall bei Interessenkonflikten oder aus Partnerschaftsvertrag ein Stimmrechtsausschluss ergeben. Die Beschlüsse sind auch hier Rechtsgeschäfte, welche durch die Stimmabgaben zustande kommen.

**Fall**

A und B, Zahnärzte und Partner der A-Zahnarzt-Partnerschaft, haben ein hohes Alter erreicht. Sie wollen wissen, ob sie (1) Geschäftsführung und Vertretung vollständig auf einen angestellten Zahnarzt übertragen können bzw., wenn dies nicht geht, (2) ob sie zumindest im Partnerschaftsvertrag festhalten können, dass B, der ältere von ihnen, von nun an (gar) nicht mehr im Rahmen der A-Partnerschaft tätig werden soll?

**Lösung:** (1) Geschäftsführung und Vertretung vollständig auf einen Dritten zu übertragen würde gegen den Grundsatz der Selbstorganschaft verstoßen und wäre daher unzulässig. (2) § 6 Abs. 2 PartGG schreibt für die Partnerschaft darüber hinaus vor, dass die einzelnen Partner durch Partnerschaftsvertrag nur von den sonstigen Geschäften, nicht aber von der Ausübung des jeweiligen Freien Berufes ausgeschlossen werden können. A und B können den B daher im Partnerschaftsvertrag nicht von der Tätigkeit als Zahnarzt ausschließen, nur von der Führung der sonstigen Geschäfte.

### b) Der Betrieb der Partnerschaft

**Beim Betrieb** der Partnerschaft ist wiederum zwischen Geschäftsführung und Vertretung zu unterscheiden.

**Zur Geschäftsführung** sind auch hier, wie sich aus dem Verweis des § 6 Abs. 3 PartGG auf § 114 Abs. 1 HGB ergibt, alle Partner einzeln berechtigt und verpflichtet. Gem. § 6 Abs. 3 PartGG i.V.m. § 115 Abs. 1 HGB steht auch hier den jeweils anderen Partnern ein Widerspruchsrecht zu. Auch hier hat jeder Partner die Geschäfte sorgfältig zu führen, wobei § 6 Abs. 1 PartGG die Beachtung des jeweils geltenden Berufsrechts noch einmal besonders betont.

Der Umfang der Geschäftsführungsbefugnis erstreckt sich auch hier gem. § 6 Abs. 3 PartGG i.V.m. § 116 HGB auf alle Maßnahmen, die der gewöhnliche Betrieb der Partnerschaft mit sich bringt. Zur Vornahme von Handlungen, die darüber hinausgehen, ist ein Beschluss sämtlicher Partner erforderlich. Zur Entziehung der Geschäftsführungsbefugnis kann es gem. § 6 Abs. 3 PartGG i.V.m. § 117 HGB auch hier kommen, wenn ein wichtiger Grund vorliegt und in den Grenzen des § 6 Abs. 2 PartGG.

Der Partnerschaftsvertrag kann auch hier über weite Strecken Abweichendes vorsehen. § 6 Abs. 3 S. 1 PartGG normiert dies ausdrücklich. So kann die Geschäftsführung auf einzelne Partner beschränkt oder Gesamtgeschäftsführung vereinbart werden oder es kann der Umfang der Geschäftsführungsbefugnis eingeschränkt werden. Grenzen ergeben sich auch hier aus dem Grundsatz der Selbstorganschaft und, wie gesehen, aus § 6 Abs. 2 PartGG.[205]

**Zur Vertretung** der Partnerschaft ist gem. § 7 Abs. 3 PartGG i.V.m. § 125 Abs. 1 HGB jeder Partner ermächtigt, wenn er nicht durch den Partnerschaftsvertrag von der Vertretung ausgeschlossen ist. So kann auch hier jeder Partner grundsätzlich einzeln tätig werden. § 7 Abs. 4 PartGG bestimmt ausdrücklich, dass die Partnerschaft als Prozess- oder Verfahrensbevollmächtigte beauftragt werden kann und dass sie insoweit durch ihre Partner und Vertreter handelt.

Der Umfang der Vertretungsbefugnis erstreckt sich gem. § 7 Abs. 3 PartGG i.V.m. § 126 Abs. 1 HGB auf alle gerichtlichen und außergerichtlichen Geschäfte und Rechtshandlungen einschließlich der Veräußerung und Belastung von Grundstücken. Auf diese Weise wird auch hier, anders als bei der Geschäftsführungsbefugnis, nicht zwischen gewöhnlichen und darüber hinaus gehenden, außergewöhnlichen, Geschäften unterschieden.

Der Partnerschaftsvertrag kann auch hier über weite Strecken Abweichendes vorsehen. Es sind Beschränkungen der Vertretungsbefugnis auf einzelne Partner und Gesamtvertretungsbefugnis möglich. Diese sind gem. § 4 Abs. 1 PartGG anzumelden und einzutragen. Eine Beschränkung des Umfangs der Vertretungsbefugnis ist auch hier gem. § 7 Abs. 3 PartGG i.V.m. § 126 Abs. 2 HGB Dritten gegenüber unwirksam.[206]

**Für grundlegende Rechtsgeschäfte** schließlich gelten, wie schon gesehen, besondere Regeln. Für außergewöhnliche Geschäfte ist gem. § 6 Abs. 3 i.V.m. § 116 Abs. 2 HGB die Zustimmung aller Partner erforderlich. Für die Auflösung der Partnerschaft ist gem. § 9 Abs. 1 PartGG i.V.m. § 131 Abs. 1 Nr. 2 HGB ein Beschluss aller Partner erforderlich. Gleiches gilt über den Verweis des § 10 Abs. 1 PartGG für bestimmte Maßnahmen der Liquidation.

205 Vgl. zum Vorstehenden und zum Folgenden bereits die Parallelüberlegungen zu Geschäftsführung und Vertretung bei der OHG, S. 133 ff.

206 Vgl. zu Einzelheiten etwa *Ulmer/Schäfer*, in: Ulmer/Schäfer, Gesellschaft bürgerlichen Rechts und Partnerschaftsgesellschaft, § 6 RdNr. 9 ff. und § 7 RdNr. 13 ff.

Zudem ist die Zustimmung aller Partner erforderlich, wenn Regelungen, die die Partner ursprünglich im Partnerschaftsvertrag getroffen haben, etwa betreffend die Gewinnverteilung, geändert werden sollen. Gleiches gilt bei Grundlagengeschäften, also etwa bei Änderungen des Gegenstandes der Partnerschaft oder des Namens, der Geschäftsführungs- oder Vertretungsbefugnis oder bei Änderungen der Zusammensetzung der Partner.

**Fall**

A, B und C sind Partner der A-Tierarzt-Partnerschaft, die eine Tierarztpraxis betreibt. A, B und C wollen D als neuen, jungen Partner in die A-Partnerschaft aufnehmen. Kann im Partnerschaftsvertrag vereinbart werden, dass (1) D zu Geschäftsführung und Vertretung nur jeweils gemeinsam mit einem der anderen Partner berechtigt sein soll oder (2) D Verträge nur bis zu Höhe von 20 000,–EUR abschließen darf?

**Lösung:** (1) Die Koppelung von Geschäftsführungs- und Vertretungsbefugnis des D an die Mitwirkung jeweils eines anderen Partners, Gesamtgeschäftsführung bzw. Gesamtvertretung, ist gem. § 6 Abs. 3 PartGG i.V.m. § 115 Abs. 2 HGB bzw. gem. § 7 Abs. 3 PartGG i.V.m. § 125 Abs. 2 HGB nach wohl herrschender Meinung grundsätzlich zulässig; allerdings ist die Grenze des § 6 Abs. 2 PartGG zu beachten. (2) Eine Beschränkung der Vertretungsbefugnis des D auf Verträge bis zur Höhe von 20 000,– EUR ist zwischen den Partnern wohl möglich, Dritten gegenüber, also im Außenverhältnis, jedoch gem. § 7 Abs. 3 PartGG i.V.m. § 126 Abs. 2 HGB unwirksam.

## 4. Rechtsträgerschaft und Haftung

### a) Die Partnerschaft als Unternehmensträger

**Die Partnerschaft** kann Vermögen innehaben und Träger eines Unternehmens der Freien Berufe sein.

**Die Rechtsträgerschaft** der Partnerschaft und ihre Fähigkeit, Träger eines Unternehmens der Freien Berufe zu sein, folgt aus § 7 Abs. 2 PartGG i.V.m. § 124 Abs. 1 HGB. Auch die Partnerschaft kann unter ihrem Namen Rechte erwerben und Verbindlichkeiten eingehen, Eigentum erwerben, vor Gericht klagen und verklagt werden. Wie die OHG ist die Partnerschaft (teil-)rechtsfähig. Im Rechtsverkehr wird sie durch die Partner vertreten.

Für das Vermögen der Partnerschaft verweist § 1 Abs. 4 PartGG auf die §§ 718 ff. BGB. Auch hier werden die für die Partnerschaft erworbenen Gegenstände gem. § 718 Abs. 1 HGB gemeinschaftliches Vermögen der Partner. Dieses Partnerschaftsvermögen ist gesamthänderisch gebunden. Es ist vom Vermögen der einzelnen Partner zu unterscheiden. Gem. § 719 Abs. 1 BGB kann grundsätzlich kein Partner Teilung des Vermögens verlangen.

**Rechte der Partnerschaft** werden durch die Partner geltend gemacht. Sie sind es, die im Rahmen ihrer Geschäftsführungs- und Vertretungsbefugnis Forderungen und sonstige Rechte der Partnerschaft in deren Namen verfolgen. Tritt ein Schaden am Vermögen der Partnerschaft ein, gehören Ansprüche, die hieraus resultieren, gem. § 718 Abs. 2 BGB zum Vermögen der Partnerschaft und können von den Partnern für diese geltend gemacht werden.

Darüber hinaus können Personen, die Vertretungsbefugnis für die Partnerschaft haben, für diese tätig werden. Prokura und Handlungsvollmacht sind allerdings, mangels Handelsgewerbe, nicht möglich. Schließlich: Gem. § 7 Abs. 4 PartGG kann die Partnerschaft selbst als Prozess- oder Verfahrensbevollmächtigte beauftragt werden. Sie ist in gleicher Weise wie ihre Partner postulationsfähig und handelt dann durch ihre Partner und Vertreter.

**Fall**

A, B und C, sämtlich Rechtsanwälte, sind Partner der A-Rechtsanwalts-Partnerschaft, die eine Rechtsanwaltskanzlei betreibt. X beauftragt die A-Partnerschaft, für ihn vor Gericht einen Anspruch in Höhe von 100 000,– EUR gegen einen seiner, des X, Schuldner geltend zu machen. Zugleich steht der A-Partnerschaft aus einer Prozessvertretung für Y ein Anspruch gegen Y in Höhe von 20 000,–EUR zu. Wer wird zur Durchsetzung dieser Ansprüche tätig werden?

**Lösung:** (1) Vertragspartner des X ist die A-Partnerschaft. Aufgrund des zwischen X und der A-Partnerschaft geschlossenen Geschäftsbesorgungsvertrages gem. § 675 BGB soll die A-Partnerschaft den Anspruch des X in Höhe von 100 000,– EUR als Prozessbevollmächtigte gegen den Schuldner des X geltend machen. Dies ist gem. § 7 Abs. 4 PartGG möglich. Für die A-Partnerschaft können A, B und C tätig werden, die als Rechtsanwälte sämtlich die erforderliche Qualifikation für eine Prozessvertretung haben. Gem. § 7 Abs. 3 PartGG i.V.m. § 125 HGB kann jeder Partner die A-Partnerschaft allein vertreten, was die Regel sein wird. So kann z.B. A den Prozess, in dem der Anspruch des X geltend gemacht wird, im Namen der A-Partnerschaft führen. (2) Bei dem Anspruch in Höhe von 20 000,- EUR handelt es sich um einen eigenen Anspruch der A-Partnerschaft. Auch hier kann jeder Partner die A-Partnerschaft allein gegenüber Y vertreten.

## b) Haftung der Partnerschaft und der Partner

**Die Gläubiger der Partnerschaft** können zunächst auf das Gesellschaftsvermögen der Partnerschaft zugreifen.

**Die Partnerschaft selbst** kann von den Gläubigern ohne weiteres in Anspruch genommen werden. Indem die Partnerschaft unter ihrem Namen Sachen und Rechte erwerben, Verträge schließen und sonstige Verbindlichkeiten eingehen kann, kann sie, wie OHG oder KG, Schuldnerin von Ansprüchen werden. Die Gläubiger können diese Ansprüche unmittelbar gegen die Partnerschaft geltend machen. Ihnen haftet das gesamte Partnerschaftsvermögen.

Kommt es zum Streit, können die Gläubiger die Partnerschaft gem. § 7 Abs. 2 PartGG i.V.m. § 124 Abs. 1 HGB unter ihrem Namen verklagen. Diese Klage ist auch hier von der Klage zu unterscheiden, die sich gem. § 8 Abs. 1 PartGG gegen die Partner richtet. Zur Zwangsvollstreckung in das Vermögen der Partnerschaft ist gem. § 7 Abs. 2 PartGG i.V.m. § 124 Abs. 2 HGB ein gegen die Partnerschaft gerichteter vollstreckbarer Schuldtitel erforderlich.

Ob und, wenn ja, wie weit Ansprüche der Gläubiger durch Vereinbarung mit diesen ausgeschlossen werden können, ist im Einzelfall zu prüfen. Es gilt der Grundsatz der Vertragsfreiheit. Einschränkungen können sich aus § 276 Abs. 3 BGB, aus § 310 Abs. 3 BGB, aus Berufsrecht sowie aus § 8 Abs. 3 PartGG ergeben, nach dem eine Beschränkung der Haftung durch Gesetz für einzelne Berufe an bestimmte Voraussetzungen gekoppelt werden kann.[207]

**Bei den Partnern** der Partnerschaft verhält es sich wie folgt: Wie bei OHG und KG, und anders als bei GmbH und AG, ist die Haftung hier nicht auf das Partnerschaftsvermögen beschränkt. Gem. § 8 Abs. 1 PartGG haften die Partner den Gläubigern der Partnerschaft für Verbindlichkeiten der Partnerschaft neben dem Vermögen der Partnerschaft als Gesamtschuldner, und zwar gesamtschuldnerisch, unmittelbar, unbeschränkt, primär und akzessorisch.

Besonderheiten ergeben sich aus § 8 Abs. 2 PartGG. Gem. § 8 Abs. 2 PartGG haften, waren nur einzelne Partner mit der Bearbeitung eines Auftrags befasst, nur diese für berufliche Fehler neben der Partnerschaft; ausgenommen sind Bearbeitungsbeiträge von untergeordneter Bedeutung. Hier liegt gleichsam der Kern des PartGG. Auf diese Weise wollte der Gesetzgeber eine Alternative zur unbeschränkten Gesellschafterhaftung der BGB-Gesellschaft eröffnen.

Grundsätzlich bleibt es so bei der Haftung aller Partner für die Verbindlichkeiten der Partnerschaft. Soweit freilich Ansprüche gegen die Partnerschaft auf beruflichen Fehlern beruhen, die einzelne Partner begangen haben, haften neben dem Vermögen der Partnerschaft nur die Partner persönlich, die den beruflichen Fehler begangen haben. Dies gilt für Ansprüche aus Vertrag, die auf beruflichen Fehlern beruhen, ebenso wie für Ansprüche aus Delikt.[208]

**Fall**

A, B und C sind Partner der A-Heilpraktiker-Partnerschaft, die eine Heilpraktikerpraxis betreibt. X hat der A-Partnerschaft ein Massagegerät für 10 000,– EUR verkauft und geliefert, den Kaufpreis aber noch nicht erhalten. Y ist in der A-Partnerschaft-Praxis von A wegen eines Rückenleidens behandelt worden; hierbei hat A einen Behandlungsfehler begangen, wodurch Y ein Schaden in Höhe von 5000,– EUR entstanden ist. Wen können X und Y in Anspruch nehmen?

**Lösung:** (1) Hinsichtlich des Kaufpreises in Höhe von 10 000,– EUR ist die A-Partnerschaft dem X als Vertragspartner gem. § 433 Abs. 2 BGB zur Zahlung verpflichtet. Neben der A-Partnerschaft kann X den A, den B und den C gem. § 8 Abs. 1 PartGG als Haftende in Anspruch nehmen. Dabei stehen dem X die A-Partnerschaft, A, B und C als Gesamtschuldner gegenüber. (2) Hinsichtlich des Schadensersatzanspruchs in Höhe von 5000,– EUR kann Y zunächst die A-Partnerschaft gem. § 280 Abs. 1 BGB

207 Vgl. hierzu im Einzelnen etwa *Graf von Westphalen*, in: Meilicke, Partnerschaftsgesellschaftsgesetz, § 8 RdNr. 71 ff.; *Ulmer/Schäfer*, in: Ulmer/Schäfer, Gesellschaft bürgerlichen Rechts und Partnerschaftsgesellschaft, § 8 PartGG RdNr. 33 ff.

208 Vgl. hierzu näher etwa *Graf von Westphalen*, in: Meilicke, Partnerschaftsgesellschaftsgesetz, § 8 RdNr. 41 ff.; *Ulmer/Schäfer*, in: Ulmer/Schäfer, Gesellschaft bürgerlichen Rechts und Partnerschaftsgesellschaft, § 8 PartGG RdNr. 14 ff.

in Anspruch nehmen. Behandlungsvertrag und Pflichtverletzung sind gegeben. Ein Verschulden des A wird gem. § 280 Abs. 1 S. 2 BGB vermutet und der Partnerschaft gem. § 31 BGB analog zugerechnet. Gem. § 8 Abs. 1 PartGG kann Y zudem auf den A als Haftenden zugreifen. B und C haften dem Y demgegenüber gem. § 8 Abs. 2 PartGG nicht, da sie nicht mit der Behandlung des Y befasst waren; dies gilt selbst dann, wenn sie dem A bei der Behandlung des Y kurz ausgeholfen haben, vorausgesetzt es handelte sich dabei um einen Beitrag von untergeordneter Bedeutung. Neben dem Anspruch aus § 280 BGB kommt ein Anspruch des Y gegen die A-Partnerschaft aus Unerlaubter Handlung i.V.m. § 31 BGB analog in Betracht, für den A ebenfalls gem. § 8 Abs. 1 PartGG haften würde und zudem ein Anspruch des Y unmittelbar gegen A aus Unerlaubter Handlung.

## 5. Partner, Gewinne und Steuern

### a) Partnerrechte und -pflichten

**Die Rechte und Pflichten** der Partner entsprechen auch hier der zentralen Position, die ihnen zukommt.

**Blickt man auf die Rechte** der Partner, haben auch diese zunächst die Möglichkeit, die Partnerschaft und ihr Unternehmen zu gestalten. Die Partner sind es, die zu Geschäftsführung und Vertretung berechtigt und verpflichtet sind. Die Zuordnung von Geschäftsführung und Vertretung zu den Partnern stellt auch hier die Kehrseite der persönlichen Haftung dar, beschränkt auch hier durch die Mitgestaltungsrechte der anderen Partner.

Daneben können Partner sich gem. § 6 Abs. 3 PartGG i.V.m. § 118 HGB von den Angelegenheiten der Partnerschaft persönlich unterrichten sowie Bücher und Papiere einsehen, und zwar auch, soweit sie von der Geschäftsführung ausgeschlossen sind. Die Partner haben Anspruch auf Teilhabe am Gewinn, worauf hier gleich im Anschluss eingegangen wird. Im Rahmen von § 6 Abs. 3 PartGG i.V.m § 110 HGB haben sie Anspruch auf Aufwendungsersatz.[209]

**Pflichten der Partner** können neben der Pflicht zu Geschäftsführung, Vertretung und Haftung daraus resultieren, dass sie sich zur Erbringung bestimmter weiterer Leistungen gegenüber der Partnerschaft verpflichtet haben, etwa zur Zahlung von Geld, zur Zurverfügungstellung von Sachen oder Rechten oder zur Erbringung von Dienstleistungen. Daneben statuiert § 6 Abs. 3 PartGG i.V.m. § 111 HGB auch hier eine Verzinsungspflicht.

Das Wettbewerbsverbot ergibt sich hier aus § 6 Abs. 3 PartGG i.V.m. § 112 HGB. Verletzt ein Partner dieses, ist er der Partnerschaft gem. § 6 Abs. 3 PartGG i.V.m. § 113 HGB zu Schadensersatz verpflichtet. Darüber hinaus trifft die Partner auch hier eine allgemeine Treuepflicht. Verletzen Partner ihre Pflichten, kann dies von der Partnerschaft durch ihre zur Vertretung berufenen Partner geltend gemacht werden. Daneben steht auch hier die actio pro socio.

209 Vgl. zum Vorstehenden und zum Folgenden bereits die Parallelüberlegungen zu OHG und KG S. 142 ff.

**Fall**

A, B und C sind Partner der A-Architektur-Partnerschaft, die ein Architekturbüro betreibt. Um das Überleben der Partnerschaft zu sichern, braucht diese dringend Geld. A und B sind der Auffassung, die Partner sollten der A-Partnerschaft das Geld zur Verfügung stellen. C, dem es wirtschaftlich nicht gut geht, meint, er sei nicht verpflichtet, an einem entsprechenden Beschluss zugunsten der A-Partnerschaft mitzuwirken. Zu Recht?

**Lösung:** Der Beschluss, dass A, B und C der A-Partnerschaft Geld zur Verfügung zu stellen haben, muss von diesen einstimmig getroffen werden. Eine Verpflichtung des C, an einem solchen Beschluss positiv mitzuwirken, könnte sich aus seiner Treuepflicht ergeben. Andererseits werden A und B im Rahmen ihrer Treuepflicht gegenüber C zu berücksichtigen haben, dass es diesem wirtschaftlich nicht gut geht. Hier sind im Einzelfall die gegenläufigen Interessen gegeneinander abzuwägen. Ist das Interesse der A-Partnerschaft besonders dringlich, kann vor dem Hintergrund, dass A, B und C sich verpflichtet haben, den von der A-Partnerschaft avisierten Zweck gemeinsam zu verfolgen, eine Zustimmungspflicht des C zu bejahen sein.[210]

### b) Gewinne, Verluste, Steuern

**Hinsichtlich Gewinnen, Verlusten und Steuern** gilt hier im Grundsatz dasselbe wie bei der OHG.

**Bei der Partnerschaft** steht den Partnern gem. § 1 Abs. 4 PartGG i.V.m. §§ 721; 722 BGB ein Anspruch auf den jeweiligen Gewinn zu. Haben die Parteien hier keine Regelungen getroffen, haben die Bestimmung von Gewinn bzw. Verlust sowie deren Verteilung gem. § 1 Abs. 4 PartGG i.V.m. § 721 BGB am Schluss eines jeden Geschäftsjahres zu erfolgen. Die Gewinnermittlung wird im Rahmen einer Einnahme-Überschuss-Rechnung erfolgen.

Was die Verteilung der Gewinne bzw. Verluste anbelangt, hat gem. § 1 Abs. 4 PartGG i.V.m. § 722 BGB jeder Partner im Zweifel ohne Rücksicht auf die Art und die Größe seines Beitrags einen gleichen Anteil am Gewinn oder Verlust. Diese Verteilung, anders als bei der OHG, allein nach Köpfen beruht auf der Überlegung, dass der Erfolg der Partnerschaft in der Regel primär von der persönlichen Leistung aller Partner abhängen wird.

Häufig werden die Partner freilich Vereinbarungen betreffend die Art der Gewinnermittlung sowie die Verteilung der Gewinne bzw. Verluste treffen. Die Partner können etwa Gewinnermittlung aufgrund Bilanzierung nach den für Kaufleute geltenden Vorschriften vereinbaren, was bei Thesaurierung steuerlich von Nutzen sein kann. Die Gewinn- bzw. Verlustverteilung wird häufig an den Umsatz bzw. Gewinn des Einzelnen gekoppelt werden.[211]

---

210 Vgl. hierzu auch *Grunewald*, Gesellschaftsrecht, S. 13 f. – zur Parallelproblematik bei der BGB-Gesellschaft.

211 Vgl. zum Vorstehenden und zum Folgenden bereits die Parallelüberlegungen zu OHG und KG, S. 145 ff.

**Für die Besteuerung** gilt auch hier, dass die Partnerschaft selbst nicht ertragsteuerpflichtig ist. Steuersubjekt der Einkommensteuer sind auch hier die Partner (Transparenzprinzip). Anders als OHG und KG unterfällt die Partnerschaft auch nicht der Gewerbesteuer, denn Gegenstand der Partnerschaft ist nicht das Unternehmen eines Gewerbes, sondern eine Tätigkeit der Freien Berufe. Allerdings wird die Partnerschaft häufig der Umsatzsteuer unterfallen.

Blickt man auf die Partner, unterliegen diese den Einkünften aus selbstständiger Tätigkeit gem. § 18 Abs. 1 Nr. 1 EStG. § 15 Abs. 1 S. 1 Nr. 2 EStG, der für OHG und KG gilt, ist gem. § 18 Abs. 4 S. 2 EStG entsprechend anzuwenden. Auch hier werden die Gewinne bzw. Verluste zunächst bei der Partnerschaft einheitlich und gesondert festgestellt. Sodann werden die Einkünfte bei den einzelnen Partnern nach deren persönlichen Kriterien der Steuer unterworfen.

Veräußert eine Partnerschaft ihr Unternehmen, gelten die vorstehenden Grundsätze entsprechend. Die durch die Veräußerung erzielten Gewinne oder Verluste erhöhen bzw. mindern bei den Partnern ihren jeweiligen Gewinn. § 18 Abs. 3 S. 1 EStG erwähnt dies ausdrücklich. Gem. § 18 Abs. 3 S. 2 EStG i.V.m. § 16 Abs. 4 EStG kann es auch hier einen Freibetrag geben; zudem besteht auch hier die Möglichkeit einer Steuerermäßigung gem. § 34 EStG.

**Erstmals für den Veranlagungszeitraum 2008** gilt auch hier die Thesaurierungsbegünstigung des § 34a EStG. So haben die Partner auch hier die Wahl, ob sie Gewinne sogleich versteuern oder ob sie, liegen die Voraussetzungen vor, die Thesaurierungsbegünstigung des § 34a EStG in Anspruch nehmen und auch ob sie bei Unternehmensveräußerung, liegen die Voraussetzungen vor, auf den Freibetrag des § 16 Abs. 4 EStG und die Steuerermäßigung des § 34 EStG zurückgreifen.

Entscheiden die Partner sich für die Thesaurierungsbegünstigung, wird eine Bilanzaufstellung seitens der Partnerschaft erforderlich.[212] Bei mehreren Partnern kann die Entscheidung, ob sie die Begünstigung in Anspruch nehmen, angesichts § 34a Abs. 1 S. 2 und 3 EStG unterschiedlich ausfallen. Der Gewinn kann voll oder zum Teil thesauriert werden. Kommt es später zu einer Ausschüttung, hat eine Nachversteuerung gem. § 34a Abs. 4 und 6 EStG zu erfolgen.

Die Rechtslage entspringt auch hier dem Bemühen des Gesetzgebers, eine Belastungsgleichheit zwischen Einzelunternehmen und Personengesellschaften einerseits und GmbH und AG andererseits zu erreichen. Freilich bleibt dies auch hier sehr kompliziert und streckenweise kaum verständlich. Schließlich: Die vorstehenden Überlegungen gelten auch hier entsprechend, wenn der Freie Beruf in der Rechtsform des Einzelunternehmens betrieben wird.

212 Kritisch insoweit *Wacker*, in: Schmidt, EStG, § 34a RdNr. 12.

**Fall**

A, B und C sind Partner der A-Wirtschaftsprüfungs-Partnerschaft. Die A-Partnerschaft erzielt im Veranlagungszeitraum einen Gewinn von 600. Wie gestaltet sich hier die Einkommenbesteuerung, wenn die Partner beschließen, den Gewinn zur Hälfte zu thesaurieren und A, B und C dem Spitzensteuersatz von 45 % unterfallen?

**Lösung:** Auch hier sind A, B und C Steuersubjekt der Einkommensteuer. Anders als bei OHG und KG kommt es hier, da eine Tätigkeit der Freien Berufe ausgeübt wird, nicht zu einer Steuerbarkeit nach GewStG.

Besteuerung bei A, B und C (summiert) hinsichtlich des Gewinns, der nicht thesauriert wird:

| | | |
|---|---|---|
| Gewinn (A, B und C summiert) | 300 | (= ½ von 600) |
| ESt | 135 | (45 % angenommener persönlicher Steuersatz) |
| Solidaritätszuschlag | 7,42 | (= 135 x 5,5% gem. den §§ 3; 4 SolZG) |
| Zu zahlende ESt/SolZ | 142,42 | (= 135,00 + 7,42) |

Besteuerung bei A, B und C (summiert) hinsichtlich des Gewinns, der thesauriert wird, wenn die Voraussetzungen des § 34a EStG vorliegen:

| | | |
|---|---|---|
| Gewinn | 300 | (= ½ von 600) |
| ESt | 84,75 | (= 300 x 28,25% gem. § 34 a Abs. 1 EStG) |
| Solidaritätszuschlag | 4,66 | (= 84,75 x 5,5% gem. den §§ 3; 4 SolZG) |
| Zu zahlende ESt/SolZ | 89,41 | (= 84,75 + 4,66) |

Kommt es hinsichtlich des thesaurierten Gewinns später zu einer Ausschüttung an die Partner, hat auch hier eine Nachversteuerung zu erfolgen. Insoweit wie im Übrigen gelten für die Partnerschaft die Beispiele für OHG und KG entsprechend, mit zwei Abweichungen: Bei der Partnerschaft fällt keine Gewerbesteuer an und gem. § 1 Abs. 1 S. 3 PartGG können Kapitalgesellschaften nicht Partner einer Partnerschaft sein.[213]

## 6. Änderungen sowie Beendigung

### a) Änderungen bei der Partnerschaft

**Änderungen** ergeben sich auch bei der Partnerschaft, wenn grundlegende Entscheidungen anstehen.

**Hierzu kommt es** auch hier, wenn es um außergewöhnliche Geschäfte geht. Für die Vornahme von Handlungen, die über den gewöhnlichen Betrieb der Partnerschaft hinausgehen, ist gem. § 6 Abs. 3 PartGG i.V.m. § 116 Abs. 2 HGB ein Beschluss sämtlicher Partner erforderlich. Grundlegend sind auch Entziehungen von Geschäftsführung und Vertretung gem. § 6 Abs. 3 PartGG i.V.m. § 117 HGB bzw. gem. § 7 Abs. 3 PartGG i.V.m. § 127 HGB.

Änderungen des Partnerschaftsvertrages kommen in Betracht, wenn Regelungen des Partnerschaftsvertrages, etwa betreffend Aufgabenverteilung im Innenverhältnis oder Gewinnverteilung, geändert werden sollen. Zudem bedürfen Änderungen, die für die Partnerschaft Grundlagengeschäfte darstellen, einer Regelung durch Partnerschafts-

213 Vgl. bereits S. 149 f.

vertrag. In allen Fällen ist grundsätzlich eine Partnerversammlung mit einstimmigem Beschluss erforderlich.

Grundlagengeschäfte können etwa vorliegen, wenn die Partner den Unternehmensgegenstand der Partnerschaft, deren Namen, die Geschäftsführungs- bzw. Vertretungsbefugnis oder die Zusammensetzung der Partner ändern. Führt die Änderung des Unternehmensgegenstandes dazu, dass die Partnerschaft keinen Freien Beruf mehr, sondern nunmehr ein Handelsgewerbe betreibt, wandelt die Partnerschaft sich kraft Gesetzes in eine OHG um.[214]

**Ein Wechsel der Partner** kann sich auch hier auf drei Wegen vollziehen. Für das Ausscheiden eines Partners verweist § 9 Abs. 1 PartGG auf die für die OHG geltenden Vorschriften der §§ 131 ff. HGB. Auch die Partnerschaft wird hier im Zweifel mit den verbleibenden Gesellschaftern fortgeführt. Wegen der Einzelheiten kann auf die Parallelüberlegungen zur OHG verwiesen werden. Auch hier können die Partner Abweichendes vereinbaren.

Besonderheiten ergeben sich aus § 9 Abs. 3 und 4 PartGG. Hiernach scheidet ein Partner, verliert er eine erforderliche Zulassung zu dem Freien Beruf, mit dem Verlust der Zulassung aus der Partnerschaft aus. Auch ist die Beteiligung an einer Partnerschaft nicht vererblich, es sei denn, es liegt eine der genannten Ausnahmen vor. So soll sichergestellt werden, dass alle Partner Berufsträger sind. Änderungen sind gem. § 4 Abs. 1 S. 3 PartGG anmeldepflichtig.

Für den Eintritt eines Partners wie für die Anteilsübertragung ist wie bei der OHG zwischen Verpflichtungs- und Verfügungsgeschäft zu unterscheiden. Für das Verfügungsgeschäft ist in der Regel eine Zustimmung aller Partner erforderlich. Es gelten die zur OHG herausgearbeiteten Haftungsgrundsätze, ergänzt durch § 8 Abs. 2 PartGG. Die Partner müssen natürliche Personen und Berufsträger sein. Regelungen des Berufsrechts können Einschränkungen enthalten.[215]

**Fall**

A und B, beide Rechtsanwälte und Partner der A-Rechtsanwalts-Partnerschaft wollen ihr Angebot für ihre Mandanten auf die Steuerberatung ausdehnen und zu diesem Zweck den C, Steuerberater, in die A-Partnerschaft aufnehmen. Welche Verträge müssen A und B insoweit schließen?

**Lösung:** (1) Die Änderung des Unternehmensgegenstandes der A-Rechtsanwalts-Partnerschaft von einer Rechtsanwaltskanzlei in eine Rechtsanwalts- und Steuerberaterkanzlei ist zulässig. Zugleich stellt sie ein Grundlagengeschäft dar, für welches A und B den bestehenden Partnerschaftsvertrag abändern müssen. (2) Für den Eintritt des C ist ebenfalls eine Abänderung des Partnerschaftsvertrages erforderlich und zwar unter Mitwirkung aller drei Beteiligten. Hier wird es in der Regel zunächst zu einem Verpflichtungsgeschäft zwischen A und B einerseits und C andererseits kommen, in dem A und B sich verpflichten, den C als Partner aufzunehmen; C wird sich seinerseits häufig verpflichten,

214 Vgl. etwa *Grunewald*, Gesellschaftsrecht, S. 180.
215 Vgl. näher etwa *K. Schmidt*, Gesellschaftsrecht, S. 1883 f. sowie hierzu auch schon die Parallelüberlegungen zur OHG hier S. 152 f.

ein Entgelt für den Eintritt zu zahlen oder eine Gegenleistung auf andere Weise erbringen. Die Aufnahme des C stellt dann das Verfügungsgeschäft dar. Ergänzung: Mit Eintritt in die Partnerschaft haftet C gem. § 8 Abs. 1 S. 2 PartGG i.V.m. § 130 HGB gleich den anderen Partnern für die vor seinem Eintritt begründeten Verbindlichkeiten der A-Partnerschaft, soweit dies nicht durch § 8 Abs. 2 PartGG ausgeschlossen ist. Was den Namen der Partnerschaft anbelangt, ist zudem § 2 Abs. 1 PartGG zu beachten.

### b) Auflösung und Abwicklung

**Am Ende der Partnerschaft** stehen auch hier Auflösung und Abwicklung der Gesellschaft.

**Für die Auflösung** verweist § 9 Abs. 1 PartGG auf die für die OHG geltenden Vorschriften. So führen auch hier gem. § 9 Abs. 1 PartGG i.V.m. § 131 Abs. 1 Nr. 1 bis 4 HGB Zeitablauf, Beschluss der Partner, Eröffnung des Insolvenzverfahrens über das Vermögen der Partnerschaft und gerichtliche Entscheidung zur Auflösung der Partnerschaft. Wegen der Einzelheiten kann auf die Parallelüberlegungen zur OHG verwiesen werden.

Liegt ein Auflösungsgrund vor, ist die Auflösung auch hier gem. § 9 Abs. 1 PartGG i.V.m. § 143 Abs. 1 HGB von sämtlichen Partnern zur Eintragung in das Partnerschaftsregister anzumelden; bei Insolvenz hat das Gericht die Auflösung und ihren Grund von Amts wegen einzutragen. Ist anzunehmen, dass der Tod eines Partners die Auflösung der Partnerschaft zur Folge hat, kann die Anmeldung auch hier nach § 143 Abs. 3 HGB erfolgen.[216]

**Für die Abwicklung** verweist § 10 Abs. 1 PartGG ebenfalls auf die für die OHG geltenden Vorschriften. So erfolgt die Abwicklung gem. § 146 Abs. 1 HGB auch hier im Zweifel durch sämtliche Partner als Liquidatoren. Gem. § 150 HGB handeln sie nunmehr nicht einzeln, sondern prinzipiell gemeinschaftlich. Die Liquidatoren und ihre Vertretungsmacht sind gem. § 148 HGB von sämtlichen Partnern beim Partnerschaftsregister anzumelden.

Aufgabe der Liquidatoren ist es gem. § 149 HGB auch hier, die laufenden Geschäfte zu beendigen, die Forderungen einzuziehen, das übrige Vermögen in Geld umzusetzen und die Gläubiger zu befriedigen; zur Beendigung schwebender Geschäfte können sie neue Geschäfte eingehen. In Bezug auf die Rechtsverhältnisse der bisherigen Partner untereinander sowie der Partnerschaft zu Dritten kommen grundsätzlich die bisherigen Vorschriften zur Anwendung.

**Zum Ende der Partnerschaft** kommt es, nachdem die Schulden beglichen worden sind und das verbleibende Vermögen der Partnerschaft von den Liquidatoren gem. § 10 Abs. 1 PartGG i.V.m. § 155 HGB, mangels abweichender Vereinbarungen, nach dem Verhältnisse der Kapitalanteile, wie sie sich aufgrund der Schlussabrechnung ergeben, unter die Partner verteilt und die Partnerschaft zur Löschung beim Partnerschaftsregister angemeldet und dort gelöscht worden ist.

216 Vgl. zum Vorstehenden und zum Folgenden bereits die Parallelüberlegungen zur OHG, S. 154 ff.

Bücher und Papiere der Partnerschaft sind zu verwahren. Was die Haftung anbelangt, verjähren gem. § 10 Abs. 2 PartGG i.V.m. § 159 HGB die Ansprüche gegen einen Partner aus Verbindlichkeiten der Partnerschaft in fünf Jahren nach der Auflösung der Gesellschaft, sofern nicht der Anspruch gegen die Gesellschaft einer kürzeren Verjährung unterliegt. Die Sonderregelung des § 8 Abs. 2 PartGG ist auch hier zu berücksichtigen.

**Fall**

A, B und C sind Partner der A-Lotsen-Partnerschaft, die ein Lotsenunternehmen betreibt. Nachdem es zwischen den Partnern zunehmend zu Streitigkeiten kommt, will A die Auflösung der A-Partnerschaft durchsetzen. Mit Erfolg? Ändert sich etwas an Ihrer Beurteilung, wenn die Streitigkeiten darauf beruhen, dass C seinen Pflichten in der A-Partnerschaft immer weniger nachkommt?

**Lösung:** (1) Gem. § 9 Abs. 1 PartGG i.V.m. § 132 HGB kann jeder Partner seine Partnerstellung, wenn die Partnerschaft für unbestimmte Zeit eingegangen ist, für den Schluss eines Geschäftsjahres kündigen. Eine solche ordentliche Kündigung muss mindestens sechs Monate vor diesem Zeitpunkt stattfinden. Auf diese Weise hat A freilich nur die Möglichkeit, sein eigenes Ausscheiden aus der A-Partnerschaft zu erreichen. Für eine Auflösung bedarf es gem. § 131 Abs. 1 HGB grundsätzlich eines Beschlusses aller Gesellschafter. (2) Da C seinen Pflichten im Rahmen der A-Partnerschaft nicht nachkommt, hat A hier gem. § 9 Abs. 1 PartGG i.V.m. § 133 HGB die Möglichkeit, vor Gericht Auflösungsklage zu erheben, und zwar ohne Kündigung und Frist. Der hierfür erforderliche wichtige Grund kann, soweit C seine Pflichten vorsätzlich oder grob fahrlässig verletzt, gegeben sein. Folge ist dann die Auflösung der A-Partnerschaft (3) Ergänzung: Nach Auflösung ist die A-Partnerschaft gem. § 10 Abs. 1 PartGG i.V.m. §§ 145 ff. HGB abzuwickeln.

## 7. Besondere Aspekte

### a) Das Vorfeld der Partnerschaft

**Besondere Aspekte** ergeben sich auch hier zunächst im Vorfeld sowie in Fällen desolater Partnerschaften.

**Im Vorfeld der Partnerschaft** verhält es sich weitgehend wie bei der OHG. Auch die Partnerschaft entsteht im Verhältnis zu Dritten gem. § 7 Abs. 1 PartGG konstitutiv mit ihrer Eintragung im Partnerschaftsregister. Da eine § 123 Abs. 2 HGB vergleichbare Vorschrift ebenso fehlt wie ein Verweis auf § 123 Abs. 2 HGB, ist hier, anders als bei der OHG, die Eintragung hier der einzige Weg, die Partnerschaft wirksam entstehen zu lassen.

Vor Eintragung besteht in der Regel eine BGB-Gesellschaft. Für diese sollen im Innenverhältnis teils bereits die Vorschriften des PartGG gelten, etwa die Alleingeschäftsführungsbefugnis. Im Außenverhältnis finden die Vorschriften des PartGG hier noch keine Anwendung. Mit Eintragung wandelt sich die BGB-Gesellschaft in eine Partnerschaft um. Besteht die Tätigkeit nicht in einem Freien Beruf, sondern in einem Handelsgewerbe, entsteht eine OHG.[217]

217 Vgl. zum Vorstehenden und zum Folgenden bereits S. 162 f. sowie auch schon die Parallelüberlegungen zur OHG S. 156 ff.

**Fehler bei Gründung** ziehen auch bei der Partnerschaft schwer zu beantwortende Fragen nach sich. Ursachen für Fehler können auch hier in einer Nichtigkeit des Partnerschaftsvertrages liegen. Neben den bereits bei OHG und KG genannten Gründen tritt hier die Nichteinhaltung des Schriftformerfordernisses des § 3 Abs. 1 PartGG hinzu. Zudem können Einschränkungen, die der jeweilige Freie Beruf mit sich bringt, Nichtigkeit nach sich ziehen.

Ist die Partnerschaft eingetragen und in Vollzug gesetzt, geht die wohl herrschende Meinung zunächst im Grundsatz von einer Entstehung aus. Trotz Nichtigkeit sind prinzipiell die für die Partnerschaft geltenden Regeln anzuwenden. Freilich wird jeder Partner die Partnerschaft unter Berufung auf den Nichtigkeitsgrund kündigen können. Und: Üben die Partner keinen Freien Beruf mehr aus, wandelt die Partnerschaft sich automatisch in eine OHG oder BGB-Gesellschaft um.[218]

**Fall**

A, B und C haben die A-Dolmetscher-Partnerschaft gegründet, die in das Partnerschaftsregister eingetragen worden und deren Unternehmensgegenstand Dolmetschen ist. Wie ist die Rechtslage, wenn sich nach einiger Zeit herausstellt, dass der Partnerschaftsvertrag der Schriftform entbehrt und C an der Partnerschaft nicht mehr festhalten will.

**Lösung:** Die Tatsache, dass das Schriftformerfordernis des § 3 Abs. 1 PartGG nicht eingehalten wurde, führt nach herrschender Meinung zur Nichtigkeit des Partnerschaftsvertrages. Nachdem die Partnerschaft eingetragen und von den Partnern in Vollzug gesetzt worden ist, ist sie nach herrschender Meinung als nach außen wirksam zu behandeln. C hat jedoch die Möglichkeit, wegen Verletzung des Schriftformerfordernisses zu kündigen. Nach wohl herrschender Meinung dürfte die Kündigung hier allerdings nicht dazu führen, dass die Gesellschaft aufgelöst wird, da „nur" eine Verletzung des Schriftformerfordernisses vorliegt. So bleibt A nur der Weg der Kündigung seiner Mitgliedschaft nach den allgemein geltenden Regeln. Im Einzelnen ist hier vieles streitig.

### b) Engere Grenzen der Gestaltung

**Die Grenzen der Gestaltung** sind schließlich bei der Partnerschaft enger gefasst als bei OHG und KG.

**Die Freien Berufe** ziehen der Gestaltungsfreiheit engere Grenzen. Zwar gilt auch bei der Partnerschaft der Grundsatz der Vertragsfreiheit. Einschränkungen ergeben sich jedoch bereits daraus, dass die Partnerschaft gem. § 1 Abs. 1 PartGG auf Angehörige Freier Berufe beschränkt ist und dass Angehörige nur natürliche Personen sein können. § 1 Abs. 3 PartGG stellt zudem klar, dass Vorschriften der Freien Berufe Einschränkungen enthalten können.

Dieser Berufsrechtsvorbehalt kann es nach sich ziehen, dass die Verlegung der Tätigkeit an einen anderen Ort an bestimmte Voraussetzungen geknüpft ist. Verschwiegenheits-

218 Vgl. hierzu näher etwa *Meilicke*, in: Meilicke, Partnerschaftsgesellschaftsgesetz, § 3 RdNr. 1 ff., 38 ff.; *Ulmer/Schäfer*, in: Ulmer/Schäfer, Gesellschaft bürgerlichen Rechts und Partnerschaftsgesellschaft, § 3 RdNr. 8 f. und § 8 PartGG RdNr. 7 ff.

pflichten können zum Schutze der Mandanten oder Patienten dazu führen, dass bestimmte Gestaltungen verboten sind. Theoretisch wäre auch denkbar, dass bestimmte Zusammenschlüsse von Angehörigen Freier Berufe unterschiedlicher Art gesetzlich ausgeschlossen werden.

**Besondere Formen** der Partnerschaft sind dementsprechend ebenfalls selten. Da nur natürliche Personen Partner einer Partnerschaft sein können, fehlt die Möglichkeit einer Haftungsbeschränkung durch Gründung einer „GmbH&CoPartnerschaft". Da alle Partner Angehörige des jeweiligen Freien Berufes sein müssen, fehlt auch die Möglichkeit, sich, vergleichbar einer Publikums-KG, als bloßer Kapitalgeber an einer Partnerschaft zu beteiligen.

Zu den Grenzen der Gestaltung gehört schließlich auch, dass, verliert ein Partner eine erforderliche Zulassung zu dem Freien Beruf, den er in der Partnerschaft ausübt, er gem. § 9 Abs. 3 PartGG mit deren Verlust aus der Partnerschaft ausscheidet. Eine hiervon abweichende Vereinbarung bliebe insoweit ohne Wirkung. Allerdings könnten die Gesellschafter dann möglicherweise die Rechtsform der BGB-Gesellschaft oder der GmbH wählen.

**Fall**

A, B und C sind Partner der A-Rechtsanwalts-Partnerschaft. Im Partnerschaftsvertrag wollen A, B und C vereinbaren, dass die A-Partnerschaft grundsätzlich keine Beratungshilfe übernehmen wird und dass ein bestimmter Teil des Gewinns jährlich in Werbung für die A-Partnerschaft investiert werden soll. Ist dies möglich?

**Lösung:** (1) Rechtsanwälte sind gem. § 49a BRAO verpflichtet, die in dem Beratungshilfegesetz vorgesehene Beratungshilfe zu übernehmen; sie können die Beratungshilfe nur im Einzelfall aus wichtigem Grund ablehnen. Eine dem widersprechende Vereinbarung im Partnerschaftsvertrag wäre daher unwirksam. (2) Werbung ist dem Rechtsanwalt gem. § 43b BRAO nur erlaubt, soweit sie über die berufliche Tätigkeit in Form und Inhalt sachlich unterrichtet und nicht auf die Erteilung eines Auftrags im Einzelfall gerichtet ist. Hieran hätten A, B und C sich bei der Umsetzung der Werbungs-Klausel im Partnerschaftsvertrag zu halten. (3) Soweit die Beratungshilfe- und die Werbungs-Klausel im Partnerschaftsvertrag unwirksam sind, wäre im Einzelfall vor dem Hintergrund von § 139 BGB und der Vereinbarungen der Partner im Übrigen weiter zu prüfen, inwieweit sich die Teilunwirksamkeit auf die Wirksamkeit des Partnerschaftsvertrages insgesamt auswirkt.

## IV. Weitere Formen

### 1. Die BGB-Gesellschaft

#### a) Die BGB-Gesellschaft in der Praxis

**Die BGB-Gesellschaft** bildet den Grundtypus der Personengesellschaften und kann ebenfalls Rechtsform sein.

**Ein zentraler Anwendungsbereich** der BGB-Gesellschaft sind die Tätigkeiten der Freien Berufe. Für die Angehörigen der Freien Berufe stellte die BGB-Gesellschaft lange Zeit die einzige Möglichkeit des Zusammenschlusses dar. Zwar sind hier in den vergangenen Jahren die Partnerschaft, teils auch GmbH, AG und KGaA, neben die BGB-Gesellschaft getreten. Gleichwohl kommt der BGB-Gesellschaft hier auch heute noch erhebliche Bedeutung zu.

Kleingewerbetreibende können sich in der Rechtsform einer BGB-Gesellschaft zusammenschließen. Dies wird gem. § 105 Abs. 2 HGB immer dann der Fall sein, wenn ein Gewerbe, das mehrere betreiben, nicht in kaufmännischer Weise eingerichtet und somit nicht schon nach § 1 Abs. 2 HGB Handelsgewerbe ist. Solange die Gesellschafter hier nicht die Eintragung als OHG bewirken, bleibt es für ihr Unternehmen bei der BGB-Gesellschaft.

Schließlich stellen die sog. Arbeitsgemeinschaften, ARGE'n, einen zentralen Anwendungsbereich der BGB-Gesellschaft dar. In Arbeitsgemeinschaften schließen sich rechtlich selbstständige Unternehmen zur gemeinsamen Ausführung meist umfangreicher (Bau-)Aufträge zusammen. Zwar sind die Arbeitsgemeinschaften häufig nicht langfristig ausgerichtet. Gleichwohl stellen auch sie einen wichtigen Baustein bei der Rechtsformwahl dar.[219]

**Bei der Entstehung** anderer Rechtsformen stellt die BGB-Gesellschaft oft ein Durchgangsstadium dar. So bildet die Vorgründungsgesellschaft bei GmbH und AG eine BGB-Gesellschaft oder eine OHG. Gleiches kann gelten, wenn die Gründung einer GmbH oder AG scheitert. Auch bei OHG, KG und Partnerschaft wird die BGB-Gesellschaft häufig eine Vorstufe darstellen. Gleiches kann gelten, wenn eine Gründung scheitert.

Im System der Rechtsvorschriften stellt die BGB-Gesellschaft heute noch die Grundlage für OHG und KG dar. Denn auf die OHG kommen gem. § 105 Abs. 3 HGB im Zweifel die Vorschriften des BGB für die BGB-Gesellschaft zur Anwendung. Über § 161 Abs. 2 HGB gilt dies auch für die KG. Entsprechend verhält es sich gem. § 1 Abs. 4 PartGG bei der Partnerschaft, auch wenn diese Anknüpfung an die BGB-Gesellschaft nicht unumstritten ist.

Schließlich wird die Rechtsform BGB-Gesellschaft für Konsortien, Investmentclubs oder Bauherrengemeinschaften genutzt. Konzerne werden ebenso in der Rechtsform der BGB-Gesellschaft geführt wie Unterbeteiligungen. Daneben findet sich die BGB-Gesellschaft im Bereich der Land- und Forstwirtschaft. Freilich stehen diese Anwendungsbereiche bei den hier ins Auge gefassten Fällen der Unternehmensgründung im Hintergrund.[220]

---

219 Vgl. zum Vorstehenden und zum Folgenden bereits S. 5 f., S. 22 f. und S. 124.

220 Vgl. zum Vorstehenden näher etwa *Müssig*, Wirtschaftsprivatrecht, S. 380 ff.; *Grunewald*, Gesellschaftsrecht, S. 8 f.; *K. Schmidt*, Gesellschaftsrecht, S. 1689 ff.

### b) Grundzüge der BGB-Gesellschaft

**Die Grundzüge der BGB-Gesellschaft** wurden bereits im Bisherigen streckenweise herausgearbeitet.

**Die BGB-Gesellschaft** ist ein Zusammenschluss von mindestens zwei natürlichen und/oder juristischen Personen zur Erzielung eines gemeinsamen Zwecks. Gem. den §§ 705 ff. BGB kann sie grundsätzlich durch formlosen Vertrag gegründet werden. Eine Registereintragung ist ebenso wenig Voraussetzung wie ein Mindestkapital. Mit der Einigung der Gesellschafter kommt die BGB-Gesellschaft ohne weiteres zustande.

Es handelt sich bei der BGB-Gesellschaft um eine Gesamthandsgemeinschaft. Sie wird als partiell rechtsfähig angesehen, ohne den Status einer juristischen Person zu erreichen. Als Gesamthandsgemeinschaft kann die BGB-Gesellschaft Träger eines Unternehmens sein. Die Gesellschafter der BGB-Gesellschaft sind an deren Vermögen gem. den §§ 718; 719 BGB zur gesamten Hand beteiligt.

Für die Verbindlichkeiten der BGB-Gesellschaft haften die Gesellschafter persönlich und unbeschränkt analog § 128 BGB. Geschäftsführung und Vertretung erfolgen, anders als bei der OHG, gem. den §§ 709; 714 BGB grundsätzlich durch alle Gesellschafter gemeinschaftlich. Steuerrechtlich kommen auf die BGB-Gesellschaft die zu OHG und KG entwickelten Grundsätze entsprechend zur Anwendung.

**In jüngerer Zeit** standen die Fragen der Einordnung und der Haftung der BGB-Gesellschaft im Zentrum des Interesses. Wie die Diskussion um die Einordnung der juristischen Person gesellschaftsrechtlich das Ende des 19. Jahrhunderts beherrschte, beherrschte der Streit um Einordnung und Haftung bei der BGB-Gesellschaft die Wende vom 20. zum 21. Jahrhundert. Im Jahre 2001 hat der BGH sich hierzu grundlegend geäußert.

Der BGH hat die (Teil-)Rechtsfähigkeit BGB-(Außen-)Gesellschaft anerkannt. Hiernach schließt die BGB-Gesellschaft, nicht ihre Gesellschafter, die Verträge, erwirbt Forderungen oder geht Verbindlichkeiten ein. Die BGB-Gesellschaft ist scheck- und wechselfähig, sie kann sich an einer GmbH, AG oder Genossenschaft beteiligen und wohl auch Gesellschafter einer OHG oder KG sein. Zur Grundbuchfähigkeit der BGB-Gesellschaft äußert sich nun § 47 Abs. 2 GBO.

Abweichendes kann nur beschränkt vereinbart werden. Zwar gilt auch bei der BGB-Gesellschaft der Grundsatz der Vertragsfreiheit. Nach BGH ist jedoch etwa die Bildung einer „BGB-Gesellschaft mit beschränkter Haftung" unzulässig. Nach BGH kann die Haftung der Gesellschafter auf diesem Weg nicht beschränkt werden und auch eine solche Namenswahl wäre, da im Widerspruch zur persönlichen Haftung stehend, unzulässig.[221]

221 Vgl. die Grundsatzentscheidung BGH, Urt. v. 29.1.2001, NJW 2001, S. 1056 sowie in der Folge etwa BGH, Beschluss v. 18.2.2002, NJW 2002, S. 1207; BGH, Beschluss v. 4.12.2008, NJW 2009, S. 594; *Grunewald*, Gesellschaftsrecht, S. 31 ff., 52 ff.; *K. Schmidt*, Gesellschaftsrecht, S. 196 ff.

**Fall**

A und B sind Gesellschafter der A-BGB-Gesellschaft, die einen kleinen Kiosk betreibt. A und B haben für die A-BGB-Gesellschaft in deren Namen bei X einen Kühlschrank gekauft; X hat diesen an die A-BGB-Gesellschaft geliefert. X fragt nunmehr, wen er wegen des noch ausstehenden Kaufpreises in Höhe von 600,– EUR in Anspruch nehmen kann?

**Lösung:** Fraglich ist zunächst, wer Vertragspartner des X geworden ist. Nach der Grundsatzentscheidung des BGH aus dem Jahre 2001 ist die BGB-Gesellschaft zwar keine juristische Person. Sie kann jedoch selbst im Rechtsverkehr auftreten, Verträge schließen, Forderungen erwerben, Verbindlichkeiten eingehen und Vermögen erlangen. Indem die BGB-Gesellschaft so der OHG nahe tritt, sind nach BGH die für die OHG geltenden Vorschriften analog anzuwenden. Vertragspartner des X ist somit gem. § 124 HGB analog die A-BGB-Gesellschaft geworden, nicht ihre Gesellschafter A und B. X kann seinen Kaufpreisanspruch aus § 433 Abs. 2 BGB gegen die A-BGB-Gesellschaft geltend machen. Die Gesellschafter der BGB-Gesellschaft haften dem X nach BGH analog § 128 HGB, und zwar gemeinsam mit der A-BGB-Gesellschaft als Gesamtschuldner.

## 2. GmbH&CoKG

### a) Die GmbH&CoKG in der Praxis

**Die GmbH&CoKG** ist eine KG, bei der Komplementäre allein juristische Personen sind.

**Mit der GmbH&CoKG** lassen sich die Vorteile von Personengesellschaft und juristischer Person kombinieren. Unternehmensträger ist die KG, ohne dass eine natürliche Person unbeschränkt haftet. Geschäftsführer und Vertreter der KG können mit dem Geschäftsführer der GmbH Dritte werden (Möglichkeit der Drittorganschaft). Die Kommanditisten können ihre Gewinne und Verluste steuerlich mit anderen Einkünften verrechnen. Daneben stehen Erleichterungen bei der Mitbestimmung.

Zwar kann die GmbH&CoKG auch Nachteile mit sich bringen. So ist eine Buchführung sowohl bei der GmbH&CoKG als auch bei der GmbH erforderlich. Die Kreditwürdigkeit wird bei der GmbH&CoKG regelmäßig geringer sein als bei einem Einzelunternehmen oder einer KG, bei der eine natürliche Person unbeschränkt haftet. Auch kann die Geschäftsführervergütung der GmbH bei der GmbH&CoKG nicht als Betriebsausgabe abgezogen werden.

Gleichwohl erfreut sich die Rechtsform der GmbH&CoKG erheblicher Beliebtheit. Die Zahl der KG'n wird heute mit ca. 200 000 angegeben. Von diesen dürfte ein Großteil auf die GmbH&CoKG entfallen. Teils werden wesentlich höhere Zahlen angegeben. Die Tatsache, dass die Unternehmergesellschaft (haftungsbeschränkt) ohne weiteres Komplementärin einer GmbH&CoKG sein kann, dürfte deren Bedeutung noch weiter steigern.[222]

**Besondere Anwendungsbereiche** der GmbH&CoKG sind, wie ebenfalls bereits gesehen, Publikumsgesellschaften und Familienunternehmen. Bei einer Publikumsgesellschaft tun sich zahlreiche, insbesondere natürliche Personen zusammen. Auf diese

222 Vgl. zum Vorstehenden und zum Folgenden insbesondere bereits S. 9, S. 40 f. und S. 126 f.

Weise kann für die GmbH&CoKG Kapital beschafft werden. In der Regel wird es hier darüber hinaus Ziel sein, Steuervorteile bei gleichzeitig beschränkter Haftung zu erzielen.

Familienunternehmen zeichnen sich durch die enge Verbindung ihrer Mitglieder aus. Hier wird, ist die Zahl der Familienmitglieder nicht zu groß, häufig die Rechtsform der KG gewählt werden. Häufig werden die Familienmitglieder, die das Unternehmen leiten sollen, die Position des Geschäftsführers der GmbH und damit zugleich der KG einnehmen. Die Ausgestaltung als GmbH&CoKG bringt dann den weiteren Vorteil mit sich, dass die Haftung insgesamt beschränkt ist.

Der GmbH&CoKG stehen AG&CoKG und Limited&CoKG nahe, bei denen Komplementär eine AG bzw. eine Limited ist. Entsprechend verhält es sich bei GmbH&CoOHG, AG&CoOHG und Limited&CoOHG. Bei diesen sind, wie ebenfalls bereits gesehen, alle OHG-Gesellschafter juristische Personen. Bei GmbH&CoKGaA und AG&CoKGaA handelt es sich demgegenüber nicht um eine KG, sondern um eine KGaA.

### b) Grundzüge der GmbH&CoKG

**Die GmbH&CoKG** ist, der Blick auf § 19 Abs. 2 HGB oder § 125a HGB bestätigt dies, als Rechtsform zulässig.

**In ihrer rechtlichen Einordnung** ist die GmbH&CoKG eine KG und als solche Personen- und Handelsgesellschaft. Sie entsteht mit Abschluss des Gesellschaftsvertrages zwischen GmbH und Kommanditist. Auf sie finden die für die KG geltenden Vorschriften Anwendung. Einer Gefährdung der Gläubiger wirkt § 19 Abs. 2 HGB dadurch entgegen, dass das Fehlen der Haftung einer natürlichen Person in der Firma zum Ausdruck kommen muss, wofür sich in der Praxis die Formulierung GmbH&CoKG durchgesetzt hat.

Geschäftsführung und Vertretung der GmbH&CoKG werden in der Regel durch ihren Komplementär und damit durch den Geschäftsführer der GmbH wahrgenommen, was Drittorganschaft ermöglicht. Die Gewinnverteilung erfolgt im Zweifel wie bei der KG. Steuerrechtlich unterfallen die Kommanditisten, soweit natürliche Personen, der Einkommensteuer, die GmbH der Körperschaftsteuer und die GmbH&CoKG selbst der Gewerbe- und Umsatzsteuer.

Allerdings können sich durch diese Art der Gestaltung Verständnisprobleme hinsichtlich der Struktur des Unternehmensträgers und des Verhältnisses von KG und GmbH ergeben. Es können Haftungs- und Organisationsfragen auftreten. Kommt es zur Liquidation der GmbH, etwa weil eine andere GmbH&CoKG, bei der die GmbH ebenfalls Komplementär ist, insolvent wird, hat auch hier die GmbH&CoKG keinen Komplementär mehr.

**In besonderen Konstellationen** finden sich weitere rechtliche Fragen. So wurde für die Unternehmergesellschaft(haftungsbeschränkt)&CoKG diskutiert, ob diese Konstellation zulässig ist. Das geringere Mindeststammkapital ändert jedoch nichts daran, dass es sich bei der Unternehmergesellschaft (haftungsbeschränkt) um eine GmbH handelt, die komplementärfähig ist. Eine Nachschusspflicht oder gar eine persönliche Ausfallhaftung der Gesellschafter besteht hier nicht.

Bei Publikumsgesellschaften können sich Probleme daraus ergeben, dass die KG nicht für eine Vielzahl von Gesellschaftern geschaffen ist. Bisweilen wird sich die Frage stellen, wie weit die Haftungsbegrenzung reicht. Aus Sicht des Steuerrechts kann hier problematisch werden, inwieweit Verluste der Kommanditisten anzuerkennen sind. Rechtsprechung und Gesetzgebung haben hier vielfältig auf die Publikumsgesellschaft reagiert.

Bei Insolvenz der GmbH&CoKG trifft den Geschäftsführer der GmbH die in § 15a InsO normierte Insolvenzantragspflicht auch, wenn der Geschäftsführer der GmbH die Geschäfte der GmbH&CoKG führt und diese insolvent wird. Danach besteht auch bei einer GmbH&CoKG die Pflicht, innerhalb von drei Wochen Insolvenzantrag zu stellen, andernfalls können Schadensersatzansprüche und Strafbarkeit folgen.[223]

**Fall**

A möchte wissen, ob er allein eine A-GmbH&CoKG gründen kann, mit der er eine Boutique im Zentrum von München betreiben will. Zudem möchte A wissen, ob er evtl. bei der A-GmbH& CoKG anfallende Verluste (einkommen-)steuerrechtlich mit Gewinnen verrechnen kann, die er mit seinen zahlreichen vermieteten Immobilien erzielt?

**Lösung:** (1) A kann zunächst die A-GmbH als Ein-Personen-GmbH gründen. Sodann können die A-GmbH (juristische Person) als Komplementär und A (natürliche Person) als Kommanditist die A-GmbH&CoKG gründen. Soweit A Geschäftsführer der A-GmbH wird, ist er im Zweifel gem. den §§ 161 Abs. 2; 114; 125 HGB auch zu Geschäftsführung und Vertretung bei der A-GmbH&CoKG berufen. (2) Als Kommanditist bezieht A bei der A-GmbH&CoKG Einkünfte aus Gewerbebetrieb gem. § 15 Abs. 1 S. 1 Nr. 2 EStG. Soweit es hier zu Verlusten kommt, kann A diese im Grundsatz im Rahmen des § 2 Abs. 3 EStG mit anderweitigen Einkünften aus Vermietung und Verpachtung gem. § 21 EStG aus seinen Immobilien verrechnen. Um der Schaffung von Gesellschaften vorzubeugen, deren primäres Ziel die Generierung steuerlicher Verluste ist, hat der Gesetzgeber hier allerdings mit der Schaffung des § 15a EStG eine Grenze gesetzt. Hiernach darf der einem Kommanditisten zuzurechnende Anteil am Verlust der Kommanditgesellschaft, soweit ein negatives Kapitalkonto entsteht, nicht mehr mit anderen Einkünften aus Gewerbebetrieb oder mit Einkünften aus anderen Einkunftsarten ausgeglichen werden. Die Verrechnungsmöglichkeit ist so grundsätzlich auf die Höhe der Einlage des A beschränkt.

## 3. Weitere

**Weitere Formen** bilden die Reederei und die EWIV, möglicherweise auch die Erbengemeinschaft.

**Bei einer Reederei**, auch Partenreederei können gem. § 489 HGB mehrere Personen ein ihnen gemeinschaftlich zustehendes Schiff zum Erwerbe durch die Seefahrt für gemeinschaftliche Rechnung verwenden. Die wohl herrschende Meinung sieht die Reederei als Personengesellschaft für den Bereich der Seefahrt, nicht als Miteigentümergemeinschaft, an. Ob eine Reederei nur an einem Schiff oder auch an mehreren Schiffen bestehen kann, ist umstritten.

223 Vgl. zum Vorstehenden näher etwa *Grunewald*, Gesellschaftsrecht, S. 153 ff.; *K. Schmidt*, Gesellschaftsrecht, S. 1621 ff., 1665 ff.

Einzelheiten regeln die §§ 490 ff. HGB. Die Reederei kommt durch den Vertrag der Mitreeder zustande, sie kann Rechte erwerben und Verbindlichkeiten eingehen. Gem. § 507 Abs. 1 HGB haften die Mitreeder für die Verbindlichkeiten der Reederei persönlich, jedoch nur nach dem Verhältnis der Größe ihrer Schiffsparten. Das Vermögen der Reederei steht den Mitreedern zur gesamten Hand zu. Gem. § 11 Abs. 2 Nr. 1 InsO ist die Partenreederei insolvenzfähig.[224]

**Die EWIV** ist eine europäische Personengesellschaft. Sie kann eingesetzt werden, um die wirtschaftliche Tätigkeit ihrer Mitglieder zu erleichtern oder zu entwickeln sowie die Ergebnisse dieser Tätigkeit zu verbessern oder zu steigern. Die Mitglieder müssen aus mindestens zwei verschiedenen Mitgliedsstaaten kommen. Die Tätigkeit der EWIV muss im Zusammenhang mit der wirtschaftlichen Tätigkeit ihrer Mitglieder stehen und darf nur eine Hilfstätigkeit hierzu bilden.

In Deutschland wird die EWIV insbesondere von Rechtsanwälten, Steuerberatern und Wirtschaftsprüfern genutzt. Einzelheiten, wie Entstehung, Geschäftsführung und Vertretung regelt die EWIV-VO. Das EWIV-AG von 1988 enthält weitere Regelungen. Gem. § 1 EWIV-AG kommen, fehlen Regelungen, die für die OHG geltenden Vorschriften entsprechend zur Anwendung. Mit Eintragung gilt die EWIV als Handelsgesellschaft im Sinne des HGB.[225]

**Die Erbengemeinschaft** entsteht, wenn ein Erblasser mehrere Erben hinterlässt. Der Nachlass wird in diesem Fall gemeinschaftliches Vermögen der Erben. Die Einzelheiten regeln die §§ 2032 ff. BGB. Die Erbengemeinschaft ist wie die Personengesellschaften Gesamthandsgemeinschaft, jedoch nicht selbst Personengesellschaft. Der Unterschied folgt primär daraus, dass die Erbengemeinschaft prinzipiell auf Auseinandersetzung gerichtet ist.

Ein Handelsgeschäft kann die Erbengemeinschaft nach herrschender Meinung zumindest in der Dreimonatsfrist des § 27 Abs. 2 HGB fortführen. Die §§ 19 Abs. 2; 31 Abs. 1 HGB enthalten Regelungen betreffend Firma und Handelsregistereintragung. In der Folge können sich zahlreiche Probleme ergeben, betreffend etwa Geschäftsführung, Vertretung oder Haftung. Häufig wird es zu einer Überführung in eine Personen- oder Kapitalgesellschaft kommen.[226]

**Keine Rechtsform** zum Betrieb eines Unternehmens ist die stille Gesellschaft. Die stille Gesellschaft stellt vielmehr einen Weg dar, sich, ohne nach außen in Erscheinung zu treten, am Handelsgewerbe eines Anderen zu beteiligen. Unternehmensträger bleibt hier der Einzelunternehmer. Einzelheiten regeln die §§ 230 ff. HGB. Will eine Person sich an einer Gesellschaft beteiligen, kommt eine (Unter-)Beteiligung an einer Gesellschaft in Betracht.

224 Vgl. hierzu näher etwa *K. Schmidt*, in: Münchener Kommentar zum BGB, § 1008 RdNr. 38 f.
225 Vgl. zum Vorstehenden bereits S. 30 f.
226 Vgl. hierzu näher etwa *Ann*, in AnwaltKommentar BGB, § 2032 RdNr. 18 ff. sowie zum Erwerb von Todes wegen hier noch später S. 195 ff.

Die Bruchteilsgemeinschaft, Gemeinschaft nach Bruchteilen oder Miteigentümergemeinschaft, stellt ebenfalls keine Rechtsform zum Betrieb eines Unternehmens dar. Gem. den §§ 741 ff. BGB steht hier ein Recht mehreren Personen gemeinschaftlich zu, ohne dass freilich ein weiter gehender gemeinsamer Zweck verfolgt wird. Dies kann etwa der Fall sein, wenn Eheleute gemeinsam Eigentümer einer Wohnung oder Inhaber eines Bankkontos sind.[227]

## V. Wiederholungsfragen

1. Was versteht man unter einer OHG und wodurch unterscheidet die OHG sich von der BGB-Gesellschaft bzw. von der KG?
2. Können A und B, die gemeinsam ein kleines Unternehmen betreiben, hierbei den Status einer OHG erreichen und, wenn ja, wie?
3. Können Geschäftsführung und Vertretung bei einer OHG allein auf einen Prokuristen bzw. bei einer KG allein auf einen Kommanditisten übertragen werden?
4. Haftet der Kommanditist für die Verbindlichkeiten einer KG und, wenn ja, wie weit?
5. Welche sind, fehlen Vereinbarungen, die zentralen Rechte und Pflichten der Gesellschafter einer KG?
6. Wann kommt es zur Abwicklung einer KG und wer ist für die Abwicklung zuständig?
7. Welche besonderen Formen von OHG bzw. KG kennen Sie und welche Bedeutung kommt dabei der Publikumsgesellschaft zu?
8. Welchen Zweck verfolgt die Partnerschaft und welche Vorschriften kommen bei ihr zur Anwendung?
9. Wer ist für den Betrieb der Partnerschaft zuständig und welche Aufgaben kommen der Partnerversammlung zu?
10. Inwieweit ergeben sich Unterschiede, wenn man die Haftungsregelungen der OHG und der Partnerschaft vergleicht?
11. A und B, Partner der A-Partnerschaft, wollen wissen, ob sie einem Wettbewerbsverbot unterliegen und wie der Gewinn zwischen ihnen zu verteilen ist?
12. Wann kommt es zum Ende einer Partnerschaft und in welchen Schritten geht dieses vor sich?
13. Welche zentralen Gemeinsamkeiten und Unterschiede sehen Sie beim Blick auf BGB-Gesellschaft und OHG.
14. Welche Vor- und Nachteile bringt die GmbH&CoKG mit sich und welches Recht findet auf sie Anwendung?

---

227 Zur stillen Gesellschaft vgl. näher etwa *Klunzinger*, Gesellschaftsrecht, S. 139 ff.; *Grunewald*, Gesellschaftsrecht, S. 159 ff. Zur Bruchteilsgemeinschaft vgl. näher die Kommentierungen der §§ 741 ff. BGB. Zur Beteiligung an einer Gesellschaft vgl. hier noch später S. 201 f.

# E. Die Nachfolge in Unternehmen

## I. Grundlagen

**Die Nachfolge in Unternehmen** steht der Rechtsformwahl in mehrfacher Hinsicht nahe.

**Beim Aufbau einer Existenz** durch Gründung eines Unternehmens stellt sich die Frage, in welcher Rechtsform das Unternehmen geführt werden soll. Der Aufbau eines eigenen Unternehmens kann statt durch Neugründung aber auch dergestalt vollzogen werden, dass der Existenzgründer ein bereits bestehendes Unternehmen übernimmt. Basis für eine solche Übernahme können insbesondere Unternehmenskauf, Unternehmenspacht und Erwerb von Todes wegen sein.

Entsprechend verhält es sich, wenn ein Unternehmen vergrößert oder verändert werden soll. Auch in diesen Fällen kann die Vergrößerung oder Veränderung schrittweise selbst generiert werden. Die Vergrößerung oder Veränderung kann aber auch auf dem Weg des Unternehmenskaufs oder der Unternehmenspacht oder durch Erwerb von Todes wegen erwirkt werden, indem dem Unternehmen bereits Bestehendes hinzugefügt wird.

Im Erbfall kann es zudem zu Unternehmensnachfolgen kommen, die für den Erwerber unerwartet, ja unerwünscht sind. Denn nicht immer wird die Vermögensnachfolge so geplant sein, dass das Unternehmen dem Erben beim Aufbau seiner Existenz oder der Vergrößerung oder Veränderung seines Unternehmens hilft. Erben können sich in der Position des Unternehmensträgers wieder finden, ohne dies erwartet zu haben oder gemeinsam mit unerwünschten Miterben.[228]

**Wege zur Unternehmensnachfolge** existieren vielfältige. Beim Unternehmenskauf wird ein Unternehmen insgesamt vom Verkäufer auf den Käufer übertragen. Hier können die Einzelbestandteile in ihrer Gesamtheit auf den Käufer übertragen werden, sog. Einzelrechtsnachfolge oder Asset deal. Oder es werden die Gesellschaftsanteile einer das Unternehmen haltenden Gesellschaft vom Verkäufer auf den Käufer übertragen, sog. Beteiligungserwerb oder Share deal.

Bei der Unternehmenspacht überlässt der Verpächter dem Pächter aufgrund eines Pachtvertrages ein Unternehmen, wobei der Verpächter im Grundsatz Inhaber des Unternehmens bleibt. Der Pächter rückt in die Stellung als Unternehmer ein. Er führt das Unternehmen im eigenen Namen und auf eigene Rechnung. Bei Pachtende muss der Pächter das Unternehmen dem Verpächter wieder zurücküberlassen. Möglicherweise kauft er dann auch das Unternehmen.

228 Vgl. zum Vorstehenden bereits S. 9 f., S. 12 und S. 29 f.

Beim Erwerb von Todes wegen werden die Erben zu Nachfolgern des Unternehmensträgers. Möglich ist auch eine Nachfolge auf dem Weg des Vermächtnisses. Hiermit eng verbunden ist die Unternehmensnachfolge, die darauf beruht, dass ein Unternehmer sein „Erbe" durch Übertragung eines Unternehmens bereits zu Lebzeiten regelt, sog. vorweggenommene Erbfolge. Hierneben stehen Unternehmensnießbrauch und Unternehmensbeteiligung.

**Die rechtlichen Fragen**, die sich bei Unternehmensnachfolgen stellen, sind unter anderem zivilrechtlicher, gesellschaftsrechtlicher, erbrechtlicher und steuerrechtlicher Art. Zivilrechtlich kann es hier etwa darum gehen, welche Folgen es mit sich bringt, wenn das Unternehmen bei einem Unternehmenskauf Mängel aufweist oder wie das Unternehmen am Ende einer Unternehmenspacht an den Verpächter zurück zu überlassen ist.

Gleiches gilt hinsichtlich existierender Liefer- oder Mietverträge. Gesellschaftsrechtlich werden häufig mehrere Alternativen der Gestaltung offen stehen. Erbrechtlich verhält es sich ebenso. Steuerrechtlich kann die Gefahr der Aufdeckung stiller Reserven bestehen, so dass auch insoweit zu entscheiden sein wird, welcher Weg am besten zum Ziel führt. Daneben kann sich arbeitsrechtlich die Frage stellen, inwieweit bestehende Arbeitsverhältnisse zu übernehmen sind.

Zuvor allerdings ist stets die Frage zu beantworten, ob es überhaupt zu einer Unternehmensnachfolge kommen soll und, wenn ja, auf welchem Weg. Die Vor- und Nachteile eines Erwerbs sind den Vor- und Nachteilen einer Neuschaffung oder auch einem Verzicht auf die Nachfolge gegenüberzustellen. Stehen mehrere Wege, etwa Kauf und Pacht oder Erbfolge und vorweggenommene Erbfolge offen, ist zwischen diesen abzuwägen.[229]

**Eine einheitliche Terminologie** ist auch hier hilfreich. Dies gilt umso mehr, als die Begriffe, die von Relevanz sind, streckenweise unterschiedlich verwendet werden. Als Oberbegriff für die hier ins Auge gefassten Konstellationen bietet sich der Begriff der Unternehmensnachfolge an, da dieser Unternehmenskauf und Erwerb von Todes wegen ebenso abdeckt wie Unternehmenspacht und Unternehmensnießbrauch.

Zwar lässt sich in allen Fällen auch von einem Erwerb von Unternehmen sprechen. Indem bei Unternehmenspacht und -nießbrauch freilich die Inhaberstellung am Unternehmen beim bisherigen Inhaber verbleibt, passt der Begriff der Unternehmensnachfolge besser. Dieser steht zudem den Konstellationen der vorweggenommenen Erbfolge nahe, also den Fällen, in denen ein Unternehmen bereits zu Lebzeiten mit Blick auf die spätere Erbfolge übertragen wird.

229 Vgl. hierzu noch näher später S. 226 ff.

# II. Der Unternehmenskauf

## 1. Einführung in den Unternehmenskauf

### a) Nachfolge durch Unternehmenskauf

**Der Unternehmenskauf** ist die in der Praxis häufigste Form der Unternehmensnachfolge.

**Beim Unternehmenskauf** erwirbt der Käufer ein Unternehmen von einem anderen. Zwar wird der Käufer nicht Eigentümer des Unternehmens. Denn Eigentum gibt es nur an Sachen im Sinne des § 90 BGB, das Unternehmen aber ist kein körperlicher Gegenstand. Der Käufer wird aber Inhaber des Unternehmens durch Erwerb sämtlicher Unternehmensbestandteile bzw. sämtlicher Gesellschaftsanteile der das Unternehmen haltenden Gesellschaft.

Als Inhaber des Unternehmens kann der Käufer das Unternehmen unmittelbar bzw. als Gesellschafter mittelbar betreiben. Er kann das Unternehmen vergrößern, verkleinern oder verändern, je nach den Plänen, die er mit dem Erwerb verfolgt hat. Auch kann der Käufer die Rechtsform ändern, im Falle eines Einzelunternehmens etwa weitere Personen als Gesellschafter aufnehmen oder den Unternehmensträger von einer OHG in eine GmbH umwandeln.

**Vorteile des Unternehmenskaufs** liegen darin, dass das Unternehmen nicht neu geschaffen werden muss, der Unternehmer vielmehr auf Existentes und Erfahrungen zurückgreifen kann und damit zugleich eine gewisse Sicherheit für die Zukunft hat. Anders als der Unternehmenspächter kann der Käufer grundsätzlich frei über das Unternehmen verfügen. Allerdings wird der Kaufpreis häufig eine erhebliche finanzielle Hürde darstellen.

Unternehmenskäufe werden auch genutzt, um auf diese Weise Synergien, Abrundungen oder Diversifikationen zu erreichen. Unternehmen werden erworben, um von diesen gehaltene neue Technologien übernehmen zu können. Unternehmen können zwecks Zerschlagung übernommen werden. Insgesamt ist die Bedeutung der Unternehmenskäufe in der Praxis erheblich, wobei freilich auch hier die Zahlen, die genannt werden, stark differieren.[230]

### b) Grundzüge des Unternehmenskaufs

**Als Wege bieten sich** hier die Einzelrechtsnachfolge, Asset deal, und der Beteiligungserwerb, Share deal, an.

**Von einem Asset deal** spricht man, wenn der Käufer die Einzelbestandteile (asset = Vermögen, Aktiva und Passiva) des Unternehmens erwirbt, und zwar in ihrer Gesamt-

230 Vgl. zum Vorstehenden etwa *Beisel*, in: Beisel/Klumpp, Der Unternehmenskauf, S. 1 ff.; *Hölters*, in: Hölters, Handbuch des Unternehmens- und Beteiligungskaufs, S. 1 ff. sowie zu den Zahlen bereits hier S. 9 f.

heit. Indem der Käufer den Inbegriff von Sachen, Rechten und sonstigen Vermögenswerten erhält und Verträge und Verbindlichkeiten ebenso übernimmt wie die immateriellen Werte des Unternehmens, tritt er gleichsam in die Position des bisherigen Unternehmers ein.

Von einem Share deal spricht man, wenn nicht das Unternehmen in Form seiner Einzelbestandteile, sondern Anteile an einer Gesellschaft, welche ihrerseits Inhaber des Unternehmens ist, vom Käufer erworben werden. Indem der Käufer alle Gesellschaftsanteile, etwa der das Unternehmen haltenden GmbH, erwirbt, erwirbt er indirekt, nämlich über die GmbH, das Unternehmen und wird auf diese Weise, wiederum indirekt, Inhaber des Unternehmens.[231]

**Besonderes Gewicht** ist bei Asset deal wie Share deal auf Vorbereitung und Abschluss des jeweiligen Kaufvertrages, auf dessen Durchführung sowie für den Fall, dass später Mängel des Unternehmens auftauchen, auf diesbezügliche Regelungen zu legen. Bei der Vorbereitung des Vertragsschlusses ist neben einer Due Diligence, also einer sorgfältigen Prüfung des Unternehmens, insbesondere auf Geheimhaltung und Protokollierung zu achten.

Beim Abschluss des Kaufvertrages sind alle Punkte von Relevanz möglichst genau zu regeln. Die Durchführung erfolgt beim Asset deal durch Übertragung aller Einzelbestandteile auf den Käufer, beim Share deal durch Abtretung der Gesellschaftsanteile an den Käufer. Im Falle von Mängeln finden seit der Schuldrechtsreform mangels abweichender Regelungen weitgehend die Gewährleistungsvorschriften der §§ 453; 434 ff. BGB Anwendung.[232]

**Fall**

A möchte das Dienstleistungsunternehmen des X kaufen. Nachdem er von „Due Diligence" gehört hat, fragt er, was Due Diligence mit Unternehmenskauf zu tun hat?

**Lösung:** Due Diligence bezeichnet eine umfassende Untersuchung eines Unternehmens in wirtschaftlicher, finanzieller, rechtlicher und steuerlicher Hinsicht. In Deutschland ist es bei Unternehmenskäufen inzwischen üblich, seitens des potenziellen Käufers vor Abschluss eines Asset deal bzw. Share deal eine Due Diligence durchzuführen. Neben die Due Diligence seitens des Käufers ist in jüngerer Zeit zunehmend die Due Diligence seitens des Verkäufers getreten, damit dieser sein Unternehmen in Hinblick auf die anstehenden Verkaufsverhandlungen besser kennen lernen kann, oder auch um potenziellen Käufern den Bericht der Due Diligence vorlegen zu können. Die rechtlichen Auswirkungen der Due Diligence auf den Unternehmenskaufvertrag sind noch weithin ungeklärt.

231 Zu Fällen des Share deals vgl. auch schon S. 72 und S. 106.

232 Vgl. zum Vorstehenden näher etwa *Beisel*, in: Beisel/Klumpp, Der Unternehmenskauf, S. 1 ff.; *Semler*, in: Hölters, Handbuch des Unternehmens- und Beteiligungskaufs, S. 652 ff.

## 2. Weitere Aspekte beim Unternehmenskauf

### a) Weitere Aspekte beim Asset deal

**Zahlreiche Fragen** stellen sich in der Praxis bei einem Unternehmenskauf auf dem Weg des Asset deal.

**Zivilrechtlich** kann es hier etwa darum gehen, inwieweit der Verkäufer dem Käufer vor Vertragsschluss zu Informationen verpflichtet ist und ob sich diese Informationspflichten möglicherweise reduzieren, wenn der Käufer das Unternehmen nicht unverändert weiterführen will, inwieweit beim Verkauf eines Unternehmens einer AG die Zustimmung der Hauptversammlung erforderlich ist oder ab welcher Höhe ein Kaufpreis möglicherweise sittenwidrig ist.

Relevanz kann erlangen, wie die Firma des fortgeführten Unternehmens lauten muss, damit es nicht zur Haftung gem. § 25 HGB kommt oder ob ein Notar bei Abschluss eines Unternehmenskaufvertrages auf die Rechtsfolgen des § 25 HGB hinweisen muss. Enthält ein Unternehmenskaufvertrag eine Präambel, stellt sich die Frage, ob und, wenn ja, welche Rechtsfolgen sich hieraus ergeben. Bei Unternehmen in der Krise stellen sich zusätzliche Fragen.[233]

**Steuerrechtlich** stellt sich immer wieder die Frage, wann eine Veräußerung eines ganzen Betriebes oder eines Teilbetriebes vorliegt, weil dies die Erleichterungen des § 16 Abs. 4 EStG und des § 34 EStG nach sich ziehen kann. In jüngerer Zeit ging es hier etwa darum, ob die Erleichterungen auch dann gelten, wenn eine Gesellschaft ihr Unternehmen an einen ihrer Gesellschafter veräußert oder wann im Einzelnen ein Teilbetrieb vorliegt.

Umsatzsteuerrechtlich ist die Frage, wann eine von der Umsatzsteuer befreite Geschäftsveräußerung im Sinne des § 1 Abs. 1a UStG vorliegt und welche Rechtsfolgen dies im Einzelnen mit sich bringt, in § 1 Abs. 1a S. 2 UStG bzw. § 1 Abs. 1a S. 3 UStG geregelt. Diese Vorschriften sind nach mehreren jüngeren Urteilen des BFH anknüpfend an vorangegangene Entscheidungen des EuGH unter Berücksichtigung der Regelung der Richtlinie 77/388 EWG zu entscheiden.

**Fall**

A hat von X dessen Unternehmen gekauft. Nunmehr stellt sich die Frage, wie die Übertragung von X an A zu erfolgen hat und ob der A den Gläubigern des X für alte Unternehmensverbindlichkeiten haftet.

**Lösung:** Mangels anderer Vereinbarungen hat X dem A das Unternehmen, d.h. alle Unternehmensbestandteile vollumfänglich zu übertragen. A muss das Eigentum an allen unbeweglichen und beweglichen Sachen erhalten, Inhaber der unternehmenszugehörigen Forderungen und Rechte werden

233 Vgl. zum Vorstehenden und zum Folgenden die Rechtsprechungsberichte *Klein-Blenkers*, NZG 2001, S. 1105; NZG 2003, S. 903; NZG 2006, S. 245.

und so weit wie möglich in die unternehmenszugehörigen Verträge eintreten. Was die Unternehmensverbindlichkeiten anbelangt, kann es zu einer Haftung des A kommen, wenn die Voraussetzungen des § 25 HGB oder des § 75 AO erfüllt sind. Darüber hinaus wird es zu einem Übergang der Verbindlichkeiten von X auf A nur kommen, wenn neben A die Gläubiger des X hiermit einverstanden sind. X und A werden zudem häufig vereinbaren, dass A den X im Falle späterer Inanspruchnahmen durch die Gläubiger freizustellen hat.

### b) Weitere Aspekte beim Share deal

**Die Fragen**, die sich beim Share deal stellen, stehen den Fragen beim Asset deal nahe.

**Zivilrechtlich** kann es hier ebenfalls darum gehen, inwieweit der Verkäufer dem Käufer vor Vertragsschluss zu Informationen verpflichtet ist und ob sich diese Informationspflichten möglicherweise reduzieren, wenn der Käufer das Unternehmen nicht unverändert weiterführen will. Wird der Gesellschaftsanteil von einem Kind erworben, stellt sich die Frage, wann gem. den §§ 1643; 1822 Nr. 3 BGB die Genehmigung des Familiengerichts erforderlich ist.

Die Frage, ob das für die Übertragung von GmbH-Anteilen geltende Formerfordernis des § 15 GmbHG eingehalten ist, hat die Rechtsprechung in jüngerer Zeit immer wieder beschäftigt, insbesondere bei Fällen mit Auslandsbezug. Gleiches gilt für die Frage, ob und, wenn ja, in welchem Umfang bei Vertragsschluss getroffene Zusicherungen, Garantien oder Gewährleistungsvereinbarungen später Ansprüche des Käufers gegen den Verkäufer eröffnen können.[234]

**Steuerrechtlich** stellt sich bei der Veräußerung von Anteilen an Personengesellschaften auch hier immer wieder die Frage, ob die Erleichterungen des § 16 Abs. 4 EStG bzw. des § 34 EStG zur Anwendung kommen können, etwa wenn die Gesellschaftsanteile gegen Leibrente veräußert werden. Stehen auf der Seite des Erwerbers und des Veräußerers dieselben Personen, stellt sich die Frage, ob die Regelung des § 2 Abs. 5 GewStG eingreift.

Bei der Veräußerung von GmbH-Anteilen und Aktien stehen § 17 EStG und § 8b Abs. 2 KStG im Mittelpunkt. Gem. § 17 EStG gehört der Gewinn aus der Veräußerung von Anteilen an einer Kapitalgesellschaft zu den Einkünften aus Gewerbebetrieb, wenn der Veräußerer innerhalb der letzten fünf Jahre am Kapital der Gesellschaft zu mindestens einem Prozent beteiligt war. § 8b Abs. 2 KStG regelt eine Befreiung für den Bereich der Körperschaftsteuer.

234 Vgl. zum Vorstehenden und zum Folgenden die Rechtsprechungsberichte *Klein-Blenkers*, NZG 2001, S. 1105; NZG 2003, S. 903; NZG 2006, S. 245.

**Fall**

X ist Alleingesellschafter der G-GmbH, die ein Transportunternehmen betreibt. A, der an diesem Unternehmen interessiert ist, fragt an, welche Formalia zu beachten sind, wenn er die G-GmbH von X erwerben will.

**Lösung:** Erforderlich ist hier zunächst ein Kaufvertrag zwischen A und X über die GmbH-Anteile gem. den §§ 453; 433 BGB. Dieser Kaufvertrag bedarf gem. § 15 Abs. 4 GmbHG zu seiner Wirksamkeit der notariellen Form. Die Übertragung der GmbH-Anteile von X auf A erfolgt dann in einem zweiten Schritt durch Abtretung gem. § 398 BGB. Gem. § 15 Abs. 3 GmbHG bedarf auch diese Abtretung der notariellen Form. A ist als neuer Gesellschafter der GmbH gem. § 40 GmbHG unverzüglich beim Handelsregister anzumelden. Mit dem Erwerb der GmbH-Anteile wird A zwar nicht selbst Inhaber des Unternehmens, wohl aber Inhaber der das Unternehmen haltenden GmbH.

## III. Die Unternehmenspacht

### 1. Einführung in die Unternehmenspacht

#### a) Nachfolge durch Unternehmenspacht

**Der Unternehmenspacht** kommt neben dem Unternehmenskauf erhebliche Bedeutung zu.

**Bei der Unternehmenspacht** überlässt der Verpächter dem Pächter ein Unternehmen auf Zeit, ohne dass der Pächter Inhaber des Unternehmens wird. Auf der Grundlage des schuldrechtlichen Unternehmenspachtvertrages rückt der Pächter in die Stellung des Unternehmers ein. Er führt das Unternehmen im eigenen Namen und auf eigene Rechnung, begrenzt durch die Inhaberstellung des Verpächters und zahlt als Gegenleistung die vereinbarte Pacht.

So wird der Pächter auch hier zum Unternehmer. Der Pächter erhält für die Dauer der Pachtzeit die Gewinne bzw. trägt die Verluste des Unternehmens. Nach dem Ende der Pachtzeit muss er das Unternehmen dem Verpächter zurücküberlassen; Inhaber- und Unternehmerstellung fallen dann wieder beim Verpächter zusammen. Es ist dies die Grundform der Unternehmenspacht, wie sie sich bei Auswertung von Rechtsprechung und Schrifttum herauskristallisiert.[235]

**Vorteile der Unternehmenspacht** liegen für den Pächter darin, dass er das Unternehmen betreiben kann, ohne dass er dieses neu gründen oder einen Kaufpreis zahlen muss. Indem er auf Existentes und Erfahrungen zurückgreifen kann, erlangt er eine gewisse Sicherheit für die Zukunft. Der Verpächter seinerseits kann Inhaber des Unternehmens bleiben, etwa um dieses später auf seine Kinder zu übertragen und erhält zudem laufend die Pacht.

235 Vgl. zum Vorstehenden und zum Folgenden etwa *Klein-Blenkers*, in: AnwaltKommentar BGB, Anhang zu §§ 581–597: Unternehmenspacht, RdNr. 1 ff.; *Klein-Blenkers*, Das Recht der Unternehmenspacht, S. 23 ff.

Neben der Verpachtung von Unternehmen des Mittelstandes findet sich die Unternehmenspacht besonders häufig im Zusammenhang mit Gaststätten und Apotheken. Die Unternehmenspacht dient Unternehmenszusammenschlüssen zur Verstärkung von Marktpositionen. Sie findet sich bei Groß- und Freiberuflerunternehmen, in der Land- und Forstwirtschaft oder im Zusammenhang mit Sanierung, Zwangsversteigerung oder Insolvenz.

### b) Grundzüge der Unternehmenspacht

**Rechtliche Basis** einer jeden Unternehmenspacht ist der schuldrechtliche Pachtvertrag.

**Mit Vertragsschluss** begründen Verpächter und Pächter die Unternehmenspacht und setzen sie für eine bestimmte Zeit oder unbegrenzt in Geltung. Durch den Pachtvertrag gestalten sie die Unternehmenspacht, ihre Rechte und Pflichten. Dabei sind die Parteien angesichts der Vielfalt der sich stellenden Fragen gut beraten, möglichst viele Fragen im Vertrag zu beantworten. Denn das Gesetz enthält nur sehr begrenzt Antworten auf die Fragen der Unternehmenspacht.

Fehlen Regelungen im Vertrag, sind bei Fragen die Parteien und ihr Wille, Anhaltspunkte des konkreten Falles und die typischen Interessen ins Auge zu fassen. Von den dispositiven Vorschriften des Gesetzes führen die Regelungen des Allgemeinen Schuldrechts bei der Unternehmenspacht weitgehend zu sachgerechten Ergebnissen. Die Vorschriften für den Pachtvertrag, den Mietvertrag und den Landpachtvertrag passen demgegenüber nur zum Teil.[236]

**Besonderes Gewicht** ist daher hier, mehr noch als beim Unternehmenskaufvertrag, auf die Ausgestaltung des Unternehmenspachtvertrages zu legen. Dem typischen Ablauf einer Unternehmenspacht folgend gilt dies zunächst für Vorbereitung und Abschluss des jeweiligen Pachtvertrages, die Überlassung des Unternehmens vom Verpächter an den Pächter sowie Leistungsstörungen, die sich im Zusammenhang mit der Überlassung ergeben können.

Ebenso sind der Betrieb des Unternehmens, Leistungsstörungen während der Pachtzeit und schließlich die Beendigung der Unternehmenspacht einschließlich der Rücküberlassung und eventueller sich hieran anschließender Ausgleichsansprüche zu regeln. Stets ist dabei im Auge zu behalten, dass der Pächter für die Dauer der Pachtzeit die Stellung des Unternehmers erhalten, der Verpächter aber zugleich Inhaber des Unternehmens bleiben soll.

---

236 Vgl. zum Vorstehenden und zum Folgenden etwa *Klein-Blenkers*, Das Recht der Unternehmenspacht, S. 62 ff.

**Fall**

A möchte das Werkstattunternehmen des X pachten. Er fragt an, an welchen Vertragstyp des BGB er hier anknüpfen kann?

**Lösung:** Der Unternehmenspachtvertrag ist im BGB nicht geregelt. Die Vorschriften betreffend den Pachtvertrag (§§ 581 ff. BGB) bzw. den Landpachtvertrag (§§ 585 ff. BGB) passen für die Unternehmenspacht nur zum Teil. Zwar enthält ein Teil dieser Vorschriften für die Unternehmenspacht passende Regelungen. Es ist jedoch von Fall zu Fall zu prüfen, inwieweit dies der Fall ist. Aus diesem Grund sollten A und X alles rund um die ins Auge gefasste, zweifellos zulässige, Unternehmenspacht genau vertraglich festhalten, und zwar bereits die Vorbereitungsphase und dann später beim Abschluss des Unternehmenspachtvertrages den Vertragsgegenstand, die Überlassung, den Betrieb des Unternehmens und schließlich das Ende der Unternehmenspacht.

## 2. Einzelne Aspekte bei der Unternehmenspacht

### a) Vertragsschluss und Überlassung

**Beim Vertragsschluss** ist eine Einigung über die essentialia erforderlich und ausreichend.

**Das Unternehmen** muss im Vertrag genau bezeichnet werden, ebenso der Zeitpunkt der Überlassung sowie Höhe und Zahlungsweise der Pacht. Gehören zum Unternehmen Grundstücke oder Räume, kommt gem. den §§ 581 Abs. 2; 578 BGB das Schriftformerfordernis des § 550 BGB zur Anwendung. Insoweit, aber auch etwa in Fällen der Beteiligung von Zwangs- oder Insolvenzverwaltern, Gesellschaften oder Testamentsvollstreckern, stellen sich zahlreiche Fragen.

Die Überlassung sollten die Parteien ebenfalls genau regeln. Dies gilt für Umfang, Art, Zustand des Unternehmens und Dokumentation des Vorgangs. Fehlen Vereinbarungen, hat der Verpächter im Zweifel alle Unternehmensbestandteile, und zwar so weit und zugleich nur so weit zu überlassen, wie dies zur Erlangung der Unternehmerstellung durch den Pächter erforderlich ist. Zudem hat der Verpächter den Pächter in den Tätigkeitsbereich einzuführen.[237]

**Vertragsgemäßer Zustand** des Unternehmens ist im Zweifel der Zustand, in dem das Unternehmen sich bei Vertragsschluss aus Sicht eines ordnungsmäßig handelnden Unternehmers befindet. In der Zeit zwischen Vertragsschluss und Überlassung hat der Verpächter das Unternehmen wie bisher fortzuführen, und zwar ordnungsgemäß. Für den Fall, dass es hier zu Leistungsstörungen kommen sollte, sollten die Parteien klare Regelungen treffen.

Fehlen Vereinbarungen und Anhaltspunkte, kann, unternehmenspachtspezifisch angepasst, an die Gewährleistungsvorschriften des Pacht- bzw. Mietrechts angeknüpft werden. Danach stehen dem Pächter, ist das Unternehmen bei Überlassung in keinem

237 Vgl. zum Vorstehenden Vorstehenden zum Folgenden näher etwa *Klein-Blenkers*, Das Recht der Unternehmenspacht, S. 106 ff.

vertragsgemäßen Zustand, Erfüllungsansprüche und bei Mängeln Minderung, möglicherweise auch Schadensersatzansprüche oder die außerordentliche fristlose Kündigung zur Verfügung.

**Fall**

A hat von X dessen Unternehmen gepachtet. Bei Überlassung stellt sich die Frage, auf welche Art und Weise X dem A die Vorräte zu überlassen hat und ob X anschließend noch als Konkurrent des A tätig werden darf?

**Lösung:** Fehlen Vereinbarungen der Parteien, hat X dem A das Unternehmen, d.h. alle Unternehmensbestandteile so weit und zugleich nur so weit zu überlassen, wie dies zur Erlangung der Unternehmerstellung durch A erforderlich ist. (1) Für die Vorräte bedeutet dies, dass X dem A Besitz an diesen einzuräumen hat. A kann im Rahmen eines ordnungsgemäßen Betriebs über die Vorräte verfügen. Wollen die Parteien einen Eigentumsübergang an den Vorräten bei Überlassung, können sie diesen, auch gegen ein entsprechendes Entgelt, vereinbaren. (2) Was den Wettbewerb anbelangt, wird X regelmäßig verpflichtet sein, einen solchen zumindest für eine gewisse Zeit nach der Überlassung zu unterlassen. Andernfalls dürfte es für A kaum möglich sein, die Unternehmerstellung vollumfänglich zu übernehmen. Um Streit zu vermeiden, sollten X und A auch hierzu Vereinbarungen treffen.

### b) Betrieb, Ende und Rücküberlassung

**Den Betrieb** des Unternehmens während der Pachtzeit sollten Verpächter und Pächter ebenfalls genau regeln.

**Der Pächter ist es**, der das Unternehmen während der Pachtzeit ordnungsmäßig betreiben muss, dem dabei aber auch Spielräume unternehmerischen Handelns zustehen. Fehlen Vereinbarungen, wird der Pächter regelmäßig zum Betrieb verpflichtet sein, er wird das Unternehmen auf seine Kosten ordnungsgemäß zu erhalten und die anfallenden Lasten zu tragen haben. Für die Dauer der Pachtzeit gebühren ihm die Gewinne bzw. Verluste des Unternehmens.

Kommt der Pächter seinen Pflichten während der Pachtzeit nicht nach, können dem Verpächter Erfüllungs- oder Schadensersatzansprüche oder ein Kündigungsrecht zustehen. Demgegenüber: Entfällt eine Konzession, die für den Betrieb erforderlich ist, wirken sich Defizite, die bereits bei Überlassung vorhanden waren, nunmehr erheblich auf das Unternehmen aus oder hält der Verpächter Zusicherungen nicht ein, können dem Pächter Ansprüche zustehen.[238]

**Das Unternehmenspachtende** wird häufig aus einem festen Endtermin folgen. Daneben stehen ordentliche Kündigung, außerordentliche fristlose Kündigung, außerordentliche Kündigung mit Kündigungsfrist, Aufhebungsvertrag oder auch der Eintritt von Bedingungen oder Befristungen. Mit sich näherndem Ende schrumpfen regelmäßig die Spielräume des Pächters. Bei Pachtende hat der Pächter das Unternehmen vollumfänglich zurückzuüberlassen.

238 Vgl. zum Vorstehenden zum Folgenden näher etwa *Klein-Blenkers*, Das Recht der Unternehmenspacht, S. 239 ff.

Der Zustand des Unternehmens bei Rücküberlassung muss vertragsgemäß, d.h. derjenige sein, der sich ergibt, wenn der Pächter das Unternehmen nach Überlassung wie ein ordnungsmäßig handelnder Unternehmer fortgeführt hat. Bei Inhaberschaftswechseln oder Wertveränderungen, die erheblich sind, können Ausgleichsansprüche bestehen. Anstelle einer Rücküberlassung können die Parteien auch einen Kauf des Unternehmens durch den Pächter vereinbaren.

**Fall**

A hat von X dessen Unternehmen gepachtet und überlassen bekommen. Nach einiger Zeit stellt sich für A die Frage, ob er den Betrieb des Unternehmens für eine gewisse Zeit einstellen und dann später das Unternehmen auf grundlegend andere Produkte umstellen darf.

**Lösung:** Fehlen Vereinbarungen der Parteien, wird A den Betrieb des Unternehmens nicht einstellen dürfen. Denn aus der Tatsache, dass das, in der Inhaberschaft des X stehende, Unternehmen Schaden nehmen wird, wenn es nicht betrieben wird, wird regelmäßig eine Pflicht des Pächters zum Betrieb folgen. Auch eine Umstellung des Unternehmens auf grundlegend andere Produkte wird A nicht ohne Zustimmung des X vornehmen dürfen. Zwar wird der Pächter in der Regel zu Veränderungen, die sich gleichsam zwangsläufig aus dem laufenden Betrieb des Unternehmens ergeben, ohne weiteres berechtigt sein. Veränderungen jedoch, die den Unternehmenskern betreffen, wozu auch die Umstellung auf grundlegend andere Produkte gehören dürfte, wird der Pächter nicht allein vornehmen dürfen.

## IV. Erwerb von Todes wegen

### 1. Das Unternehmen im Todesfall

#### a) Die gesetzliche Erbfolge

**Beim Erwerb von Todes** wegen gehen Unternehmen vom Erblasser auf Nachfolger über.

**Mit dem Tod des Erblassers** geht sein Vermögen gem. § 1922 BGB als Ganzes auf seine Erben über. Dies gilt auch, soweit sich in dem Vermögen ein Unternehmen oder Anteile einer Gesellschaft, die Träger eines Unternehmens ist, befinden. So werden die Erben des Erblassers zu neuen Inhabern des Unternehmens bzw., soweit Gesetz oder Gesellschaftsvertrag nichts anderes vorsehen, zu neuen Inhabern der das Unternehmen tragenden Gesellschaft.

Wer Erbe des Erblassers wird, regeln im Grundsatz die §§ 1924 ff. BGB. Gesetzliche Erben erster Ordnung sind hiernach gem. § 1924 BGB die Abkömmlinge des Erblassers, gesetzliche Erben zweiter Ordnung gem. § 1925 BGB die Eltern des Erblassers und deren Abkömmlinge etc. Die Erbenstellung des Ehepartners des Erblassers folgt aus § 1931 BGB und daneben für den Regelfall der Zugewinngemeinschaft aus § 1371 BGB.

**Die gesetzliche Erbfolge** kann freilich zahlreiche Schwierigkeiten mit sich bringen. Bei einer Mehrheit von Erben können einige mehr, andere weniger zur Fortführung des

Unternehmens geeignet sein. Soweit die Unternehmensnachfolge eine persönliche Haftung der Erben nach sich zieht, kann diese Konsequenz nicht gewollt sein. Auch können einzelne Mitglieder der Erbengemeinschaft nicht daran interessiert sein, das Unternehmen fortzuführen.

Verstehen die Erben sich nicht, können sie nach dem Erbfall in Streit über die Art und Weise der Fortführung geraten. Der Blick in die Praxis zeigt täglich, wie gefährlich solche Streitigkeiten unter Erben für Unternehmen werden können. Schließlich können Ausgleichsansprüche gegen die Erbengemeinschaft dazu führen, dass das Unternehmen bzw. die Erben an Liquidität verlieren. Gleiches gilt bei (Erbschaft-)Steuerforderungen des Staates.

### b) Vorbereitung der Nachfolge

**Der Vorbereitung der Nachfolge** kommt vor diesem Hintergrund zentrale Bedeutung zu.

**Letztwillige Verfügungen** können bestimmen, wer nach dem Tod des Unternehmers Inhaber des Unternehmens werden soll. Durch Testament oder Erbvertrag kann die Erbfolge auf bestimmte Personen beschränkt oder es können Dritte als Erben und damit als spätere Unternehmer eingesetzt werden. Soll das Unternehmen nach dem Willen des Erblassers nur von einem Teil der Erben übernommen werden, kommt eine Teilungsanordnung gem. § 2048 BGB in Betracht.

Zugleich werden so Personen, die nach der gesetzlichen Erbfolge als Erben berufen wären, ganz oder teilweise ausgeschlossen. Entsprechend verhält es sich, wenn ein Erbe aufgrund einer Teilungsanordnung mehr erhalten soll, als ihm nach der gesetzlichen Erbfolge zustünde. Stets sind Pflichtteilsansprüche gem. den §§ 2303 ff. BGB und sonstige Ausgleichsansprüche zu bedenken, möglicherweise auch Einzelne zu einem Verzicht zu bewegen.[239]

**Weitere Möglichkeiten** bestehen darin, das Unternehmen einem Erben auf dem Weg eines Vorausvermächtnisses gem. den §§ 1939; 2150 BGB zukommen zu lassen oder das Unternehmen einem Dritten gem. den §§ 2147 ff. BGB zu vermachen. In beiden Fällen ist das Unternehmen dem Begünstigten von der Erbengemeinschaft zu übertragen, wobei auch hier Pflichtteils- und sonstige Ausgleichsansprüche zu berücksichtigen sind.

Daneben stehen Gestaltungsmöglichkeiten des Familienrechts. Durch Vereinbarung einer Gütertrennung gem. § 1414 BGB kann erreicht werden, dass dem überlebenden Ehepartner später geringere Rechte zustehen. Ein ins Auge gefasster Unternehmensnachfolger kann als Kind angenommen werden, um ihm später als gesetzlichem Erben, aber auch erbschaftsteuerrechtlich durch eine bessere Steuerklasse eine bessere Position zu verschaffen.

239 Vgl. zum Vorstehenden und zum Folgenden etwa *Scherer*, in: Sudhoff, Unternehmensnachfolge, S. 16 ff. sowie zu den einzelnen Instrumenten des Erbrechts, wie Teilungsanordnung, Vorausvermächtnis, Vermächtnis oder Pflichtteilsanspruch, die Kommentierungen der einzelnen Gesetzesvorschriften.

**Fall**

A hat im Laufe seines Lebens einen Früchtehandel aufgebaut. Gesetzliche Erben des A werden eines Tages seine Kinder X, Y und Z sein. A fragt an, wie er es erreichen kann, dass ihm bei seinem Tod allein X als Unternehmer nachfolgt?

**Lösung:** Gesetzliche Erben des A sind gem. § 1924 BGB X, Y und Z zu gleichen Teilen. A kann durch Teilungsanordnung bestimmen, dass X bei Erbauseinandersetzung das Unternehmen erhalten soll. A kann X ein Vorausvermächtnis einräumen mit der Folge, dass X das Unternehmen gleichsam vorab von der Erbengemeinschaft herausverlangen kann. A kann X auch als Alleinerben einsetzen, was zur Folge hätte, dass Y und Z enterbt wären. Stets ist dabei zu bedenken, inwieweit durch die Besserstellung des X Nachteile für Y und Z entstehen. Bei möglichen späteren Pflichtteilsansprüchen ist zu überlegen, ob A noch zu Lebzeiten mit Y und Z diesbezügliche Vereinbarungen treffen sollte, damit nicht später die Fortführung des Unternehmen durch X faktisch daran scheitert, dass X die Pflichtteilsansprüche von Y und Z nicht befriedigen kann.

## 2. Weitere Vorbereitungsmaßnahmen

### a) Gesellschaftsrecht und Steuerrecht

**Neben diesen Gestaltungen** kommen Maßnahmen des Gesellschaftsrechts und des Steuerrechts in Betracht.

**Gesellschaftsrechtlich** kann es erforderlich sein, den Gesellschaftsvertrag so zu gestalten, dass die potenziellen Erben dem Erblasser problemlos als Gesellschafter nachfolgen können. So kann sich z.B. anbieten, eine OHG in eine KG umzuwandeln, damit die Erben später Komplementäre oder Kommanditisten werden können. Die Umwandlung in eine AG kann der Haftungsbeschränkung wie auch der Zuteilung von Aktien an die jeweils Bedachten dienen.

Denkbar ist auch die Errichtung einer Stiftung gem. den §§ 80 ff. BGB als Erbe oder Vermächtnisnehmer. Indem der Erblasser das Unternehmen der juristischen Person Stiftung zukommen lässt, löst er das Unternehmen weitgehend von der Familie. Je nach Gestaltung kann die Stiftung von Familienangehörigen oder von Dritten zu verwalten sein. Die Erträge können den Familienmitgliedern oder einem gemeinnützigen Zweck zufließen.[240]

**Steuerrechtlich** werden die Belastungen durch Erbschaftsteuer zu bedenken sein. Die zum 1.1.2009 in Kraft getretenen Neuerungen des Erbschaftsteuerrechts haben zu höheren Bewertungen von Unternehmensvermögen und damit zu Steuerverschärfungen geführt. Soweit die §§ 13a; 13b ErbStG hier Entlastung schaffen, ist darauf zu achten, dass die Voraussetzungen, die sich auf eine Fortführung des Unternehmens beziehen, erfüllt werden können.

Durch eine Verteilung kleiner Unternehmensanteile auf viele Personen können persönliche Freibeträge des Erbschaftsteuerrechts genutzt werden. Einkommensteuerrecht-

240 Vgl. zum Vorstehenden etwa *Grunewald*, Gesellschaftsrecht, S. 121 ff.; *Froning* bzw. *Berenbrok*, in: Sudhoff, Unternehmensnachfolge, S. 401 ff. bzw. 997 ff.

lich können Aufdeckungen stiller Reserven zu bedenken sein. Stets sind dabei auch hier alle Konsequenzen des jeweiligen Tuns im Auge zu behalten, damit nicht durch Steuergestaltungen, die auf den ersten Blick besonders günstig erscheinen, an anderen Stellen Probleme geschaffen werden.[241]

**Fall**

A, B und C sind Gesellschafter der A-OHG, die Regenmäntel herstellt. Gesetzliche Erben des A werden eines Tages seine Kinder X, Y und Z sein. A fragt an, wie er es erreichen kann, dass ihm bei seinem Tod X, Y und Z als Gesellschafter der A-OHG nachfolgen?

**Lösung:** Trifft A keine Regelung, wird er gem. § 1924 BGB zu gleichen Teilen von X, Y und Z beerbt werden. Zugleich wird es gem. § 131 Abs. 3 S. 1 Nr. 1 HGB bei seinem Tod zum Ausscheiden aus der Gesellschaft kommen. Um sein Ziel zu erreichen, dass X, Y und Z Gesellschafter der A-OHG werden, kann A mit B und C im Gesellschaftsvertrag vereinbaren, dass die A-OHG nach seinem Tod mit seinen Erben fortgesetzt werden soll. X, Y wie Z können dann freilich später jeder gem. § 139 HGB das Verbleiben in der A-OHG davon abhängig machen, dass ihnen die Stellung eines Kommanditisten eingeräumt wird. Die OHG würde sich in diesem Fall in eine KG umwandeln

### b) Vorweggenommene Erbfolge

**Vorweggenommene Erbfolge** bedeutet die Übertragung des Unternehmens bereits zu Lebzeiten.

**Zivilrechtlich** wird es sich bei der vorweggenommenen Erbfolge regelmäßig um eine Schenkung bzw. eine gemischte Schenkung im Sinne der §§ 516 ff. BGB handeln. Der bisherige Unternehmensinhaber überträgt das Unternehmen zu Lebzeiten unentgeltlich oder gegen eine den Unternehmenswert unterschreitende Gegenleistung auf den Übernehmer. Auf diese Weise nimmt er zum Teil eine Situation vorweg, die sonst später im Erbfall eingetreten wäre.

Daneben kann der Unternehmensinhaber das Unternehmen bereits zu Lebzeiten auf eine Stiftung übertragen. Dies wird sich auch hier anbieten, wenn ein geeigneter Nachfolger im Familienkreis nicht erkennbar ist oder bei Übertragung des Unternehmens auf die Erben Streit vorprogrammiert scheint. Stets werden dabei auch hier mögliche Ansprüche von Familienmitgliedern zu bedenken und gegebenenfalls durch Vereinbarungen mit diesen auszuschließen sein.[242]

**Die Vorteile** der vorweggenommenen Erbfolge sind zahlreich. So kann der Erblasser das Unternehmen bereits zu Lebzeiten dem Wunschnachfolger zukommen lassen und sich selbst zur Ruhe setzen. Ob der bisherige Unternehmensinhaber den Übernehmer nach Übergabe noch für eine gewisse Zeit begleiten soll, ist von Fall zu Fall zu entschei-

241 Vgl. zum Vorstehenden etwa *Onderka*, NZG 2009, S. 521 sowie die Kommentierungen der einzelnen Gesetzesvorschriften.

242 Vgl. zum Vorstehenden und zum Folgenden etwa *Stenger*, in: Sudhoff, Unternehmensnachfolge, S. 219 ff. sowie die Kommentierungen der einzelnen Gesetzesvorschriften.

den, da ein solches „Hineinregieren" des alten in die Tätigkeit des neuen Inhabers vielfältiges Konfliktpotenzial bergen kann.

Steuerrechtlich kann vorweggenommene Erbfolge im Einzelfall zudem den Vorteil bieten, dass nach Ablauf der Zehnjahresfrist des § 14 ErbStG die Freibeträge der Erbschaftsteuer erneut zur Verfügung stehen oder die Erbschaftsteuerprogression gemindert wird. Durch Umwandlung von Vermögen in Unternehmensvermögen kann der Wert des Nachlasses gesenkt werden. Allerdings können sich auch zusätzliche Fragen ergeben, etwa bei Rentenzahlungen.

**Fall**

A hat im Laufe seines Lebens ein Transportunternehmen aufgebaut. Mit Vollendung seines 60. Lebensjahres will A sich zur Ruhe setzen und sein Unternehmen auf zwei seiner vier Kinder übertragen. Welche zentralen Punkte sollte A hierbei beachten?

**Lösung:** Die Übertragung des Unternehmens auf zwei seiner Kinder stellt zunächst grundsätzlich eine Schenkung des A an diese beiden Kinder dar. Diese bedarf gem. § 518 BGB der notariellen Form. Gesellschaftsrechtlich ist, da das Unternehmen nunmehr von zwei Inhabern betrieben wird, zu entscheiden, welche Rechtsform für die Zukunft gewählt werden soll, etwa die Rechtsform der OHG oder der GmbH. Erbrechtlich sollte A regeln, ob und, wenn ja, inwieweit die jetzige Übertragung auf die späteren Erbteile angerechnet werden soll. Damit es hier später nicht zu Schwierigkeiten kommt, sollten alle Kinder des A in die Vereinbarungen mit einbezogen werden. Erbschaft- bzw. schenkungsteuerlich sind die §§ 13a; 13b ErbStG zu berücksichtigen. Auch kann die Schenkung dazu führen, dass den jetzt begünstigten Kindern, vergehen bis zum Erbfall noch zehn Jahre, der Erbschaftssteuerfreibetrag gem. § 14 ErbStG später erneut zusteht.

## V. Weitere Formen

### 1. Der Unternehmensnießbrauch

#### a) Begriff und Vorkommen in der Praxis

**Der Unternehmensnießbrauch** steht der Unternehmenspacht nahe, ist jedoch seltener als diese.

**Terminologisch ist** zwischen Unternehmensnießbrauch in engerem Sinne (im Folgenden: Unternehmensnießbrauch) und Beteiligungsnießbrauch zu unterscheiden. Nießbrauch allgemein bedeutet gem. den §§ 1030 ff. BGB die Belastung einer Sache oder eines Rechts in der Weise, dass der Berechtigte die Nutzungen ziehen darf. Beim Unternehmensnießbrauch wird dem Nießbraucher Nießbrauch an einem Unternehmen eingeräumt, beim Beteiligungsnießbrauch an einem Gesellschaftsanteil.

Indem der Nießbraucher das Unternehmen betreiben kann, handelt es sich beim Unternehmensnießbrauch um eine Unternehmensnachfolge. Da der Nießbraucher auch hier nur Unternehmer, nicht aber Inhaber wird, steht der Unternehmensnießbrauch der Unternehmenspacht nahe. Dem Unternehmensnießbrauch liegt auch regelmäßig ein schuldrechtlicher Vertrag zugrunde. Die Einräumung der Unternehmerstellung erfolgt hier jedoch auf sachenrechtlicher Ebene.[243]

**Die Vorteile** des Unternehmensnießbrauchs liegen auch für den Nießbraucher darin, dass er das Unternehmen betreiben kann, ohne dass er dieses neu gründen oder er einen Kaufpreis zahlen muss. Indem er auf Existentes und Erfahrungen zurückgreifen kann, erlangt auch der Nießbraucher eine gewisse Sicherheit für die Zukunft. Der Inhaber seinerseits kann Inhaber des Unternehmens bleiben und erhält vom Nießbraucher zudem eine laufende Gegenleistung.

In der Praxis findet sich der Unternehmensnießbrauch primär bei Unternehmen des Mittelstandes, aber auch bei Groß- und Freiberuflerunternehmen sowie in der Land- und Forstwirtschaft. Risiken können sich auch hier daraus ergeben, dass das Unternehmen sich für den Nießbraucher als weniger ertragsstark als erwartet erweist, dass der Nießbraucher das Unternehmen schlecht führt oder dass die Unternehmerwechsel zu Beginn und am Ende dem Unternehmen schaden.

### b) Grundzüge des Unternehmensnießbrauchs

**Rechtliche Basis** sind die Nießbrauchsvorschriften der §§ 1030 ff. BGB, ergänzt durch einen schuldrechtlichen Vertrag.

**Die Vereinbarungen** der Parteien müssen die Nießbrauchsbestellung enthalten und sollten durch eine klare schuldrechtliche Vereinbarung ergänzt werden. Diese stellt das Kausalgeschäft für den Nießbrauch dar und umfasst den Nießbrauch am Unternehmen als wirtschaftliche Einheit. Auch hier sollten die Parteien das Unternehmen genau bezeichnen, den Zeitpunkt der Überlassung an den Nießbraucher bestimmen und das von diesem zu entrichtende Entgelt regeln.

Die Überlassung des Unternehmens muss auch hier grundsätzlich insgesamt erfolgen. Was die Art und Weise anbelangt, wird der Nießbraucher hier gem. § 1067 BGB Eigentümer verbrauchbarer Sachen, der Nießbrauch an einem Grundstück ist einzutragen und der Nießbraucher kann gem. § 1048 Abs. 1 BGB über Inventarstücke verfügen. Der schuldrechtliche Vertrag sollte die Einzelheiten regeln. Im Zweifel sind auch hier die typischen Interessen entscheidend.[244]

**Der Betrieb** während des Nießbrauchs erfolgt durch den Nießbraucher, er erhält die Gewinne. Er hat das Unternehmen ordnungsgemäß zu betreiben und das vereinbarte Entgelt zu entrichten. Dabei sollte auch hier geregelt werden, wie es sich im Falle von Leistungsstörungen verhält, inwieweit dem Nießbraucher Spielräume unternehmerischen Handelns zustehen oder wer für die Dauer des Unternehmensnießbrauchs für den Erhalt des Unternehmens verantwortlich ist.

---

243 Vgl. zum Vorstehenden und zum Folgenden etwa *Bassenge*, in: Palandt, BGB, § 1085 RdNr. 3 ff.; *K. Schmidt*, Handelsrecht, S. 161 ff.; *Klein-Blenkers*, Das Recht der Unternehmenspacht, S. 54 ff. Zum Beteiligungsnießbrauch vgl. die Überlegungen hier gleich im Anschluss S. 202 f.

244 Vgl. zum Vorstehenden und zum Folgenden etwa *K. Schmidt*, Handelsrecht, S. 161 ff. sowie nunmehr auch BGH, Urt. v. 2.11.2001, DNotZ 2002, S. 217, 221.

Das Ende des Unternehmensnießbrauchs wird häufig aus einem festen Endtermin folgen. Ist der Endzeitpunkt erreicht, hat der Nießbraucher das Unternehmen zurückzuüberlassen. Auch hier muss der Zustand des Unternehmens bei Rücküberlassung vertragsgemäß sein, auch hier kommen möglicherweise Ausgleichsansprüche zwischen den Parteien in Betracht. Auch hier ist es möglich, dass der Nießbraucher das Unternehmen am Ende erwirbt.

**Fall**

X, Inhaber eines Unternehmens, welches Pflegedienstleistungen anbietet, möchte sich für eine gewisse Zeit aus dem Berufsleben zurückziehen und für diesen Zeitraum dem A einen Unternehmensnießbrauch an dem Unternehmen einräumen. X fragt an, was er insoweit vertraglich zu beachten hat?

**Lösung:** Erforderlich ist ein schuldrechtlicher Vertrag zwischen X und A sowie die anschließende Einräumung des Nießbrauchs an dem Unternehmen für A. (1) Der schuldrechtliche Vertrag, Kausalgeschäft und Basis für den Nießbrauch, sollte alle wichtigen Punkte des Unternehmensnießbrauchs regeln, das Unternehmen und den Zeitpunkt der Überlassung, den Umfang der Überlassung, das von A zu erbringende Entgelt, Art und Weise des Betriebs des Unternehmens durch A, Folgen möglicher Leistungsstörungen sowie die Rücküberlassung des Unternehmens und mögliche Ausgleichsansprüche am Ende. (2) Die Überlassung des Unternehmens von X an A hat nach den Nießbrauchsvorschriften des BGB und im Übrigen nach den Regelungen, die X und A im schuldrechtlichen Vertrag getroffen haben, zu erfolgen.

## 2. Beteiligungen an einer Gesellschaft

### a) Mittelbare Beteiligungen

**Mittelbare Beteiligungen** stellen, wie bereits die stille Gesellschaft, bloße Innenbeteiligungen dar.

**Die Beteiligung an einer Gesellschaft**, auch Unterbeteiligung genannt, stellt eine stille Beteiligung an einem Gesellschaftsanteil dar. Während die stille Gesellschaft die Möglichkeit bietet, sich an einem Handelsgewerbe, also einem Einzelunternehmen, eines anderen zu beteiligen, bietet die Unterbeteiligung diese Möglichkeit an einem Gesellschaftsanteil eines anderen, um auf diese Weise, ohne nach außen in Erscheinung zu treten, Gewinn zu erzielen.

Die Unterbeteiligung an einem Gesellschaftsanteil kommt durch Vertrag mit dem Anteilsinhaber zustande. In diesem Vertrag, der regelmäßig der Zustimmung der anderen Gesellschafter nicht bedarf, sollten die Parteien alle für sie wichtigen Punkte regeln. Soweit Vereinbarungen fehlen, kommen die für die stille Gesellschaft geltenden §§ 230 ff. HGB analog bzw. die für die BGB-Gesellschaft geltenden §§ 705 ff. BGB zur Anwendung.[245]

245 Vgl. zum Vorstehenden und zum Folgenden etwa *K. Schmidt*, Gesellschaftsrecht, S. 1865 ff.

**Im vorliegenden Zusammenhang** stehen Beteiligungen, ebenso wie stille Gesellschaften, ganz am Rande. Der sich Beteiligende wird nicht Unternehmer. Er erhält nur einen Anteil am Gesellschaftsanteil des Gesellschafters. Am Vermögen der Gesellschaft ist er nur mittelbar, nicht unmittelbar beteiligt. Auf den Betrieb des Unternehmens der Gesellschaft hat der Unterbeteiligte keinen unmittelbaren Einfluss. Erzielt das Unternehmen Verluste, hat er diese nicht zu tragen.

Zwar kann der Unterbeteiligte im Einzelfall durch Vertrag so gestellt werden, als sei er Mitinhaber des Gesellschaftsanteils. Möglicherweise wird auch versucht, ihm Einfluss auf den Betrieb des Unternehmens einzuräumen, was freilich häufig nur mit Zustimmung der anderen Gesellschafter möglich sein wird. Dies ändert aber nichts daran, dass der Unterbeteiligte im Regelfall keine einem Unternehmer vergleichbare Stellung erlangt.

**Fall**

A und B sind Gesellschafter der A-GmbH, die sich auf Restaurierungsarbeiten an Kirchenfenstern spezialisiert hat. Da zurzeit Kredite nur schwer zu erhalten sind, planen A und B eine Kapitalerhöhung. A, der im Moment über keine hohen liquiden Mittel verfügt, fragt an, wie er sich von Dritten Kapital beschaffen kann, um so den auf ihn entfallenden Teil der Kapitalerhöhung zu finanzieren.

**Lösung:** A kann versuchen, einen Kredit aufzunehmen, was nach dem Sachverhalt jedoch zurzeit nur schwer möglich ist. A könnte stattdessen einem Dritten eine Unterbeteiligung an seinem, des A, GmbH-Anteil einräumen. Dies würde durch einen Unterbeteiligungsvertrag zwischen A und dem Dritten geschehen. A könnte auf diesem Weg das erforderliche Kapital erhalten. Der Dritte seinerseits würde am Gewinn der GmbH bzw. des Unternehmens beteiligt und könnte am Ende, je nach Vereinbarung, das zur Verfügung gestellte Kapital zurückverlangen. Auch der Weg des Beteiligungsnießbrauchs könnte den A zum Ziel führen:

### b) Der Beteiligungsnießbrauch

**Beim sog. Beteiligungsnießbrauch** handelt es sich ebenfalls um eine Innenbeteiligung.

**Von einem Beteiligungsnießbrauch** spricht man, wenn der Nießbraucher Nießbrauch an einem Gesellschaftsanteil eingeräumt bekommt. Anders als beim Unternehmensnießbrauch, bei dem Gegenstand des Nießbrauchs das Unternehmen selbst ist, welches nunmehr vom Nießbraucher betrieben wird, ist Gegenstand des Beteiligungsnießbrauchs nur der Anteil an einer Gesellschaft, etwa einer OHG, KG oder GmbH, die ein Unternehmen betreibt.

Der Nießbrauch an Anteilen einer Personengesellschaft wird als Nießbrauch an einem Recht im Sinne des § 1069 Abs. 1 BGB bestellt, wobei regelmäßig eine Mitwirkung der anderen Gesellschafter erforderlich sein wird. Bei GmbH-Anteilen wird § 1069 Abs. 1 BGB durch das Formerfordernis des § 15 Abs. 3 GmbHG ergänzt. Die Bestellung eines Nießbrauchs an Inhaberaktien richtet sich nach den §§ 1069 Abs. 1; 929; 1081 Abs. 2 BGB.[246]

246 Vgl. zum Vorstehenden und zum Folgenden etwa *K. Schmidt*, Gesellschaftsrecht, S. 1822 ff.

**Für den vorliegenden Zusammenhang** steht der Beteiligungsnießbrauch, wie soeben die Unterbeteiligung, ganz am Rande. Auch für den Beteiligungsnießbrauch gilt, dass der Berechtigte nicht Unternehmer wird. Der Nießbraucher erhält hier lediglich ein Nutzungsrecht am Gesellschaftsanteil, nicht an der Gesellschaft selbst. Am Vermögen der Gesellschaft wird der Beteiligungsnießbraucher nicht beteiligt, ebensowenig an deren Verlusten.

In jüngerer Zeit wird diskutiert, ob der Beteiligungsnießbraucher durch Stimm- oder Informationsrechte auf die Gesellschaft Einfluss nehmen kann. Darüber hinaus ist es möglich, dem Nießbraucher durch schuldrechtliche Vereinbarung in gewissem Umfang Rechte gegenüber der Gesellschaft einzuräumen. Auch dies ändert jedoch nichts daran, dass der Beteiligungsnießbraucher grundsätzlich nicht die Stellung des Unternehmers erlangt.

**Fall**

A, der das Unternehmen, welche die X-OHG betreibt, übernehmen möchte, um dieses zukünftig zu betreiben, fragt an, ob er dies auf dem Weg des Beteiligungsnießbrauchs oder auf dem Weg der Unterbeteiligung erreichen kann?

**Lösung:** Beide Wege führen zu einer Beteiligung des A an den Gesellschaftsanteilen der Gesellschafter der X-OHG. Würde A diesen Weg beschreiten, würde er nicht zum Unternehmer des Unternehmens, sondern wäre an der X-OHG und damit an dem Unternehmen nur über sein Beteiligungsverhältnis zu den Gesellschaftern beteiligt. Zwar wäre es möglich, die Stellung des A schuldrechtlich der Stellung eines Gesellschafters bzw. Unternehmers bis zu einem gewissen Grad anzugleichen. Sinnvoller erschiene es jedoch, dem A dann gleich die Stellung des Unternehmers zukommen zu lassen, sei es, indem A zentraler Gesellschafter der X-OHG wird, sei es, indem A alle Gesellschaftsanteile an der X-OHG von deren Gesellschaftern erwirbt, sei es indem A das Unternehmen von der X-OHG pachtet bzw. sich einen Nießbrauch an diesem bestellen lässt, sei es, indem A das Unternehmen von der X-OHG kauft.

## VI. Wiederholungsfragen

1. Inwiefern steht die Nachfolge in Unternehmen dem Thema Rechtsformwahl nahe?
2. Welche zwei Wege des Unternehmenskaufs stellt das Recht zur Verfügung und welche Punkte sind hier regelmäßig besonders zu beachten?
3. Was kennzeichnet die Unternehmenspacht und welche Stadien sind bei dieser zu unterscheiden?
4. Was sollte beim Erwerb von Unternehmen von Todes wegen besonders bedacht werden und was versteht man unter einer vorweggenommenen Erbfolge?
5. Was unterscheidet den Unternehmensnießbrauch von einem Beteiligungsnießbrauch?

# F. Rechtsformwahl im Einzelfall

## I. Die Entscheidung für das Einzelunternehmen

### 1. Die Rechtform Einzelunternehmen

#### a) Vor- und Nachteile in der Praxis

**Das Einzelunternehmen** bringt für den Einzelunternehmer Vor- und Nachteile mit sich.

**Vorteile bestehen** darin, dass der Einzelunternehmer beim Betrieb des Unternehmens weitgehend frei ist, er muss sich nicht mit anderen absprechen und erhält allein den Gewinn. Der Gründungsaufwand ist gering. Registereintragungen sind nur am Rande erforderlich. Daneben existieren grundsätzlich weder Form- noch Mindestkapitalerfordernisse. Auch die Rechtskenntnisse, die für Gründung und Betrieb erforderlich sind, sind relativ gering.

Andererseits hat der Einzelunternehmer die Last des Unternehmens allein zu tragen. Er hat das Kapital allein aufzubringen. Er trägt das Risiko allein. Auch haftet er den Gläubigern allein, und zwar in der Regel persönlich und unbeschränkt mit seinem gesamten Vermögen. Beim Betrieb des Unternehmens kann der Einzelunternehmer sich weder mit Mitstreitern beraten noch sich auf solche stützen oder sich mit ihnen die Arbeit teilen.[247]

**Weitere Vorteile** des Einzelunternehmens sind, dass nun bei der Buchführung handelsrechtlich die §§ 241a; 242 Abs. 4 HGB Erleichterungen bringen und Publizitätspflicht und Mitbestimmung in der Regel nicht bestehen werden. Die Tatsache, dass der Einzelunternehmer das Unternehmen zunächst alleine leiten muss, wird dadurch entschärft, dass er Geschäftsführung und Vertretung über weite Strecken auf Dritte, bei Handelsgewerben: Handlungsbevollmächtigte und Prokuristen, übertragen kann.

Vor diesem Hintergrund bietet das Einzelunternehmen sich für die Existenzgründung an. Denn der Aufwand ist gering und das Unternehmen zunächst noch ohne größere Organisation zu betreiben. Die Rechtsform Einzelunternehmen findet sich aber auch bei schon länger bestehenden mittelständischen Unternehmen, in Einzelfällen auch bei Großunternehmen. Grund ist dann häufig, neben alter Gewohnheit, der gute Ruf, den das Einzelunternehmen genießt.

#### b) Abgrenzung zur Ein-Personen-Gesellschaft

**Die Ein-Personen-Gesellschaften** bieten seit einigen Jahren eine Alternative zum Einzelunternehmen.

247 Vgl. Zum Vorstehenden und zum Folgenden bereits S. 10 ff., S. 14 ff. und S. 25 ff.

**Ein-Personen-GmbH** und Ein-Personen-AG bieten in erster Linie den Vorteil der Haftungsbeschränkung. Bei Ein-Personen-GmbH und Ein-Personen-AG haftet den Unternehmensgläubigern prinzipiell nur das Gesellschaftsvermögen. Andererseits sind die Anforderungen betreffend Inhalt und Form des Gesellschaftsvertrages, Mindeststammkapital, Eintragung der Gesellschaft und Modalitäten des Betriebs und eventueller Änderungen hoch.

Weitere Vorteile der Ein-Personen-Gesellschaft bestehen darin, dass ohne weiteres Dritte mit Geschäftsführung und Vertretung betraut werden können. Die Wege erleichterter Gründungen bei GmbH und AG können den Gründungsaufwand mindern. Es können weitere Gesellschafter als Kapitalgeber aufgenommen werden; insoweit besteht allerdings auch beim Einzelunternehmen die Möglichkeit der Umwandlung in eine OHG oder Partnerschaft.[248]

**Bei einer Vermögensnachfolge** kann die Ein-Personen-GmbH, ebenso die Ein-Personen-AG, weitere Vorteile mit sich bringen. Dies gilt zunächst für den Fall des Verkaufs. Wird ein Einzelunternehmen verkauft, kann dies für den Käufer angesichts möglicher Alt- wie auch hinsichtlich der auf ihn zukommenden Neuschulden wenig attraktiv sein. Der Kauf einer GmbH oder AG ist verglichen damit für den Käufer mit beschränktem Risiko verbunden.

Entsprechend verhält es sich hier im Todesfall. GmbH und AG sterben nicht. Das Unternehmen kann, stirbt der Gesellschafter der GmbH bzw. der Aktionär der AG, zunächst unverändert fortgeführt werden. Für die Erben ist das Haftungsrisiko begrenzt. Erben sie demgegenüber ein Einzelunternehmen, können sich aus der persönlichen Haftung unübersehbare Risiken für sie ergeben, ebenso aus der Fortführung des Unternehmens.[249]

**Fall**

A will das Einzelunternehmen des X kaufen, mit dem dieser ein Taxiunternehmen betreibt. A fragt an, inwieweit es Haftungsrisiken für ihn mit sich bringen kann, wenn er das Einzelunternehmen des X erwirbt?

**Lösung:** Erwirbt A das Einzelunternehmen des X, haftet er für (Alt-)Schulden des B gem. § 25 HGB, wenn es sich bei dem Unternehmen, wovon auszugehen ist, um ein Handelsgeschäft handelt und A das Unternehmen unter der bisherigen Firma fortführt. Daneben kommt eine, nicht abdingbare, Haftung für Steuern, die sich aus dem Betrieb des Unternehmens ergeben, gem. § 75 AO in Betracht. Für (Neu-)Schulden, die A nach dem Erwerb des Unternehmens durch seinen Betrieb generiert, haftet er als Einzelunternehmer persönlich und unbeschränkt. Ergänzung: Die Haftung nach § 25 HGB ließe sich gem. § 25 Abs. 2 oder 3 HGB unter den dort genannten Voraussetzungen vermeiden. Würde X sein Unternehmen in der Rechtsform einer Ein-Mann-GmbH betreiben und A von X die GmbH erwerben, ließen sich die Haftungsrisiken für ihn persönlich insgesamt vermeiden.

248 Vgl. zum Vorstehenden und zum Folgenden bereits S. 83 und S. 112 f.
249 Vgl. zum Vorstehenden bereits S. 185 ff.

## 2. Mögliche steuerrechtliche Vorteile

### a) Einkommen- und Körperschaftsteuer

**Aus Sicht des Steuerrechts** sind zunächst Einkommen- und Körperschaftsteuer sowie Gewerbesteuer gegenüberzustellen.

**Der Einzelunternehmer** erzielt, handelt es sich bei dem Unternehmen um einen Gewerbebetrieb, Einkünfte aus Gewerbebetrieb gem. § 15 Abs. 1 S. 1 Nr. 1 EStG und unterfällt mit diesen, wie Gesellschafter einer Personengesellschaft, der Einkommensteuer; daneben steht die Gewerbesteuer. Bei freiberuflichen Tätigkeiten, erzielt der Einzelunternehmer Einkünfte aus selbstständiger Tätigkeit gem. § 18 Abs. 1 EStG; Gewerbesteuer fällt dann nicht an.[250]

Die Ein-Personen-GmbH bzw. Ein-Personen-AG ist körperschaftsteuer- und gewerbesteuerpflichtig. Kommt es zu Ausschüttungen an die Gesellschafter, ist zu differenzieren. Hält die natürliche Person die Anteile in ihrem Privatvermögen, zählen die Gewinne zu den Einkünften aus Kapitalvermögen in Form der Abgeltungsteuer. Hält sie die Anteile in einem Betriebsvermögen sowie in den Fällen des § 32 d Abs. 2 Nr. 3 EStG gilt das Teileinkünfteverfahren.

**Vergleicht man** Einzelunternehmen und Ein-Personen-Gesellschaft, ist es das Ziel des Gesetzgebers, die Belastung mit Steuern möglichst parallel zu halten. Dies soll der Gleichheit dienen. Zudem sollen Unternehmer die Wahl der Rechtsform für ihr Unternehmen von sonstigen sachlichen Aspekten und nicht primär von steuerlichen Überlegungen abhängig machen. Dem dient auch der neu geschaffene Weg der Thesaurierungsbegünstigung.

Dies gelingt auf den ersten Blick einigermaßen. So beträgt bei einem Gewinn von 100, einen persönlichen Steuersatz von 45 % und einen Gewerbesteuerhebesatz von 400 % unterstellt, die Gesamtsteuerbelastung bei einem Einzelunternehmer 47,44 und bei einer Ein-Personen-GmbH 48,33. Wird der Gewinn thesauriert, ergibt sich beim Einzelunternehmer eine Steuerbelastung von 32,25 und bei der Ein-Personen-GmbH eine Steuerbelastung von 29,83.[251]

**Fall**

A erzielt mit seinem Gewerbebetrieb einen Gewinn von 100. Wie gestaltet sich die Einkommen- und Gewerbebesteuerung, wenn A den Gewinn zunächst thesauriert und dann später entnimmt?[252]

250 Vgl. hierzu und zum Folgenden bereits S. 70 ff. und S. 147 ff.
251 Vgl. zu diesen Zahlen bereits S. 73 f. und S. 149 f.
252 Vgl. zu diesem Fall bereits S. 149 f.

**Lösung:** Bei Thesaurierung kommt es zu folgender Besteuerung:

| | | |
|---|---|---|
| Gewinn vor Steuern | 100 | |
| GewSt | 14 | (= 100 x 3,5% x 400%) |
| ESt | 24,30 | (= 86 x 28,25 % thesauriert, begünstigt gem. § 34 a Abs. 1 EStG) |
| ESt | 6,30 | (= 14 x 45 % von A als GewSt gezahlt, nicht begünstigt) |
| GewSt-Anrechnung | 13,30 | (= 100 x 3,5% x 3,8 gem. § 35 EStG) |
| ESt nach GewSt | 17,30 | (= 24,30 + 6,30 - 13,30) |
| Solidaritätszuschlag | 0,95 | (= 17,30 x 5,5% gem. den §§ 3; 4 SolZG) |
| Zu zahlende ESt/SolZ | 18,25 | (= 17,30 + 0,95) |

Bei der späteren Entnahme hat folgende Nachversteuerung bei A zu erfolgen:

| | | |
|---|---|---|
| Nicht entnommener Gewinn | 86 | |
| ESt bei Thesaurierung | 24,30 | (s.o.; Abzug gem. § 34 a Abs. 3 EStG) |
| Solidaritätszuschlag hierauf | 1,34 | (= 24,30 x 5,5% gem. den §§ 3; 4 SolZG) |
| Nachversteuerungsbetrag | 60,36 | (= 86,00 - 24,30 - 1,34) |
| ESt | 15,09 | (= 60,36 x 25% gem. § 34 a Abs. 4 EStG) |
| Solidaritätszuschlag | 0,83 | (= 15,09 x 5,5% gem. den §§ 3; 4 SolZG) |
| Noch zu zahlende ESt/SolZ | 15,92 | (= 15,09 + 0,83) |

Insgesamt ergibt sich so im Falle der Thesaurierung und späteren Nachversteuerung eine **Gesamtsteuerbelastung von 48,17** (= 14,00 GewSt + 18,25 ESt/SolZ + 15,92 ESt/SolZ). Auch dies kommt der Gesamtsteuerbelastung von 48,33 bei der Ein-Personen-GmbH nahezu gleich. Ergänzung: Hat der Einzelunternehmer einen niedrigeren persönlichen Steuersatz, etwa von 30 % in der Spitze, ergeben sich demgegenüber Vorteile des Einzelunternehmens gegenüber der Ein-Personen-GmbH bzw. Ein-Personen-AG.[253]

## b) Weitere steuerrechtliche Aspekte

**Weitere Unterschiede** der Besteuerung sprechen teils für das Einzelunternehmen, teils für die Ein-Personen-Gesellschaft.

**Beim Einzelunternehmen** besteht die Möglichkeit, Gewinne bzw. Verluste, die sich beim Betrieb ergeben, einkommensteuerrechtlich mit Verlusten bzw. Gewinnen aus anderen Tätigkeiten zu verrechnen. Dies ist nicht möglich, wenn das Unternehmen in der Rechtsform einer Ein-Personen-Gesellschaft betrieben wird; denn eine Verrechnung von einkommensteuerrechtlichen und körperschaftsteuerrechtlichen Gewinnen bzw. Verlusten ist nicht möglich.

Gewerbesteuerrechtlich steht dem Einzelunternehmer zudem gem. § 11 GewStG ein Freibetrag in Höhe von 24 500,– EUR zu. Dieser Freibetrag ist in den Beispielen, die bisher genannt wurden, nicht berücksichtigt worden, da seine Bedeutung bei hohen Gewinnen in den Hintergrund tritt. Bei kleinen Unternehmen kann dieser Freibetrag, der für die Ein-Personen-Gesellschaft nicht gilt, jedoch im Einzelfall zu einem Entscheidungskriterium werden.

253 Vgl. hierzu noch später S. 209 f. sowie zu weiteren Beispielen und Vergleichsrechnungen *Scheffler*, Besteuerung von Unternehmen I, S. 290 ff.

**Bei der Ein-Personen-GmbH** wie der Ein-Personen-AG ergeben sich Vorteile daraus, dass Verträge zwischen der Gesellschaft und ihren Gesellschaftern steuerlich anerkannt werden und so zu einer geringfügigen Senkung der Steuerbelastung beitragen können. Dies gilt für Anstellungs-, Darlehens-, Miet- oder Pachtverträge. Bei Einzelunternehmen und Personengesellschaften gelten Entgelte, die aufgrund solcher Verträge gezahlt werden, als Gewinnanteile.[254]

Nachteilig wirkt sich bei der Ein-Personen-GmbH wie der bei Ein-Personen-AG die Publizitätspflicht aus, der diese Gesellschaften regelmäßig unterfallen. Höhere Anforderungen bei Organisation und Leitung der Ein-Personen-Gesellschaft kommen hinzu. Nachteilig ist die Gesamtsteuerbelastung bei der Ein-Personen-Gesellschaft zudem, wenn der persönliche Steuersatz beim Einzelunternehmer in der Spitze niedrig ist.[255]

**Fall**

A überlegt, ob er sein zukünftiges Marketing-Unternehmen in der Rechtsform eines Einzelunternehmens oder einer GmbH betreiben soll. Er möchte wissen, inwieweit es sich steuerlich auswirken würde, wenn er sich beim Betrieb seines Unternehmens selbst ein Gehalt zahlen würde?

**Lösung:** Beim Einzelunternehmen scheitert ein Arbeitsvertrag bereits daran, dass eine natürliche Person einen Vertrag nicht mit sich selbst schließen kann. Bei der GmbH wäre der Arbeitsvertrag wirksam. Das seitens der GmbH an A gezahlte Arbeitsentgelt wäre auf Seiten der GmbH als Betriebsausgabe steuermindernd abzugsfähig. Auf Seiten des A wäre das Arbeitsentgelt als Einkünfte aus nichtselbstständiger Arbeit gem. § 19 Abs. 1 EStG einkommensteuerbar; A könnte hier jedoch den Arbeitnehmer-Pauschbetrag in Höhe von 920,– EUR gem. § 9a S. 1 Nr. 1 EStG steuermindernd geltend machen. Ergänzung: Würde A das Unternehmen gemeinsam mit anderen in der Rechtsform einer OHG oder KG betreiben, wäre der Abschluss eines Arbeitsvertrages zivilrechtlich theoretisch möglich. Steuerrechtlich würde ihm jedoch die Anerkennung versagt bleiben; das seitens der OHG oder KG an A gezahlte Arbeitsentgelt würde als Gewinnanteil des A eingeordnet werden.

## II. Die Entscheidung bei Kapitalgesellschaften

### 1. Die Rechtsform Kapitalgesellschaft

#### a) Vor- und Nachteile in der Praxis

**Kapitalgesellschaften** bringen Vorteile in erster Linie durch die Haftungsbeschränkung mit sich.

**Bei GmbH und AG haftet** den Gläubigern der Gesellschaft (nur) das Gesellschaftsvermögen. Bei der GmbH besagt § 13 Abs. 2 GmbHG dies, bei der AG § 1 Abs. 1 S. 2

254 Vgl. zum Vorstehenden und weiteren Einzelheiten etwa *König/Maßbaum/Sureth*, Besteuerung und Rechtsformwahl, S. 26 ff.; *Hey* bzw. *Montag*, in: Tipke/Lang, Steuerrecht, S. 777 ff. bzw. S. 809 ff.

255 Vgl. hierzu noch näher gleich S. 210.

AktG. Die Haftungsbeschränkung ist Folge dessen, dass mit der Eintragung von GmbH bzw. AG im Handelsregister eine juristische Person entsteht, die von nun an wie eine natürliche Person im Rechtsverkehr auftritt und nur als solche in Anspruch genommen werden kann.

Entsprechend verhält es sich bei der SE, die der AG gleichgestellt ist und bei der britischen Limited. Auch bei diesen Rechtsformen haftet den Gläubigern nur das Gesellschaftsvermögen. Bei der KGaA verhält es sich anders. Zwar ist auch die KGaA Kapitalgesellschaft im Sinne des § 3 Abs. 1 Nr. 2 UmwG. Besonderheit der KGaA ist jedoch, dass den Gläubigern hier mindestens ein persönlich haftender Gesellschafter unbeschränkt haftet.[256]

**Im Gegenzug** sind die Gründungsanforderungen bei GmbH und AG verglichen mit Einzelunternehmen und Personengesellschaft hoch. Dies manifestiert sich insbesondere bei der Form des Gesellschaftsvertrages, der Aufbringung des Mindestkapitals sowie den Erfordernissen an Anmeldung und Eintragung. Erhöhte Anforderungen an die Organisation, etwa die Pflicht, Geschäftsführer bzw. Vorstände oder, bei der AG, einen Aufsichtsrat zu berufen, kommen hinzu.

Änderungen bei Kapitalgesellschaften bedürfen besonderer formaler Voraussetzungen. Die Anforderungen an Buchführung und Publizität sind höher als bei Einzelunternehmen und Personengesellschaft. Arbeitsrechtlich kann die GmbH oder AG der Mitbestimmung unterfallen. Ein Vorteil von GmbH und AG besteht andererseits wiederum darin, dass Geschäftsführung und Vertretung hier ohne weiteres Dritten übertragen werden können.

### b) Steuerrechtliche Überlegungen

**Steuerrechtlich** haben sich die Vor- und Nachteile von GmbH und AG bereits im Vorherigen gezeigt.

**Vorteile von GmbH und AG** liegen, wenngleich geringfügig, darin, dass hier, anders als bei Einzelunternehmen und Personengesellschaft, Verträge zwischen der Gesellschaft und ihren Gesellschaftern steuerlich anerkannt werden. So kann durch den Abschluss von Anstellungsverträgen, möglicherweise auch von anderen Verträgen eine geringfügige Senkung der Gesamtsteuerbelastung herbeigeführt werden, vorausgesetzt die vereinbarten Leistungen sind angemessen.

Dem Gesellschafter-Geschäftsführer kann der Arbeitnehmer-Pauschbetrag in Höhe von 920,- EUR gem. § 9a S. 1 Nr. 1 EStG zugute kommen. Soweit es sich bei den Gewinnen der Gesellschafter um deren einzige Einkünfte aus Kapitalvermögen gem. § 20 Abs. 1 Nr. 1 EStG handelt, können sie gem. § 20 Abs. 9 EStG einen Pauschbetrag in Höhe von 801,– EUR bzw. bei Ehegatten im Falle der Zusammenveranlagung in Höhe von 1602,– EUR geltend machen.

---

256 Vgl. zum Vorstehenden und zum Folgenden bereits S. 38 ff., S. 86 ff. und S. 115 ff.

**Nachteile für GmbH und AG** ergeben sich daraus, dass hier, anders als bei Einzelunternehmen und Personengesellschaft, die Möglichkeit der Verrechnung von Gewinnen und Verlusten nicht besteht. Es existiert kein Gewerbesteuer-Freibetrag. Vielfach wird zudem die Möglichkeit der Gewerbesteueranrechnung, die sich bei Einzelunternehmen und Personengesellschaft aus § 35 EStG ergibt, als Vorteil dieser Rechtsformen angeführt.

Blickt man auf die Beispiele zur Belastung von Einzelunternehmen, Personen- und Kapitalgesellschaft, haben diese zwar eine annähernd gleiche Gesamtsteuerbelastung ergeben. In diesen Beispielen wurde jedoch stets von dem persönlichen Einkommensteuersatz von 45 % ausgegangen. Liegt der Steuersatz niedriger, kann sich bei den Kapitalgesellschaften die immer gleiche Belastung mit Körperschaft-, Gewerbe- und Abgeltungsteuer als nachteilig erweisen.[257]

**Fall**

A überlegt, ob er sein Unternehmen, mit dem er zukünftig Dienstleistungen für Haushalte anbieten will, in der Rechtsform des Einzelunternehmens oder der GmbH betreiben soll. A fragt an, wie sich hier die Gesamtsteuerbelastung mit Einkommen-, Körperschaft- bzw. Gewerbesteuer berechnet, wenn er einen persönlichen Steuersatz von 30 % in der Spitze hat und auch hier von einen Gewerbesteuer-Hebesatz von 400 % ausgegangen und der Gewerbesteuer-Freibetrag außer Acht gelassen wird?[258]

**Lösung:** Im Falle des Einzelunternehmens fallen wiederum Einkommensteuer und Gewerbesteuer an:

| | | |
|---|---|---|
| Gewinn vor Steuern | 100 | |
| Zu zahlende GewSt | 14 | (= 100 x 3,5 % x 400 %) |
| Gewinn vor Steuern | 100 | (gem. § 15 Abs. 1 S. 1 Nr. 1 EStG) |
| ESt | 30 | (30 % angenommener persönlicher Steuersatz; GewSt gem. § 4 Abs. 5 b EStG nicht abziehbar) |
| GewSt-Anrechnung | 13,30 | (= 100 x 3,5 % x 3,8 gem. § 35 EStG) |
| ESt nach GewSt | 16,70 | |
| Solidaritätszuschlag | 0,92 | (= 16,70 x 5,5 % gem. den §§ 3; 4 SolZG) |
| Zu zahlende ESt/SolZ | 17,62 | (= 16,70 + 0,92) |

Beim Einzelunternehmen ergibt sich so eine **Gesamtsteuerbelastung von 31,62** (= 14,00 GewSt + 17,62 ESt/SolZ). Im Falle der GmbH ergibt sich eine **Gesamtsteuerbelastung von 48,33** (= 29,83 GmbH + 18,50 A).[259] Anders als in dem Beispiel, in dem von einem persönlichen Einkommensteuerspitzensatz des Einzelunternehmers von 45 % ausgegangen wurde, ist die Gesamtsteuerbelastung bei der GmbH hier also wesentlich höher als beim Einzelunternehmer.

257 Vgl. zum Vorstehenden näher etwa *König/Maßbaum/Sureth*, Besteuerung und Rechtsformwahl, S. 26 ff.; *Hey* bzw. *Montag*, in: Tipke/Lang, Steuerrecht, S. 777 ff., S. 809 ff.

258 Vgl. zum Folgenden bereits das Beispiel auf S. 149 f.

259 Vgl. zu dieser Zahl bereits das Berechnungs-Beispiel S. 73 f. sowie zu weiteren Beispielen und Vergleichsrechnungen *Scheffler*, Besteuerung von Unternehmen I, S. 290 ff.

## 2. Die einzelnen Kapitalgesellschaften

### a) Die GmbH und die AG

**Für die Entscheidung** zwischen GmbH und AG ist deren typische Struktur ins Auge zu fassen.

**Die Zielrichtungen**, die der Gesetzgeber mit GmbH und AG verfolgt, sind unterschiedlich. Die GmbH soll eine Rechtsform bieten, in der die Gesellschafter persönlich eng zusammenarbeiten können. Die Gründung der GmbH ist, verglichen mit der AG, einfacher und weniger kostenintensiv. Das Zusammenwirken der Organe ist an weniger formale Voraussetzungen gebunden, ein Gesellschafterwechsel nur mit Notar möglich. Ein Aufsichtsrat ist regelmäßig nicht erforderlich.

Bei der AG steht das Sammeln von Kapital in Vordergrund. Die AG wird regelmäßig durch erfahrene Vorstände geleitet. Die im Regelfall zahlreichen Aktionäre geben der AG Kapital und sind im Übrigen auf die Geltendmachung von Stimm- und Informationsrechten in der Hauptversammlung beschränkt. Angesichts dieses unpersönlichen Charakters der AG stellt der Gesetzgeber an den Betrieb der AG hohe formale Anforderungen.[260]

**Vor diesem Hintergrund** zeigt sich die unterschiedliche Anwendung von GmbH und AG. Für Existenzgründer ist die GmbH kostengünstiger und einfacher. Gleiches gilt für kleine und mittlere Unternehmen. Das persönliche Zusammenwirken der Gesellschafter und das Fehlen weitreichender formaler Anforderungen kommt hier der Struktur des Unternehmens entgegen. Die Möglichkeit der Gründung durch Mustersatzung tritt erleichternd hinzu.

Für bestehende Großunternehmen und Unternehmen, die Fremdkapital aufnehmen wollen, bietet sich demgegenüber die AG an. Hier steht nicht entgegen, dass die AG weniger persönlich ist, dass ein Mindestgrundkapital von 50 000,– EUR aufzubringen ist oder hohe formale Anforderungen beim Betrieb und bei späteren Änderungen bestehen. Über die Aktionäre kann Kapital aufgenommen werden, ohne dass diese laufend Einfluss auf das Unternehmen haben.

**Als besondere GmbH-Form** bietet die Ein-Personen-GmbH darüber hinaus Vorteile für den, der sein Unternehmen allein betreiben will. Hier kommt erleichternd hinzu, dass Abstimmungen nicht erforderlich sind. Die Möglichkeit einer Gründung durch Mustersatzung besteht auch hier. Zwar besteht auch die Möglichkeit einer Ein-Personen-AG. Zu dieser kommt es jedoch in erster Linie dann, wenn eine Person alle Aktien bei sich vereinigt.

Gleiches gilt für die Unternehmergesellschaft (haftungsbeschränkt). Die Unternehmergesellschaft (haftungsbeschränkt) bringt die Vorteile einer GmbH wie einer Ein-Personen-GmbH mit sich. Darüber hinaus ermöglicht die Unternehmergesellschaft (haf-

260 Vgl. zum Vorstehenden und zum Folgenden bereits S. 38 ff.

tungsbeschränkt) eine Gründung mit minimalem Kapital. Die große Zahl der bereits jetzt existierenden Unternehmergesellschaften (haftungsbeschränkt) bestätigt ihre Attraktivität.

**Fall**

A und B haben im Laufe der Zeit ein größeres Taxiunternehmen aufgebaut. Insbesondere aus Haftungsgründen möchten Sie nunmehr von der Rechtsform der OHG in die Rechtsform der GmbH oder der AG wechseln. Zu welcher Rechtsform raten Sie?

**Lösung:** Entscheidend für die Wahl dürfte hier sein, welchen Zuschnitt das Unternehmen nach dem Willen von A und B in Zukunft haben soll. Soll die Zusammenarbeit von A und B auch weiterhin wichtige Bedeutung haben, dürfte die GmbH die zutreffende Rechtsform sein. Die GmbH ist auf die enge Zusammenarbeit der Gesellschafter ausgerichtet und die Formalia sind hier vergleichsweise gering. Planen A und B, das Unternehmen erheblich zu vergrößern oder wollen sie zunehmend nicht mehr selbst tätig werden, kommt auch die AG als Rechtsform in Betracht. Diese ist vom Ansatz her unpersönlicher und ermöglicht die Aufbringung von Kapital durch die Aufnahme von Aktionären. Die Schwierigkeiten höherer Formalia und eines höheren Mindestgrundkapitals dürften hier in den Hintergrund treten. Haben A und B sich für eine Rechtsform entschieden, bietet sich als Weg, dies zu erreichen, ein Formwechsel im Sinne des UmwG an.

### b) Mögliche sonstige Formen

**Neben GmbH und AG** in ihren Grundausprägungen kommen weitere Formen in Betracht.

**GmbH wie AG** können durch ihren Gesellschaftsvertrag bzw. durch ihre Satzung modifiziert werden. So kann die GmbH noch persönlicher ausgestaltet werden, indem etwa die Geschäftsführer stets Gesellschafter sein müssen oder die Aufnahme neuer Gesellschafter an die Zustimmung aller Gesellschafter geknüpft wird. Andererseits kann eine GmbH auch von einer Vielzahl von Gesellschaftern gegründet werden mit der Folge, dass das Persönliche in den Hintergrund tritt.

Bei der AG kann das Persönliche ebenfalls betont werden. Ist die Zahl der Aktionäre klein, kann wohl vorgesehen werden, dass die Vorstände bestimmte Voraussetzungen, wie etwa inländischen Wohnsitz oder Auslandserfahrung, mitbringen müssen. Änderungen, die grundlegend sind, können an die Zustimmung aller Aktionäre gekoppelt werden. Besonders deutlich wird der Rückgang des Unpersönlichen bei der Ein-Personen-AG.

**Neben GmbH und AG** stehen die (britische) Limited und vergleichbare ausländische Rechtsformen. Für die Gründung einer Limited wird angeführt, diese sei schnell, einfach und kostengünstig möglich. In den Rechtsfolgen ist sie der GmbH vergleichbar. Dabei ist allerdings zu beachten, dass die Gründung in Großbritannien zu erfolgen hat und dass bei der Limited britisches Gesellschaftsrecht zur Anwendung kommt, gegebenenfalls auch britische Buchführungs-, Publizitäts- und Steueranforderungen.

Gleiches gilt für vergleichbare Rechtsformen, auf die die Gründungstheorie Anwendung findet. Die SE spielt demgegenüber insoweit keine Rolle, als sie nicht für die Gründung, sondern für den Zusammenschluss von Unternehmen konzipiert ist. Die SPE existiert noch nicht. Die KGaA ist selten und steht daher hier im Hintergrund. Zwar ist auch die KGaA Kapitalgesellschaft. Bei ihr fehlt es jedoch an der Haftungsbeschränkung.[261]

**Fall**

A, der sein Unternehmen bisher als Ein-Personen-GmbH betrieben hat, nunmehr aber, weil er Kapital braucht, in eine AG oder eine KGaA wechseln will, möchte wissen, welche dieser beiden Rechtsformen der bisherigen Rechtsform näher steht?

**Lösung:** Der GmbH steht die AG näher als die KGaA. Dies zeigt sich zum einen daran, dass den Gläubigern bei der AG nur das Gesellschaftsvermögen haftet, während die Gläubiger bei der KGaA mindestens auf einen persönlich haftenden Gesellschafter zurückgreifen können. Zum anderen würden die Gewinne der AG, wie bei der GmbH zunächst der Körperschaftsteuer und der Gewerbesteuer unterfallen. Dies gilt zwar auch bei der KGaA; bei A als persönlich haftendem Gesellschafter wären seine Gewinne jedoch sogleich Einkünfte aus Gewerbebetrieb.

# III. Die Entscheidung für die Personengesellschaft

## 1. Die Rechtsform Personengesellschaft

### a) Vor- und Nachteile in der Praxis

**Personengesellschaften** zeichnen sich durch die persönliche Haftung ihrer Gesellschafter aus.

**Bei der OHG haften** den Gläubigern der Gesellschaft gem. § 128 HGB alle Gesellschafter persönlich und unbeschränkt. Bei der KG haften den Gläubigern der Gesellschaft gem. dem §§ 161 Abs. 2; 128 HGB die Komplementäre persönlich und unbeschränkt. Als Folge dieser Haftung muss die Vertretung bei OHG und KG zwingend bei einem der OHG-Gesellschafter bzw. Komplementäre liegen (Grundsatz der Selbstorganschaft).

Diesem Nachteil der Haftung stehen zahlreiche Vorteile von OHG und KG gegenüber. Die Gründung ist meist ohne großen formellen oder finanziellen Aufwand möglich. Ein Mindestkapital ist nicht erforderlich Die formellen Anforderungen an den Betrieb sind, vergleicht man sie mit GmbH und AG, gering. Ein Aufsichtsrat ist nicht erforderlich. Mitbestimmungsvorschriften kommen in der Regel ebensowenig zur Anwendung wie Publizitätsvorschriften.[262]

**Weitere Formen bringen** weitere Vorteile mit sich. Dies gilt zunächst für die GmbH& CoKG. Indem bei der GmbH&CoKG allein juristische Personen Komplementäre sind, treten Vorteile der juristischen Person zu den Vorteilen der Personengesellschaft hinzu. Dies gilt insbesondere für die nunmehr faktisch beschränkte Haftung der KG und die

261 Vgl. zum Vorstehenden bereits S. 115 ff. sowie hierzu auch noch gleich S. 217 ff.
262 Vgl. zum Vorstehenden und zum Folgenden bereits S. 124 ff., S. 160 ff. und S. 177 ff.

Möglichkeit der Drittorganschaft. In der Praxis findet sich die GmbH&CoKG dementsprechend häufig.

Weitere Vorteile bringt die Partnerschaft mit sich. Gem. § 8 Abs. 2 PartGG haften für berufliche Fehler, die bei der Ausübung der Tätigkeit des Freien Berufs geschehen, nur die Partner, die mit der Bearbeitung des Auftrags befasst waren. Auf diese Weise wird für berufliche Fehler eine partielle Haftungsbeschränkung erreicht. Da die Partnerschaft als Rechtsform nur für die Freien Berufe konzipiert ist, wird auf sie später näher eingegangen.

### b) Steuerrechtliche Überlegungen

**Steuerrechtlich** entsprechen die Vor- und Nachteile von OHG und KG weitgehend denen des Einzelunternehmens.

**Bei OHG und KG** wird, wie bereits beim Einzelunternehmen, weitgehende Belastungsgleichheit mit GmbH und AG hinsichtlich Einkommen-, Körperschaft- und Gewerbesteuer erreicht, wenn man von einem persönlichen Steuersatz der Gesellschafter von 45 % ausgeht. Legt man einen niedrigeren persönlichen Steuersatz der Gesellschafter zugrunde, ergeben sich zunehmende Steuervorteile bei OHG und KG gegenüber GmbH und AG.

Bei OHG und KG ist es wie bei Einzelunternehmen möglich, erzielte Gewinne bzw. Verluste mit Verlusten bzw. Gewinnen aus anderen Bereichen zu verrechnen. Bei OHG und KG kann ein Gewerbesteuer-Freibetrag in Höhe von 24 500,– EUR geltend gemacht werden. Andererseits gilt auch hier, dass Entgelte für Anstellungsverträge oder andere Verträge zwischen der Gesellschaft und ihren Gesellschaftern nicht steuermindernd geltend gemacht werden können.

**Hinzu kommt**, dass Steuersubjekt der Gewerbesteuer, anders als beim Einzelunternehmen, nicht die Gesellschafter sind, sondern OHG bzw. KG. Für die Einkommensteuer muss bei OHG und KG eine einheitliche und gesonderte Feststellung erfolgen. Bei diesen Punkten handelt es sich jedoch nur um verfahrensrechtliche Unterschiede, die sich im Ergebnis nicht auf die Belastungshöhe mit Einkommen- und Gewerbesteuer auswirken.

Insgesamt gilt so für OHG und KG, wie bereits für das Einzelunternehmen, dass die Steuerbelastung geringfügig niedriger ist als bei der GmbH und AG. Indem sich die formellen Anforderungen in Grenzen halten und OHG und KG auch nicht der Mitbestimmung unterfallen, spricht einiges für die Wahl einer Personengesellschaft anstelle einer GmbH oder AG. Der Preis, den die Gesellschafter für diese Vorteile zahlen, ist die unbeschränkte Haftung.

**Fall**

A und B wollen Wein aus Argentinien nach Deutschland einführen und hier verkaufen. A, der zugleich Eigentümer zahlreicher Mietshäuser ist, fragt, ob einkommensteuerrechtlich die Rechtsform der KG oder die Rechtsform der GmbH günstiger wäre?

**Lösung:** Einkommensteuerrechtlich bietet die KG in der Regel Vorteile gegenüber der GmbH. Dies gilt vor allem, wenn der persönliche (Spitzen-)Steuersatz des A unter 45 % liegt. Vorliegend kommt hinzu, dass A auch Einkünfte aus Vermietung und Verpachtung im Sinne des § 21 EStG erzielt. Kommt es im Rahmen der KG zunächst zu Verlusten aus Gewerbebetrieb im Sinne des § 15 Abs. 1 S. 1 Nr. 2 EStG, kann A diese mit möglichen Überschüssen aus der Vermietung seiner Häuser verrechnen und so seine Einkommensteuerlast mindern. Ebenso verhält es sich, wenn die KG später Gewinne erzielt, hinsichtlich möglicher Verluste aus der Vermietung.

## 2. Die einzelnen Personengesellschaften

### a) Die OHG und die KG

**Ob OHG oder KG** der Vorzug zu geben ist, hängt davon ab, wie die Gesellschafter tätig sein wollen.

**Die Zielrichtungen**, die der Gesetzgeber mit OHG und KG verfolgt, sind teils parallel, teils divergierend. Parallelen ergeben sich insoweit, als OHG wie KG regelmäßig den Betrieb eines Handelsgewerbes zum Inhalt haben. Bei OHG wie KG sind die formalen Anforderungen an Gründung und Betrieb gering. Bei beiden Gesellschaften haftet mindestens ein Gesellschafter den Gläubigern der Gesellschaft persönlich und unbeschränkt.

Der entscheidende Unterschied besteht in der beschränkten Haftung des Kommanditisten. Indem der Gesetzgeber neben der OHG die KG zur Verfügung stellt, eröffnet er zwei Typen von Gesellschaftern die Möglichkeit, gleichzeitig im Rahmen einer Personengesellschaft tätig zu werden. Der Komplementär führt das Unternehmen und haftet hierfür unbeschränkt. Der Kommanditist ist vom Betrieb weitgehend ausgeschlossen, er stellt in erster Linie Kapital zur Verfügung.

**Vor diesem Hintergrund** bietet die OHG sich für Unternehmer an, die ein Unternehmen im Rahmen einer Personengesellschaft gleichberechtigt betreiben wollen. Die Beiträge, die die einzelnen Gesellschafter erbringen, können dabei durchaus unterschiedlich sein. So kann etwa der eine Gesellschafter Kapital einbringen, der andere ein Patent. Der eine kann für Produktion und Verkauf zuständig sein, der andere für Personal und Buchhaltung.

Die KG eröffnet die Möglichkeit, dass ein Teil ihrer Gesellschafter, die Komplementäre, das Unternehmen betreibt. Der andere Teil stellt in erster Linie Kapital oder Sonstiges zur Verfügung und ist im Übrigen mit dem Betrieb allenfalls am Rande befasst. Dies kann sich anbieten, wenn Gesellschafter noch jung oder bereits alt sind, sich zur Geschäftsführung außerstande sehen oder einfach nur Kapital gewinnbringend investieren wollen.

**Fall**

Die Eheleute A und B betreiben einen Baustoffhandel in der Rechtsform der A-OHG. Nachdem ihre Tochter C die Schule beendet hat, fragt sie an, wie eine erste Beteiligung am Unternehmen ihrer Eltern möglich ist, ohne dass sie sogleich ein hohes Risiko eingeht?

**Lösung:** Die A-OHG könnte einen Anstellungsvertrag mit C schließen, aufgrund dessen C zunächst eine Zeit lang im Unternehmen mitarbeiten könnte. So könnten sich beide Seiten in Ruhe überlegen, ob C in das Unternehmen eintritt. Die Aufnahme von C als Gesellschafterin in die A-OHG würde dieser zwar einen weiteren Wirkungskreis eröffnen, sie aber auch sogleich der vollen Haftung aussetzen. Ein guter Weg könnte sein, die C als Kommanditistin in die Gesellschaft aufzunehmen. Die OHG würde sich dann in eine KG umwandeln. C wäre an der Gesellschaft beteiligt, freilich als Kommanditistin mit beschränktem Haftungsrisiko. Der Ausschluss des Kommanditisten von Geschäftsführung und Vertretung gem. den §§ 164; 170 HGB könnte durch Gesellschaftsvertrag oder durch die Erteilung von Handlungsvollmacht oder Prokura an die C zumindest partiell abgeändert werden.

### b) Mögliche sonstige Formen

**Neben OHG und KG** in ihren Grundausprägungen kommen weitere Formen in Betracht.

**Die GmbH&CoKG** ist eine KG, bei der keine natürliche Person den Gläubigern persönlich unbeschränkt haftet. Seitdem die GmbH& CoKG allgemein anerkannt ist, erfreut sie sich bei Unternehmen aller Größe hervorragender Beliebtheit. Hieran ändern weder die, verglichen mit OHG und KG, erhöhten formellen Anforderungen noch das Risiko, welches die Haftungsbeschränkung für Gläubiger darstellt, etwas. Der GmbH& CoKG nahe stehen GmbH&CoOHG, AG&CoKG und AG&CoOHG.

Publikums-KG'n zeichnen sich durch eine Vielzahl an Kommanditisten aus. Im Rahmen einer solchen Publikums-KG kann, alternativ zu AG und KGaA, Kapital gesammelt werden. Steuersparmodelle sollen den Kommanditisten so zugleich steuermindernde Verluste bei gleichzeitig beschränkter Haftung ermöglichen. Dem hat der Steuergesetzgeber allerdings in den vergangenen Jahren zunehmend Riegel vorgeschoben, insbesondere in § 15a EStG.

**Die Partnerschaft** stellt ein Pendant zu OHG und KG für die Tätigkeiten der Freien Berufe dar. Da die Freien Berufe die Voraussetzungen eines Kaufmanns im Sinne des HGB nicht erfüllen, kommt für sie weder die OHG noch die KG in Betracht. Die Besonderheit der Partnerschaft besteht in ihrer partiellen Haftungsbeschränkung. Die Partnerschaft wird später im Zusammenhang mit den Freien Berufen noch näher abgegrenzt.[263]

Die BGB-Gesellschaft kommt als Unternehmensträger für Gewerbebetriebe, die nicht in kaufmännischer Weise eingerichtet sind, für Unternehmen der Freien Berufe, für Unternehmen der Land- und Forstwirtschaft oder für ARGE'n in Betracht. Die EWIV spielt eine Rolle nur ganz am Rande. Indem sie der Erleichterung der Zusammenarbeit ihrer Mitglieder dienen soll, stellt sie, anders als OHG, KG, Partnerschaft und BGB-Gesellschaft, keine Unternehmensform in deren Sinne dar.

263 Vgl. später S. 222 ff.

**Fall**

A möchte gemeinsam mit Anderen einen Malerbetrieb, B gemeinsam mit Anderen ein Steuerberaterbüro gründen. A und B, die sich beide erhebliche Gewinne mit ihren Unternehmen versprechen, möchten jeder wissen, welche Personengesellschafts-Rechtsform für sie in Betracht kommt?

**Lösung:** (1) Für A kommen als Personengesellschaft nur die Rechtsform der OHG oder der KG in Betracht. Die Partnerschaft scheidet, da nur für Freie Berufe konzipiert, aus. Eine BGB-Gesellschaft ist nur möglich, solange der Malerbetrieb des A einen in kaufmännischer Weise eingerichteten Geschäftsbetrieb nicht erfordert, andernfalls liegt eine OHG vor; da A ein lukratives Unternehmen betreiben will, wird die Grenze zum in kaufmännischer Weise eingerichteten und ausgeübten Geschäftsbetrieb schnell überschritten sein. Die EWIV scheidet aus, da sie lediglich der Zusammenarbeit von Unternehmen dient und insoweit keine Rechtsform im Sinne einer OHG, KG oder Partnerschaft darstellt. (2) B verfolgt eine Tätigkeit der Freien Berufe. Deshalb scheiden OHG und KG, die eine kaufmännische Tätigkeit voraussetzen, aus. B kann sich zwischen Partnerschaft und BGB-Gesellschaft entscheiden. Dabei hat er durch Wahl der Rechtsform Partnerschaft die Möglichkeit, seine und die Haftung seiner Partner partiell zu beschränken. Die EWIV scheidet aus den vorgenannten Gründen auch hier aus.

## IV. Entscheidung für eine ausländische Rechtsform

### 1. Die Wahl ausländischer Rechtsformen

#### a) In Betracht kommende Rechtsformen

**Im Folgenden** geht es um Rechtsformen, die im Ausland gegründet werden und um deren Anerkennung in Deutschland.

**Hier gilt es** zunächst, zwischen den in Betracht kommenden Möglichkeiten zu unterscheiden. Ausländische Rechtsformen sind Rechtsformen aus anderen Ländern, etwa aus Großbritannien, Italien, der Schweiz oder den Vereinigten Staaten. Die Attraktivität solcher Rechtsformen für Unternehmen in Deutschland rührt daher, dass diese Rechtsformen als kostengünstiger, einfacher und schneller zu gründen angesehen werden als deutsche Rechtsformen.

Soweit Rechtsformen ausländischen Rechts (erstens) dem Europarecht unterfallen, folgt ihre Anerkennung in Deutschland aus der Gründungstheorie. Diese Gesellschaften sind in Deutschland nach den in ihrem Land geltenden Regeln zu behandeln, was insbesondere für die Haftungsbeschränkung eine Rolle spielt. Entsprechend verhält es sich bei Gesellschaften, bei denen die Gründungstheorie aufgrund Staatsvertrag anzuwenden ist.[264]

**Daneben stehen** (zweitens) solche Gesellschaften, bei denen die Gründungstheorie weder aufgrund Europarecht noch aufgrund Staatsvertrag anzuwenden ist. Für diese Gesellschaften gilt in Deutschland weiterhin die Sitztheorie: Nach dieser sind diese

264 Vgl. zum Vorstehenden und zum Folgenden bereits S. 30 ff. und S. 118 ff.

Gesellschaften nach den Regeln der deutschen Gesellschaft zu beurteilen, der sie objektiv am Besten entsprechen. Dies kann insbesondere zur Folge haben, dass bei ihnen die Haftungsbeschränkung entfällt.

Daneben gehören in weiterem Sinne EWIV, SE und SCE als Europäische Rechtsformen hierher. Diese können in Deutschland gegründet werden, liegen bei den vorliegend ins Auge gefassten Fällen der Rechtsformwahl jedoch eher am Rande. EWIV und SE sollen (nur) der Erleichterung der Zusammenarbeit ihrer Mitglieder bzw. dem Zusammenschluss dienen. Der Zweck der SCE beschränkt sich primär darauf, die wirtschaftliche und/oder soziale Tätigkeit ihrer Mitglieder zu fördern.

### b) Vor- und Nachteile in der Praxis

**Bei der Entscheidung** für oder gegen die Wahl einer ausländischen Rechtsform sind die Vor- und Nachteile sorgfältig abzuwägen.

**Vorteile** ausländischer Rechtsformen können darin bestehen, dass sie kostengünstiger, einfacher und schneller zu gründen sind als die Rechtsformen, die das deutsche Recht bereithält. Der Betrieb der Gesellschaft kann geringeren Restriktionen unterliegen. Es können sich größere Gestaltungsmöglichkeiten ergeben. Vorteilhaft kann zudem sein, dass die Mitbestimmungsvorschriften des deutschen Rechts keine Anwendung finden.

Der deutsche Gesetzgeber sieht die Vorteile, die ausländische Rechtsformen bieten, bereits seit einiger Zeit. Die Änderungen, die das GmbHG durch das MoMiG erfahren hat, sind sein Versuch, das deutsche Gesellschaftsrecht wieder attraktiver und damit wettbewerbsfähiger zu gestalten. Insbesondere die Einführung der Unternehmergesellschaft (haftungsbeschränkt) und die Möglichkeit der Gründung durch Mustersatzung sollen in diese Richtung wirken.

**Nachteile** ausländischer Rechtsformen bestehen darin, dass der Rechtsanwender diese im Ausland gründen und zu ihrem Betrieb das jeweilige ausländische Gesellschaftsrecht anwenden muss. Wird etwa eine italienische Gesellschaft gewählt, ist diese in Italien zu gründen und Geschäftsführung und Vertretung richten sich nach italienischem Recht. Bei einer polnischen Gesellschaft hat die Gründung in Polen zu erfolgen und Voraussetzungen und Rechtsfolgen eines Ausscheidens eines Gesellschafters aus der Gesellschaft folgen dem polnischen Recht.

Registerrechtlich wird die Gesellschaft in der Regel im Ausland geführt, was zu sprachlichen Hürden führen kann. Eintragungspflicht in Deutschland entsprechend den §§ 13d ff. HGB kann hinzukommen. Buchführung, Abschlussprüfung und Publizität werden häufig nach ausländischem Recht zu erfolgen haben. Deutsche Anforderungen können hinzutreten. Steuerpflichten können im jeweiligen Gründungsstaat und in Deutschland zu beachten sein.

**Fall**

A und B möchten sich als Computerhändler in Hamburg selbstständig machen, und zwar mit beschränkter Haftung. Nachdem sie von der Möglichkeit der Wahl ausländischer Rechtsformen gehört haben, fragen sie, ob sie sich für eine deutsche, französische oder schweizerische Gesellschaft entscheiden sollen?

**Lösung:** (1) Für die Gründung einer Gesellschaft in Frankreich oder der Schweiz anstatt in Deutschland spricht möglicherweise, dass diese dort kostengünstiger, schneller und einfacher erfolgen kann als die Gründung einer GmbH in Deutschland. Potenzielle Erleicherungen bei einem späteren unternehmerischen Tätigwerden in diesen Ländern kommen hinzu. (2) Wird die Gesellschaft in Deutschland tätig, stellt sich die Frage des hier auf sie anzuwendenden Gesellschaftsrechts. Auf die (deutsche) GmbH wäre (natürlich) GmbH-Recht anzuwenden. Für die französische Gesellschaft gilt die Gründungstheorie mit der Folge, dass diese in Deutschland nach französischem Gesellschaftsrecht zu behandeln wäre. Eine nach dortigem Recht geltende Rechtsfähigkeit und Haftungsbeschränkung würde so auch in Deutschland Wirksamkeit entfalten. Für die schweizerische Gesellschaft gilt demgegenüber die Sitztheorie; denn die Art. 43; 48 EGV gelten nicht für Gesellschaften nach schweizerischem Recht, so dass es bei der grundsätzlichen Anwendung der Sitztheorie bleibt. Dies kann zur Folge haben, dass die in Hamburg von A und B betriebene schweizerische Gesellschaft hier als OHG oder BGB-Gesellschaft behandelt wird. Als solche wäre sie (teil-)rechtsfähig. Zugleich würden A und B Gefahr laufen, entsprechend § 128 HGB persönlich zu haften.[265] (3) Die (deutsche) GmbH wäre in Deutschland ins Handelsregister einzutragen, für sie würden die deutschen Vorschriften betreffend Buchführung, Jahresabschluss und Publizität gelten und sie wäre in Deutschland steuerpflichtig. Bei der französischen und bei der schweizerischen Gesellschaft werden A und B zu bedenken haben, dass diese, erreicht ihre Tätigkeit in Deutschland den Grad einer Zweigniederlassung, neben Frankreich bzw. der Schweiz in Deutschland ins Handelsregister einzutragen sein kann. Bei ihnen werden sich Buchführung, Jahresabschlussprüfung und Publizität (auch) nach französischem bzw. schweizerischem Recht richten. Zudem werden bei ihnen neben deutschen Steuervorschriften parallel französische bzw. schweizerische Steuervorschriften zu beachten sein.

## 2. Die einzelnen ausländischen Rechtsformen

### a) Die (britische) Limited

**Die (britische) Limited** ist in Deutschland zurzeit die populärste ausländische Rechtsform.

**Die Attraktivität** der Limited, gemeint ist auch hier die Private company limited by shares (Ltd.), dürfte primär darauf beruhen, dass sie mit nur 1,– Pfund Startkapital und sehr schnell gegründet werden kann. Hinzu kommt, dass die Sprachhürde Englisch vergleichsweise niedrig ist. Anbieter werben damit, eine Limited in Deutschland schnell und preiswert zur Verfügung stellen zu können, meist in Form einer Vorratsgesellschaft (shelf company).

Schätzungen gehen davon aus, dass 30 000 bis 40 000 Limited'n in Deutschland betrieben werden. Hinzu kommt, dass die Gesellschafter bei der Ausgestaltung der Limited weitgehend frei sind. Mit der Limited kann das deutsche Mitbestimmungsrecht umgangen werden. Der Name Limited kann das Unternehmen international scheinen

265 Vgl. hierzu bereits S. 35 f.

lassen. Beim Auftreten in weiteren Ländern kann der Bekanntheitsgrad der Limited genutzt werden.[266]

**Auf der anderen Seite** dürfen diese Vorteile nicht dazu verleiten, die Nachteile der Limited aus den Augen zu verlieren. Dies gilt für die Gründung in Großbritannien und die Geltung des britischen Gesellschaftsrechts beim Betrieb der Limited. Hinzu kommen Anforderungen des britischen Registerrechts, die dazu führen können, dass in Großbritannien ein Registered Office und dort bestimmte Unterlagen vorzuhalten sowie Reports einzureichen sind.

Britische Buchführungs-, Publizitäts- und Steueranforderungen können zu erfüllen sein und damit neben die Anforderungen in Deutschland treten. Die Haftung des Geschäftsführers kann weiter reichen als nach deutschem Recht. Bei Streitigkeiten kann eine Klage in Großbritannien erforderlich werden. Diese Nachteile wiegen umso schwerer, als der Gesetzgeber mit dem MoMiG versucht hat, die GmbH wieder wettbewerbsfähiger auszugestalten.

**Fall**

A betreibt als Einzelunternehmer ein Reinigungsunternehmen. Da er in der Zukunft nicht mehr persönlich haften möchte, hat er sich fest vorgenommen, in die Rechtsform der britischen Limited zu wechseln. A fragt an, ob und, wenn ja, wie dies möglich ist und was er dann steuerrechtlich berücksichtigen müsste?

**Lösung:** (1) Ein Unternehmen in Deutschland in der Rechtsform der Limited zu betreiben ist zulässig. Um von der Rechtsform des Einzelunternehmens in die Rechtsform der Limited zu wechseln, ist es zurzeit noch erforderlich, in Großbritannien eine Limited zu gründen, diese nach Deutschland zu überführen und sodann das Unternehmen auf die Limited zu übertragen. Führt dies dazu, dass die Limited in Deutschland die Voraussetzungen einer Zweigniederlassung erfüllt, ist sie zudem hier ins Handelsregister einzutragen. (2) Steuerrechtlich ist zu beachten, dass für die Limited, vorausgesetzt sie hat ihren Geschäftssitz in Deutschland, und ihre Gesellschafter dieselben Regelungen gelten wie für die GmbH und ihre Gesellschafter. Zugleich wird die Limited regelmäßig in Großbritannien steuerlich erfasst bleiben. Zwar sieht das Doppelbesteuerungsabkommen zwischen Deutschland und Großbritannien ein ausschließliches Besteuerungsrecht Deutschlands vor, wenn hier der Ort der tatsächlichen Geschäftsleitung liegt. Dies ändert aber nichts daran, dass in Großbritannien gleichwohl eine Steuererklärung zu erstellen und einzureichen ist.[267]

### b) Mögliche sonstige Formen

**Bei den sonstigen Formen** ist zunächst zwischen Gründungs- und Sitztheorie zu unterscheiden.

**Im Geltungsbereich** der Gründungstheorie kommen die Überlegungen, wie sie vorstehend zur Limited angestellt wurden, entsprechend zur Anwendung. So sind auch

266 Vgl. zum Vorstehenden und zum Folgenden bereits S. 118 ff.
267 Vgl. hierzu näher etwa *Kessler/Eicke*, DStR 2005, S. 2101, 2103 ff.; *Just*, Die englische Limited in der Praxis, S. 74 ff.

andere Gesellschaften britischen Rechts in Deutschland als solche anzuerkennen. Gleiches gilt für Gesellschaften etwa französischen oder spanischen Rechts. Es gelten die zur Limited genannten Vorteile entsprechend. Gleiches gilt für die dort bereits genannten Nachteile.

Soweit im Übrigen die Sitztheorie Anwendung findet, dürfte das Interesse, eine ausländische Rechtsform zu wählen, geringer sein. Zwar kann die Gründung auch hier kostengünstiger, schneller und einfacher möglich sein als in Deutschland. Weitere Vorteile, etwa der Haftungsbeschränkung, werden hier jedoch häufig nicht vorliegen, da nicht das ausländische Gesellschaftsrecht, sondern das Recht der entsprechenden deutschen Gesellschaft zur Anwendung kommt.[268]

**Erwähnenswert sind** daneben insbesondere die Delaware limited liability company sowie die Tätigkeiten der Freien Berufe. Die US-amerikanische Delaware Limited liability company soll in Delaware einfach zu gründen sein und zudem Vorteile beim Betrieb und bei der Haftung mit sich bringen. Aufgrund eines Staatsvertrages ist sie in Deutschland nach Delaware-Recht zu behandeln. Die Vor- und Nachteile der britischen Limited gelten entsprechend.[269]

Wollen Unternehmer eines Freien Berufs eine ausländische Rechtsform wählen, treten weitere Aspekte hinzu. Die Freien Berufe können Besonderheiten und Restriktionen mit sich bringen, die sich aus der Art der Tätigkeit ergeben. Auch wird hier häufig die Rechtsform einer Kapitalgesellschaft aus Gründen der Außendarstellung nicht erwünscht sein. In solchen Fällen kommen dann ausländische Personengesellschaften in Betracht.[270]

**Fall**

A, B und C wollen sich als Rechtsanwälte in einer Gesellschaft zusammenschließen. Sie fragen an, ob auch ausländische Personengesellschaften für sie als Rechtsform in Betracht kommen?

**Lösung:** Blickt man auf die ausländischen Personengesellschaften, kommen etwa die österreichische Erwerbsgesellschaft, die französische societé civile professionelle, die italienische società tra avvocati und die britische Limited liability partnership (LLP) in Betracht. All diese Gesellschaften sind in ihrem jeweiligen Land zu gründen und nach der Gründungstheorie in Deutschland nach dem jeweils für sie geltenden ausländischen Gesellschaftsrecht zu behandeln. Die vorstehend genannten Vor- und Nachteile gelten grundsätzlich entsprechend, wobei jeweils insbesondere die Frage zu stellen ist, wie die Haftung bei diesen Gesellschaften ausgestaltet ist. Daneben sind Besonderheiten der Rechtsanwaltstätigkeit zu beachten. So muss etwa genau geprüft werden, inwieweit eine Zulassung entsprechend den §§ 59c ff. BRAO erforderlich ist oder inwieweit eine Versicherungspflicht entsprechend § 59j BRAO besteht.

268 Vgl. zum Vorstehenden bereits S. 35.
269 Vgl. zur Delaware Limited liability company etwa *Feddersen*, IStR 2000, S. 411 und S. 442.
270 Vgl. zum Vorstehenden und zum folgenden Fall *Henssler/Mansel*, NJW 2007, S. 1393; *Henssler*, NJW 2009, S. 950.

# V. Die Rechtsformwahl bei den Freien Berufen

## 1. Besonderheiten der Freien Berufe

### a) Spezifikum Freier Beruf

**Die Freien Berufe** nehmen im Kreis der unternehmerischen Tätigkeiten eine Sonderstellung ein.

**Als Freie Berufe gelten** gem. § 1 Abs. 2 S. 1 PartGG solche Berufe, die im Allgemeinen auf der Grundlage besonderer beruflicher Qualifikationen oder schöpferischer Begabung die persönliche, eigenverantwortliche und fachlich unabhängige Erbringung von Dienstleistungen höherer Art im Interesse der Auftraggeber und der Allgemeinheit zum Inhalt haben. § 1 Abs. 2 S. 2 PartGG und auch § 18 Abs. 1 Nr. 1 EStG enthalten Kataloge der Freien Berufe.

Historischer Grund für die Sonderstellung der Freien Berufe war die Überlegung, Praxen der Freien Berufe, etwa von Ärzten oder Rechtsanwälten, dienten in erster Linie dem Allgemeinwohl, weshalb sie von Handelsgeschäften zu trennen seien. Die Gewinnerzielungsabsicht stehe bei Freien Berufen im Hintergrund, zudem seien hier die persönliche Leistung und der persönliche Rat entscheidend. Inwieweit dies heute noch Sonderregeln rechtfertigt, ist umstritten.[271]

**Besonderheiten resultieren** bei den Freien Berufen teils daraus, dass für sie Sonderregeln gelten, teils dass Vorschriften, die für andere Unternehmen gelten, bei ihnen nicht eingreifen. Sonderregeln ergeben sich in erster Linie aus den Berufsordnungen, die das Verhalten, teils auch die Entgelte der Tätigen regeln. Im Bereich der Einkommensteuer erzielen Freiberufler Einkünfte aus selbstständiger Tätigkeit, die in § 18 EStG gesondert erfasst werden.

Gesetze, die hier nicht eingreifen, sind etwa das HGB und die GewO. Beide gelten ausdrücklich nicht für Tätigkeiten der Freien Berufe. Mit Blick auf das HGB führt dies etwa dazu, dass es bei den Freien Berufen den Vollmachttypus der Prokura nicht gibt und dass die Untersuchungs- und Rügepflicht des § 377 HGB ebensowenig greift wie die Buchführungspflicht der §§ 238 ff. HGB. Ausnahmen gelten, wenn die Rechtsform eines „Kaufmanns kraft Rechtsform", etwa einer GmbH, gewählt wird.

### b) Mögliche Rechtsformen

**Herkömmliche Rechtsformen** für die Freien Berufe sind das Einzelunternehmen und die BGB-Gesellschaft.

**Das Einzelunternehmen** war bei den Freien Berufen lange Zeit die vorherrschende Rechtsform. Der Arzt oder Rechtsanwalt betrieb seine Praxis bzw. Kanzlei allein. Unternehmensträger war er selbst als natürliche Person. Heute wächst die Bedeutung von

271 Vgl. zum Vorstehenden und zum Folgenden bereits S. 124 f. und S. 160 ff.

Zusammenschlüssen immer mehr. Ärzte betreiben ihre Praxen vielfach zu mehreren. Rechtsanwaltskanzleien sind heute zahlenmäßig wesentlich größer als noch vor 20 Jahren.

Für solche Zusammenschlüsse war lange Jahre die BGB-Gesellschaft gem. den §§ 705 ff. BGB die einzig mögliche Rechtsform. Ihre Vorteile bestanden und bestehen in der Möglichkeit engen Zusammenwirkens. Dies ist jedoch nicht immer gewünscht. Zudem kann sich die persönliche Haftung aller nachteilig auswirken. Die Bürogemeinschaft als Sonderform der BGB-Gesellschaft stellt hier für Rechtsanwälte einen Mittelweg dar.[272]

**Im Laufe der Zeit** sind Partnerschaft und EWIV hinzugetreten. Die Partnerschaft ermöglicht seit dem Jahre 1998 die Kombination der Vorteile einer Personengesellschaft mit einer partiellen Haftungsbeschränkung. Die EWIV stellt keine Rechtsform im engeren Sinne dar; sie soll vielmehr die Tätigkeit ihrer Mitglieder erleichtern bzw. entwickeln helfen. Die Rechtsprechung hat im Jahr 1994 zudem den Weg zu den Kapitalgesellschaften eröffnet.

So hat der BGH die Zulässigkeit einer Zahnärzte-GmbH anerkannt, das Bayerische Oberste Landesgericht eine Rechtsanwalts-GmbH. Inzwischen ist die GmbH für Rechtsanwälte, Steuerberater und Wirtschaftsprüfer gesetzlich anerkannt. Bei anderen Freien Berufen ist ihre Zulässigkeit noch zweifelhaft. Ob die Rechtsform der AG oder der KGaA, in Ausnahmefällen auch der OHG oder KG, zulässig ist, ist von Fall zu Fall zu prüfen. Gleiches gilt, wenn ausländische Gesellschaften Rechtsformen für Freie Berufe sein sollen.[273]

**Fall**

A und B möchten als Rechtsanwälte tätig werden. Sie fragen an, was es für sie aus zivilrechtlicher Sicht bedeuten würde, wenn sie als Rechtsform eine (Büro-)Gemeinschaft wählen?

**Lösung:** Die Bürogemeinschaft ist bei Rechtsanwälten gem. § 59a Abs. 3 BRAO ausdrücklich zulässig. Sie wird häufig, wie die Anwaltssozietät, eine BGB-Gesellschaft sein. Anders als bei der Anwaltssozietät schließt hier jedoch jeder Rechtsanwalt seine Verträge mit den Mandanten getrennt ab. Der BGB-Gesellschaft kommt nur die Aufgabe zu, die Errichtung, die Organisation und den Betrieb des Büros zu gewährleisten, etwa durch die Anmietung von Räumen, den Abschluss von Arbeitsverträgen mit Mitarbeitern oder den Einkauf von Einrichtung und Material. Insoweit haften dann alle Mitglieder der Bürogemeinschaft gem. § 128 HGB analog. Für die berufliche Tätigkeit kann demgegenüber jeweils nur der Rechtsanwalt in Anspruch genommen werden, der den Vertrag mit dem Mandanten geschlossen hat; die anderen haften hierfür nicht. Ergänzung: Ist die Bürogemeinschaft nach außen als Rechtsanwaltssozietät aufgetreten, etwa auf ihrem Briefkopf, kann dies dazu führen, dass die Grundsätze der Scheinsozietät zur Anwendung kommen. Wie bei der BGB-Gesellschaft haften dann alle Mitglieder der Bürogemeinschaft auch für die berufliche Tätigkeit der jeweils anderen.

272 Zur BGB-Gesellschaft vgl. bereits S. 177 ff. Zur Bürogemeinschaft vgl. etwa *Deckenbrock*, NJW 2008, 3529; *Hartung*, in: Henssler/Streck, Handbuch des Sozietätsrechts; S. 573 ff.

273 Vgl. zu GmbH und AG, etwa für den Bereich der Rechtsanwälte, etwa *Henssler*, in: Henssler/Streck, Handbuch des Sozietätsrechts, S. 627 ff., 757 ff. Zu Rechtsformen ausländischen Rechts vgl. neben den Überlegungen soeben zu den Rechtsformen ausländischen Rechts etwa *Henssler*, NJW 2009, S. 950.

## 2. Partnerschaft sowie GmbH

### a) Die Partnerschaft

**Die Partnerschaft** ist die Personengesellschaft, die der Gesetzgeber speziell für die Freien Berufe vorgesehen hat.

**Primäre Besonderheit** der Partnerschaft ist die partielle Haftungsbeschränkung. Außerdem erhält der Rechtsverkehr durch die Eintragung der Partnerschaft im Partnerschaftsregister eine gewisse Sicherheit. Die Alleingeschäftsführung der einzelnen Partner, verbunden mit dem Widerspruchsrecht der anderen, kommt den Bedürfnissen der Freien Berufe entgegen. Gleiches gilt für die Vertretung, die grundsätzlich jeder Partner allein vornehmen kann.

Ein weiterer Vorteil ist, dass gem. § 11 Abs. 1 PartGG nur noch Partnerschaften den Partnerzusatz im Namen führen dürfen. Anders als bei der BGB-Gesellschaft führt der Tod eines Partners nicht automatisch zur Auflösung der Gesellschaft. Die vom Gesetz vorgesehene (Teil-)Rechtsfähigkeit der Partnerschaft ist demgegenüber seit der Rechtsprechung des BGH zur (Teil-)Rechtsfähigkeit der BGB-Gesellschaft kein entscheidender Vorteil mehr.[274]

**Insgesamt liegt es nahe**, sich bei der Wahl zwischen Partnerschaft und BGB-Gesellschaft für die Partnerschaft zu entscheiden. Wenn es gleichwohl noch zahlreiche BGB-Gesellschaften gibt, dürfte dies auf herkömmlichen Vorstellungen beruhen. Hinzu kommt, dass die BGB-Gesellschaft durch die jüngere Rechtsprechung des BGH wieder attraktiver geworden ist und die Praxis auf Schwächen der BGB-Gesellschaft mit Vertragsgestaltung reagiert.

Für die Wahl zwischen Personengesellschaft und Kapitalgesellschaft gelten die Abwägungen, wie sie zu Haftungsbeschränkung, Gründungsvoraussetzungen, formalen Erfordernissen und Steuerbelastungsunterschieden bereits mehrfach angestellt worden sind. Hinzu kommt, dass durch die Wahl einer GmbH die Tätigkeit des Freien Berufs als solche eines Kaufmanns eingeordnet wird mit der Folge, dass nunmehr HGB und GewStG Anwendung finden.

**Fall**

A, B und C sind sich nicht sicher, ob sie ihr Unternehmen als vereidigte Buchprüfer als BGB-Gesellschaft oder als Partnerschaft betreiben sollen. Was raten Sie A, B und C mit Blick auf einen möglichen Todesfall?

**Lösung:** Vereidigte Buchprüfer üben einen Freien Beruf aus. Mit Blick auf den Todesfall erscheint für A, B und C die Partnerschaft über die partielle Haftungsbeschränkung des § 8 Abs. 2 PartGG hinaus als die attraktivere Rechtsform. Stirbt ein Partner, führt dies gem. § 9 Abs. 1 PartGG i.V.m. § 131 Abs. 3 S. 1 Nr. 1 OHG nur zum Ausscheiden des Gesellschafters; die Partnerschaft im Übrigen wird fortge-

274 Vgl. zum Vorstehenden bereits S. 160 ff.

führt. Soll die Gesellschaft mit einem Erben des Verstorbenen fortgeführt werden, kann dies zudem im Gesellschaftsvertrag vereinbart werden. Bei der BGB-Gesellschaft führt der Tod eines Gesellschafters demgegenüber gem. § 727 BGB im Zweifel zur Auflösung. Freilich kann auch bei der BGB-Gesellschaft im Gesellschaftsvertrag vereinbart werden, dass der Tod eines Gesellschafters zu dessen Ausscheiden führt oder dass die Gesellschaft anstelle des ausscheidenden Gesellschafters mit einem Erben des Verstorbenen fortgeführt wird, jeweils vorausgesetzt, dieser hat die erforderliche berufsrechtliche Befähigung.

### b) Die GmbH

**Die GmbH** ist heute als Rechtsform der Freien Berufe ebenfalls weitgehend anerkannt.

**Die Zulässigkeit** folgt für Rechtsanwälte aus den §§ 59 c ff. BRAO, für Steuerberater aus den §§ 49 ff. StBerG und für Wirtschaftsprüfer aus den §§ 27; 28 WPO. Im Übrigen ist von Freiem Beruf zu Freiem Beruf zu prüfen, ob das Unternehmen in der Rechtsform einer GmbH betrieben werden kann. Für Architekten gibt es teils Einschränkungen. Bei Ärzten, Zahnärzten und Tierärzten ist die Rechtslage noch nicht abschließend geklärt.

In der Rechtsform der GmbH, wie auch in Fällen anderer Rechtsformen, sind dann stets die für die Tätigkeit des jeweiligen Freien Berufs geltenden Sonderregeln zu beachten, betreffend etwa das Verhalten oder die Entgelte. Hinsichtlich der Frage, ob eine GmbH im Ausland Zweigniederlassungen zur dortigen Ausübung des Freien Berufs gründen kann, hat sich jüngst das oberste französische Gericht im Grundsatz positiv geäußert.[275]

**Abschließend stellt sich** die Frage, ob die Unterteilung in gewerbliche Tätigkeiten einerseits und freiberufliche Tätigkeiten andererseits heute überhaupt noch sinnvoll ist. Denn dass Marketingunternehmen häufig Gewerbesteuer zahlen, große Architekturbüros aber nicht, erscheint ebenso fragwürdig wie die Situation, dass Fitness-Studios sich gem. § 350 HGB mündlich verbürgen können, für Rechtsanwälte aber die Warnfunktion des § 766 BGB gilt.

Seit Langem findet sich daher die Forderung, die Unterteilung in Gewerbe und Freie Berufe aufzuheben. Die Gegenmeinung verweist auf die Besonderheiten der Freien Berufe. Diese müssen sicher über weite Strecken gewahrt bleiben, etwa in speziellen Berufsordnungen. Im Übrigen muss die Zukunft zeigen, inwieweit die Freien Berufe noch ihre Struktur prägenden Merkmale bewahren und die Unterscheidung zum Gewerbe noch tragfähig ist.[276]

---

275 Vgl. zu diesem Fall etwa *Henssler*, NJW 2009, S. 950.

276 Vgl. zur Diskussion etwa BVerfG, Beschluss v. 15.1.2008, JZ 2009, S. 993 m.Anm.v. *Rittner*; *Rittner/Dreher*, Europäisches und deutsches Wirtschaftsrecht, S. 384 f.; *Lang*, in: Tipke/Lang, S. 344 ff.; *Rittner*; Unternehmen und Freier Beruf als Rechtsbegriffe.

**Fall**

A, B und C überlegen, ihre geplante Rechtsanwaltskanzlei in der Rechtsform einer GmbH zu betreiben. A, B und C fragen, an, welche besonderen Anforderungen in diesem Fall auf sie zukommen würden?

**Lösung:** Gem. § 59c Abs. 1 BRAO können Rechtsanwaltsgesellschaften, deren Unternehmensgegenstand die Beratung und Vertretung in Rechtsangelegenheiten ist, als GmbH zugelassen werden. A, B und C können ihre Kanzlei daher als GmbH gründen. An dieser Gesellschaft dürfen gem. § 59e Abs. 1 S. 1 und Abs. 2 BRAO neben Rechtsanwälten nur die in § 59a BRAO genannten Personen, also etwa Patentanwälte, Steuerberater oder Wirtschaftsprüfer beteiligt sein. Die Geschäftsführung muss gem. § 59f BRAO zumindest mehrheitlich in den Händen von Rechtsanwälten liegen. Gem. § 59f Abs. 4 BRAO ist die Unabhängigkeit der einzelnen Rechtsanwälte zu gewährleisten. Gem. § 59j BRAO ist eine Berufshaftpflichtversicherung abzuschließen. Diese muss mindestens eine Versicherungssumme von 2,5 Millionen EUR für jeden Versicherungsfall enthalten.

# VI. Neugründung oder Erwerb von Unternehmen

## 1. Neugründung oder Übernahme

### a) Die einzelnen Abwägungskriterien

**Zur Neugründung** von Unternehmen stellt der Erwerb von Unternehmen eine Alternative dar.

**Die Überlegungen zur Nachfolge** haben bereits gezeigt, dass der Kauf eines Unternehmens, die Pacht eines Unternehmens, der Nießbrauch an einem Unternehmen oder der Erwerb eines Unternehmens von Todes wegen Alternativen zur Neugründung sind. Bei Übernahmen muss der Unternehmer das Unternehmen nicht neu schaffen. Er kann auf Existentes und Erfahrungen zurückgreifen, hat möglicherweise auch eine gewisse Sicherheit für die Zukunft.

Nachteile der Übernahme werden zwar häufig darin bestehen, dass der Erwerber als Gegenleistung den Kaufpreis für das Unternehmen erbringen muss bzw. bei Pacht und Nießbrauch, dass der Unternehmer nicht zum Inhaber des Unternehmens wird. Hinsichtlich des Kaufpreises sind jedoch Stundungs- oder Rentenmodelle denkbar. Pacht und Nießbrauch haben den Vorteil, dass der Gegenwert nicht sofort erbracht werden muss; zudem ist ein späterer Kauf denkbar.[277]

**Zahlreiche weitere Vorteile** sprechen für den Weg des Erwerbs von Unternehmen. Auf diese Weise können Technologien erworben werden, die andernfalls nicht zu erhalten wären. Verkauf und Kauf von Unternehmen können sich im Einzelfall als steuerlich vorteilhaft erweisen. Durch den Erwerb eines ausländischen Unternehmens kann eine Niederlassung im Ausland erlangt werden, deren Neugründung sonst nur schwer möglich wäre.

277 Vgl. zum Vorstehenden und zum Folgenden bereits S. 185 ff.

Beim Erwerb von Todes wegen kommt aus Sicht des zukünftigen Erblassers hinzu, dass dieser seinen Nachlass regeln und zugleich Sorge dafür tragen kann, dass das Unternehmen in gute Hände kommt. So kann das Unternehmen gerettet, es kann in der Familie gehalten und es können Arbeitsplätze gesichert werden. Auch hier können sich Steuern sparen lassen. Entsprechend verhält es sich bei der vorweggenommenen Erbfolge.

### b) Anwendungsfälle einer Übernahme

**Blickt man auf** die jüngere Zukunft, finden sich zahlreiche Fälle der Unternehmensübernahme.

**Kleine und mittlere Unternehmen** gehen seit vielen Jahren in großer Zahl auf neue Inhaber über. Eine erste große Welle kam hier, als die Inhaber der nach dem Zweiten Weltkrieg aufgebauten Unternehmen in den 80-er und 90-er Jahren einen Nachfolger suchten. Die Angaben über Unternehmen, die heute auf Dritte übergehen schwanken. Teils ist hier von 30 000 Unternehmen jährlich, teils von 80 000 Unternehmen jährlich die Rede.

Aus Sicht der Übergeber kommen als Gründe für die Übergabe Alter und sonstige persönliche Beweggründe, eine Verschlechterung der wirtschaftlichen Lage oder wirtschaftlicher Zwang in Betracht. Aus Sicht der Übernehmer sind Existenzgründung, die Vergrößerung von Unternehmen, Synergien, die Verteilung von Zuständigkeiten auf verschiedene Unternehmen oder der Erwerb von Technologien, die anderweitig nicht zu erlangen wären, häufig.

**Beim mittelfristigen Engagement** ist von vornherein geplant, das Unternehmen nach einiger Zeit wieder zu veräußern. Bei Unternehmensübernahmen zwecks Finanzanlage geht es nicht darum, das Unternehmen selbst zu betreiben, sondern darum, mit dem Unternehmen Gewinn zu erzielen, ggf. auch durch Zerschlagung. Beide Konstellationen stehen hier im Hintergrund, da es vorliegend um langfristige Übernahmen zum eigenen Betrieb geht.

Daneben stehen schließlich die großen Unternehmensübernahmen. Zahlreiche Unternehmensübernahmen waren erfolgreich, andere sind gescheitert oder haben sich unerwartet entwickelt, etwa zwischen Continental und Schaeffler oder zwischen Volkswagen und Porsche. Auch diese Fälle stehen vorliegend im Hintergrund. Denn bei einer Existenzgründung und Unternehmensvergrößerung wird es in der Regel um kleine und mittlere Unternehmen gehen.

**Fall**

A möchte sich nach seinem Studium selbstständig machen. Er möchte wissen, ob es besser ist, das Unternehmen neu zu gründen oder ein bereits bestehendes Unternehmen zu kaufen?

**Lösung:** Für die Neugründung spricht, dass A das Unternehmen dann nach seinem Willen gestalten kann; je nach Gegenstand der geplanten Tätigkeit dürfte es zudem oft nicht leicht sein, ein passendes Unternehmen zu finden. Häufig wird die Neugründung auch kostengünstiger sein als der Kauf eines bestehenden Unternehmens. Für den Kauf eines Unternehmens spricht, dass A dann auf Existentes und Erfahrungen zurückgreifen kann, möglicherweise sogar eine gewisse Sicherheit für die Zukunft hätte. Weitere Vorteile des Kaufs können sein, dass das Unternehmen erhalten bleibt und möglicherweise Arbeitsplätze gerettet werden. Für welchen Weg A sich letztlich entscheidet, hängt von der konkreten Situation ab. Entscheidet A sich für den Unternehmenskauf kommt ein Asset deal oder, wird das Unternehmen von einer Gesellschaft gehalten, ein Share deal in Betracht.

## 2. Die einzelnen Wege des Erwerbs

### a) Unternehmenskauf oder -pacht

**Auch die Entscheidung zwischen** Unternehmenskauf und Unternehmenspacht ist genau abzuwägen.

**Beim Unternehmenskauf** wird der Käufer Inhaber des Unternehmens. Der Käufer kann, nachdem er Inhaber des Unternehmens geworden ist, mit diesem grundsätzlich verfahren wie er will. Er kann das Unternehmen betreiben, mit ihm Gewinn erzielen. Er kann das Unternehmen verändern, es vergrößern oder verkleinern oder er kann die Rechtsform des Unternehmens wechseln. Im Gegenzug hat der Käufer den vereinbarten Kaufpreis zu entrichten.

Bei der Unternehmenspacht wird der Pächter nur zum Unternehmer. Inhaber des Unternehmens bleibt grundsätzlich der Verpächter. Der Pächter führt das Unternehmen im eigenen Namen und auf eigene Rechnung und zahlt als Gegenleistung die vereinbarte Pacht. Der Pächter hat das Unternehmen ordnungsgemäß zu betreiben, er erhält für die Dauer der Pachtzeit die Gewinne bzw. trägt die Verluste und hat das Unternehmen nach Beendigung zurückzuüberlassen.[278]

**Vergleicht man** Unternehmenskauf und Unternehmenspacht, liegen die Vorteile des Unternehmenskaufs für den Käufer im Erwerb der Inhaberstellung und der hieraus resultierenden Freiheit als Unternehmer. Der Pächter braucht den Kaufpreis nicht aufzubringen und muss nur die laufenden Pachtzahlungen leisten. Allerdings ist er im Betrieb des Unternehmens eingeschränkt und wird hierbei streckenweise der Zustimmung des Verpächters bedürfen.

Blickt man auf den Unternehmensverkäufer erhält dieser den Kaufpreis und verliert im Gegenzug die Inhaberschaft und damit im Regelfall jeden Einfluss auf das Unternehmen. Der Unternehmensverpächter bleibt Inhaber des Unternehmens und kann dieses später etwa seinen Erben übertragen. Dafür läuft er Gefahr, dass das Unternehmen sich während der Pachtzeit verschlechtert. Letztlich hängt die Entscheidung auch hier von der konkreten Situation ab.

278 Vgl. zum Vorstehenden und zum Folgenden bereits S. 187 ff.

**Fall**

A will das Unternehmen des X pachten, welches elektronische Bauteile herstellt. A fragt an, inwieweit er als Pächter beim Betrieb des Unternehmens frei ist und wann er für Maßnahmen der Zustimmung des Verpächters bedarf?

**Lösung:** Inwieweit A als Unternehmenspächter beim Betrieb frei ist und wann er Zustimmungen des X einholen muss, ist im Gesetz nicht geregelt. Haben die Parteien diese Frage auch vertraglich nicht geregelt, sind die typischen Interessen von Unternehmenspächter und Unternehmensverpächter einander gegenüber zu stellen. Hiernach wird A das Unternehmen während der Pachtzeit regelmäßig wie ein ordnungsgemäß handelnder Unternehmer führen müssen. Dabei stehen ihm Spielräume unternehmerischen Handelns zu. Allerdings darf A das Unternehmen nicht einstellen, er darf nicht zu dem Unternehmen selbst in Wettbewerb treten, wenn ein ordnungsgemäß handelnder Unternehmer dies nicht tun würde und er darf den Betrieb nicht so weit reduzieren, dass der Unternehmenskern betroffen ist. Veränderungen des Unternehmens darf A vornehmen, soweit sie nicht den Kern des Unternehmens berühren. Andernfalls bedarf er der Zustimmung des X.

### b) Der Erwerb von Todes wegen

**Unternehmenserwerbe** von Todes wegen spielen in der Praxis eine ganz erhebliche Rolle.

**Für den Erblasser** wie für das Unternehmen ist die Regelung der Nachfolge von zentraler Bedeutung. Durch Testament können geeignete Personen als Unternehmensnachfolger vorgesehen werden. Andere Personen müssen möglicherweise abgefunden werden, damit ihre Ansprüche gegen den Unternehmensnachfolger nicht später das Nachfolgekonzept zum Scheitern bringen. Möglicherweise müssen Zwischenlösungen erdacht werden.

Entsprechendes gilt für die vorweggenommene Erbfolge. Überträgt der Unternehmer sein Unternehmen bereits zu Lebzeiten, sind einer oder mehrere geeignete Nachfolger auszuwählen. Ansprüche Dritter, insbesondere von Familienangehörigen, sind zu bedenken, die sich bereits zu Lebzeiten, aber auch nach dem Tod gegen den mit dem Unternehmen Bedachten wenden können. Häufig wird Schenkungsteuer zu begleichen sein.[279]

**Für den Übernehmer** des Unternehmens ist ebenfalls vieles zu bedenken. Der Erbe muss sich entscheiden, ob er das Unternehmen fortführen will. Dabei wird er zu berücksichtigen haben, ob er Erbschaftsteuer oder Leistungen an andere Erben oder Berechtigte zu erbringen hat. Dieselben Überlegungen sind anzustellen, wenn der Übernehmer das Unternehmen bereits im Rahmen einer vorweggenommenen Erbfolge erhalten soll.

Schließlich kann der Übernehmer das Unternehmen von einem Unternehmer übernehmen, der keinen Nachfolger hat und das Unternehmen daher veräußern will. In diesem Fall liegt ein Unternehmenskauf vor. Der Veräußerer wird zu prüfen haben,

279 Vgl. zum Vorstehenden und zum Folgenden bereits S. 195 ff.

inwieweit Einkommensteuer anfällt, der Übernehmer, ob er den Kaufpreis begleichen kann. Mit Zahlung fließt das Geld in das Vermögen des bisherigen Inhabers und später in den Nachlass.

**Fall**

A hat im Laufe seines Lebens ein größeres Handwerksunternehmen aufgebaut. Da er in seinem Familienkreis keinen Nachfolger sieht, möchte er das Unternehmen schon zu Lebzeiten an einen Dritten veräußern und fragt an, inwieweit sich dies erbschaftsteuerrechtlich auswirken kann?

**Lösung:** Überträgt A sein Unternehmen auf einen Dritten, wird er im Gegenzug den Kaufpreis erhalten. Aus Sicht der Erbschaftsteuer kann sich dies insoweit negativ auswirken, als das Geld im Todesfall mit seinem Betrag anzusetzen ist. Das Unternehmen wäre demgegenüber gem. § 12 ErbStG i.V.m. den §§ 19 ff.; 95 ff. BewG zu bewerten gewesen, was in der Regel zu einem niedrigeren Wert als dem Kaufpreis geführt hätte; auch wären dann die Befreiungen der §§ 13a; 13b ErbStG möglich gewesen. Die Erbschaftsteuer, die von den Erben des A zu entrichten sein wird, wird daher nunmehr höher ausfallen. Um später eine geringere Erbschaftsteuerlast zu erreichen, wäre denkbar, dass A einen Teil des Geldes unmittelbar nach Erhalt an seine späteren Erben verschenkt, damit diese die Freibeträge der Erbschaftsteuer gem. § 14 ErbStG, vorausgesetzt A lebt noch solange, nach zehn Jahren erneut nutzen können. Denkbar wäre auch, dass A für das Geld Grundstücke kauft, soweit deren Bewertung nach BewG niedriger ausfällt als der Verkehrswert. Die Erbschaftsteuer wird dann später entsprechend niedriger ausfallen. Weitere Vorteile gem. § 13 Abs. 1 Nr. 4a ff. ErbStG oder gem. § 13c ErbStG können so hinzukommen. Stets ist dabei jedoch auch hier zu bedenken, dass Steuerersparnis nicht der alleinige Grund für ein Tätigwerden sein darf.

## VII. Wiederholungsfragen

1. A und B möchten ihre OHG in eine GmbH umwandeln und fragen nach den Vor- und Nachteilen?
2. Die Eheleute A und B sind sich nicht sicher, ob sie für ihr Unternehmen die Rechtsform der OHG oder der KG wählen sollen. Gibt es steuerliche Unterschiede?
3. Was versteht man unter einer ausländischen Rechtsform und welche Punkte sind bei der Wahl einer ausländischen Rechtsform zentral zu beachten?
4. Welche Rechtsformen stehen für die Unternehmen der Freien Berufe zur Verfügung und welche Entwicklung hat sich hier in den letzten Jahren vollzogen?
5. Inwieweit kann im vorliegenden Zusammenhang der Kauf eines Unternehmens eine Rolle spielen?

# G. Zusammenfassung

**Bei den Rechtsformen** und der Rechtsformwahl sind stets zahlreiche Aspekte zu berücksichtigen.

**In welcher Rechtsform** ein Unternehmen betrieben werden soll, ist die erste Frage, die sich stellt. Hier bieten sich Einzelunternehmen, Personengesellschaften und juristische Personen an. Je nach Art des Unternehmens kann insbesondere zwischen Einzelunternehmen, GmbH, AG, KGaA, Limited, OHG, KG, GmbH&CoKG, Partnerschaft und BGB-Gesellschaft zu wählen sein. Bei der Entscheidung werden die Art und Weise, in der der Unternehmer sein Unternehmen betreiben will, zivilrechtliche, gesellschaftsrechtliche, steuerrechtliche, europarechtliche wie auch sonstige Kriterien eine Rolle spielen.

**Auf welchem Weg** das Unternehmen erlangt werden soll, ist ebenso zu fragen. Der Unternehmer kann das Unternehmen neu gründen, er kann ein bestehendes Unternehmen kaufen, pachten oder sich einen Nießbrauch an einem bestehenden Unternehmen bestellen lassen. Weiter kommen Erwerbe im Zusammenhang mit einem Erbfall in Betracht. Auch hier sind die Art und Weise, wie der Unternehmer vorgehen will, zivilrechtliche, gesellschaftsrechtliche, steuerrechtliche, europarechtliche wie auch sonstige Kriterien und in Fällen der Nachfolge zudem Interessen des bisherigen Inhabers zu berücksichtigen.

**Bei Änderungen** im Rahmen bestehender Unternehmen stellen sich diese Fragen ebenso, etwa dann, wenn ein bereits bestehendes Unternehmen zu vergrößern oder zu verändern ist. Geht es um eine Vergrößerung, ist zu fragen, ob diese selbst generiert werden soll, oder ob es mit Blick auf andere bereits bestehende Unternehmen besser ist, das avisierte Ziel durch Kauf, Pacht oder Nießbrauch zu erreichen. Soll die Rechtsform eines bereits bestehenden Unternehmens geändert werden, ist zu fragen welche Rechtsform die meisten Vorteile verspricht und auf welchem Weg der Wechsel der Rechtsform herbeigeführt werden soll.

**Im Vorstehenden** wurden die einzelnen Möglichkeiten hierzu aufgezeigt und Entscheidungshilfen gegeben. Bei der konkreten Entscheidung wird stets darauf zu achten sein, einzelnen Kriterien nicht zu großes Gewicht zukommen zu lassen. So kann etwa die Wahl einer GmbH allein aus Gründen der Haftungsbeschränkung steuerliche und organisatorische Nachteile mit sich bringen. Die Limited kann zu Schwierigkeiten bei der Anwendung britischen Gesellschaftsrechts führen. Die Übertragung eines Unternehmens bereits zu Lebzeiten, um Erbschaftsteuer zu sparen, kann zur Folge haben, dass der Übertragende später nicht mehr genug Geld im Alter hat.

**Gute Entscheidungen** bei Rechtsformwahl wie Unternehmensnachfolge zu treffen, ist daher nicht einfach. Eine gute Entscheidung setzt genaue und vielfältige Überlegungen rechtlicher Art voraus. Organisatorische und praktische Überlegungen kommen ebenso hinzu wie Überlegungen zur Finanzierung, zum Zusammenpassen von Wahl und Unternehmensgegenstand oder zu möglichen Entwicklungen in ferner Zukunft. Andererseits wird eine gelungene Wahl entscheidend zum Unternehmenserfolg beitragen können, und damit zum Erfolg des Unternehmers ebenso wie zu einem gesamtwirtschaftlichen Gewinn.

# Glossar und Antworten

## I. Glossar

| | |
|---|---|
| **Actio pro socio** | Recht eines Gesellschafters einer Personengesellschaft, teils auch einer GmbH, unter bestimmten Voraussetzungen Beiträge anderer Gesellschafter, die diese der Gesellschaft aus dem Gesellschaftsverhältnis schulden, im eigenen Namen für die Gesellschaft einzufordern. |
| **Akzessorisch** | Bindung der Haftung an die zugrunde liegende Forderung, etwa hinsichtlich Entstehung oder Tilgung. |
| **Amortisation** | Einziehung von Gesellschaftsanteilen, soweit der Gesellschaftsvertrag oder die Satzung sie zulässt. |
| **Arbeitsgemeinschaft (ARGE)** | Zusammenschluss selbstständiger Unternehmen zur gemeinsamen Ausführung meist umfangreicher (Bau-) Aufträge. |
| **Asset deal** | Unternehmenskauf dergestalt, dass der Käufer die Einzelbestandteile des Unternehmens erwirbt, und zwar in ihrer Gesamtheit (siehe auch: Share deal). |
| **Ausländische Rechtsformen** | Rechtsformen, wie etwa die britische Limited, die im Ausland nach dort geltendem Recht gegründet werden. |
| **Betrieb** | Im vorliegenden Zusammenhang wird der Begriff Betrieb, funktionell, als Tätigkeitsbeschreibung verstanden – ein Unternehmen wird betrieben. |
| **Deklaratorisch** | Rechtserklärend – ist z.B. eine OHG gem. § 123 Abs. 2 HGB aufgrund ihres Geschäftsbeginns wirksam entstanden, ist die spätere Eintragung insoweit deklaratorisch (siehe auch: Konstitutiv). |
| **De lege ferenda** | Vom Standpunkt eines zukünftigen Rechts aus (lat.) . |
| **De lege lata** | Vom Standpunkt des geltenden Rechts aus (lat.) . |
| **Dispositives Recht** | Rechtsvorschriften, die durch die Beteiligten abgeändert werden können, insbesondere durch Vertrag. |
| **Due Diligence** | Umfassende Untersuchung eines Unternehmens in wirtschaftlicher, finanzieller, rechtlicher oder steuerlicher Hinsicht, insbesondere vor Abschluss eines Unternehmenskaufvertrages. |
| **Einlage (auf das Stammkapital = Stammeinlage):** | Geld- oder Sachleistung, die der Gesellschafter einer GmbH zu erbringen hat. Die Einlagen werden von den Gesellschaftern in Form von Geschäftsanteilen übernommen (siehe auch Geschäftsanteil, Gesellschaftsanteil und Stammkapital). |
| **Ein-Personen-GmbH** | Ein-Personen-GmbH bezeichnet, ebenso wie Ein-Personen-AG, eine GmbH, bzw. AG, die durch nur einen Gesellschafter gegründet werden kann. Da dieser Gesellschafter auch eine juristische Person sein kann, passt der Begriff Ein-Personen-GmbH besser als Ein-Mann-GmbH oder Ein-Frau-GmbH. |
| **Einzelunternehmen** | Rechtsform, bei der Träger des Unternehmens (nur) eine natürliche Person ist, der Einzelunternehmer. |

| | |
|---|---|
| **Entlastung** | Billigung der Verwaltung einer Gesellschaft durch die Gesellschafter (für die AG ist die Entlastung in § 120 AktG geregelt). |
| **Europäische Rechtsformen** | Rechtsformen, die unmittelbar von der Europäischen Union zur Verfügung gestellt werden, zurzeit EWIV, SE und SCE. Sie können in Deutschland gegründet werden und sind über Ausführungsgesetze dem deutschen Recht angepasst. |
| **EWIV** | Europäische Wirtschaftliche Interessenvereinigung (eine Europäische Personengesellschaft). |
| **Existenzvernichtungshaftung** | Haftung von Gesellschaftern einer GmbH gegenüber der Gesellschaft wegen missbräuchlicher Schädigung des Gesellschaftsvermögens. |
| **Geschäftsanteil** | Bei der GmbH wird das Stammkapital von den Gesellschaftern in Form von Geschäftsanteilen übernommen (siehe auch: Gesellschaftsanteil und Stammkapital). |
| **Geschäftsführung** | Leitung des Unternehmens nach innen (siehe auch: Vertretung). |
| **Gesellschaft** | Vom Gesetzgeber vorgesehene Organisationsform des Privatrechts, mit der die Gesellschafter einen bestimmten Zweck verfolgen. |
| **Gesellschaftsanteil** | Bezeichnet die Beteiligung der einzelnen Gesellschafter an einer Gesellschaft. Der Gesellschaftsanteil beinhaltet die Mitgliedschaftsrechte des Gesellschafters. Er ist ein Recht, welches grundsätzlich auch auf einen anderen übertragen werden kann (siehe auch: Geschäftsanteil und Kapitalanteil). |
| **Gewerbe(-betrieb)** | Nach herrschender Meinung ist ein Gewerbe(-betrieb) jede erkennbar planmäßige, auf Dauer angelegte, selbstständige, auf Gewinnerzielung ausgerichtete oder jedenfalls wirtschaftliche Tätigkeit am Markt unter Ausschluss freiberuflicher, wissenschaftlicher und künstlerischer Tätigkeit. |
| **Gewinn** | Positives Resultat des Betriebs des Unternehmens (welches in der Regel auf Grundlage einer Bilanz gem. den §§ 242 ff. HGB ermittelt wird). |
| **Gründungstheorie** | Nach der Gründungstheorie ist eine ausländische Gesellschaft in Deutschland nach dem Gesellschaftsrecht des Staates zu beurteilen, in dem sie rechtswirksam begründet worden ist. |
| **Handelsgeschäft** | Ein Handelsgeschäft ist ein Unternehmen, welches zugleich die Kaufmannseigenschaften der §§ 1 ff. HGB erfüllt (Ergänzung: In anderem Zusammenhang sind Handelsgeschäfte alle Geschäfte eines Kaufmanns, die zum Betrieb seines Handelsgewerbes gehören; vgl. § 343 Abs. 1 HGB). |
| **Handelsgesellschaften** | Ein Teil der Personengesellschaften, und zwar OHG und KG (vgl. die Überschrift zu den §§ 105 ff. HGB). |
| **Juristische Person** | Vom Gesetzgeber vorgesehene Organisationsform (Gesellschaft im weiteren Sinne), die wie die natürliche Person Rechtssubjekt ist. Im Zivilrecht: GmbH, AG, KGaA und Genossenschaft sowie eingetragener Verein, Stiftung und Versicherungsverein auf Gegenseitigkeit sowie daneben SE, SCE und (in der Regel) Limited. |
| **Kaduzierung** | Wird die Einlage für einen GmbH-Anteil oder eine Aktie nicht gezahlt, kann der Gesellschafter des Anteils oder der Aktie für verlustig erklärt werden. |

| | |
|---|---|
| **Kapitalanteil** | Beim Kapitalanteil handelt es sich um eine Rechengröße, auch als ein bei der OHG oder KG für den Gesellschafter geführtes Konto bezeichnet. Indem Gewinne und Verluste bei den Kapitalanteilen zu- bzw. abgeschrieben werden, sind diese variabel. Es können auch feste Kapitalanteile vereinbart werden (siehe auch: Gesellschaftsanteil). |
| **Kapitalgesellschaft** | Ein Teil der juristischen Personen, und zwar GmbH, AG und KGaA. Im weiteren Sinne gehören auch SE und Limited hierher. |
| **Kaufmann** | Kaufmann ist gem. § 1 Abs. 1 HGB, wer eine Handelsgewerbe betreibt. Handelsgewerbe ist gem. § 1 Abs. 2 HGB jeder Gewerbebetrieb, es sei denn, dass das Unternehmen nach Art oder Umfang einen in kaufmännischer Weise eingerichteten Geschäftsbetrieb nicht erfordert. |
| **Kleine AG** | AG im Sinne des AktG, für die das AktG, etwa in § 121 Abs. 4 AktG, Erleichterungen enthält. Demgegenüber: Zur kleinen AG im Sinne des HGB vgl. § 267 Abs. 1 HGB. |
| **Kommanditist** | Gesellschafter der KG, dessen Haftung gegenüber den Gläubigern beschränkt ist. |
| **Komplementär** | Gesellschafter der KG, der den Gläubigern grundsätzlich unbeschränkt haftet. |
| **Konstitutiv** | Rechtsbegründend – z.B. führt die Eintragung der GmbH in das Handelsregister zu deren Entstehung (siehe auch Deklaratorisch). |
| **Limited** | Allgemein: Gesellschaft anglo-amerikanischen Rechts, bei der die Haftung beschränkt ist. Im vorliegenden Zusammenhang: Private company limited by shares (Ltd.), britische Gesellschaft, die insbesondere von kleinen und mittleren Unternehmen gewählt wird. Daneben: Delaware Limited liability company, US-amerikanische Gesellschaftsform, die der (britischen) Limited weitgehend entspricht. |
| **Organe** | Gesellschaften handeln, wie häufig formuliert wird, durch ihre Organe, etwa den Geschäftsführer (wobei der Begriff Organ nicht unbedingt passt). |
| **Personengesellschaft** | Gesellschaft (im engeren Sinne), auch: Gesamthandsgemeinschaft, die (teil-)rechtsfähig, jedoch keine juristische Person ist. Im Einzelnen: BGB-(Außen-)Gesellschaft, OHG, KG, Partnerschaft und nach herrschender Meinung (Parten-)Reederei sowie daneben EWIV . Ebenfalls Personengesellschaft, jedoch reine Innengesellschaft, ist die stille Gesellschaft. |
| **Prokura** | Weit reichende Form der Vertretungsmacht, die der Inhaber eines Handelsgeschäftes gem. den §§ 48 ff. HGB erteilen kann. |
| **Publikums-gesellschaft** | Gesellschaft, deren Gesellschafterkreis aus einer Vielzahl von Personen besteht, primär um der Gesellschaft auf diese Weise Kapital zuzuführen. Als Publikumsgesellschaften hat der Gesetzgeber in erster Linie AG und KGaA vorgesehen. Die Publikumsgesellschaft findet sich jedoch auch als Publikums-Personengesellschaft, insbesondere als Publikums-KG. |
| **Qualifizierte Gründung** | Werden bei der Gründung einer AG Personen besondere Vorteile eingeräumt, wird ihnen Aufwendungsersatz zugestanden oder werden Sacheinlagen vereinbart, enthalten die §§ 26 ff. AktG Sonderregeln, um Risiken möglichst gering zu halten. |

| | |
|---|---|
| **Rechtsform** | Rechtliche Basis, auf der ein Unternehmen betrieben werden kann – Einzelunternehmen, juristische Personen oder Personengesellschaften. |
| **Reederei (auch: Partenreederei)** | Personengesellschaft (herrschende Meinung) im Sinne der §§ 489 ff. HGB, bei der mehrere Personen, Mitreeder, ein Schiff gemeinschaftlich zum Erwerb durch die Seeschifffahrt betreiben. |
| **SCE** | Societas Cooperativa Europaea (Europäische Genossenschaft). |
| **SE** | Societas Europaea (Europäische Aktiengesellschaft). |
| **Share deal** | Unternehmenskauf dergestalt, dass der Käufer die Anteile einer das Unternehmen haltenden Gesellschaft übernimmt (siehe auch: Asset deal). |
| **Sitztheorie** | Nach der Sitztheorie ist auf eine ausländische Gesellschaft, hat sie ihren Sitz in Deutschland, hier deutsches Gesellschaftsrecht anzuwenden. Dabei ist sie nach den Regeln des Gesellschaftstypus' deutschen Rechts zu beurteilen, dem sie objektiv entspricht. |
| **Squeeze-out** | Beschluss der Hauptversammlung einer AG gem. den §§ 327a ff. AktG, dass Aktien von Minderheitsaktionären gegen Gewährung einer angemessenen Barabfindung auf den Hauptaktionär, dem mindestens 95 % des Grundkapitals gehören, übertragen werden. |
| **Stammkapital, bei der AG: Grundkapital** | Eigenkapital der GmbH bzw. AG, welches im Gesellschaftsvertrag bzw. der Satzung festgesetzt wird und von den Gesellschaftern bzw. Aktionären aufgebracht werden muss. Das Mindeststammkapital beträgt bei der GmbH 25 000,– EUR, bei der AG 50 000,– EUR. (siehe auch: Einlage). |
| **Thesaurierung** | Gewinne einer Gesellschaft verbleiben bei dieser und werden nicht an die Gesellschafter ausgeschüttet. |
| **Treuepflicht** | Pflicht der Gesellschafter zur Rücksichtnahme, und zwar primär gegenüber der Gesellschaft, aber auch gegenüber den anderen Gesellschaftern. Zugleich: Pflicht im Rahmen des Verhältnisses zwischen (Fremd-) Geschäftsführer bzw. Vorstand und Gesellschaft. |
| **Unternehmen** | Institution im System der Marktwirtschaft, eine organisatorische Einheit, mit der ein bestimmter Zweck verfolgt wird. Zum Unternehmen gehören typischerweise Sachen, Forderungen, Verbindlichkeiten, Rechte und immaterielle Werte. Dabei kommt den immateriellen Werten regelmäßig zentrale Bedeutung zu. |
| **Unternehmensträger** | Natürliche Person, juristische Person oder Personengesellschaft, welche das Rechtsobjekt Unternehmen betreibt. |
| **Unternehmer** | Derjenige, der das Unternehmen betreibt. So verstanden decken sich die Begriffe Unternehmer und Unternehmensträger (einen weiteren Unternehmerbegriff enthält § 14 BGB für die Verbraucherschutzvorschriften des BGB). |
| **Unternehmergesellschaft (haftungsbeschränkt)** | Besondere Form der GmbH, bei der gem. § 5a GmbHG eine Gründung mit einem Stammkapital von weniger als 25 000,– EUR möglich ist. |
| **Vereinfachtes Verfahren** | Im Rahmen des § 2 Abs. 2a GmbHG kann eine GmbH in einem vereinfachten und damit kostengünstigeren Verfahren auf der Grundlage einer Mustersatzung gegründet werden; die Mustersatzungen sind im Anhang zum GmbHG enthalten. |

| | |
|---|---|
| **Verfassung** | Der Begriff der Verfassung findet sich im Recht in verschiedenen Bedeutungen. Hier bezeichnet er die Organisation der Gesellschaft im Innenverhältnis. |
| **Verlust** | Negatives Resultat des Betriebs des Unternehmens (welches in der Regel auf Grundlage einer Bilanz gem. den §§ 242 ff. HGB ermittelt wird). |
| **Vertretung** | Leitung des Unternehmens nach außen durch Rechtsgeschäft (siehe auch: Geschäftsführung). |
| **Vinkulierung** | Bei Namensaktien kann deren Übertragbarkeit gem. § 68 Abs. 2 AktG an die Zustimmung der AG, erteilt durch den Vorstand, geknüpft werden. Bei Gesellschaftsanteilen einer GmbH ist dies, wie § 19 Abs. 5 GmbHG zeigt, ebenfalls möglich. |
| **Vorgesellschaft** | Vorstadium bei Gründung einer GmbH oder AG; Gesellschaft sui generis (lat.: eigener Art). |
| **Vorgründungsgesellschaft** | Stadium vor der Vorgesellschaft bei Gründung einer GmbH oder AG. Meist handelt es sich hierbei um eine BGB-Gesellschaft oder um eine OHG. |
| **Vorweggenommene Erbfolge** | Übertragung von Vermögen, hier: eines Unternehmens bereits zu Lebzeiten an potenzielle spätere Erben. |
| **Zweigniederlassung** | Vom Unternehmen abhängige, zugleich jedoch in gewisser Weise selbstständige Untereinheit des Unternehmens. |

## II. Antworten auf die Wiederholungsfragen

### Teil B

1. Bei dem Thema Rechtsform und Rechtsformwahl geht es im engeren Sinn um die Frage, auf welcher rechtlichen Grundlage ein Unternehmen betrieben werden soll. Im weiteren Sinne geht es hier zudem um die Frage, ob ein Unternehmen neu geschaffen oder ein bereits bestehendes Unternehmen übernommen werden soll.
2. Rechtsform ist die rechtliche Basis, auf der ein Unternehmen betrieben werden kann. Basen sind vorliegend insbesondere das Einzelunternehmen, GmbH, AG, OHG, KG, Partnerschaft und BGB-Gesellschaft. Daneben steht die (britische) Limited als häufig verwendete ausländische Rechtsform.
   GmbH und AG sind juristische Personen und Kapitalgesellschaften. OHG, KG, Partnerschaft und BGB-Gesellschaft sind Personengesellschaften, OHG und KG zudem (Personen-)Handelsgesellschaften. Juristische Personen sind zudem insbesondere KGaA, (britische) Limited und Genossenschaft. Bei den Personengesellschaften kommt zudem der GmbH& CoKG besondere Bedeutung zu.
3. Unternehmen ist eine Institution im System der Marktwirtschaft, eine organisatorische Einheit, mit der ein bestimmter Zweck verfolgt wird. Zum Unternehmen gehören Sachen, Forderungen, Verbindlichkeiten, Rechte und immaterielle Werte, wobei den immateriellen Werten regelmäßig besondere Bedeutung zukommt.
   Handelsgeschäft ist ein Unterbegriff zum Begriff des Unternehmens. Handelsgeschäfte sind (nur) die Unternehmen, die die Kaufmannseigenschaften der §§ 1 ff. HGB erfüllen. Der Begriff des Betriebes wird hier funktionell verwendet – das Unternehmen wird betrieben.
4. Als Unternehmensträger, auch: Unternehmer, wird derjenige bezeichnet, der das Rechtsobjekt Unternehmen betreibt. Der Unternehmensträger tritt in einer der Rechtsformen, also als Einzelunternehmen, juristische Person oder Personengesellschaft auf.
5. Vorteile:

| | Allein | Gemeinsam |
|---|---|---|
| | Entscheidungsfreiheit | Geteilte Lasten |
| | Schnelleres Agieren | Synergieeffekte |
| | Alleiniger Gewinn | Geteiltes Risiko |

6. Ja, nämlich als Ein-Personen-GmbH (vgl. § 1 GmbHG) oder als Ein-Personen-AG (vgl. § 2 AktG). Gleiches gilt für die GmbH&CoKG bzw. AG&CoKG, vorausgesetzt beim Komplementär handelt sich um eine Ein-Personen-GmbH bzw. Ein-Personen-AG und der Gesellschafter der GmbH bzw. der Alleinaktionär der AG ist zugleich der Kommanditist der KG.
7. Von einer Unternehmensverbindung spricht man, wenn Unternehmensträger rechtlich miteinander verbunden sind. Dies ist bei einer GmbH&CoKG der Fall. Eine AG kann 100 % der Anteile an einer GmbH halten. Oder eine GmbH kann mit einer anderen GmbH einen Beherrschungsvertrag geschlossen haben.
   Definitionen der Unternehmensverbindungen enthalten die §§ 15 ff. AktG, und zwar nicht nur für AG'n und KGaA'n. Die §§ 291 ff.; 308 ff. AktG enthalten Regelungen für sog. Vertragskonzerne und faktische Konzerne bei AG und KGaA. Zum Konzernrecht der GmbH existiert eine umfangreiche Rechtsprechung.
8. Zu einer Umwandlung kann es kommen, wenn sich bei einem existenten Unternehmen die Frage stellt, ob es nicht besser wäre, dieses zukünftig in einer anderen Rechtsform zu betreiben. Entsprechende Fragen können sich etwa stellen, wenn ein Unternehmen durch Erbfall erworben wird.
   Steht die Entscheidung, in eine andere Rechtsform zu wechseln, fest, stellt das UmwG Wege zur Verfügung, dies zivil- bzw. gesellschaftsrechtlich vergleichsweise einfach zu erreichen, und zwar auf dem Weg der Gesamtrechtsnachfolge. Das UmwStG erleichtert Umwandlungen zudem in steuerrechtlicher Hinsicht.

9. Die Rechtsform Einzelunternehmen kommt (bereits) dadurch zustande, dass eine natürliche Person ihre Geschäfte als Unternehmer aufnimmt. Einer Erklärung, eines Vertrages oder eines Mindestkapitals bedarf es nicht.
Die Geschäftsführung, also die Leitung des Unternehmens nach innen, erfolgt grundsätzlich durch den Einzelunternehmer selbst; Gleiches gilt für das Auftreten nach Außen.
10. Der Begriff „Unternehmer" des BGB ist in § 14 BGB definiert. Erfüllt der Einzelunternehmer diese Voraussetzungen, was regelmäßig der Fall sein wird, können auf vom Einzelunternehmer abgeschlossene Rechtsgeschäfte besondere Verbraucherschutzvorschriften zur Anwendung kommen.
Diese Schutzvorschriften sind etwa in den §§ 312 ff. BGB, den §§ 474 ff. BGB, den §§ 491 ff. BGB oder in § 310 Abs. 3 BGB enthalten. Indem § 14 BGB (nur) die Ausübung einer gewerblichen oder selbstständigen Tätigkeit fordert, werden hier, weiter als bei § 1 HGB, auch sog. Kleingewerbetreibende und Freiberufler erfasst.
11. Gesellschaften sind vom Gesetzgeber vorgesehene Organisationsformen des Privatrechts, die von ihren Gesellschaftern mit dem Ziel geschaffen werden, einen bestimmten Zweck zu erreichen.
Neben den Gesellschaften spielen vorliegend die Erbengemeinschaft (§§ 2032 ff. BGB) und die Stiftung des Privatrechts (§§ 80 ff. BGB) eine Rolle. Daneben existieren Rechtsformen des öffentlichen Rechts.
12. Der eingetragene Verein gem. den §§ 21 ff. BGB ist die Grundform der juristischen Person, die BGB-Gesellschaft gem. den §§ 705 ff. BGB die Grundform der Personengesellschaft.
Die AG kann als ein für die Zwecke des Wirtschaftsverkehrs weiter entwickelter eingetragener Verein bezeichnet werden. Auf sie können daher, fehlen Regelungen im AktG und in der Satzung, die §§ 21 ff. BGB zur Anwendung kommen.
Die OHG kann als eine für die Zwecke der Tätigkeiten des Kaufmanns weiter entwickelte BGB-Gesellschaft bezeichnet werden. Gem. § 105 Abs. 3 HGB gelten für sie im Zweifel die §§ 705 ff. BGB.
13. Das Europarecht stellt zum einen Rechtsformen selbst zur Verfügung. EWIV, SE und SCE beruhen auf europäischen Verordnungen, die vom jeweiligen nationalen, also auch vom deutschen, Gesetzgeber noch einmal für das nationale Recht spezifiziert worden sind.
Zum anderen sucht das Europarecht durch europäische Richtlinien das nationale Gesellschaftsrecht der Mitgliedstaaten anzugleichen. Diese Richtlinien, etwa die Publizitätsrichtlinie, die Einpersonengesellschaftsrichtlinie oder die Übernahmerichtlinie, sind vom nationalen Gesetzgeber in nationales Recht umzusetzen.
De lege ferenda werden die Schaffung einer Europäischen Privatgesellschaft, einer Europäischen Gegenseitigkeitsgesellschaft, eines Europäischen Vereins und einer Europäischen Stiftung diskutiert, um so Lücken zwischen EWIV, SE und SCE zu füllen. Für ausländische Rechtsformen gilt:
14. Nach der Gründungstheorie ist eine ausländische Gesellschaft nach dem Gesellschaftsrecht des Staates zu beurteilen, in dem sie rechtswirksam begründet worden ist. Nach der Sitztheorie ist auf eine ausländische Gesellschaft, wird sie in Deutschland tätig, deutsches Gesellschaftsrecht anzuwenden; sie ist nach den Regeln des Gesellschaftstypus deutschen Rechts zu beurteilen, dem sie objektiv entspricht.
Grundsätzlich gilt in Deutschland die Sitztheorie. Im Rahmen des Europarechts muss die Gründungstheorie aufgrund der Art. 43; 48 EGV Anwendung finden. Gleiches gilt, wenn Staatsverträge die Anwendung der Gründungstheorie vorschreiben. De lege ferenda soll nach dem Referentenentwurf zum Internationalen Privatrecht der Gesellschaften die Gründungstheorie zukünftig in Deutschland generell zur Anwendung kommen.

## Teil C

1. Kapitalgesellschaften im engeren Sinne sind GmbH, AG und KGaA, wie sie in § 3 Abs. 1 Nr. 2 UmwG aufgezählt sind. Kapitalgesellschaften sind juristische Personen. Anders als bei anderen juristischen Personen, steht bei ihnen die Gewinnerzielungsabsicht ganz im Vordergrund, weshalb § 3 Abs. 1 Nr. 2 UmwG sie unter dem Begriff der Kapitalgesellschaften zusammenfasst. GmbH, AG und KGaA nahe stehen SE sowie Limited als Kapitalgesellschaften in weiterem Sinne.
2. Die GmbH ist juristische Person und Kapitalgesellschaft, auf die neben dem GmbHG das HGB Anwendung findet (sog. Kaufmann kraft Rechtsform) und bei der den Gläubigern (nur) das Gesellschaftsvermögen haftet. Bei der AG verhält es sich ebenso. GmbH wie AG können zu jedem gesetzlich zulässigen Zweck gegründet werden.
   Die GmbH findet sich insbesondere bei kleinen und mittleren Unternehmen sowie im Zusammenhang mit der GmbH&CoKG. Ihre Verfassung zeichnet sich durch einen personalistischen Charakter aus. Bei der AG standen dem Gesetzgeber des AktG große börsennotierte Gesellschaften vor Augen, weshalb die GmbH auch als kleine Schwester der AG bezeichnet wird.
   Die kleine AG im Sinne des AktG ist ebenfalls eine AG, für die das AktG freilich Erleichterungen enthält, etwa in § 121 Abs. 4 und 6 AktG. Von der kleinen AG im Sinne des AktG ist die kleine AG im Sinne des HGB zu unterscheiden. Diese liegt vor, wenn die in § 267 Abs. 1 HGB genannten Zahlen nicht überschritten werden. Ist dies der Fall, finden Erleichterungen bilanzrechtlicher Art Anwendung.
   „UG (haftungsbeschränkt)" bedeutet Unternehmergesellschaft (haftungsbeschränkt) und bezeichnet eine Form der GmbH, die sich dadurch auszeichnet, dass bei ihr das Mindeststammkapital von 25 000,– EUR unterschritten werden kann. Die UG (haftungsbeschränkt) ist durch das MoMiG generiert worden. Gesetzlicher Anknüpfungspunkt ist § 5a GmbHG.
3. Voraussetzungen für die Gründung einer GmbH sind der Abschluss eines notariellen Gesellschaftsvertrages (§§ 2; 3 GmbHG), zumindest teilweise Einzahlungen auf die Einlagen durch die Gesellschafter (§§ 5; 7 GmbHG), Bestellung bzw. Legitimation der Geschäftsführer (§ 8 Abs. 1 Nr. 2 GmbHG) sowie Anmeldung und Eintragung der GmbH beim Handelsregister (§§ 7; 8; 9c; 10 GmbHG).
   Die Gründung kann auch auf dem Weg des vereinfachten Verfahrens durch Mustersatzung erreicht werden.
   Die Ein-Personen-GmbH kann allein durch eine Person gegründet werden, was aufwändige Abstimmungen entfallen lässt. An die Stelle des Gesellschaftsvertrages tritt hier die (Gründungs-)Erklärung durch den Gründer. Auch hier ist ein vereinfachtes Verfahren durch Mustersatzung möglich.
4. Beschlüsse in der Gesellschafterversammlung einer GmbH können zwar gem. § 47 Abs. 1 GmbHG grundsätzlich mit der Mehrheit der abgegebenen Stimmen getroffen werden. Für Satzungsänderungen ist jedoch gem. § 53 Abs. 2 S. 1 GmbHG eine Dreiviertelmehrheit der abgegebenen Stimmen erforderlich.
   Indem der Beschluss der A-GmbH mit einer Mehrheit von nur 56 % der abgegebenen Stimmen gefasst wurde, ist er fehlerhaft. Nach herrschender Meinung muss Gesellschafter A diesen Beschluss durch die fristgebundene Erhebung einer Anfechtungsklage entsprechend den §§ 243 ff. AktG anfechten.
5. Ansprüche der GmbH gegen die Geschäftsführer können sich insbesondere aus § 43 Abs. 2 GmbHG ergeben, wenn die Geschäftsführer ihre Pflichten verletzen. Ansprüche gegen die Gesellschafter kommen insbesondere in Fällen nicht oder nicht zutreffend erbrachter Einlagen oder in Fällen der Existenzvernichtung in Betracht.
   Den Gläubigern der GmbH werden im Regelfall keine eigenen Ansprüche gegen die Geschäftsführer oder gegen die Gesellschafter zustehen. Ob ausnahmsweise doch Ansprüche

auf der Grundlage des § 311 Abs. 3 BGB oder aus Unerlaubter Handlung bestehen, ist im Einzelfall zu prüfen.

6. Zur Ermittlung der Gewinne bzw. Verluste sind bei der GmbH gem. den §§ 41 ff. GmbHG die Geschäftsführer verpflichtet. Die Ermittlung von Gewinn bzw. Verlust bestimmt sich grundsätzlich nach Handelsrecht, also nach den §§ 242 ff. HGB. Erzielt die GmbH Gewinne, werden diese gem. § 29 Abs. 1 und 3 GmbHG den Gesellschaftern grundsätzlich nach der Höhe ihrer Beteiligungen zugerechnet. Verluste werden in das nächste Jahr vorgetragen.
   Steuerlich ist die GmbH selbst mit ihren Gewinnen körperschaftsteuer- und gewerbesteuerpflichtig.
   Auf Seiten der Gesellschafter ist zu differenzieren. Je nachdem, ob die Gesellschafter natürliche Personen oder Kapitalgesellschaften sind, sind Ausschüttungen an sie einkommensteuer- oder körperschaftsteuer-, möglicherweise auch gewerbesteuerpflichtig. Bei der Einkommensteuer ist nochmals zwischen Abgeltungsteuer und Teileinkünfteverfahren zu unterscheiden.

7. Neuer Gesellschafter einer GmbH kann man im Rahmen einer Kapitalerhöhung werden. Auch kann man Anteile einer GmbH abgetreten bekommen. Zum Ausscheiden aus einer GmbH kann es neben der Abtretung der GmbH-Anteile durch eine Kündigung seitens des Gesellschafters oder, von Seiten der GmbH, durch Kaduzierung, Amortisation oder Kündigung kommen.
   Die Auflösungsgründe für die GmbH sind in § 60 Abs. 1 GmbHG genannt, daneben können weitere Gründe aufgrund Gesetz oder Gesellschaftsvertrag treten. Die GmbH endet, wenn sie im Handelsregister gelöscht wird. Dann noch existierende Ansprüche gegen die GmbH erlöschen; den ehemaligen Gläubigern können im Einzelfall Ersatzansprüche gegen die Liquidatoren zustehen.

8. Am Beginn einer GmbH steht zunächst eine rechtlich noch unverbindliche Phase des Ins-Auge-Fassens. Beschließen die Gesellschafter, die GmbH zu gründen, entsteht die Vorgründungsgesellschaft, eine BGB-Gesellschaft gem. den §§ 705 ff. BGB, möglicherweise auch eine OHG gem. den §§ 105 ff. HGB. Mit Abschluss des notariellen Gesellschaftsvertrages kommt es zur Vorgesellschaft, einer Gesellschaft sui generis.
   Auf die Vorgesellschaft können bereits die Vorschriften des GmbHG Anwendung finden, soweit sie passen. Mit Eintragung ins Handelsregister entsteht schließlich die GmbH.
   Gründungsfehler führen grundsätzlich dazu, dass die GmbH nicht eingetragen werden darf, es sei denn, es liegt ein Mangel des Gesellschaftsvertrages vor, der die Schwelle des § 9c Abs. 2 GmbHG unterschreitet. Kommt es zur Eintragung der GmbH, obwohl diese eigentlich hätte abgelehnt werden müssen, können die in § 75 GmbHG genannten Fehler zur Nichtigkeit der GmbH ex nunc führen. Bei anderen Fehlern genießt die GmbH grundsätzlich Bestandsschutz.

9. Die Voraussetzungen der Gründung einer AG sind Feststellung der Satzung durch die Gründer (§§ 23; 28 AktG), Übernahme der Aktien durch die Gründer (§§ 29; 6 ff. AktG), Bestellung der Organe (§§ 30; 31 AktG), Einzahlungen auf das Grundkapital (§§ 36; 36a AktG), Gründungsbericht und Gründungsprüfung (§§ 32 ff. AktG) sowie Anmeldung und Eintragung der AG beim Handelsregister (§§ 36 ff. AktG).
   Von einer qualifizierten Gründung spricht man, wenn Aktionären bei Gründung Sondervorteile eingeräumt werden, wenn Aktionäre oder andere Personen im Rahmen der Gründung einen Ersatz für Aufwand erhalten, bei Sacheinlagen oder dann wenn die AG sich bei Gründung verpflichtet, bestimmte Gegenstände zu übernehmen. Für diese Fälle enthalten die §§ 26; 27; 33 Abs. 2 Nr. 3 und 4 AktG Sonderregeln, um Risiken möglichst gering zu halten.
   Die Verfassung der AG sieht Vorstand, Hauptversammlung und Aufsichtsrat zwingend vor. Der Vorstand ist zuständig für Geschäftsführung und Vertretung. Ebenfalls eine nicht zu unterschätzende Bedeutung kommt der, den Aufsichtsrat wählenden Hauptversammlung, und dem, den Vorstand berufenden und überwachenden, Aufsichtsrat zu.

10. Gem. § 15a Abs. 1 InsO haben die Mitglieder des Vorstands, in Fällen der Führungslosigkeit der GmbH gem. § 15a Abs. 3 InsO hat auch jedes Mitglied des Aufsichtsrats, die Pflicht, ohne schuldhaftes Zögern spätestens aber drei Wochen nach Eintritt der Zahlungsunfähigkeit oder Überschuldung einen Insolvenzantrag zu stellen. Hinzu treten in Krisenzeiten die Pflichten der Mitglieder des Vorstands gem. § 92 AktG, insbesondere eine Hauptversammlung einzuberufen.
    Werden diese Pflichten verletzt, können der AG, im Einzelfall auch deren Gläubigern, Schadensersatzansprüche gegen die Mitglieder des Vorstands bzw. des Aufsichtsrats zustehen. Der Aufsichtsrat kann die Möglichkeit haben, die Bestellung der Vorstandsmitglieder zu widerrufen und deren Anstellungsverträge zu kündigen. Hinzu kommt eine mögliche Strafbarkeit, insbesondere gem. § 15a Abs. 4 und 5 InsO und gem. den §§ 283 bis 283d StGB.
11. Die Aktionäre haben in der Hauptversammlung Teilnahme-, Auskunfts- und Stimmrechte. Den Aktionären steht ein Anspruch auf Teilhabe am Gewinn der AG zu. Bei Kapitalerhöhungen haben die Aktionäre Bezugsrechte, bei Kapitalherabsetzungen Zahlungsansprüche und bei Beendigung der AG Anspruch auf den Liquidationserlös. Verpflichtet sind die Aktionäre primär zu Erbringung der Einlagen. Daneben steht eine Treuepflicht der Aktionäre, die freilich nur in Einzelfällen zum Tragen kommt.
12. Die Stadien im Vorfeld der AG, wie auch die Haftung im Vorfeld, gleichen weitgehend den Stadien bei der GmbH. Es beginnt mit einer meist rechtlich noch unverbindlichen Phase des Ins-Auge-Fassens. Beschließen die Gesellschafter, die GmbH zu gründen, entsteht die Vorgründungsgesellschaft, eine BGB-Gesellschaft, möglicherweise auch eine OHG. Zur Vorgesellschaft kommt es mit der Feststellung der Satzung einschließlich der Übernahme der Aktien durch die Gründer. Die AG selbst entsteht mit der Eintragung ins Handelsregister.
13. Gem. den §§ 278 Abs. 3; 111 AktG hat der Aufsichtsrat der KGaA, grundsätzlich wie der Aufsichtsrat der AG, die Geschäftsführung zu überwachen und eine Hauptversammlung einzuberufen, wenn das Wohl der KGaA dies erfordert. Weiter gehend als bei der AG führt der Aufsichtsrat der KGaA gem. § 287 AktG zudem die Beschlüsse der Hauptversammlung aus und vertritt die Kommanditaktionäre in Rechtsstreitigkeiten mit den persönlich haftenden Gesellschaftern. Anders als bei der AG ist der Aufsichtsrat hier nicht für die Wahl der Geschäftsführung zuständig.
14. Gegen die Wahl der Rechtsform der Limited können insbesondere Schwierigkeiten bei der Anwendung des für die Limited geltenden britischen Gesellschaftsrechts, die Pflicht, in Großbritannien ein Registered Office und dort bestimmte Unterlagen vorzuhalten und Reports beim britischen Handelsregister einzureichen, der Aufwand einer zusätzlichen Eintragung einer Zweigniederlassung der Limited in ein deutsches Handelsregister sowie möglicherweise doppelte Anforderungen bei Buchführung, Jahresabschlussprüfung, Publizität und Steuern sprechen.

## Teil D

1. Die OHG wird auch als die BGB-Gesellschaft der Kaufleute bezeichnet. Sie ist in den §§ 105 ff. HGB geregelt und eine Personengesellschaft, die auf den Betrieb eines Handelsgewerbes unter einer gemeinschaftlichen Firma gerichtet ist und bei der alle Gesellschafter den Gläubigern unbeschränkt haften.
   Die OHG unterscheidet sich von der BGB-Gesellschaft dadurch, dass die BGB-Gesellschaft nicht auf den Betrieb eines Handelsgewerbes gerichtet ist. Die KG entspricht weitgehend der OHG, jedoch gibt es bei ihr zwei Typen von Gesellschaftern, die Komplementäre und die, beschränkt haftenden, Kommanditisten.
2. A und B können ohne weiteres eine OHG gründen, wenn die Voraussetzungen hierfür, nämlich zwei Vertragspartner, Abschluss eines Gesellschaftsvertrages, der auf den Zweck

des Betriebs eines Handelsgewerbes gerichtet ist sowie Anmeldung und Eintragung beim Handelsregister vorliegen. Beginnen A und B die Geschäfte bereits vor Eintragung, entsteht die OHG gem. § 123 Abs. 2 HGB mit dem Zeitpunkt des Geschäftsbeginns. Fraglich ist, ob sich hieran dadurch etwas ändert, dass das Unternehmen im Sachverhalt als klein bezeichnet wird.
Ist nach Art und Umfang ein in kaufmännischer Weise eingerichteter Geschäftsbetrieb nicht erforderlich, fehlt es am Vorliegen eines Handelsgewerbes in Sinne des § 1 Abs. 2 HGB. Gem. § 105 Abs. 2 HGB sind A und B dann frei, ob sie die Eintragung beim Handelsregister beantragen. Beantragen sie die Eintragung, entsteht die OHG mit Eintragung. Die Vorschriften des HGB finden nunmehr Anwendung. Soweit A und B vor Eintragung Geschäfte tätigen, liegt (nur) eine BGB-Gesellschaft vor.

3. Die Übertragung von Geschäftsführung und Vertretung bei einer OHG allein auf einen Prokuristen würde gegen den Grundsatz der Selbstorganschaft verstoßen und wäre deshalb unwirksam. Da die Gesellschafter der OHG persönlich unbeschränkt haften, müssen sie Geschäftsführung und Vertretung letztlich in ihren Händen behalten. Wie weit eine Übertragung auf Dritte im Einzelfall möglich ist, ist nicht ganz klar.
Bei der KG gilt der Grundsatz der Selbstorganschaft mit Blick auf die, persönlich unbeschränkt haftenden, Komplementäre ebenfalls. Auch hier darf die Vertretung der KG nicht vollständig in die Hände Dritter gelegt werden. Nach der Rechtsprechung des BGH ist es jedoch zulässig, die Geschäftsführung (nicht: die Vertretung) der KG allein auf einen Kommanditisten, da auch Gesellschafter der KG, zu übertragen und die Komplementäre von der Geschäftsführung auszuschließen.

4. Gem. den §§ 161 Abs. 2; 128 HGB haftet der Kommanditist für die Verbindlichkeiten der KG zunächst wie ein OHG-Gesellschafter und ein Komplementär, nämlich gesamtschuldnerisch, unmittelbar, unbeschränkt, primär und akzessorisch. Gem. den §§ 171 Abs. 1; 172 Abs. 1 HGB ist seine Haftung jedoch der Höhe nach auf seine Einlage beschränkt, soweit diese Einlage im Handelsregister eingetragen ist.
Um den Gläubigern auch nicht mehr in Höhe seiner Einlage zu haften, muss der Kommanditist diese geleistet haben. Dies wird er regelmäßig durch Einlagezahlung an die KG tun. Möglich ist auch eine Aufrechnung mit einer ihm gegen die KG zustehenden vollwertigen Forderung. Inwieweit sonstige Leistungen an die KG, etwa Sachleistungen zu seiner Befreiung führen, ist im Einzelfall zu prüfen.

5. Die Komplementäre führen die Geschäfte der KG und vertreten diese nach außen. Im Gegenzug haften sie den Gläubigern der KG persönlich und unbeschränkt. Die Komplementäre unterliegen einem Wettbewerbsverbot und einer Treuepflicht. Ihnen steht Anspruch auf Gewinn zu.
Die Kommanditisten sind regelmäßig nicht zu Geschäftsführung und Vertretung berechtigt und verpflichtet, sie haften nur beschränkt, unterliegen keinem Wettbewerbsverbot und nur einer beschränkten Treuepflicht. Sie sind verpflichtet, ihre Einlage zu erbringen, sind am Gewinn beteiligt und haben ein Kontrollrecht.

6. Die Auflösung der KG, wie auch der OHG, führt zu deren Abwicklung. Die Auflösungsgründe nennt § 161 Abs. 2 HGB i.V.m. § 131 Abs. 1 HGB und für besondere Konstellationen § 131 Abs. 2 HGB. Häufig wird der Gesellschaftsvertrag spezielle Auflösungsgründe, wie auch die Art der Abwicklung, regeln.
Zuständig für die Abwicklung sind gem. den §§ 161 Abs. 2; 145 ff. HGB die Liquidatoren. Anders als im Rahmen von Geschäftsführung und Vertretung bei der KG sind hier freilich im Zweifel auch die Kommanditisten vollberechtigte Liquidatoren. Auch können die Liquidatoren hier im Zweifel nur gemeinschaftlich handeln.

7. Besondere Formen von OHG und KG sind die GmbH&CoKG und daneben die AG&CoKG, die Limited&CoKG, die GmbH&CoOHG, die AG&CoOHG, die Limited&CoOHG, die Unternehmergesellschaft(haftungsbeschränkt)&CoKG und die Unternehmergesellschaft(haftungsbeschränkt)& CoOHG.

Von einer Publikumsgesellschaft spricht man, wenn zahlreiche, insbesondere natürliche Personen sich zusammentun, um durch den Betrieb eines Unternehmens bei beschränkter Haftung steuerliche Verluste zu erzielen. Meist handelt es sich hierbei vorliegend um eine GmbH& CoKG.

8. In der Partnerschaft schließen sich Angehörige Freier Berufe zur Ausübung ihrer Freien Berufe zusammen. Mit der Partnerschaft soll den Angehörigen der Freien Berufe eine adäquate Personengesellschaft zur Verfügung gestellt werden, adäquater als die BGB-Gesellschaft.
   Auf die Partnerschaft kommen zunächst die Regelungen des PartGG zur Anwendung. Dabei verweist das PartGG teils auf die für die OHG geltenden Vorschriften. Im Zweifel kommen gem. § 1 Abs. 4 PartGG die für die BGB-Gesellschaften geltenden Vorschriften zur Anwendung.
9. Die Partner sind zuständig für Geschäftsführung und Vertretung bei der Partnerschaft, und zwar gem. § 6 Abs. 3 PartGG i.V.m. § 114 HGB bzw. § 7 Abs. 4 PartGG i.V.m. § 125 HGB jeder einzeln, soweit der Partnerschaftsvertrag keine Abweichungen enthält.
   Die Partnerversammlung ist zuständig für die zentralen Entscheidungen bei der Partnerschaft. Dies gilt für außergewöhnliche Geschäfte, für die Auflösung der Partnerschaft oder für bestimmte Maßnahmen der Liquidation sowie für Änderungen des Partnerschaftsvertrages und Grundlagengeschäfte.
10. Bei OHG wie Partnerschaft haften die Gesellschafter bzw. Partner grundsätzlich gesamtschuldnerisch, unmittelbar, unbeschränkt, primär und akzessorisch. Bei der OHG ergibt sich dies aus den §§ 128 ff. HGB, bei der Partnerschaft aus § 8 PartGG, der zugleich auf die §§ 129; 130 HGB verweist.
   Soweit es sich freilich um Ansprüche aus beruflichen Fehlern handelt, haften bei der Partnerschaft gem. § 8 Abs. 2 PartGG nur die Partner, die mit der Bearbeitung des Auftrags befasst waren. Weitere Besonderheiten können sich bei der Partnerschaft aus dem jeweiligen Recht des Freien Berufs ergeben.
11. A und B unterliegen gem. § 7 Abs. 3 PartGG i.V.m. § 112 HGB einem Wettbewerbsverbot. Was den Gewinn anbelangt, hat gem. § 1 Abs. 4 PartGG i.V.m. § 722 Abs. 1 BGB jeder Partner im Zweifel einen gleichen Anteil am Gewinn (oder Verlust).
   Abweichungen können auch hier vereinbart werden. Dies gilt für das Wettbewerbsverbot. Dies gilt auch für die Verteilung des Gewinns. Haben die Partner eine Regelung nur für die Verteilung des Gewinnes oder des Verlustes getroffen, gilt diese gem. § 1 Abs. 4 PartGG i.V.m. § 722 Abs. 2 BGB im Zweifel für Gewinn und Verlust.
12. Das Ende einer Partnerschaft vollzieht sich in drei Schritten. Zunächst ist ein Auflösungsgrund erforderlich. Die Auflösungsgründe nennt § 9 Abs. 1 PartGG i.V.m. § 131 Abs. 1 Nr. 1 bis 4 HGB; die Partner können Abweichendes begrenzt vereinbaren.
   Aufgrund der Auflösung wird die Partnerschaft abgewickelt, und zwar gem. § 10 Abs.1 PartGG i.V.m. §§ 145 ff. HGB. Die Abwicklung erfolgt im Zweifel durch die Partner als Liquidatoren gemeinschaftlich. Die Partnerschaft endet mit Löschung aus dem Partnerschaftsregister.
13. Die BGB-Gesellschaft stellt gleichsam die Grundform der OHG dar. Beide sind Personengesellschaften. Die Gesellschafter haften für deren Verbindlichkeiten. Gem. § 105 Abs. 3 HGB finden auf die OHG im Zweifel die für die BGB-Gesellschaft geltenden Vorschriften Anwendung. Nach der Rechtsprechung des BGH gilt dies nunmehr zum Teil auch umgekehrt.
   Unterschiede resultieren in erster Linie daraus, dass die OHG eine Handelsgesellschaft ist mit der Folge, dass das HGB auf sie Anwendung findet und ihre Gesellschafter größere Freiräume, aber auch weiter reichende Pflichten haben. So können OHG-Gesellschafter ihre OHG im Zweifel einzeln vertreten.
14. Vorteile der GmbH&CoKG bestehen insbesondere in der Tatsache, dass die Haftung beschränkt ist sowie in den Möglichkeiten der Drittorganschaft und der steuerlichen Verlust-

verrechnung. Nachteile können sich insbesondere bei der Buchführung und der Kreditwürdigkeit ergeben.
Auf die GmbH&CoKG finden im Grundsatz die für die KG geltenden Vorschriften der §§ 161 ff. HGB Anwendung. Grenzen können sich im Einzelfall etwa hinsichtlich der Haftungsbeschränkung, der Organisation der Gesellschafter oder der Möglichkeit der Verlustverrechnung ergeben.

## Teil E

1. Die Gründung oder die Erweiterung eines Unternehmens kann dadurch vollzogen werden, dass Neues geschaffen und zugleich eine Rechtsform gewählt wird, die dem neuen bzw. erweiterten Unternehmen am Besten entspricht.
   Um dieses Ziel zu erreichen, kann jedoch auch der Weg der Unternehmensnachfolge beschritten werden. Der Unternehmer kann ein Unternehmen kaufen, pachten, auch von Todes wegen erwerben und sodann diesem Unternehmen die optimale Rechtsform geben.
2. Der Unternehmenskauf kann sich auf dem Weg der Einzelrechtsnachfolge oder auf dem Weg des Beteiligungserwerbs vollziehen. Beim Asset deal erwirbt der Unternehmer sämtliche Bestandteile eines Unternehmens, beim Share deal die Anteile der das Unternehmen haltenden Gesellschaft.
   Besonderes Gewicht ist bei Asset deal wie Share deal insbesondere auf Vorbereitung (Due Diligence) und Abschluss des jeweiligen Kaufvertrages, auf dessen Durchführung sowie für den Fall, dass später Mängel des Unternehmens auftauchen, auf diesbezügliche Regelungen zu legen.
3. Bei der Unternehmenspacht überlässt der Verpächter dem Pächter ein Unternehmen auf Zeit, ohne dass der Pächter Inhaber des Unternehmens wird. Auf der Grundlage des schuldrechtlichen Unternehmenspachtvertrages erlangt der Pächter die Stellung des Unternehmers.
   Vorbereitung, Vertragsschluss und Überlassung stehen am Anfang der Unternehmenspacht. Während der Pachtzeit betreibt der Pächter das Unternehmen im eigenen Namen und auf eigene Rechnung und erhält den Gewinn. Am Ende hat der Pächter das Unternehmen in der Regel zurückzuüberlassen.
4. Bei Erwerben von Todes wegen ist erbrechtlich durch letztwillige Verfügung dafür Sorge zu tragen, dass die richtigen Personen das Unternehmen des Erblassers erhalten. Ist Unternehmensträger eine Gesellschaft, muss diesen Personen die Nachfolge in die Gesellschafterstellung des Erblassers optimal ermöglicht werden.
   Vorweggenommene Erbfolge bedeutet die Übertragung des Unternehmens bereits zu Lebzeiten durch Schenkung auf die Personen, die das Unternehmen sonst im Erbfall hätten erhalten sollen. Dies kann zahlreiche praktische und steuerliche Vorteile mit sich bringen.
5. Beim Unternehmensnießbrauch bekommt der Nießbraucher die Möglichkeit eingeräumt, das Unternehmen im eigenen Namen und auf eigene Rechnung zu betreiben. Der Unternehmensnießbrauch steht damit der Unternehmenspacht nahe, allerdings erfolgt die Überlassung hier auf sachenrechtlicher Grundlage.
   Der Beteiligungsnießbrauch bezieht sich demgegenüber auf Gesellschaften. Der Nießbraucher erhält einen Nießbrauch nicht an einem Unternehmen, sondern nur an einem Gesellschaftsanteil. Der Nießbraucher wird hier nicht Unternehmer, sondern erhält nur eine Innenbeteiligung.

## Teil F

1. Der primäre Vorteil der GmbH besteht in der Haftungsbeschränkung auf das Gesellschaftsvermögen. Geschäftsführung und Vertretung können, anders als bei der OHG, vollständig auf Dritte übertragen werden. Verträge zwischen der GmbH und ihren Gesellschaftern können steuermindernd wirken. Aufnahmen von Dritten und Übertragungen auf Dritte sind für diese weniger risikoreich.
   Nachteile der GmbH bestehen insbesondere in den höheren formalen Anforderungen bei Gründung und Betrieb, welche sich freilich durch die Möglichkeit der Unternehmergesellschaft (haftungsbeschränkt) und die Wahl einer Mustersatzung mindern lassen. Die Besteuerung wird hier angesichts Abgeltung- und Gewerbesteuer vielfach höher ausfallen als beim der OHG. Eine Verlustverrechnung ist bei der GmbH nicht möglich.
2. Die Besteuerung von OHG und KG ist grundsätzlich identisch. Einkommensteuerrechtlich erzielen die Gesellschafter der OHG ebenso wie die Komplementäre und Kommanditisten der KG Einkünfte aus Gewerbebetrieb gem. § 15 Abs. 1 S. 1 Nr. 2 EStG. Der Gewinn wird jeweils einheitlich und gesondert festgestellt.
   OHG und KG selbst sind Steuersubjekt der Gewerbesteuer, in der Regel auch der Umsatzsteuer. In Sonderkonstellationen können sich ausnahmsweise Unterschiede ergeben. So können die Kommanditisten bei einer atypischen KG Einkünfte aus Kapitalvermögen gem. § 20 Abs. 1 EStG erzielen.
3. Ausländische Rechtsformen sind Rechtsformen aus anderen Ländern, etwa aus Großbritannien, Italien, der Schweiz oder den Vereinigten Staaten. Solche Rechtsformen sind in ihrem Land zu gründen. Vorher ist jeweils zu fragen, ob auf sie in Deutschland das Gesellschaftsrecht ihres Gründungsstaates Anwendung findet.
   Neben den Vorteilen, die dann hier erwartet werden, ist besonders zu beachten, dass beim Betrieb der Gesellschaft das jeweilige ausländische Gesellschaftsrecht anzuwenden sein wird und dass dortige Register-, Buchführungs-, Publizitäts- und Steueranforderungen gelten können. Sprachbarrieren können hinzukommen.
4. Will man ein Unternehmen der Freien Berufe betreiben, stehen als Rechtsformen für den Betrieb allein das Einzelunternehmen sowie möglicherweise die Ein-Personen-Gesellschaft, für den Betrieb zu mehreren die BGB-Gesellschaft und die Partnerschaft sowie möglicherweise GmbH, AG und KGaA zur Verfügung.
   Nachdem hier zunächst nur Einzelunternehmen und BGB-Gesellschaft zulässig waren, ist im Jahr 1995 neben die BGB-Gesellschaft die Partnerschaft getreten. Anknüpfend an Entwicklungen in der Rechtsprechung sind heute zudem teilweise GmbH, AG und KGaA anerkannt und akzeptiert.
5. Der Kauf eines Unternehmens kann zunächst Alternative zur Existenzgründung sein. Der Kauf bringt den Vorteil mit sich, dass der Unternehmer auf Existentes und Erfahrungen zurückgreifen kann und dass er möglicherweise eine gewisse Sicherheit für die Zukunft hat.
   Hierneben kann der Unternehmenskauf im Zusammenhang mit einem Erwerb von Todes wegen eine Rolle spielen. Der Unternehmer, der alt geworden ist, kann sein Unternehmen bereits zu Lebzeiten auf seine potenziellen Erben übertragen; haben diese eine Gegenleistung zu erbringen, etwa eine Rente, kommt dies einem partiellen Kauf nahe.
   Fehlen Nachfolger, kann der Unternehmer sein Unternehmen zum Verkehrswert an einen Dritten veräußern.

# Stichwortverzeichnis